Markt- und Unternehmensentwicklung / Markets and Organisations

Herausgegeben von
A. Picot, München, Deutschland
R. Reichwald, Leipzig, Deutschland
E. Franck, Zürich, Schweiz
K. M. Möslein, Erlangen-Nürnberg, Deutschland

Der Wandel von Institutionen, Technologie und Wettbewerb prägt in vielfältiger Weise Entwicklungen im Spannungsfeld von Markt und Unternehmung. Die Schriftenreihe greift diese Fragen auf und stellt neue Erkenntnisse aus Theorie und Praxis sowie anwendungsorientierte Konzepte und Modelle zur Diskussion.

Herausgegeben von

Professor Dr. Dres. h. c. Arnold Picot
Ludwig-Maximilians-Universität
München, Deutschland

Professor Dr. Professor h. c. Dr. h. c.
Ralf Reichwald
HHL – Leipzig Graduate School
of Management, Leipzig, Deutschland

Professor Dr. Egon Franck
Universität Zürich, Schweiz

Professorin Dr. Kathrin M. Möslein
Universität Erlangen-Nürnberg,
Deutschland,
HHL – Leipzig Graduate School
of Management, Leipzig, Deutschland

Jakob Borgmann

Dynamic Capabilities als Einflussfaktoren des Markteintrittstimings

Modellierung und empirische Analyse am Beispiel von B2C-Start-up-Unternehmen im E-Business

Mit einem Geleitwort von Prof. Dr. Kathrin M. Möslein

RESEARCH

Jakob Borgmann,
Paris, Frankreich

Dissertation Universität Handelshochschule Leipzig (HHL), 2011

ISBN 978-3-8349-3420-8   ISBN 978-3-8349-7182-1 (eBook)
DOI 10.1007/978-3-8349-7182-1

Die Deutsche Nationalbibliothek verzeichnet diese Publikation in der Deutschen Nationalbibliografie; detaillierte bibliografische Daten sind im Internet über http://dnb.d-nb.de abrufbar.

Springer Gabler
© Gabler Verlag | Springer Fachmedien Wiesbaden 2012
Das Werk einschließlich aller seiner Teile ist urheberrechtlich geschützt. Jede Verwertung, die nicht ausdrücklich vom Urheberrechtsgesetz zugelassen ist, bedarf der vorherigen Zustimmung des Verlags. Das gilt insbesondere für Vervielfältigungen, Bearbeitungen, Übersetzungen, Mikroverfilmungen und die Einspeicherung und Verarbeitung in elektronischen Systemen.

Die Wiedergabe von Gebrauchsnamen, Handelsnamen, Warenbezeichnungen usw. in diesem Werk berechtigt auch ohne besondere Kennzeichnung nicht zu der Annahme, dass solche Namen im Sinne der Warenzeichen- und Markenschutz-Gesetzgebung als frei zu betrachten wären und daher von jedermann benutzt werden dürften.

Einbandentwurf: KünkelLopka GmbH, Heidelberg

Gedruckt auf säurefreiem und chlorfrei gebleichtem Papier

Springer Gabler ist eine Marke von Springer DE. Springer DE ist Teil der Fachverlagsgruppe Springer Science+Business Media
www.springer-gabler.de

Meinen Eltern

Geleitwort

Spätestens seit der preisgekrönten Publikation von Lieberman und Montgomery im Strategic Management Journal im Jahre 1988 über Wettbewerbsvorteile von Pionieren, lautet eine der am häufigsten diskutierten Fragen des Strategischen Managements: Sind Pioniere, frühe Folger oder aber späte Folger eines Marktsegments erfolgreicher? Die durch eine anhaltende Welle von Veröffentlichungen zunehmende Erkenntnis, dass sowohl Pioniere als auch Folger je nach kontextspezifischen Faktoren Wettbewerbsvorteile erzielen können, wirft eine noch grundlegendere Frage auf: Welche Einflussfaktoren führen überhaupt dazu, dass ein Unternehmen zum Pionier, frühen oder späten Folger wird? Die Beschäftigung mit dieser Fragestellung ist nicht nur vor dem Hintergrund der großen Bedeutung des realisierten Zeitpunkts des Markteintritts für die Wissenschaft von großem Interesse. Sie ist zudem von höchster Relevanz für die Wirtschaftspraxis – insbesondere für Start-up-Unternehmen. Für Gründer ist die Gestaltung des Markteintrittszeitpunkts eine zentrale Herausforderung im Rahmen der Markteintrittsstrategie.

In seiner Dissertation nimmt sich Dr. Jakob Borgmann dieser gleichermaßen komplexen wie anspruchsvollen Frage an und setzt sich zum Ziel, ein besseres und wissenschaftlich fundiertes Verständnis der Einflussfaktoren des Markteintrittszeitpunkts von Start-up-Unternehmen im E-Business zu entwickeln. Eine umfangreiche Literaturanalyse erschließt Forschungserkenntnisse der Marketing- und Strategieforschung zur Gestaltung und Realisierung von Markteintrittszeitpunkten für die Innovations- und Entrepreneurship-Forschung. Die Arbeit eröffnet damit für die Erforschung von Start-ups im E-Business ein wichtiges Erkenntnis- und Forschungsfeld. Kernpunkt der Arbeit ist die eigenständige empirisch-explorative Analyse. Insgesamt erhält der Leser einen differenzierten Einblick in die Rolle von Dynamic Capabilities für Start-ups im E-Business, deren Existenz oder Nicht-Existenz den Zeitpunkt des Markteintritts relativ zu anderen Marktteilnehmern bestimmt. Spannend aufbereitete und aussagestarke Fallstudien über Start-up-Unternehmen, die als Pioniere, frühe oder späte Folger in Marktsegmente des B2C-E-Business eingetreten sind, machen die Arbeit zu einer fesselnden Lektüre.

Mit der vorgelegten Schrift hat der Verfasser seine ausgeprägte Fähigkeit unter Beweis gestellt, nicht nur wissenschaftlichen Erkenntnisgewinn zu erarbeiten, sondern diesen auch auf inspirierende Art seinem Leser zu vermitteln. Ich wünsche der Arbeit eine breite Aufnahme in Wissenschaft und Praxis. Allen Lesern wünsche ich eine erkenntnisreiche Lektüre, vor allem aber Erfolg beim wissenschaftlichen Fortentwickeln oder wirtschaftlichen Umsetzen der enthaltenen Ergebnisse zur Terminierung des Markteintritts von Unternehmensgründungen im E-Business.

Prof. Dr. Kathrin M. Möslein

Vorwort

Gerade im hochdynamischen Marktumfeld des E-Business drängen mit dem Aufkommen eines neuen Geschäftsmodells meist schlagartig zahlreiche Wettbewerber mit vergleichbaren Konzepten in das jeweilige Marktsegment. Als Gründer, Berater und Unterstützer von Start-up-Unternehmen faszinierte mich dabei stets die Frage: Wie schafft es ein Unternehmen überhaupt, besonders schnell in einen Markt einzutreten? Und im Umkehrschluss: Welche Faktoren führen eigentlich zu einem relativ späten Markteintritt? Aus meinem Interesse an diesen Einflussfaktoren des Markteintrittstimings ist im Rahmen eines über dreijährigen Forschungsprozesses die vorliegende Doktorarbeit entstanden, die im Jahre 2011 an der HHL – Leipzig Graduate School of Management angenommen und erfolgreich verteidigt wurde. Nachfolgend möchte ich meinen Dank all denjenigen aussprechen, die mich auf diesem spannenden und prägenden Pfad der wissenschaftlichen Erforschung des Themas begleitet und gefördert haben.

Zuallererst sei meiner Erstgutachterin, Frau Prof. Dr. Kathrin M. Möslein sehr herzlich für die Betreuung des Forschungsprojekts gedankt. Sie hat mir die Freiheit gelassen, mein Dissertationsthema vollkommen eigenständig zu entwickeln und nach meinen Vorstellungen zu erforschen. Mit ihrem ausgezeichneten wissenschaftlichen Sachverstand und ihrer einmalig motivierenden Art hat sie mich in unseren Gesprächen und Diskussionen während dieses Prozesses hervorragend unterstützt. Ein ebenfalls sehr herzlicher Dank gilt meinem Zweitgutachter, Herrn Prof. Dr. Manfred Kirchgeorg. Bereits während meines Hauptstudiums der Betriebswirtschaftslehre hatte ich das Vergnügen, seine Vorlesungen hören zu dürfen – sie gehören zu den spannendsten und wertvollsten Erfahrungen meines Studiums. Deshalb bin ich besonders glücklich, einen Zweitgutachter von seiner Fachkenntnis und seinem Renommée gehabt zu haben. Herzlich gedankt sei ebenso Herrn Prof. Dr. Arnis Vilks, der freundlicherweise den Prüfungsvorsitz meiner Disputation übernahm.

Die vorliegende Dissertation hat davon profitiert, dass ich während ihrer Erstellung in ein weit verzweigtes internationales Netzwerk von Forschern, u.a. der HHL

– Leipzig Graduate School of Management, der Technischen Universität München (TUM), der Friedrich-Alexander-Universität Nürnberg-Erlangen (FAU) und der London Business School (LBS) eingebunden war. Besonders wertvoll war es dabei, das eigene Forschungsprojekt regelmäßig vor kritschen Professoren, Habilitanden und Doktoranden präsentieren und mit ihnen diskutieren zu können. Ich erinnere mich dabei besonders gerne an ergiebige Gedankenaustausche mit Herrn Prof. Dr. Prof. h.c. Dr. h.c. Ralf Reichwald, Prof. Dr. h.c. Anne S. Huff, Ph.D., Prof. Dr. Frank T. Piller und Dr. Hagen Habicht. Ihnen allen und insbesondere Dr. Lutz Ellermann, der die Arbeit vor der Erstabgabe sorgfältig gelesen hat, sei herzlich gedankt.

Für die Erzielung von aussagekräftigen empirischen Erkenntnissen über die Einflussfaktoren des Markteintrittstimings von Start-ups war es erforderlich, tiefe Einblicke in den Gründungsprozess von Unternehmen bis zu ihrem Markteintritt zu bekommen. Hierzu konnten ausgewählte Unternehmen gewonnen werden, deren Gründer im Rahmen von Tiefeninterviews offen und detailliert die Entwicklungsgeschichte ihrer Unternehmen bis zum Markteintrittszeitpunkt dargelegt haben. Ihnen allen sei für ihre wertvollen Einblicke und anschaulichen Schilderungen, ohne die das vorliegende Forschungsprojekt nicht möglich gewesen wäre, herzlich gedankt. Um die Anonymität der an der Untersuchung teilnehmenden Unternehmen zu gewährleisten, seien die befragten Experten an dieser Stelle jedoch nicht namentlich genannt.

Neben der wissenschaftlichen Detailarbeit liegt eine der spannendsten Möglichkeiten der persönlichen Weiterentwicklung bei der Erstellung einer Doktorarbeit darin, an den zwangsläufig immer wiederkehrenden Höhen und Tiefen zu wachsen. Dabei habe ich viel Kraft und Durchhaltevermögen daraus schöpfen können, dass ich wirklich wundervolle Freunde habe. Für viele wertvolle, anregende Gespräche und vor allem für ihren liebevollen Rückhalt danke ich ihnen von ganzem Herzen – allen voran Jennifer Häge, Philipp Dix, Dr. Nils Nörenberg, Dr. Florian Ruperti, John Puls, Dr. Tim von Arnim sowie meinem geliebten Bruder Dr. Moritz Borgmann.

Schlussendlich gilt mein ganz besonderer Dank meinen Eltern, Dr. Dr. Michael und Sylvia Borgmann. Sie haben mich meinen Lebensweg nach meinen eigenen Wünschen und Vorstellungen gehen lassen und mich dabei zu jeder Zeit und auf das Liebevollste unterstützt. Meinen Eltern sei die vorliegende Arbeit in tiefer Liebe und Dankbarkeit gewidmet.

Dr. Jakob Borgmann

Inhaltsverzeichnis

Abbildungsverzeichnis	xvii
Tabellenverzeichnis	xix
Abkürzungsverzeichnis	xxi

I Ausgangspunkte — 1
1 Einführung — 3

II Vorläufiger theoretischer Bezugsrahmen — 17
2 Grundlagen der Untersuchung — 21
3 *Dynamic Capabilities* von Start-up-Unternehmen im E-Business — 85
4 Vorläufiger theoretischer Bezugsrahmen und Fragenkonzept — 127

III Empirische Untersuchung — 131
5 Konzeption der Untersuchung und methodisches Vorgehen — 135
6 Darstellung und Analyse der Einzelfallstudien — 155
7 Fallübergreifende Auswertung der Ergebnisse — 209

IV Implikation — 237
8 Abschließende Bewertung — 239

Anhang — 255

Literaturverzeichnis — 292

Inhaltsverzeichnis

Abbildungsverzeichnis	xvii
Tabellenverzeichnis	xix
Abkürzungsverzeichnis	xxi

I Ausgangspunkte — 1

1 Einführung — 3
- 1.1 Problemstellung und Relevanz des Forschungsgebiets 3
- 1.2 Zielsetzung und Forschungsfragen 11
- 1.3 Aufbau der Arbeit 14

II Vorläufiger theoretischer Bezugsrahmen — 17

2 Grundlagen der Untersuchung — 21
- 2.1 Begriffliche Grundlagen 21
  - 2.1.1 Forschungskontext des E-Business 21
  - 2.1.2 Start-up-Unternehmen als Untersuchungsobjekte 27
  - 2.1.3 Begriffliche Grundlagen des *Resource-based View* 30
    - 2.1.3.1 Begriffe des Inputguts und der Ressource 31
    - 2.1.3.2 Begriff der (Kern)Kompetenz 33
    - 2.1.3.3 Begriff der *Dynamic Capability* 36
    - 2.1.3.4 Hierarchische Systematik der Begriffe des *Resource-based View* .. 39
  - 2.1.4 Begrifflichkeiten und Ausprägungen des Markteintrittstimings 41
    - 2.1.4.1 Begriff und Abgrenzbarkeit des Marktes 42
    - 2.1.4.2 Begriff des Markteintritts 43
    - 2.1.4.3 Begriff des Markteintrittstimings 45
    - 2.1.4.4 Begriff des Pioniers 47
    - 2.1.4.5 Begriff des Folgers 51
    - 2.1.4.6 Begriff der Effekte des Markteintrittstimings 55
    - 2.1.4.7 Begriff der Einflussfaktoren des Markteintrittstimings 59
  - 2.1.5 Phasenbezogene Betrachtung anhand des Innovationsprozesses 61

2.2 Forschungsstand zu Einflussfaktoren des Markteintrittstimings 65
- 2.2.1 Klassifizierung der Literatur 67
- 2.2.2 Forschungsmethoden 67
- 2.2.3 Theoretische Fundierung 69
- 2.2.4 Datenbasen 70
- 2.2.5 Forschungserkenntnisse 72
  - 2.2.5.1 Unternehmensinterne Einflussfaktoren 76
  - 2.2.5.2 Unternehmensexterne Einflussfaktoren 79
- 2.2.6 Kritische Würdigung 81

3 Dynamic Capabilities von Start-up-Unternehmen im E-Business — 85
3.1 Grundlagen des Dynamic Capability-based View 85
- 3.1.1 Entstehungsgeschichte des *Dynamic Capability-based View* 85
- 3.1.2 Prämissen 91

3.2 Konzeptualisierung der Dynamic Capabilities 93
- 3.2.1 *Sensing* 96
  - 3.2.1.1 Lenkung der unternehmensinternen Forschung und Entwicklung . 97
  - 3.2.1.2 Erschließung von Entwicklungen in Wissenschaft und Technologie 99
  - 3.2.1.3 Informationen über Lieferanten/komplementäre Anbieter 100
  - 3.2.1.4 Informationen über Kundenbedürfnisse 101
  - 3.2.1.5 Zusammenfassende Darstellung des *Sensing* 102
- 3.2.2 *Seizing* 103
  - 3.2.2.1 Konzeption/Anpassung von Kundenlösung und Geschäftsmodell . 104
  - 3.2.2.2 Etablierung von Techniken zur Entscheidungsfindung 106
  - 3.2.2.3 Unternehmensgrenzen und Management von Komplementen ... 108
  - 3.2.2.4 Aufbau von Loyalität und Leistungsbereitschaft 110
  - 3.2.2.5 Zusammenfassende Darstellung des *Seizing* 113
- 3.2.3 *Managing Threats/Transforming* 113
  - 3.2.3.1 Dezentralität und Koordination 115
  - 3.2.3.2 Unternehmenssteuerung 117
  - 3.2.3.3 Management von Co-Spezialisierung 119
  - 3.2.3.4 Management von Wissen 121
  - 3.2.3.5 Zusammenfassende Darstellung des *Managing Threats/Transforming* 123
- 3.2.4 Zusammenfassende Darstellung der Konzeptualisierung 124

4 Vorläufiger theoretischer Bezugsrahmen und Fragenkonzept — 127
4.1 Vorläufiger theoretischer Bezugsrahmen 127
4.2 Ableitung eines Fragenkonzeptes 130

III Empirische Untersuchung   131

5 Konzeption der Untersuchung und methodisches Vorgehen   135
5.1 Wahl der Forschungsmethode 135
5.2 Datengewinnung 138
    5.2.1 Auswahl der Untersuchungsobjekte 138
    5.2.2 Datenquellen 144
        5.2.2.1 Interviews mit Schlüsselinformanten 146
        5.2.2.2 Dokumentenanalyse 150
5.3 Datenanalyse 150
    5.3.1 Analysestrategie 151
    5.3.2 Einzelfallanalyse 152
    5.3.3 Vergleichende Fallanalyse 153
5.4 Vergleich der Erkenntnisse mit bestehender Literatur 154

6 Darstellung und Analyse der Einzelfallstudien   155
6.1 Fallstudie „Alpha" (später Folger) 155
    6.1.1 Ausprägungen und Wirkungen der *Dynamic Capabilities* 158
    6.1.2 Zusammenfassung der Erkenntnisse 164
6.2 Fallstudie „Beta" (Pionier) 167
    6.2.1 Ausprägungen und Wirkungen der *Dynamic Capabilities* 168
    6.2.2 Zusammenfassung der Erkenntnisse 176
6.3 Fallstudie „Gamma" (früher Folger) 179
    6.3.1 Ausprägungen und Wirkungen der *Dynamic Capabilities* 181
    6.3.2 Zusammenfassung der Erkenntnisse 188
6.4 Fallstudie „Delta" (später Folger) 191
    6.4.1 Ausprägungen und Wirkungen der *Dynamic Capabilities* 193
    6.4.2 Zusammenfassung der Erkenntnisse 197
6.5 Fallstudie „Epsilon" (später Folger) 200
    6.5.1 Ausprägungen und Wirkungen der *Dynamic Capabilities* 201
    6.5.2 Zusammenfassung der Erkenntnisse 206

7 Fallübergreifende Auswertung der Ergebnisse   209
7.1 Ausprägungen und Wirkungen der *Dynamic Capabilities* 209
    7.1.1 *Sensing* 210
    7.1.2 *Seizing* 218
    7.1.3 *Managing Threats/Transforming* 226
7.2 Theoretischer Bezugsrahmen des Markteintrittstimings 233

IV Implikation 237

8 Abschließende Bewertung 239
    8.1 Zusammenfassung der Forschungserkenntnisse 239
    8.2 Kritische Würdigung der Untersuchung 243
        8.2.1 Kritische Reflexion von Theorie und Empirie 243
        8.2.2 Güte der Forschungsarbeit 245
    8.3 Implikationen für die Wissenschaft 249
    8.4 Implikationen für die Wirtschaftspraxis 252

Anhang 255
    A.1 Erkenntnisse der Literatur zu Einflussfaktoren des Markteintrittstimings 256
    A.2 Studien zu Einflussfaktoren des Markteintrittstimings 267
    A.3 Interviewplan der empirischen Erhebung 282
    A.4 Interviewleitfaden der empirischen Erhebung 283
    A.5 Dokumentenverzeichnis der empirischen Erhebung 287

Literaturverzeichnis 292

Abbildungsverzeichnis

1.1 Einflussfaktoren und Effekte des Markteintrittstimings 4
1.2 Einordnung von *Dynamic Capabilities* in die hierarchische Systematik von Kompetenzen und Ressourcen 9
1.3 *Dynamic Capabilities* als Einflussfaktoren des Markteintrittstimings 14
1.4 Aufbau der Arbeit 15

2.1 Unternehmensumwelt 22
2.2 Interaktionsmuster im E-Business 26
2.3 Unterscheidung von vier Gründungstypen 30
2.4 Hierarchische Systematik von Ressourcen, (Kern)Kompetenzen und *Dynamic Capabilities* 40
2.5 Begrifflichkeit des Markteintrittstimings 47
2.6 Abgrenzung von Pionier, frühen Folgern und späten Folgern eines Marktsegments im E-Business 54
2.7 Begriff der Effekte des Markteintrittstimings 56
2.8 Mechanismen zur Entstehung von Effekten des Markteintrittstimings 58
2.9 Begriff der Einflussfaktoren des Markteintrittstimings 61
2.10 Phasen des Innovationsprozesses 63

3.1 Entwicklungsschritte des *Resource-based View* 90
3.2 Theoriegerüst des *Resource-based View* und seiner Weiterentwicklungen 91
3.3 Prämissensystem des *Resource-based View* 94
3.4 *Dynamic Capabilities*-Rahmenwerk nach TEECE (2007a) 95
3.5 Prozesse des *Sensing* 96
3.6 Prozesse des *Sensing* und ihre Mikrofundierung bei Start-up-Unternehmen im E-Business 103
3.7 Prozesse des *Seizing* 104
3.8 Prozesse des *Seizing* und ihre Mikrofundierung bei Start-up-Unternehmen im E-Business 114
3.9 Prozesse des *Managing Threats/Transforming* 115
3.10 Prozesse des *Managing Threats/Transforming* und ihre Mikrofundierung bei Start-up-Unternehmen im E-Business 124

4.1 Vorläufiger Theoretischer Bezugsrahmen der *Dynamic Capabilities* als Einflussfaktoren des Markteintrittstimings von Start-up-Unternehmen im E-Business 129

5.1	Systematik der Auswahl der Fallstudienunternehmen nach dem Start des Innovationsprozesses und dem Markteintrittstiming	143
5.2	Visuelle Unterstützung der Interviews	149
6.1	*Move Timing* von Unternehmen Alpha und Wettbewerbern	157
6.2	Fallstudie Alpha in der Systematik der Fallstudienerhebungen der vorliegenden Untersuchung	158
6.3	Ausprägungen und Wirkungen der *Dynamic Capabilities* von Unternehmen Alpha bis zum Markteintritt	166
6.4	*Move Timing* von Unternehmen Beta und Wettbewerbern	168
6.5	Fallstudie Beta in der Systematik der Fallstudienerhebungen der vorliegenden Untersuchung	169
6.6	Ausprägungen und Wirkungen der *Dynamic Capabilities* von Unternehmen Beta bis zum Markteintritt	178
6.7	*Move Timing* von Unternehmen Gamma und Wettbewerbern	180
6.8	Fallstudie Gamma in der Systematik der Fallstudienerhebungen der vorliegenden Untersuchung	181
6.9	Ausprägungen und Wirkungen der *Dynamic Capabilities* von Unternehmen Gamma bis zum Markteintritt	190
6.10	*Move Timing* von Unternehmen Delta und Wettbewerbern	192
6.11	Fallstudie Delta in der Systematik der Fallstudienerhebungen der vorliegenden Untersuchung	192
6.12	Ausprägungen und Wirkungen der *Dynamic Capabilities* von Unternehmen Delta bis zum Markteintritt	199
6.13	Fallstudie Epsilon in der Systematik der Fallstudienerhebungen der vorliegenden Untersuchung	201
6.14	Ausprägungen und Wirkungen der *Dynamic Capabilities* von Unternehmen Epsilon bis zum Markteintritt	208
7.1	Endgültiger Theoretischer Bezugsrahmen der *Dynamic Capabilities* als Einflussfaktoren des Markteintrittstimings	236

Tabellenverzeichnis

2.1 Chronologische Auflistung unterschiedlicher Definitionen des Begriffs der Ressource 32
2.2 Chronologische Auflistung unterschiedlicher Definitionen des Begriffs der (Kern)Kompetenz 35
2.3 Chronologische Auflistung unterschiedlicher Definitionen des Begriffs der *Dynamic Capability* 38
2.4 Chronologische Auflistung unterschiedlicher Definitionen des Begriffs des Pioniers . 49
2.5 Klassifizierung der Literatur zu den Einflussfaktoren auf das Markteintrittstiming . 68
2.6 Analyse der Literatur zu den Einflussfaktoren auf das Markteintrittstiming 74
3.1 Konzeptualisierung der Lenkung der unternehmensinternen Forschung und Entwicklung 99
3.2 Konzeptualisierung der Erschließung von Entwicklungen in Wissenschaft und Technologie 100
3.3 Konzeptualisierung der Informationen über Lieferanten/komplementäre Anbieter . 101
3.4 Konzeptualisierung der Erfassung von Informationen über Kunden 102
3.5 Konzeptualisierung von Kompetenzen zur Konzeption und Anpassung des Geschäftsmodells 106
3.6 Konzeptualisierung der Etablierung von Techniken zur Entscheidungsfindung . . . 108
3.7 Konzeptualisierung der Festlegung der Unternehmensgrenzen und des Managements von Komplementen 110
3.8 Konzeptualisierung der Kompetenzen zum Aufbau von Identifikation mit der Organisation und Leistungsbereitschaft 113
3.9 Konzeptualisierung von Dezentralität und Koordination 117
3.10 Konzeptualisierung der Unternehmenssteuerung 119
3.11 Konzeptualisierung des Managements von Co-Spezialisierung 121
3.12 Konzeptualisierung von Wissensmanagement 123
3.13 Mikrofundierung der *Dynamic Capabilities* von Start-up-Unternehmen im E-Business 125
4.1 Ableitung eines Fragenkonzeptes 130
5.1 Charakteristika der Fallstudienunternehmen 145
7.1 Fallübergreifende Auswertung des *Sensing* 216
7.2 Fallübergreifende Auswertung des *Seizing* 223
7.3 Fallübergreifende Auswertung des *Managing Threats/Transforming* 230

A.1	Analyse der Literatur zu den Einflussfaktoren auf das Markteintrittstiming	256
A.2	Chronologische Auflistung wichtiger Studien zu den Determinanten des Markteintrittstimings	268
A.3	Interviewplan der empirischen Erhebung	282
A.5	Dokumentenverzeichnis der empirischen Erhebung	287

Abkürzungsverzeichnis

B2C	*Business-to-Consumer*
B2B	*Business-to-Business*
C2B	*Consumer-to-Business*
C2C	*Consumer-to-Consumer*
Bd.	Band
bspw.	Beispielsweise
bzw.	Beziehungsweise
ca.	Circa
CC	*Carbon copy*
CEO	*Chief Executive Officer*
CMO	*Chief Marketing Officer*
CorpTech	*Corporate Technology Information Services*
CTO	*Chief Technology Officer*
d.h.	Das heisst
E-Business	*Electronic Business*
E-Commerce	*Electronic Commerce*
E-Learning	*Electronic Learning*
EAP	École Européenne des Affaires
EconLit	*Economic Literature*
EBSCO	*Elton B Stephens COmpany*, Anbieter der Literatur-Datenbank EBSCOhost
ESCP	École Supérieure de Commerce de Paris
etc.	Et cetera
F & E	Forschung & Entwicklung
FMA	*First mover advantage(s)*
f.	Folgende
ff.	Fortfolgende
GICS	*Global Industry Classification System*
ggü.	Gegenüber

Hrsg.	Herausgeber
i.e.	Id est
i.e.S.	Im engeren Sinne
i. Or.	Im Original
IKT	Informations- und Kommunikationstechnologie
IT	Informationstechnologie
J.	*Journal*
JSTOR	*Journal Storage*
Konzept.	Konzeptualisierung
MET	Markteintrittstiming
Mgmt.	*Management*
NAICS	*North American Industry Classification System*
Nr.	Nummer
PIMS	*Profit Impact of Market Strategies*
PR	*Public relations*
R & D	*Research & Development*
S.	Seite
SIC	*Standard Industrial Classifications*
sog.	Sogenannten
SSRN	*Social Science Research Network*
Strat.	*Strategic*
TEL	*Telecommunications and Internet*
u.a.	Unter anderem
UK	*United Kingdom*
USA	*United States of America*
z.B.	Zum Beispiel
VC	*Venture Capital* bzw. *Venture-Capital*-Unternehmen
VRIN	*Valuable, Rare, Imperfectly Imitable, Non-Substitutable*
vgl.	Vergleiche
ZEW	Zentrum für Europäische Wirtschaftsforschung

Teil I

Ausgangspunkte

Kapitel 1
Einführung

Sowohl in der betriebswirtschaftlichen Forschung als auch in der Wirtschaftspraxis wird fortwährend und lebhaft die Frage diskutiert: Sind Unternehmen, die als Pioniere, frühe Folger oder späte Folger in einen Markt eintreten, **erfolgreicher**? Während je nach industrie- und kontextspezifischen Faktoren sowohl für die Pionier- als auch für die Folger-Positionen kurz- oder sogar langfristige Wettbewerbsvorteile nachgewiesen werden konnten,[1] bleibt eine vor dem Hintergrund des großen Interesses am Markteintrittstiming zentrale Frage bislang jedoch unzureichend beantwortet: Welche **Einflussfaktoren** bestimmen überhaupt, ob ein Unternehmen zum Pionier, frühen Folger oder späten Folger wird? Die vorliegende Untersuchung leistet einen Beitrag zur Beantwortung dieser Frage, indem sie zeigt, dass die in der hierarchischen Systematik der Ressourcenausstattung eines Unternehmens auf höchster Ebene angesiedelten *Dynamic Capabilities* als Meta-Kompetenzen einen beträchtlichen Einfluss auf das Markteintrittstiming haben. Die Untersuchung umfasst hierzu neben einer ausführlichen **Analyse der bestehenden Literatur** die Entwicklung eines **theoretischen Modells** zur Untersuchung der *Dynamic Capabilities* als Einflussfaktoren des Markteintrittstimings und dessen Weiterentwicklung anhand einer **empirischen Erhebung** von Start-up-Unternehmen im B2C-E-Business.

1.1 Problemstellung und Relevanz des Forschungsgebiets

Große Bedeutung des Markteintrittstimings in Theorie und Praxis

Die Wahl einer geeigneten **Markteintrittstrategie** stellt eine erfolgskritische und zugleich höchstgradig komplexe Entscheidung für Unternehmen dar.[2] Dies gilt nicht

---

[1] Vgl. Abschnitt 2.1.4.6 der vorliegenden Schrift.
[2] Vgl. FRITZ und VON DER OELSNITZ (2007), S. 73, MITCHELL (1989), S. 209.

Abbildung 1.1: Einflussfaktoren und Effekte des Markteintrittstimings eines Unternehmens (Quelle: Eigene Darstellung)

nur für etablierte Unternehmen, die ein neues Leistungsangebot auf den Markt bringen möchten, sondern insbesondere für die im Fokus der vorliegenden Untersuchung stehenden Neugründungen, deren Überlebensfähigkeit stark von einem erfolgreichen Markteintritt abhängt.[3] Eine besondere Bedeutung innerhalb der Markteintrittsstrategie nimmt das **Timing des Markteintritts** ein, also ob ein Unternehmen, wie in Abbildung 1.1 dargestellt, als **Pionier, früher Folger oder später Folger** in einen Markt eintritt.[4] Dies wird dadurch noch verstärkt, dass aufgrund der stark gestiegenen Dynamik[5] von Märkten die Zeit als strategischer Erfolgsfaktor im Management von Unternehmen eine zunehmende Bedeutung einnimmt.[6]

So wird sowohl in der Managementpraxis als auch in der Wirtschaftspresse dem Markteintrittstiming ein starker Einfluss auf den Erfolg bzw. das Scheitern von Unternehmen zugeschrieben.[7] Und auch in den Wirtschaftswissenschaften,

---

[3] Vgl. BOERSCH und ELSCHEN (2002), S. 272.

[4] Vgl. PORTER (2008), S. 293, FISCHER, HIMME und ALBERS (2007), S. 540, WALGENBACH (2007), S. 91, SINHA und NOBLE (2005), S. 186, MEFFERT (2000), S. 257, MEFFERT und REMMERBACH (1999), S. 182, GOLDER und TELLIS (1993), S. 158, CRAWFORD (1977), S. 52.

[5] Vgl. Abschnitt 2.1.1 der vorliegenden Schrift.

[6] Vgl. SINHA und NOBLE (2005), S. 186, HINZE (2005), S. 28ff., HOMMEL und KNECHT (2002), S. 10, WIRTZ (2001), S. 145, ZERDICK et al. (2001), S. 146, MEFFERT (2000), S. 423f..

[7] Insbesondere die Diskussion um das Konzept des *„First mover advantage"* hat dabei eine starke Bedeutung für die Verbreitung der Thematik des Markteintrittstimings sowohl unter Managern als auch in den Medien. So merkt BOLTON (2006), S. 2 an: *„Beliefs in first mover advantage dominate the mainstream media (...) and exposure to the business press is associated with increased belief in first mover advantage (...)."* SUAREZ und LANZOLLA (2007), S. 377 betonen: *„The concept [of first mover advantages] has also enjoyed ample diffusion in the practitioner-oriented literature (...)"* Im Mittelpunkt der Diskussion in den Medien steht zudem neben dem Erfolg unterschiedlicher Strategien des Markteintrittstimings häufig die

1.1 Problemstellung und Relevanz des Forschungsgebiets

insbesondere in den Bereichen der Strategischen Management- und Marketing-Forschung, gehört das Markteintrittstiming zu einem der am häufigsten untersuchten Phänomene.[8] So zeigt eine seit den 1970er Jahren andauernde Diskussion der betriebswirtschaftlichen Forschung über die vor- und nachteiligen **Effekte** der unterschiedlichen Timing-Strategien auf den Unternehmenserfolg, dass je nach industrie- und kontextspezifischen Einflußgrößen sowohl die Pionier- als auch die beiden Folger-Strategien zu nachhaltigen Wettbewerbsvorteilen führen können.[9]

Einflussfaktoren des Markteintrittstimings bislang kaum erforscht

Vor dem Hintergrund der dementsprechend großen Bedeutung des Markteintrittstimings für den Erfolg von Unternehmen ist es umso verwunderlicher, dass der Fokus der Forschung zum Markteintrittstiming bislang überwiegend auf den Effekten des Eintrittstimings lag und die **Einflussfaktoren**, die das Markteintrittstiming von Unternehmen bestimmen, kaum untersucht wurden.[10] So werden in der betriebswirtschaftlichen Forschung zunehmend Stimmen laut, die eine genauere Exploration der Faktoren fordern, die ursächlich dafür sind, dass ein Unternehmen als Pionier, früher Folger oder später Folger in einen Markt eintritt.[11]

Frage nach der Entstehung von sog. *Copy Cats*, die als frühe Folger kurze Zeit nach einem Pionier mit einem meist identischen Produktkonzept in einen Markt eintreten.

[8] SCHOENECKER und COOPER (1998), S. 1127f. stellen fest: *„The growth of this research stream gives some indication of the extent to which researchers and managers feel that timing matters."* SINHA und NOBLE (2005), S. 186 betonen: *„The timing [i. Or. groß geschrieben] of market entry has received extensive attention in both conceptual (...) and empirical research (...)."* BOLTON (2006), S. 42 zeigt, dass das Konzept des *First Movers* eines der am meisten erwähnten Phänomene in betriebswirtschaftlichen Forschungsbeiträgen ist. Und auch SUAREZ und LANZOLLA (2007), S. 377 merken an: *„In the management literature the conceptual appeal of first mover advantages (FMA) is evident. Using „first mover advantage" as keywords, our search for peer-refereed journal articles in the Business Source Premier database yielded a total of 839 articles."*

[9] Vgl. Abschnitt 2.1.4.6 der vorliegenden Schrift.

[10] Vgl. SCHOENECKER und COOPER (1998), S. 1127, FUENTELSAZ, GOMEZ und POLO (2002), S. 245, LEE (2008), S. 1259; Abschnitt 2.2 der vorliegenden Schrift.

[11] LIEBERMAN und MONTGOMERY (1998), S. 1122 betonen: *„A continuing challenge is to understand the determinants of entry order and lead times across a diversity of market environments with heterogeneous firms."* HELFAT und LIEBERMAN (2002), S. 753 stellen fest: *„(...) [I]f we are to understand market entry, we need to understand the organizational capabilities and resources that preceded and precipitated entry."* SINHA und NOBLE (2005), S. 186 merken an: *„While the consequences of the timing of market entry have been extensively researched, there has been very limited empirical research on explaining the timing [i. Or. kursiv] of market entry itself."*

Die wenigen bislang vorliegenden Untersuchungen zu den Einflussfaktoren des Markteintrittstimings weisen jedoch einen sehr einseitigen Untersuchungsfokus auf.[12] So wurden bislang überwiegend die Einflussfaktoren des Markteintrittstimings der Diversifizierungsbemühungen von Großunternehmen untersucht und damit die in ihrer Charakteristik gänzlich andersartigen[13] Start-up-Unternehmen weitestgehend ausgeblendet.[14] Zudem liegen den bisherigen Untersuchungen zu den Einflussfaktoren des Markteintrittstimings überwiegend Daten aus relativ statischen Industrien zugrunde,[15] wodurch eine Übertragung der Erkenntnisse auf hochdynamische Branchen kaum möglich ist.[16] Und auch die theoretischen Grundlagen der bisher vorliegenden Forschungsarbeiten zu den Effekten des Markteintrittstimings sind nur begrenzt für die Untersuchung von Start-up-Unternehmen in einem hochdynamischen Wettbewerbsumfeld geeignet. So baut ein Großteil der veröffentlichten Untersuchungen zu den Einflussfaktoren des Markteintrittstimings auf dem häufig als relativ statisch[17] kritisierten, traditionellen *Resource-based View* auf.[18]

Einflussfaktoren des Markteintrittstimings von Start-up-Unternehmen im E-Business von hoher Relevanz

Gerade in einem hochdynamischen Wettbewerbsumfeld ist jedoch für die Gründer, das Management und die (*Seed-*)Investoren von Start-up-Unternehmen eine genaue **Kenntnis der Einflussfaktoren des Markteintrittstimings** von existenzieller Bedeutung. So müssen in einem hochdynamischen Wettbewerbsumfeld komplexe

---

[12] Für eine umfassende Analyse der Literatur zu den Einflussfaktoren des Markteintrittstimings sei auf Abschnitt 2.2 der vorliegenden Schrift verwiesen.

[13] Die sehr spezifische und von Großunternehmen vollkommen unterschiedliche Charakteristik von Start-up-Unternehmen drückt sich auch darin aus, dass sich seit den 1990er Jahren mit der *Entrepreneurship*-Forschung eine auf die spezifische Charakteristik von Start-up-Unternehmen fokussierte betriebswirtschaftliche Forschungsrichtung herausgebildet hat. Für eine umfassende Analyse der *Entrepreneurship*-Forschung und ihrer Entwicklung sei auf FALLGATTER (2002) verwiesen.

[14] Vgl. Abschnitt 2.2.4 der vorliegenden Schrift.

[15] Vgl. Abschnitt 2.2.4 der vorliegenden Schrift.

[16] Für eine Gegenüberstellung der Charakteristik eines eher statischen und eines hochdynamischen Wettbewerbsumfelds sei auf EISENHARDT und MARTIN (2000), S. 1115 verwiesen. HIDDING, WILSON und WILLIAMS (2008), S. 4 listen zudem zentrale Besonderheiten von Produktkategorien des im Rahmen der vorliegenden Untersuchung behandelten hochdynamischen Wettbewerbsumfelds des E-Business auf.

[17] Vgl. Abschnitt 3.1.1 der vorliegenden Schrift.

[18] Vgl. Abschnitt 2.2.3 der vorliegenden Schrift.

1.1 Problemstellung und Relevanz des Forschungsgebiets

Entscheidungen zum Aufbau spezifischer Ressourcen unter extremer Unsicherheit getroffen werden und zudem besteht generell wenig Spielraum, strategische Fehler zu korrigieren.[19] Entsprechend hilfreich könnten für Start-up-Unternehmen in einem hochdynamischen Wettbewerbsumfeld deshalb Erkenntnisse darüber sein, welche Ressourcen und Kompetenzen während der einzelnen Phasen des Innovationsprozesses aufgebaut und miteinander verknüpft werden müssen, um die Wahrscheinlichkeit eines gewünschten Markteintrittstimings zu erhöhen.[20]

Ein Paradebeispiel für ein hochdynamisches Marktumfeld liefert das für die globale Wirtschaft inzwischen sehr bedeutende **E-Business**,[21] dessen starker Wettbewerbsdruck und ständiger technologischer Fortschritt insbesondere für **Start-up-Unternehmen** eine große Herausforderung darstellt.[22] Und auch in der betriebswirtschaftlichen Forschung, insbesondere in den Forschungsströmen des *Entrepreneurship* und des *Strategischen Managements*, stößt die Untersuchung von Start-up-Unternehmen im E-Business auf zunehmendes Interesse.[23] Dies lässt sich auch darauf zurückführen, dass Start-up-Unternehmen gerade vor dem Hintergrund eines zunehmenden internationalen Wettbewerbsdrucks eine große Bedeutung für die wirtschaftliche und gesellschaftliche Entwicklung von Ländern zugeschrieben wird.[24] Dies gilt insbesondere für Start-up-Unternehmen in *High-Tech*-Branchen,

---

[19] TEECE (2007a), S. 1333 betont: „(...) [E]rrors can be especially damaging in fast-paced environments with path dependencies and network effects, as there is less opportunity to recover from mistakes."

[20] ROBINSON, FORNELL und SULLIVAN (1992), S. 610 heben hervor: „Managers in businesses entering new markets should understand typical skill and resource requirements for market pioneering, early following, and late entry." Und auch FUENTELSAZ, GOMEZ und POLO (2002), S. 610 betonen: „(...) [M]anagers (...) try to understand the resources and capability requirements for entering a market (...)" AMIT und SCHOEMAKER (1993), S. 42 merken generell an: „Decisions about Strategic Assets (i.e., the subset of Resources and Capabilities that bestows sustainable competitive advantage) are among the most complex that managers encounter. They are characterized by high uncertainty, complexity, and conflict, to an extent that defies optimization."

[21] Vgl. XU und QUADDUS (2009), S. 10ff., KOLLMANN (2009a), S. 9ff., MAASS (2008), S. 14ff., KOLLMANN (2003), S. 5ff., FAHY und HOOLEY (2002), S. 241f., WIRTZ (2001), S. 145, AMIT und ZOTT (2001), S. 493ff., ZERDICK et al. (2001), S. 146.

[22] Vgl. KOLLMANN (2009b), S. 9.

[23] Die zunehmende Bedeutung der Erforschung von jungen Unternehmen im E-Business wird von LIAO, KICKUL und MA (2009), S. 280 wie folgt zusammengefasst: „E-commerce and entrepreneurship in Internet-based firms are emerging and growing concerns for scholars in both entrepreneurship and strategic management."

[24] Vgl. KOLLMANN (2009b), S. 1ff., FUEGLISTALLER, MÜLLER und VOLERY (2004), S. 15ff., HOMMEL und KNECHT (2002), S. 3f., SCHEFCZYK und PANKOTSCH (2002), S. 35f..

da diese einen besonders hohen Innovationsgrad und eine stark ausgeprägte Wissensorientierung aufweisen, wodurch sie eine höhere Wahrscheinlichkeit zur Schaffung von Neuerungen mit außergewöhnlichen Potenzialen aufweisen.[25] Die Tatsache, dass gerade im E-Business seit Mitte der 1990er Jahre eine Vielzahl solcher Neugründungen zu beobachten ist,[26] unterstreicht die Bedeutung der Erforschung von Start-up-Unternehmen im E-Business.

Verknüpfung zweier Forschungsströme des Strategischen Managements

Eine Untersuchung der Einflussfaktoren des Markteintrittstimings von Start-up-Unternehmen im E-Business erfordert jedoch eine geeignete theoretische Grundlage. Diesbezüglich ist es besonders interessant, dass sich mit dem aus dem klassischen *Resource-based View* hervorgegangenen Konzept der **Dynamic Capabilities** in der Strategischen-Management-Forschung zunehmend ein Theoriegerüst etabliert,[27] das sowohl eine stark ausgeprägte unternehmensin- als auch externe Dynamik berücksichtigt.[28] So wurde das Konzept der *Dynamic Capabilities* ausdrücklich für die Erklärung von sich schnell wandelnden Ressourcenausstattungen in dynamischen Branchen konzipiert.[29] Dabei beschreiben die *Dynamic Capabilities* die insbesondere in einem dynamischen Marktumfeld, wie dem E-Business, notwendigen organisationalen **Meta-Kompetenzen** eines Unternehmens zur schnellen Integration, Rekonfiguration und Transformation der Ressourcenausstattung.[30] Die

---

[25] Vgl. METZGER, NIEFERT und LICHT (2008), S. 1.
[26] Vgl. KOLLMANN (2009b), S. 1ff., KOLLMANN (2003), S. 5ff..
[27] Vgl. Abschnitt 3.1.1 der vorliegenden Schrift für eine ausführliche Beschreibung der historischen Entwicklung des klassischen *Resource-based View* und des daraus entsprungenen *Dynamic Capability-based View*.
[28] AMBROSINI und BOWMAN (2009), S. 30 betonen die stark wachsende Akzeptanz des *Dynamic-Capability*-Konzepts in der betriebswirtschaftlichen Forschung: „(...) [T]he perspective is attracting increasing attention. Increasing numbers of journal articles, special issues and conference presentations have been devoted to dynamic capabilities (...)." Ähnlich äußern sich auch ZAHRA, SAPIENZA und DAVIDSSON (2006), S. 917.
[29] AMBROSINI und BOWMAN (2009), S. 30 drücken die Einzigartigkeit des *Dynamic-Capability*-Konzepts zur Untersuchung von sich wandelnden Ressourcenausstattungen wie folgt aus: „How firms change, sustain and develop competitive advantage and capture value are critical concerns to both practitioners and academics alike and, while many fields address change-related issues (e.g. organization learning, cognition, innovation etc.) none, except the dynamic capability perspective, specifically focuses on how firms can change their valuable resources over time and do so persistently."
[30] Vgl. TEECE (2007a), S. 1344, AMBROSINI und BOWMAN (2009), S. 33, MCKELVIE und DAVIDSSON (2009), S. S65.

1.1 Problemstellung und Relevanz des Forschungsgebiets

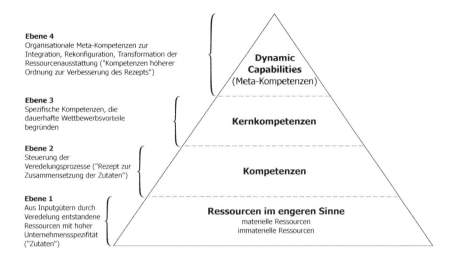

Abbildung 1.2: Einordnung von *Dynamic Capabilities* in die hierarchische Systematik von Kompetenzen und Ressourcen (Quelle: Eigene Darstellung in Anlehnung an Abschnitt 2.1.3 der vorliegenden Arbeit sowie an MIKUS (2003), S. 243, WANG und AHMED (2007), S. 35f., MOOG (2009), S. 25 und BURR (2008), S. 186)

besondere Bedeutung von *Dynamic Capabilities* für Unternehmen im E-Business stellen LIAO, KICKUL und MA (2009) deutlich heraus: „*To survive and grow in the highly competitive Internet business environment, (...) firms have to search beyond the resources-based competitive advantages. Possessing, deploying, and upgrading capabilities therefore become the primary drivers of success in the Internet space and important predictors of sustainable competitive position. In this regard, the dynamic capability perspective has vital implications for Internet-based entrepreneurs.*"[31,32]

---

[31] Vgl. LIAO, KICKUL und MA (2009), S. 266.
[32] Und auch TEECE (2007a), S. 1319 betont die Bedeutung von *Dynamic Capabilities* in einem dynamischen Wettbewerbsumfeld: „*[I]n fast-moving business environments open to global competition, and characterized by dispersion in the geographical and organizational sources of innovation and manufacturing, sustainable advantage requires more than the ownership of difficult-to-replicate (knowledge) assets. It also requires unique and difficult-to-replicate dynamic capabilities.*"

Bislang ist eine engere Verknüpfung der Erforschung der Einflussfaktoren des Markteintrittstimings und der *Dynamic Capabilites* jedoch noch nicht erfolgt,[33] obgleich diese wertvolle Erkenntnisse sowohl für die Theorie als auch für die Praxis versprechen würde. So ist grundsätzlich davon auszugehen, dass *Dynamic Capabilities* einen nicht unerheblichen Teil der Einflussfaktoren des Markteintrittstimings ausmachen.[34] Dies ist deshalb zu erwarten, da *Dynamic Capabilities*, wie in Abbildung 1.2 dargestellt, in der hierarchischen Systematik der Ressourcen[35] einer Organisation auf der höchsten Ebene verankert sind und ihnen aufgrund ihrer stark unternehmensspezifischen Charakteristik in der Literatur vielfach eine große Bedeutung für den Aufbau von Wettbewerbsvorteilen zugesprochen wird.[36]

Darüber hinaus bildet die Multidimensionalität des Theoriegerüsts der *Dynamic Capabilities*, das ausdrücklich **sowohl unternehmensin- als auch unternehmensexterne Komponenten** berücksichtigt,[37] eine zweckmäßige Grundlage für die breite Erfassung von Einflussfaktoren des Markteintrittstimings. Aufgrund der Tatsache, dass das Konzept der *Dynamic Capabilities* eine besondere inhaltliche Nähe zu den Aufgaben eines Entrepreneurs aufweist,[38] eignet es sich zudem besonders als Theoriegerüst für die vorliegende Untersuchung im Forschungskontext von Start-up-Unternehmen im E-Business.[39]

Zusammenfassend lässt sich konstatieren, dass eine gelungene Markteintrittstrategie insbesondere für Start-up-Unternehmen von existenzieller Bedeutung ist. Es ist deshalb verwunderlich, dass bei der enormen Beachtung der Effekte des

---

[33] Vgl. Abschnitt 2.2 der vorliegenden Schrift.
[34] HELFAT und LIEBERMAN (2002), S. 733 betonen ebenfalls, dass *Dynamic Capabilities* für den Markteintritt eines Unternehmens von Bedeutung sind: „*Dynamic capabilities (...) also are relevant to market entry.*"
[35] Für eine detaillierte Diskussion der Begrifflichkeiten des *Resource-based View* sei auf Abschnitt 2.1.3 der vorliegenden Schrift verwiesen. Auf die hier angesprochene hierarchische Systematik der Begriffe des *Resource-based View* wird insbesondere in Abschnitt 2.1.3.4 der vorliegenden Schrift eingegangen.
[36] Vgl. WU (2010), S. 31.
[37] Vgl. TEECE (2007a), S. 1344.
[38] TEECE (2007a), S. 1319 betont: „*Enterprises with strong dynamic capabilities are intensely entrepreneurial.*"
[39] NEWBERT (2005), S. 74 weist darauf hin, dass sich das Konzept der *Dynamic Capabilities* als geeignet zur Untersuchung der Bildung von neuen Unternehmen herausgestellt hat. Weitere Untersuchungen der *Dynamic Capabilities* bei jungen Unternehmen wurden durchgeführt von NEWEY und ZAHRA (2009), MCKELVIE und DAVIDSSON (2009), ZAHRA, SAPIENZA und DAVIDSSON (2006) und ZAHRA und GEORGE (2002).

Markteintrittstimings in der Wissenschaft und Wirtschaftspraxis dagegen bislang kaum untersucht wurde, welche Einflussfaktoren das Markteintrittstiming insbesondere bei Start-up-Unternehmen überhaupt beeinflussen. Somit ist in einem der am meisten beachteten Forschungsströme des Strategischen Managements eine erhebliche Forschungslücke zu beobachten, deren Schließung nicht nur für die Markteintrittstiming-Forschung sondern auch für die Wirtschaftspraxis, speziell für das Management und die Investoren von Start-up-Unternehmen von hoher Relevanz ist. Eine engere Verknüpfung des zunehmend in der betriebswirtschaftlichen Forschung Beachtung findenden Konzepts der *Dynamic Capabilities* und der Erforschung der Einflussfaktoren des Markteintrittstimings bietet dabei für beide Forschungsströme das Potential einer Weiterentwicklung der Theorie.

1.2 Zielsetzung und Forschungsfragen

Aufgrund der hohen praktischen Relevanz und der Defizite der bislang vorliegenden wissenschaftlichen Erkenntnisse verfolgt die vorliegende Untersuchung die übergeordnete **Zielsetzung**, ein genaueres Verständnis für die **Einflussfaktoren des Markteintrittstimings von Start-up-Unternehmen im E-Business** zu entwickeln. Damit soll die vorliegende Arbeit keinen weiteren Beitrag zu der Frage beisteuern, ob Pioniere oder Folger erfolgreicher sind, sondern zeitlich weit vorher ansetzen und vielmehr Erkenntnisse darüber hervorbringen, wie Unternehmen in einem dynamischen Wettbewerbsumfeld überhaupt zu Pionieren oder Folgern werden.

Eine detaillierte Betrachtung sämtlicher Einflussfaktoren des Markteintrittstimings im Rahmen einer einzigen Untersuchung erscheint dabei aufgrund von deren Vielfalt und Komplexität nicht nur unrealistisch, sondern würde zudem wohl kaum den Aufbau eines tiefen Verständnisses einzelner Einflussfaktoren ermöglichen.[40] Deshalb wird für die vorliegende Untersuchung vielmehr eine **gezielte Fokussierung** auf eine theoretisch hinreichend abgrenzbare und im Forschungskontext von Start-up-Unternehmen im E-Business besonders relevante Komponente der

---

[40] GLÄSER und LAUDEL (2009), S. 62 betonen, dass jede empirische Untersuchung selektiv ist und nur einen Teil der über den Untersuchungsgegenstand existierenden Informationen verarbeiten kann. Und LIEBERMAN und MONTGOMERY (1988), S. 53 heben hervor, dass empirische Untersuchungen zum Markteintrittstiming auf spezifische Mechanismen fokussiert sein sollten, die einzelne Aspekte des Markteintrittstimings erklären können.

Einflussfaktoren des Markteintrittstimings vorgenommen. Wie im vorhergehenden Abschnitt 1.1 beschrieben, erscheint dafür aus vielerlei Gründen das aus dem *Resource-based View* des Strategischen Managements entsprungene Konzept der **Dynamic Capabilities** geeignet.

Somit liegt das Ziel der vorliegenden Untersuchung, wie in Abbildung 1.3 dargestellt, darin, zu erforschen, wie *Dynamic Capabilities* als Meta-Kompetenzen das Markteintrittstiming von Start-up-Unternehmen im E-Business beeinflussen. Absicht der vorliegenden Untersuchung ist es dabei nicht, großzahlig gesicherte Erkenntnisse über Häufigkeitsverteilungen bestimmter Ressourcen bei Start-up-Unternehmen herauszuarbeiten, sondern vielmehr explorativ die Wirkung einzelner Komponenten der *Dynamic Capabilities* auf das Markteintrittstiming zu identifizieren. Aus der Zielsetzung der Untersuchung, lässt sich somit die folgende **forschungsleitende Fragestellung** ableiten:[41]

> Wie beeinflussen *Dynamic Capabilities* das Markteintrittstiming von Start-up-Unternehmen im E-Business?

Die übergeordnete Zielsetzung der vorliegenden Untersuchung untergliedert sich dabei in die drei nachfolgend beschriebenen Teilziele.

Teilziel 1: Entwicklung eines heuristischen Bezugsrahmens

Das erste Teilziel der vorliegenden Arbeit liegt darin, anhand der Entwicklung eines **heuristischen Bezugsrahmens** eine Brille zu entwickeln, durch die ein geschärfter Blick auf das Forschungsthema der *Dynamic Capabilities* als Einflussfaktoren des Markteintrittstimings von Start-up-Unternehmen im E-Business möglich wird. So sollen in dem heuristischen Bezugsrahmen systematisch begriffliche Überlegungen und bestehende Theorien zusammengeführt werden, die der weiteren Strukturierung,

---

[41] Nach GLÄSER und LAUDEL (2009), S. 65f. muss eine Forschungsfrage gleichzeitig die folgenden vier Merkmale erfüllen: „1. Sie geht vom existierenden Wissen aus: Sie bezieht sich auf eine Theorie, indem sie deren Begriffe benutzt und etwas fragt, was durch diese Theorie (...) nicht beantwortet wird. Sie enthält damit auch den Geltungsbereich der Antwort. 2. Ihre Beantwortung ermöglicht es, dem existierenden Wissen etwas hinzuzufügen. 3. Sie fragt nach einem Zusammenhang (...). 4. Sie fragt nach einem allgemeinen Zusammenhang, bezieht sich also nicht nur auf den Verlauf eines einzelnen konkreten Prozesses, sondern auf eine Klasse bzw. einen Typ von Prozessen."

1.2 Zielsetzung und Forschungsfragen

Eingrenzung und sprachlichen Beschreibung der komplexen Forschungsthematik zuträglich sind.[42]

Dieses ausführlich explizierte Vorverständnis muss in seiner Funktion als **vorläufiger theoretischer Bezugsrahmen** jedoch von seiner „(...) logischen Konsistenz und Operationalität her nicht den strengen Anforderungen an ein Hypothesensystem genügen."[43] Das erste Teilziel der Untersuchung besteht somit nicht in der Formulierung von Hypothesen, sondern vielmehr in der Ausgestaltung eines ersten, vorläufigen Bezugsrahmens, der durch eine anschließende empirische Erhebung weiter ausdifferenziert wird und damit letztlich zur Theoriebildung beiträgt. Als Theorie gilt dabei nach SCHNELL, HILL und ESSER (2008) allgemein „(...) ein System von Aussagen, das mehrere Hypothesen oder Gesetze umfasst."[44]

Im Sinne einer von KUBICEK (1977) geforderten Art der Betrachtung,[45] gilt es, in den vorläufigen theoretischen Bezugsrahmen der vorliegenden Untersuchung vielfältige **Erkenntnisse aus unterschiedlichsten Forschungsperspektiven** einfließen zu lassen. So sollen u.a. Erkenntnisse aus den Forschungsströmen des Markteintrittstimings, des *Resource-based View* und des daraus hervorgegangenen Konzepts der *Dynamic Capabilities*, des Innovationsmanagements, des *Entrepreneurship* und des E-Business miteinander verknüpft werden. Durch diese breit gefächerte Grundlage soll der vorläufige theoretische Bezugsrahmen eine grundlegende Orientierung zur Steuerung des weiteren Forschungsprozesses bieten.

Teilziel 2: Analyse der Literatur zu den Einflussfaktoren des Markteintrittstimings

Das zweite Teilziel der vorliegenden Arbeit besteht in einer ausführlichen **Analyse der Literatur zu den Einflussfaktoren des Markteintrittstimings**. Dabei sollen zum einen die bereits bestehenden Erkenntnisse über Einflussfaktoren des Markteintrittstimings zusammengetragen und übersichtlich dargestellt werden. Zum anderen sollen durch die Zusammenführung und Analyse der vorhandenen Erkenntnisse bisherige Wissensdefizite hinsichtlich der Einflussfaktoren des Markteintrittstimings detailliert herausgearbeitet werden.

---

[42] Vgl. WRONA (2005), S. 20, MAYRING (2002), S. 29f., KUBICEK (1977), S. 17ff..
[43] Vgl. KUBICEK (1977), S. 17f..
[44] Vgl. SCHNELL, HILL und ESSER (2008), S. 54.
[45] Vgl. KUBICEK (1977), S. 20.

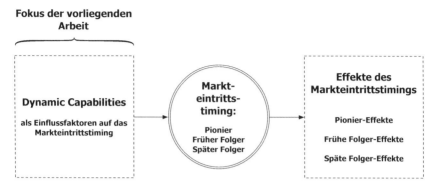

Abbildung 1.3: *Dynamic Capabilities* als Einflussfaktoren des Markteintrittstimings (Quelle: Eigene Darstellung)

Teilziel 3: Hypothesenentwicklung über die *Dynamic Capabilities* als Einflussfaktoren des Markteintrittstimings

Das dritte und letzte Teilziel der vorliegenden Untersuchung besteht darin, erste Hypothesen über die *Dynamic Capabilities* als Einflussfaktoren des Markteintrittstimings von Start-up-Unternehmen im E-Business zu generieren. Dazu sollen die Wirkungen der *Dynamic Capabilities* auf das Markteintrittstiming von Pionieren, frühen Folgern und späten Folgern im E-Business anhand von Einzelfallanalysen herausgearbeitet und im Rahmen einer fallübergreifenden Analyse miteinander verglichen werden.

1.3 Aufbau der Arbeit

Wie in Abbildung 1.4 dargestellt, teilt sich die vorliegende Arbeit zur Beantwortung der im vorhergehenden Abschnitt hergeleiteten Forschungsziele in insgesamt **vier Teile** auf. Dabei folgt auf die im vorliegenden **Teil I** beschriebenen **Ausgangspunkte** der Untersuchung in **Teil II** die Entwicklung eines **vorläufigen theoretischen Bezugsrahmens**. Dieser dient als Brille zur Betrachtung der *Dynamic Capabilities* als Einflussfaktoren des Markteintrittstimings von Start-up-Unternehmen im E-Business.

Im Verlauf der Entwicklung des theoretischen Bezugsrahmens wird diese Brille schrittweise schärfer gestellt. So werden zunächst in **Kapitel 2** wichtige **theoreti-**

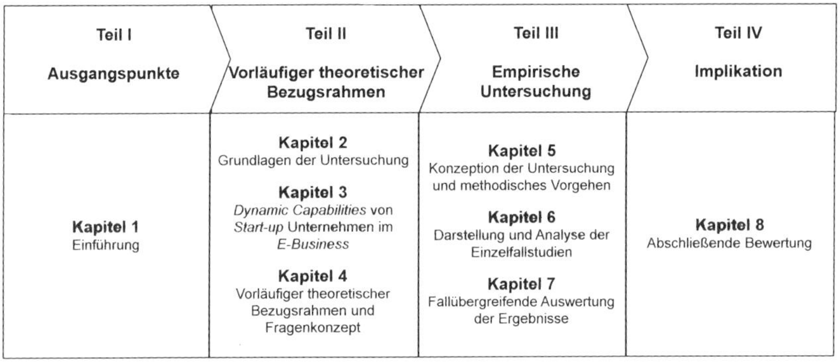

1.3 Aufbau der Arbeit

Teil I	Teil II	Teil III	Teil IV
Ausgangspunkte	Vorläufiger theoretischer Bezugsrahmen	Empirische Untersuchung	Implikation
Kapitel 1 Einführung	**Kapitel 2** Grundlagen der Untersuchung **Kapitel 3** Dynamic Capabilities von Start-up Unternehmen im E-Business **Kapitel 4** Vorläufiger theoretischer Bezugsrahmen und Fragenkonzept	**Kapitel 5** Konzeption der Untersuchung und methodisches Vorgehen **Kapitel 6** Darstellung und Analyse der Einzelfallstudien **Kapitel 7** Fallübergreifende Auswertung der Ergebnisse	**Kapitel 8** Abschließende Bewertung

Abbildung 1.4: Aufbau der Arbeit (Quelle: Eigene Darstellung)

sche **Grundlagen** der Untersuchung spezifiziert. Das Fundament der Untersuchung bildet dabei die Schaffung eines genauen Verständnisses der zentralen **Begrifflichkeiten** des *Resource-based View* und des Markteintrittstimings. Anschließend werden im Rahmen einer **Analyse der Literatur** zu den Einflussfaktoren des Markteintrittstimings detailliert die bestehenden Erkenntnisdefizite herausgearbeitet.

In **Kapitel 3** wird darauf folgend eine detaillierte **Konzeptualisierung** von *Dynamic Capabilities* bei Start-up-Unternehmen im E-Business vorgenommen. Als Grundlage hierzu dient ein von TEECE (2007a) im Rahmen einer Zusammenführung der bisherigen Forschungserkenntnisse zu den *Dynamic Capabilities* entwickeltes umfassendes Rahmenwerk. Dieses Rahmenwerk wird anhand von vielfältiger Literatur auf die spezifischen Kontextbedingungen von Start-up-Unternehmen im E-Business angepasst.

In **Kapitel 4** wird zum Abschluss des Teils II schließlich der **vorläufige theoretische Bezugsrahmen** zusammenfassend dargestellt und ein grundlegendes **Fragenkonzept** für dessen Weiterentwicklung und somit für die zusätzliche „Schärfung der Brille" im Rahmen der empirischen Erhebung in **Teil III** abgeleitet.

In **Kapitel 5** wird zunächst die **Konzeption der Untersuchung** und das methodische Vorgehen beschrieben. Dazu wird zunächst die Wahl einer Fallstudienerhebung als Forschungsmethode zur Charakterisierung der *Dynamic Capabilities* von Pionieren, frühen Folgern und späten Folgern begründet. Anschließend wird die Datengewinnung und die Vorgehensweise bei der Analyse der Daten erläutert. Im folgenden **Kapitel 6** wird schließlich eine Darstellung und Analyse der Einzelfallstudien vorgenommen, bevor in **Kapitel 7** zum Abschluss des Teils III eine fallübergreifende Auswertung der Ergebnisse stattfindet. Anhand dieser Analyse und einem Abgleich mit der bestehenden Literatur werden schließlich als Zusammenfassung der gewonnenen Erkenntnisse konkrete Hypothesen zu den *Dynamic Capabilities* als Einflussfaktoren des Markteintrittstimings von Start-up-Unternehmen im E-Business abgeleitet.

Die Arbeit endet schließlich mit **Teil IV**, der mit **Kapitel 8** eine abschliessende Darstellung der gewonnenen Erkenntnisse, eine kritische Bewertung der vorliegenden Untersuchung und die Ableitung von Implikationen für Wissenschaft und Wirtschaftspraxis umfasst. Durch die im Verlauf des Forschungsprozesses immer schärfer gestellte Brille entsteht somit für die Wissenschaft und die Wirtschaftspraxis erstmals eine klarer Blick auf die *Dynamic Capabilities* als Einflussfaktoren des Markteintrittstimings von Start-up-Unternehmen im E-Business. Das somit gewonnene Vorverständnis kann dann als Grundlage für weitere Forschungsarbeiten dienen, die den Blick auf einzelne Aspekte des Forschungsgegenstands zusätzlich schärfen können.

Teil II

Vorläufiger theoretischer Bezugsrahmen

Aufbau des Teils II der Arbeit

Der **vorliegende Teil II** zur Entwicklung des vorläufigen theoretischen Bezugsrahmens ist in drei Kapitel untergliedert. So werden in **Kapitel 2** zunächst die für die Untersuchung **relevanten Begrifflichkeiten** erläutert. Anschließend werden im Rahmen einer ausführlichen **Analyse der Literatur** zu den Einflussfaktoren des Markteintrittstimings bestehende Erkenntnisdefizite herausgearbeitet. In **Kapitel 3** wird dann eine detaillierte Konzeptualisierung von *Dynamic Capabilities* bei Start-up-Unternehmen im E-Business vorgenommen. In **Kapitel 4** wird schließlich der **vorläufige theoretische Bezugsrahmen** zusammenfassend dargestellt und ein grundlegendes **Fragenkonzept** für dessen Weiterentwicklung im Rahmen der empirischen Erhebung in Teil III abgeleitet.

Teil I	Teil II	Teil III	Teil IV
Ausgangspunkte	Vorläufiger theoretischer Bezugsrahmen	Empirische Untersuchung	Implikation
Kapitel 1 Einführung	**Kapitel 2** Grundlagen der Untersuchung **Kapitel 3** *Dynamic Capabilities* von *Start-up* Unternehmen im *E-Business* **Kapitel 4** Vorläufiger theoretischer Bezugsrahmen und Fragenkonzept	**Kapitel 5** Konzeption der Untersuchung und methodisches Vorgehen **Kapitel 6** Darstellung und Analyse der Einzelfallstudien **Kapitel 7** Fallübergreifende Auswertung der Ergebnisse	**Kapitel 8** Abschließende Bewertung

Aufbau des Teils II der Arbeit (Quelle: Eigene Darstellung)

Kapitel 2

Grundlagen der Untersuchung

In dem vorliegenden Kapitel 2 werden wichtige begriffliche und theoretische Grundlagen für die Untersuchung der *Dynamic Capabilities* als Einflussfaktoren des Markteintrittstimings von Start-up-Unternehmen im E-Business herausgearbeitet. Dazu wird zunächst in Abschnitt 2.1 eine ausführliche **Definition und Abgrenzung zentraler Begrifflichkeiten** der Untersuchung vorgenommen. In Abschnitt 2.2 wird anschließend eine umfangreiche **Analyse der bislang vorliegenden Studien** über Einflussfaktoren des Markteintrittstimings durchgeführt.

2.1 Begriffliche Grundlagen

In dem vorliegenden Abschnitt werden die für die vorliegende Untersuchung relevanten Begrifflichkeiten präzise definiert und abgegrenzt. So wird zunächst in Abschnitt 2.1.1 die Begrifflichkeit des **E-Business** definiert und in dem anschließenden Abschnitt 2.1.2 ein Verständnis des Untersuchungsgegenstands der **Start-up-Unternehmen** herausgearbeitet.

Im Anschluß widmet sich Abschnitt 2.1.3 einer detaillierten Definition, Abgrenzung und Klassifizierung von Begrifflichkeiten des ***Resource-based View***. Ebenso wird auch in dem darauf folgenden Abschnitt 2.1.4 eine Erläuterung der zentralen Begrifflichkeiten der Forschung zum **Markteintrittstiming** vorgenommen. Abschließend wird in Abschnitt 2.1.5 der **Innovationsprozess** von Start-up-Unternehmen im E-Business erläutert und in einzelne Phasen untergliedert.

2.1.1 Forschungskontext des E-Business

Jedes Unternehmen agiert im Rahmen einer bestimmten **Unternehmensumwelt**,[46] von der es geprägt wird und die ebenso auch von den einzelnen Unter-

---

[46] Vgl. PORTER (2008), S. 35.

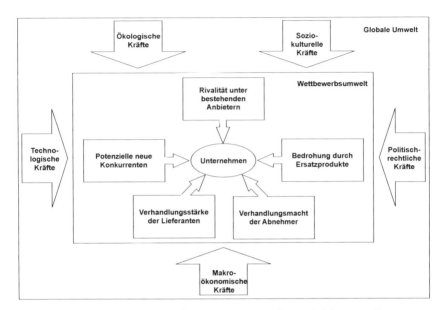

Abbildung 2.1: Unternehmensumwelt (Quelle: Eigene Darstellung in Anlehnung an STEINMANN und SCHREYÖGG (2005), S. 191)

nehmen selbst beeinflusst werden kann.[47] Grundsätzlich lässt sich diese Unternehmensumwelt, wie in Abbildung 2.1 dargestellt, in die globale Umwelt (Makroumwelt) und die Wettbewerbsumwelt (Mikroumwelt) unterteilen.[48] Die **globale Umwelt** setzt sich aus einem Zusammenspiel von makroökonomischen, technologischen, politisch-rechtlichen, sozio-kulturellen und ökologischen Kräften zusammen. Die **Wettbewerbsumwelt** dagegen betrifft das direkte Branchenumfeld, in dem ein Unternehmen im Spannungsfeld der von PORTER (2008) beschriebenen folgenden **fünf Wettbewerbskräfte** agiert:[49] (1) Rivalität unter den bestehenden Unternehmen einer Branche; (2) Potenzielle neue Konkurrenten; (3) Bedrohung durch Ersatzprodukte und -dienste; (4) Verhandlungsstärke der Lieferanten; (5) Verhandlungsmacht der Abnehmer.[50]

---

[47] Vgl. TEECE (2007a), S. 1325.
[48] Vgl. STEINMANN und SCHREYÖGG (2005), S. 191.
[49] Vgl. PORTER (2008), S. 35ff..
[50] Für eine Diskussion der Eignung des Konzepts der Branchenstrukturanalyse für den Kontext des E-Business sei u.a. auf MAASS (2008), S. 79f. und PORTER (2001) verwiesen.

2.1 Begriffliche Grundlagen

Auf der Ebene der globalen Umwelt hat seit den 1980er Jahren in den westlichen Industrienationen eine Entwicklung hin zur **Informationsgesellschaft** nicht nur die Gesellschaft, sondern insbesondere auch die Wirtschaft stark geprägt.[51] Im Mittelpunkt dieser Entwicklung steht die zunehmende Digitalisierung von Informationen und Inhalten, die über miteinander vernetzte Computer schnell von einem Ort an einen anderen übertragen werden können.[52] Während die Nutzung solcher Computernetzwerke in den 1970er und 1980er Jahren noch sehr kostspielig und damit nur Forschungseinrichtungen oder Großunternehmen vorbehalten war,[53] ermöglichte die Erfindung des **World Wide Web** zu Beginn der 1990er Jahre die Nutzung des Internets auch für Unternehmen und Privathaushalte.[54]

Die mit der Nutzung des Internets u.a. einhergehende Senkung der Kommunikationskosten, schnellere Informationsbeschaffung und einfachere Transaktionsabwicklung haben dazu geführt,[55] dass sich die Wertschöpfungsprozesse vieler Unternehmen in den folgenden Jahrzehnten grundlegend verändert haben.[56,57] Dabei wurden im Sinne einer **schöpferischen Zerstörung**[58] zahlreiche bestehende

---

[51] Vgl. KOLLMANN (2009b), S. 4ff., KOLLMANN (2009a), S. 1, WIRTZ (2001), S. 18ff., ZERDICK et al. (2001), S. 147ff..

[52] Für eine ausführliche Beschreibung der Entwicklung der Informationstechnik und -technologie sei auf KOLLMANN (2009a), S. 1ff. verwiesen. Eine detaillierte Beschreibung der Entstehung des Internets findet sich bei CASTELLS (2005), S. 20ff..

[53] Vgl. KOCH (2003), S. 1.

[54] Fälschlicherweise findet im täglichen Sprachgebrauch oftmals eine synonyme Verwendung der Begriffe „Internet" und „World Wide Web" statt. Der Begriff „Internet" bezeichnet ein weltweites Netzwerk von Computern, während das „World Wide Web" einen auf diesem Netzwerk aufgebauten Dienst darstellt, der Nutzern den Aufruf von miteinander verlinkten Dokumenten (Webseiten) ermöglicht.

[55] Für eine detailliertere Beschreibung möglicher Quellen der Wertschöpfung im E-Business sei auf KOLLMANN (2009a), S. 30f., CASSIMAN und SIEBER (2007), S. 299ff., AMIT und ZOTT (2001), S. 503ff. und HOFFMAN und NOVAK (2004), S. 7ff. verwiesen.

[56] Vgl. KOLLMANN (2003), S. 5.

[57] Für eine detaillierte Darstellung der Auswirkungen des Internets auf die Branchenstruktur und die Wertschöpfungskette sei auf PORTER (2001), S. 1ff. und KOLLMANN (2009a), S. 32ff. verwiesen. Durch das E-Business ausgelöste Veränderungen auf gesellschaftlicher, volkswirtschaftlicher und betriebswirtschaftlicher Ebene werden bei WIRTZ (2001), S. 26ff. behandelt. Eine detaillierte Analyse der Auswirkungen des Internets auf Transaktionskosten und Preise findet sich bei LICHTENAU (2005), S. 43ff..

[58] Der insbesondere von SCHUMPETER (1942), S. 82f. geprägte und in der Innovationsforschung viel zitierte Begriff der schöpferischen Zerstörung besagt, dass durch eine neuartige Kombination von Produktionsfaktoren immer auch bestehende Strukturen zerstört werden. Eine solche Zerstörung ist demnach geradezu notwendig, um Innovationen hervorzubringen. Nach Ansicht von Schumpeter sind grundlegende technische Innovationen, sog. Basisinnovationen (z.B. Erfindung der Dampfmaschine) der Auslöser für die im Rahmen des Kondratjew-Zyklus'

Industrien durch neue, auf dem Internet aufbauende Geschäftsmodelle des sog. E-Business aufgewühlt und auch gänzlich neue Branchen begründet.[59,60,61] Unter dem **Begriff des E-Business** wird nach WIRTZ (2001) dabei „(...) die Anbahnung sowie die teilweise respektive vollständige Unterstützung, Abwicklung und Aufrechterhaltung von Leistungsaustauschprozessen mittels elektronischer Netze verstanden."[62,63] Bei den dabei ausgetauschten Leistungen kann es sich sowohl um materielle und immaterielle Güter als auch um Dienstleistungen handeln, die zumeist, aber nicht zwangsläufig gegen kompensatorische Leistungen transferiert werden.[64] Insgesamt weist das E-Business eine starke Umfelddynamik und einen hohen Wettbewerbsdruck auf[65] und stellt dadurch sowohl etablierte Großunternehmen mit relativ geringer Flexibilität als auch junge Unternehmen mit relativ geringen Ressourcenausstattungen vor komplexe Herausforderungen[66].

Eine für die genauere Eingrenzung des Forschungskontexts der vorliegenden Untersuchung wichtige und in der Literatur weit verbreitete **Systematisierung des E-Business** lässt sich anhand der im E-Business agierenden **Akteure** und der zwischen ihnen bestehenden **Interaktionsmuster** vornehmen.[67] Als Akteure

---

  beschriebenen langfristigen Konjunkturwellen. Eine Einordnung des Internets als Basisinnovation und des darauf aufbauenden E-Business in die bisherigen Kondratjew-Zyklen findet sich bei MAASS (2008), S. 15f..
[59] Vgl. LIAO, KICKUL und MA (2009), S. 265 und AMIT und ZOTT (2001), S. 495.
[60] PORTER (2001), S. 5 fasst die schöpferische Zerstörung des Internets wie folgt zusammen: „*The Internet has created some new industries, such as online auctions and digital marketplaces. However, its greatest impact has been to enable the reconfiguration of existing industries that had been constrained by high costs for communicating, gathering information, or accomplishing transactions.*"
[61] Die Entstehung der neuen Geschäftsmodelle im E-Business erfolgte größtenteils in zwei Gründungswellen, die Mitte der 1990er und Mitte der 2000er Jahre insbesondere vom *Silicon Valley* in den USA ausgingen und auch auf Europa und andere geographische Gebiete überströmten. Eine detaillierte Beschreibung des Gründungsgeschehens im E-Business findet sich bei KOLLMANN (2003), S. 5ff..
[62] Vgl. WIRTZ (2001), S. 34.
[63] In der Literatur werden die Begriffe des E-Business und E-Commerce teilweise auch synonym verwendet. In der vorliegenden Untersuchung wird jedoch der Begriffsauslegung gefolgt, die das E-Business als Oberbegriff für unterschiedliche Aktivitäten, wie z.B. den E-Commerce oder das E-Learning ansieht. Für eine Übersicht unterschiedlicher Definitionsansätze der Begriffe E-Business und E-Commerce sei auf WIRTZ (2001), S. 33 verwiesen.
[64] Vgl. WIRTZ (2001), S. 34.
[65] Vgl. MAASS (2008), S. 13, FAHY und HOOLEY (2002), S. 242, WIRTZ (2001), S. 145, AMIT und ZOTT (2001), S. 493ff., ZERDICK et al. (2001), S. 146.
[66] Vgl. LIAO, KICKUL und MA (2009), S. 264ff., WITT (2008), S. 37.
[67] Vgl. KOLLMANN (2009a), S. 39f., MAASS (2008), S. 3, WIRTZ (2001), S. 34.

2.1 Begriffliche Grundlagen

des E-Business gelten dabei alle diejenigen, die **Anbieter oder Empfänger** der elektronisch basierten Leistungsaustauschprozesse sein können.[68] Bei den Akteuren handelt es sich dabei zumeist um Unternehmen, Konsumenten oder öffentliche Institutionen anhand deren Interaktionen sich die in Abbildung 2.2 dargestellte Interaktionsmustermatrix aufziehen lässt.[69]

In der wirtschaftlichen Realität kommen dabei häufig ***Business-to-Consumer*-Interaktionen** vor, bei denen Unternehmen als Anbieter und Konsumenten als Empfänger auftreten (z.B. bei Online-Shops).[70] Aufgrund der großen Transaktionsvolumina bedeutend sind zudem ***Business-to-Business*-Interaktionen**,[71] bei denen Unternehmen Leistungen anbieten, die von anderen Unternehmen in Anspruch genommen werden (z.B. bei elektronischen Handelsplattformen für Unternehmen).[72] Aber auch die auf elektronischen Netzen basierten Leistungsaustauschprozesse zwischen öffentlichen Einrichtungen und Konsumenten bzw. anderen öffentlichen Einrichtungen gewinnen durch den wachsenden Druck zur Steigerung der Effizienz öffentlicher Institutionen zunehmend an Bedeutung.[73]

Aufgrund der Tatsache, dass die einzelnen Interaktionsmuster (z.B. *Business-to-Consumer* bzw. *Business-to-Business*) teilweise deutliche **Unterschiede in der Charakteristik** der ihnen zugrunde liegenden Prozesse und Wertschöpfungsstrukturen aufweisen,[74] wird zur Gewährleistung einer besseren Vergleichbarkeit[75] der Untersuchungsergebnisse für die vorliegende Untersuchung eine **Fokussierung**

---

[68] Vgl. KOLLMANN (2009a), S. 40, WIRTZ (2001), S. 34.
[69] In der Literatur werden u.a. bei HOFFMAN und NOVAK (2004), S. 19 neben den hier genannten Akteuren auch noch Arbeitnehmer als Akteure des E-Business aufgeführt.
[70] Vgl. MAASS (2008), S. 4.
[71] Vgl. MAASS (2008), S. 4.
[72] Vgl. KOLLMANN (2009a), S. 40.
[73] Vgl. MAASS (2008), S. 5.
[74] KOLLMANN (2009b), S. 159 betont insbesondere, dass *Business-to-Business*-Interaktionen im Gegensatz zu *Business-to-Consumer*-Interaktionen von komplexeren Wertschöpfungsstrukturen geprägt sind. Für eine Gegenüberstellung der Charakteristik von *Business-to-Consumer*- und *Business-to-Business*-Interaktionen sei u.a. auf XU und QUADDUS (2009), S. 50 verwiesen.
[75] Die folgenden Autoren betonen zur Erreichung einer besseren Vergleichbarkeit insbesondere für Untersuchungen im Rahmen des *Resource-based View* bzw. des Markteintrittstimings die Bedeutung einer Fokussierung auf möglichst ähnliche Kontextbedingungen: NOTHNAGEL (2008), S. 130f., DEWETT und WILLIAMS (2007), S. 80, SCHOENECKER und COOPER (1998), S. 1138.

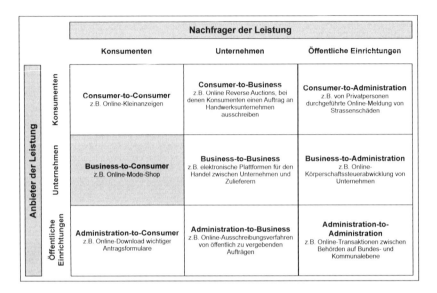

Abbildung 2.2: Interaktionsmuster im E-Business (Quelle: Eigene Darstellung in Anlehnung an WIRTZ (2001), S. 35)

des Forschungskontexts auf *Business-to-Consumer*-Interaktionen im E-Business vorgenommen.[76]

Darüber hinaus wäre zudem grundsätzlich denkbar, innerhalb der *Business-to-Consumer*-Interaktionen im E-Business eine **zusätzliche Fokussierung** auf einzelne Typen von Geschäftsmodellen[77] vorzunehmen.[78] Eine solche zusätzliche Eingrenzung des Forschungskontexts erscheint jedoch für eine Erkenntniserweiterung im Rahmen der vorliegenden Untersuchung aus zwei Gründen ungeeignet. So findet

---

[76] Eine Fokussierung von Untersuchungen auf einzelne Interaktionsmuster im E-Business ist in der Literatur weit verbreitet. Beispielhaft seien folgende Arbeiten genannt: *Business-to-Consumer*-Interaktionen: u.a. bei WALGENBACH (2007); *Business-to-Business*-Interaktionen: u.a. bei KOCH (2010), LICHTENAU (2005), HIDDING und WILLIAMS (2003). *Business-to-Consumer*-, *Consumer-to-Consumer*- und *Business-to-Business*-Interaktionen u.a. bei HUMMEL (2005).

[77] MAASS (2008), S. 29 definiert den Begriff Geschäftsmodell im Forschungskontext des E-Business wie folgt: „(...) eine vereinfachte Abbildung und Verknüpfung der Elemente im Unternehmen, die von herausragender Bedeutung für die Gewinnerzielung sind (...)."

[78] Den Versuch einer Unterscheidung einzelner Geschäftsmodelltypen im Rahmen von Untersuchungen im Forschungskontext des E-Business unternehmen u.a. LIEBERMAN (2007) und EISENMANN (2006).

2.1 Begriffliche Grundlagen

sich zum einen in der Literatur eine Flut von Unterscheidungsmöglichkeiten der Geschäftsmodelle im Rahmen des E-Business, wobei der Großteil dieser Ansätze höchst unterschiedlich ist und es bislang **kein einheitliches Verständnis einer Geschäftsmodelltypologie im E-Business** gibt.[79]

Zudem erscheint eine Unterscheidung des Forschungskontexts in einzelne Geschäftsmodelltypen auch deshalb als nicht zielführend, da im Gegensatz zu den Anfängen des E-Business die unterschiedlichen Geschäftsmodelltypen kaum noch in ihrer Reinform auftreten, sondern Angebote im E-Business zumeist auf **Mischformen unterschiedlicher Geschäftsmodelle** basieren.[80] Deren Klassifizierung in trennscharfe Typen von Geschäftsmodellen würde somit kaum mit der Realität in Einklang stehen.

Zusammenfassend lässt sich der **Forschungskontext der vorliegenden Untersuchung** somit wie folgt charakterisieren:

> Der **Forschungskontext** der vorliegenden Untersuchung umfasst *Business-to-Consumer*-**Interaktionen im E-Business**.

2.1.2 Start-up-Unternehmen als Untersuchungsobjekte

Die grundsätzliche **Untersuchungseinheit** der vorliegenden Arbeit ist das Wirtschaftssubjekt Unternehmen im E-Business. Unternehmen unterscheiden sich jedoch hinsichtlich vielfältiger Charakteristika, wie z.B. Alter, Größe und Ressourcenausstattungen, weshalb zum Zwecke einer besseren Vergleichbarkeit der Untersuchungsergebnisse eine Fokussierung der vorliegenden Untersuchung auf eine **in sich weitestgehend homogene Art von Unternehmen** geboten scheint.

---

[79] WIRTZ (2003), S. 106ff. nimmt eine insbesondere in deutschsprachigen Forschungsarbeiten häufig aufgegriffene Unterscheidung von Geschäftsmodellen im E-Business in die Geschäftsmodelltypen „*Content*", „*Commerce*", „*Context*" und „*Connection*" vor. Für einen Überblick weit verbreiteter Typologien von Geschäftsmodellen im E-Business sei zudem auf LAMBERT (2006), S. 7f. verwiesen.

[80] Die Gründe dafür, dass Angebote im E-Business zunehmend auf hybriden und multifunktionalen Geschäftsmodellen aufbauen, sieht WIRTZ (2003), S. 119ff. darin, dass solche Mischformen von Geschäftsmodellen Verbundeffekte, multiple Kundenbindung, Preisbündelung und eine Diversifikation der Erlösquellen ermöglichen.

Gerade für eine Untersuchung der Einflussfaktoren des Markteintrittstimings im Forschungskontext des E-Business erweisen sich aus mehreren Gründen insbesondere **Start-up-Unternehmen**[81] als geeignete Untersuchungsobjekte. So wurde ein Großteil der meist noch jungen Marktsegmente des E-Business sowohl von Start-up-Unternehmen kreiert als auch von solchen maßgeblich in der weiteren Entwicklung geprägt.[82] Start-up-Unternehmen werden darüber hinaus generell als Triebkräfte einer dynamischen Wirtschaft angesehen und nehmen damit eine herausragende Bedeutung für die volkswirtschaftliche und gesellschaftliche Entwicklung eines Landes und seiner internationalen Wettbewerbsfähigkeit ein.[83]

Zudem bieten Start-up-Unternehmen im Gegensatz zu etablierten, stark diversifizierten Unternehmen häufig nur ein Leistungsangebot an, wodurch die für die Untersuchung der Einflussfaktoren des Markteintrittstimings notwendige Zuordnung einzelner Unternehmensressourcen zu der Entwicklung eines betrachteten Leistungsangebots präziser möglich ist. Und auch die im Vergleich zu etablierten Unternehmen noch relativ geringe Unternehmensgröße[84] stellt ebenfalls einen Vorteil für die Erhebung von Daten im Rahmen der empirischen Untersuchung dar, weil die Ressourcenausstattung eines Start-up-Unternehmens sowohl für einen Forscher als auch für Befragte im Unternehmen noch überschaubar ist.[85]

Aus der Forschungsperspektive ist die Untersuchung von jungen Unternehmen zudem besonders aufschlussreich, da sich die noch relativ überschaubare Ressourcenbasis zumeist innerhalb kurzer Zeit schnell verändert und diese Veränderungen zudem eine relativ größere Bedeutung haben, als dies bei etablierten Unternehmen der Fall ist.[86] So lässt sich anhand von Start-up-Unternehmen die Entwicklung

---

[81] Für den Begriff des Start-up-Unternehmens wird oftmals im Deutschen synonym auch die Bezeichnung Gründungsunternehmen verwendet. Start-up-Unternehmen im E-Business bezeichnet KOLLMANN (2009a), S. 52f. als *E-Ventures*.

[82] KOLLMANN (2009b), S. 4 hebt hervor, dass eine Vielzahl der innovativen Unternehmensgründungen in den letzten Jahren im E-Business erfolgte; PORTER (2008), S. 277 betont, dass der Anteil von Start-up-Unternehmen zu keiner Phase der Branchenentwicklung so hoch ist, wie in der Entstehungsphase. HELFAT und LIEBERMAN (2002), S. 735 merken an: „(...) *that in most industries the rate of de novo entry substantially exceeds that of diversified firm entry.*"

[83] Vgl. KOLLMANN (2009b), S. 1ff., FUEGLISTALLER, MÜLLER und VOLERY (2004), S. 15ff., HOMMEL und KNECHT (2002), S. 3f., SCHEFCZYK und PANKOTSCH (2002), S. 35f..

[84] Vgl. FREILING und KOLLMANN (2008), S. 7, NEWBERT (2005), S. 57.

[85] Eine umfangreiche Auflistung der Spezifika von Start-up-Unternehmen findet sich bei FREILING und KOLLMANN (2008), S. 6f. sowie HOMMEL und KNECHT (2002), S. 8ff..

[86] Vgl. MCKELVIE und DAVIDSSON (2009), S. S64.

2.1 Begriffliche Grundlagen

von *Dynamic Capabilities* bereits von einem frühen Zeitpunkt ihrer Entstehung an untersuchen.

Das der vorliegenden Untersuchung zugrunde liegende Begriffsverständnis von Start-up-Unternehmen soll nachfolgend anhand einer von SZYPERSKI und NATHUSIUS (1999) entwickelten **Klassifikation von unterschiedlichen Gründungstypen** näher spezifiziert werden.[87,88] Demnach lassen sich einerseits **unselbständige und selbständige** sowie andererseits **derivative und originäre Unternehmensgründungen** unterscheiden.

Unselbständige Gründungen sind dabei solche, die von in einer abhängigen Stellung beschäftigten Person im Rahmen ihres Tätigkeitsbereiches durchgeführt werden (z.B. Gründung einer Tochtergesellschaft durch den Prokuristen einer Aktiengesellschaft). **Selbständige Gründungen** erfolgen dagegen von unabhängigen Personen mit dem Ziel der Schaffung einer selbständigen unternehmerischen Existenz (z.B. Gründung eines Fachgeschäfts für Sportartikel).

Als **derivative Gründungen** werden solche bezeichnet, die auf bereits vorhandenen Unternehmensstrukturen aufbauen (z.B. die Übernahme eines bestehenden Unternehmens und dessen Umwandlung in eine neue Rechtsform), wogegen **originäre Gründungen** ohne jegliche zuvor existierende Unternehmensstrukturen erfolgen. Anhand dieser Abgrenzungskriterien lassen sich grundsätzlich die vier in Abbildung 2.3 dargestellten Gründungstypen unterscheiden. Für die vorliegende Untersuchung wird eine **Fokussierung** auf den im Forschungskontext des E-Business weit verbreiteten Typ der **„Unternehmensgründung"** vorgenommen, bei dem von einem oder mehreren Gründern ohne zuvor existierende Unternehmensstrukturen eine vollkommen neue Wirtschaftseinheit kreiert wird. Dass gerade im Zuge einer solchen Unternehmensgründung den im Fokus der vorliegenden Untersuchung stehenden *Dynamic Capabilities* eine herausragende Bedeutung zuteil wird, zeigt insbesondere die Untersuchung von NEWBERT (2005).[89]

Nachdem damit ein grundlegendes Verständnis des Forschungskontexts von Start-up-Unternehmen im E-Business geschaffen wurde, gibt der nachfolgende

---

[87] Vgl. SZYPERSKI und NATHUSIUS (1999), S. 27.
[88] Eine ähnliche Klassifikation von unterschiedlichen Gründungstypen nimmt auch FALLGATTER (2002), S. 24ff. vor.
[89] Die Untersuchungen von NEWEY und ZAHRA (2009), MCKELVIE und DAVIDSSON (2009), ZAHRA, SAPIENZA und DAVIDSSON (2006) und ZAHRA und GEORGE (2002) zeigen zudem die große Bedeutung von *Dynamic Capabilities* für junge Unternehmen.

	Derivative Gründungen	Originäre Gründungen
Unselbständige Gründungen	Fusion/Umgründung	Betriebsgründung
Selbständige Gründungen	Existenzgründung durch Betriebsübernahme	Unternehmensgründung

Abbildung 2.3: Unterscheidung von vier Gründungstypen (Quelle: Eigene Darstellung in Anlehnung an SZYPERSKI und NATHUSIUS (1999), S. 27)

Abschnitt 2.1.3 einen detaillierten Einblick in die begrifflichen Grundlagen des für die vorliegende Untersuchung zentralen Theoriegerüsts des *Resource-based View*.

2.1.3 Begriffliche Grundlagen des *Resource-based View*

Das im Fokus der vorliegenden Untersuchung stehende Konzept der **Dynamic Capabilities** ist dem *Resource-based View* des Strategischen Managements entsprungen.[90] Der *Resource-based View* wird von vielen Forschern für seine **unklare begriffliche Grundlage,** die vor allem aus der Begriffsvielfalt der unterschiedlichen wirtschaftswissenschaftlichen Forschungsbereiche[91] und Weiterentwicklungen des Ansatzes resultiert, kritisiert.[92] Deshalb wird in den nachfolgenden Abschnitten zunächst ein genaueres **Verständnis der zentralen Begrifflichkeiten** des *Resource-based View* herausgearbeitet und damit die Grundlage für eine

---
[90] Für eine Beschreibung der Entstehung des *Dynamic Capability-based View* aus dem *Resource-based View* sei auf Abschnitt 3.1.1 der vorliegenden Untersuchung verwiesen.

[91] Im Rahmen einer Meta-Analyse von 192 Forschungsarbeiten zum *Resource-based View* identifiziert NOTHNAGEL (2008), S. 238f. sieben unterschiedliche betriebswirtschaftliche Forschungsbereiche, aus denen Beiträge zum *Resource-based View* hervorgegangen sind: *Business Policy and Strategy, Entrepreneurship, Human Resources, International Management, Operations Management, Organization and Management Theory, Technology and Innovation Management*.

[92] Bspw. munieren FREILING, GERSCH und GOEKE (2006), S. 7 ein „[t]erminologisches und konzeptionelles Wirrwarr (...)" im *Resource-based View*.

durchgängige und unmissverständliche Verwendung der Begriffe im Rahmen der weiteren Untersuchung geschaffen.[93] Grundsätzlich wird dabei zwischen den Begriffen **Inputgut, Ressource, (Kern)Kompetenz und *Dynamic Capability*** unterschieden.[94] Diese Begrifflichkeiten werden in den folgenden Abschnitten 2.1.3.1 bis 2.1.3.3 näher erläutert. In Abschnitt 2.1.3.4 wird schließlich zusammenfassend eine **hierarchische Systematik der Begriffe** des *Resource-based View* abgeleitet.

2.1.3.1 Begriffe des Inputguts und der Ressource

Der im Mittelpunkt des *Resource-based View* stehende **Begriff der Ressource** wird in der wirtschaftswissenschaftlichen Literatur teilweise höchst unterschiedlich definiert und abgegrenzt.[95] Während in der Volkswirtschaftslehre unter Ressourcen zumeist die Produktionsfaktoren „Boden, Arbeit und Kapital" verstanden werden (allokationstheoretische Perspektive),[96] wird das Ressourcenverständnis von Vertretern des *Resource-based View* vielfach weiter gefasst. Um einen Überblick über die Vielfalt an Definitionsansätzen zu geben, werden in Tabelle 2.1 **chronologisch verschiedene Definitionen des Begriffs der Ressource** von prominenten Vertretern des *Resource-based View* dargestellt.[97]

Im Rahmen einer Analyse unterschiedlicher Definitionsansätze des Begriffs der Ressource kritisiert FREILING (2009)[98] deren geringe Schnittmenge und entwickelt aufbauend auf einer **Unterscheidung zwischen Inputgütern und Ressourcen** einen eigenen Definitionsansatz,[99] der im Rahmen der Arbeit von FREILING,

---

[93] Mit der Schaffung eines genauen Verständnisses der in der vorliegenden Arbeit verwendeten Begriffe des *Resource-based View* folgt die vorliegende Arbeit den Empfehlungen zur Forschung im Rahmen des *Resource-based View* von NOTHNAGEL (2008), S. 215.

[94] Vgl. BARNEY und ARIKAN (2001), S. 139.

[95] Vgl. FREILING (2009), S. 13f., NOTHNAGEL (2008), S. 24.

[96] Vgl. HOHLSTEIN et al. (2003), S. 631f. und FREILING (2009), S. 11.

[97] Für noch umfangreichere Auflistungen unterschiedlicher Definitionsansätze des Begriffs der Ressource sei auf FREILING (2009), S. 14 und FREILING (2002), S. 8 verwiesen. Eine detaillierte Diskussion einzelner Definitionsansätze des Begriffs der Ressource findet sich bei FREILING (2009), S. 11ff. und FREILING (2002), S. 5ff..

[98] Zum Verständnis der chronologischen Abfolge der hier beschriebenen Entwicklung des Ressourcenbegriffs sei darauf verwiesen, dass das Werk von FREILING (2009) in der Erstauflage bereits im Jahre 2001 erschienen ist.

[99] Vgl. FREILING (2009), S. 13ff..

GERSCH und GOEKE (2006) weiterentwickelt wurde.[100] Demnach sind **Inputgüter** „(...) homogene, prinzipiell marktgängige, unternehmungsextern oder -intern erstellte Faktoren, die den Ausgangspunkt weiterer Verwertungs- oder Veredelungsaktivitäten bilden."[101]

Durch solche **Veränderungs- bzw. Veredelungsprozesse,** die auf dem Einsatz von einzelnen oder mehreren Personen und ihren **Kompetenzen** beruhen, lassen sich aus den noch wenig unternehmensspezifischen Inputgütern eines Unternehmens schließlich unternehmensspezifische, wettbewerbsrelevante Ressourcen formen.[102] **Ressourcen** sind demnach „(...) das Ergebnis durch Veredelungsprozesse weiter entwickelter Inputgüter, die wesentlich zur Heterogenität der Unternehmung und zur Sicherstellung aktueller und zukünftiger Wettbewerbsfähigkeit der Unternehmung beitragen (sollen)."[103] Diese Definition von Ressourcen berücksichtigt, dass der durch die Veredelung erwartete Beitrag der Ressource zur Wettbewerbsfähigkeit eintreten kann, aber er aufgrund von möglichen Erwartungsirrtümern nicht zwingend eintreten muss.

Der Unterschied zwischen einem Inputgut und einer Ressource lässt sich anhand eines **Beispiels** aus dem IT-Bereich verdeutlichen: So handelt es sich bei einem als *Open Source*-Software frei verfügbaren *Content Management System* um ein Inputgut, während dieses nach einer Weiterentwicklung (also einer Veredelung) zur Anpassung an unternehmensspezifische Besonderheiten eine Ressource des betreffenden Unternehmens darstellt.[104]

Tabelle 2.1: Chronologische Auflistung unterschiedlicher Definitionen des Begriffs der Ressource (Quelle: Eigene Darstellung in Anlehnung an FREILING (2009), S. 14)

Autor(en) / Jahr	Definition
PENROSE (1995), S. 24	„The physical resources of a firm consist of tangible things – plant, equipment, land and natural resources, raw materials, semifinished goods, waste products and by-products, and even unsold stocks of finished goods."
CAVES (1980), S. 64–92	„(...) those (tangible and intangible) assets that are tied semipermanently to the firm."
	Fortsetzung auf der nächsten Seite

---

[100] Vgl. FREILING, GERSCH und GOEKE (2006), S. 19.
[101] FREILING, GERSCH und GOEKE (2006), S. 19.
[102] Vgl. FREILING (2009), S. 20ff., TEECE, PISANO und SHUEN (1997), S. 516
[103] FREILING, GERSCH und GOEKE (2006), S. 19.
[104] In Anlehnung an ein Beispiel von HELMING und BUCHHOLZ (2008), S. 302.

2.1 Begriffliche Grundlagen

Tabelle 2.1 – Fortsetzung von der vorhergehenden Seite

Autor(en) / Jahr	Definition
WERNERFELT (1984), S. 172	„By a resource is meant anything which could be thought of as a strength or weakness of a given firm. More formally, a firm's resources at a given time could be defined as those (tangible and intangible) assets which are tied semipermanently to the firm."
BARNEY (1991), S. 101	„(...) firm resources include all assets, capabilities, organizational processes, firm attributes, information, knowledge etc. controlled by a firm that enable the firm to conceive of and implement strategies that improve its efficiency and effectiveness (...) ."
GRANT (1991), S. 118 119	„Resources are inputs into the production process, they are basic units of analysis. The individual resources of the firm include items of capital equipment, skills of individual employees, patents, brand names, finance, and so on. But, on their own, few resources are productive. Productive activity requires the cooperation and coordination of teams of resources."
AMIT und SCHOEMAKER (1993), S. 35	„(...) Resources [i. Or. kursiv] will be defined as stocks of available factors that are owned or controlled by the firm."
BLACK und BOAL (1994), S. 134	„(...) resources can be viewed as a configuration or network of factors."
MONTGOMERY (1995), S. 257	„(...) something that can be used for support or help; an available supply that can be drawn on when needed."
WOLFSTEINER (1995), S. 44	„Ressourcen sind all diejenigen Faktoren, die als Input in die Produktion von Gütern und Dienstleistungen eingehen [i. Or. kursiv]. (...) Ressourcen gehören dem Unternehmen oder unterliegen zumindest seiner Kontrolle. Durch ihre Kombination mit anderen Ressourcen werden sie zu Endprodukten verknüpft."
SANCHEZ, HEENE und THOMAS (1996), S. 8	„Resources are assets that are available and useful in detecting and responding to market opportunities or threats."
TEECE, PISANO und SHUEN (1997), S. 516	„Resources are firm-specific assets that are difficult if not impossible to imitate. Trade secrets and certain specialized production facilities and engineering experience are examples. Such assets are difficult to transfer among firms because of transactions costs and transfer costs, and because the assets may contain tacit knowledge."

2.1.3.2 Begriff der (Kern)Kompetenz

Wie im vorhergehenden Abschnitt dargestellt, muss ein Unternehmen zur Erlangung von Wettbewerbsvorteilen **in einem ersten Schritt** Inputgüter in unternehmensspezifische Ressourcen umwandeln und diese **in einem zweiten Schritt** so integrieren und miteinander kombinieren, dass die Ressourcenausstattung gegenüber Wettbewerbern überlegen ist. Die in diesen beiden Schritten durchgeführten **Veränderungs- bzw. Veredelungsprozesse** werden von den organisationalen

Kompetenzen[105] eines Unternehmens gesteuert, die somit für die Nutzbarmachung und Ausschöpfung des Wirkungspotenzials der Ressourcenausstattung verantwortlich sind. Im übertragenen Sinne stellen die Kompetenzen eines Unternehmens demnach das „**Rezept**" dar, nach dessen Anleitung die „**Zutaten**", in Form von Inputgütern und Ressourcen eines Unternehmens, zusammengesetzt werden.[106]

Ähnlich wie bereits für den Begriff der Ressource, finden sich auch für den Begriff der (Kern)Kompetenz in der Literatur zahlreiche unterschiedliche Definitionsansätze. In Tabelle 2.2 wird eine chronologische Auflistung unterschiedlicher **Definitionen des Begriffs der (Kern)Kompetenz** aus der Literatur vorgenommen.[107] Im Rahmen einer Analyse der unterschiedlichen Definitionsansätze entwickelt FREILING (2009)[108] eine bei FREILING, GERSCH und GOEKE (2006) weiterentwickelte Definition des Begriffs der Kompetenz.[109,110] Demnach sind **Kompetenzen** „(...) wiederholbare, auf der Nutzung von Wissen beruhende, durch Regeln geleitete und daher nicht zufällige Handlungspotenziale einer Organisation, die zielgerichtete Prozesse sowohl im Rahmen der Disposition zukünftiger Leistungsbereitschaften als auch konkreter Marktzufuhr- und Marktprozesse ermöglichen. Sie dienen dem Erhalt der als notwendig erachteten Wettbewerbsfähigkeit und gegebenenfalls der Realisierung konkreter Wettbewerbsvorteile."[111]

Zusätzlich wird in der Literatur der auf dem Begriff der Kompetenz aufbauende Begriff der Kernkompetenz unterschieden. Nach FREILING (2002) stellen **Kernkompetenzen** „(...) eine spezielle Kategorie von Kompetenzen dar, die über die Definitionsmerkmale von Kompetenzen hinaus dadurch gekennzeichnet ist, dass sie der Unternehmung zu einer Behauptung [i. Or. ab hier kursiv] gegenüber der

---

[105] Die Begriffe der „Fähigkeit" und „(Kern)Kompetenz" werden in der Literatur oftmals synonym, aber teilweise auch für unterschiedliche Sachverhalte verwendet. FREILING (2009), S. 24 konstatiert nach eingehender Analyse der Begrifflichkeiten der „Fähigkeit" und „(Kern)Kompetenz", dass „[a]uf eine Unterscheidung zwischen Kompetenzen und Fähigkeiten (...) mangels Erkenntniszuwachs aus Sicht des Ressourcenansatzes verzichtet werden" kann.

[106] Vgl. EISENHARDT und MARTIN (2000), S. 1116, NEWBERT (2005), S. 57.

[107] Für weitere umfangreiche Auflistungen unterschiedlicher Definitionsansätze des Begriffs der (Kern)Kompetenz sei auf FREILING (2002), S. 19 und FREILING (2009), S. 23 verwiesen.

[108] Zum Verständnis der chronologischen Abfolge der hier beschriebenen Entwicklung des Begriffs der Kompetenz sei darauf verwiesen, dass das Werk von FREILING (2009) in der Erstauflage bereits im Jahre 2001 erschienen ist.

[109] Vgl. FREILING (2009), S. 27.

[110] Vgl. FREILING, GERSCH und GOEKE (2006), S. 19.

[111] FREILING, GERSCH und GOEKE (2006), S. 19.

2.1 Begriffliche Grundlagen

Konkurrenz durch die Herbeiführung nachhaltiger Wettbewerbsvorteile [i. Or. bis hier kursiv] verhilft."[112] Kernkompetenzen unterscheiden sich demnach von Kompetenzen dadurch, dass sie bestimmte Kriterien zur Schaffung von **langfristig wertbildenden Merkmalen** erfüllen.[113] Eine große Gefahr besteht jedoch darin, dass die vorhandenen Kernkompetenzen eines Unternehmens zu *„core rigidities"*[114,115] werden, durch die Trägheit hervorgerufen wird, Innovationen im Keim erstickt werden und letztlich die zukünftige Entwicklung des Unternehmens gefährdet wird.[116] Um stattdessen die (Kern)Kompetenzen eines Unternehmens laufend anzupassen, weiter zu entwickeln und zu restrukturieren bedarf es der im nachfolgenden Abschnitt 2.2 erläuterten ***Dynamic Capabilities***.[117]

Tabelle 2.2: Chronologische Auflistung unterschiedlicher Definitionen des Begriffs der (Kern)Kompetenz (Quelle: Eigene Darstellung)

Autor(en) / Jahr	Definition
PRAHALAD und HAMEL (1990), S. 82	*„Core competencies are the collective learning in the organization, especially how to coordinate diverse production skills and integrate multiple streams of technologies."*
GRANT (1991), S. 119	*„A capability is the capacity for a team of resources to perform some task or activity. While resources are the source of a firm's capabilities, capabilities are the main source of its competitive advantage."*
LEONARD-BARTON (1992), S. 111	*„Capabilities are considered core [i. Or. kursiv] if they differentiate a company strategically."*
AMIT und SCHOEMAKER (1993), S. 35	*„Capabilities [i. Or. kursiv] (...) refer to a firm's capacity to deploy Resources [i. Or. kursiv], usually in combination, using organizational processes, to effect a desired end."*
COLLIS (1994), S. 145	*„(...) [T]his paper will define organizational capabilities as the socially complex routines that determine the efficiency with which firms physically transform inputs into outputs."*
	Fortsetzung auf der nächsten Seite

---

[112] Vgl. FREILING (2002), S. 22.
[113] Zur Beurteilung des Potentials einer Ressource bzw. Kompetenz zur Schaffung von nachhaltigen Wettbewerbsvorteilen wird in der Literatur überwiegend ein von BARNEY (1991), S. 105ff. entwickelter Katalog von Merkmalskriterien (sog. VRIN-Kriterien) herangezogen. Demnach müssen Ressourcen bzw. Kompetenzen zugleich strategisch wertvoll, knapp, nicht- bzw. schwer imitierbar und nicht- bzw. schwer-substituierbar sein.
[114] LEONARD-BARTON (1992), S. 111.
[115] AMBROSINI und BOWMAN (2009), S. 32 betonen: *„Core rigidities are the flipside of VRIN resources: they are resources that used to be valuable but have become obsolete and inhibit the development of the firm."*
[116] Vgl. LIAO, KICKUL und MA (2009), S. 264 und AMBROSINI und BOWMAN (2009), S. 32.
[117] Vgl. AMBROSINI und BOWMAN (2009), S. 32.

Tabelle 2.2 – Fortsetzung von der vorhergehenden Seite

Autor(en) / Jahr	Definition
LIEBERMAN und MONTGOMERY (1998), S. 1112	„„Capabilities" or „competencies" represent the organization's collective capacity for undertaking a specific type of activity."
MAKADOK (2001), S. 389	„(...) [F]or the purposes of the present paper, a „capability" is defined as a special type of resource - specifically, an organizationally embedded nontransferable firm-specific resource whose purpose is to improve the productivity of the other [i. Or. kursiv] resources possessed by the firm."
HELFAT und LIEBERMAN (2002), S. 725	„(...) [W]e define (...) capabilities as the firm's capacity to deploy resources for a desired end result."
HELFAT und PETERAF (2003), S. 999	„An organizational capability refers to the ability of an organization to perform a coordinated set of tasks, utilizing organizational resources, for the purpose of achieving a particular end result."

2.1.3.3 Begriff der *Dynamic Capability*

Im vorhergehenden Abschnitt wurde gezeigt, dass die organisationalen Kompetenzen eines Unternehmens das „Rezept" für die Kombination der „Zutaten" in Form von Inputgütern und Ressourcen eines Unternehmens darstellen. ***Dynamic Capabilities***[118] wiederum lassen sich als organisationale Kompetenzen höherer Ordnung (Meta-Kompetenzen) charakterisieren,[119] deren Ziel darin besteht, die Kompetenzen eines Unternehmens, also das „Rezept", durch Lernprozesse zu verbessern und weiterzuentwickeln.[120,121] Ein solcher strategischer Wandel kann dabei entweder als Reaktion auf **exogene** Ereignisse, wie z.B. überraschend auftretende Änderungen im Unternehmensumfeld, erfolgen, oder aber durch **endogene**, auf Voraussicht beruhenden unternehmerischen Handlungen angetrieben werden.[122]

---

[118] Aufgrund der Tatsache, dass das Konzept der *Dynamic Capabilities* bislang überwiegend durch Forschungsbeiträge geprägt wurde, die in englischer Sprache verfasst sind, hat sich bislang noch keine einheitliche deutsche Bezeichnung herausgebildet. Die vorliegende Arbeit folgt dem Beispiel anderer deutschsprachiger Veröffentlichungen (z.B. WITT (2008)) und verwendet ebenfalls den englischen Begriff.

[119] Vgl. TEECE (2007a), S. 1344.

[120] Vgl. AMBROSINI und BOWMAN (2009), S. 33, MCKELVIE und DAVIDSSON (2009), S. S65.

[121] TEECE (2007a), S. 1344 erläutert den Unterschied zwischen Ressourcen, Kompetenzen und *Dynamic Capabilities* wie folgt: „(...) [R]esources/competences map well into what historically we have thought of as the enterprise's operational capabilities, which help sustain technical fitness. Dynamic capabilities, by contrast, relate to high-level activities that link to management's ability to sense and then seize opportunities, navigate threats, and combine and reconfigure specialized and cospecialized assets to meet changing customer needs, and to sustain and amplify evolutionary fitness, thereby building long-run value for investors."

[122] Vgl. NEWEY und ZAHRA (2009), S. S83f..

2.1 Begriffliche Grundlagen

Grundsätzlich sind Unternehmen, unabhängig von ihrem Alter, ihrer Größe und ihrer Branche, kontinuierlich gefordert, neue unternehmerische Möglichkeiten zu erkennen und zu beschreiten.[123] Insbesondere jedoch in Branchen, die von **ständigem und schnellem Wandel** geprägt sind, wie dem in der vorliegenden Arbeit betrachteten E-Business, sind *Dynamic Capabilities* für das Überleben und die Wettbewerbsfähigkeit von Unternehmen essentiell.[124] Die **besondere Bedeutung von Dynamic Capabilities** im E-Business fassen LIAO, KICKUL und MA (2009) wie folgt zusammen: „*The ever-changing competitive Internet environments render seemingly sustainable competitive advantage obsolete. Instead, competitive advantages arise from a firm's capability to constantly redeploy, reconfigure, rejuvenate, and renew its resources and capabilities in responding to the changing environmental conditions.*"[125]

Wie auch für die Begrifflichkeiten der Ressource und Kompetenz, finden sich in der Literatur **vielfältige Definitionsansätze** für das Konzept der *Dynamic Capability*.[126] Erstmalige Erwähnung fand der Begriff der *Dynamic Capability* dabei in der Veröffentlichung von TEECE, PISANO und SHUEN (1990b).[127,128] Aufgrund der theoretischen und praktischen Relevanz der Entwicklung und Anwendung von *Dynamic Capabilities* für den Aufbau von Wettbewerbsvorteilen in einem komplexen und volatilen Marktumfeld, wurde das Konzept der *Dynamic Capability* seither von zahlreichen Autoren aufgegriffen und weiterentwickelt.[129] In Tabelle 2.3 wird anhand einer **chronologischen Auflistung ausgewählter Definitionen** des *Dynamic Capability*-Begriffs ein Überblick über die Vielfalt der dadurch entstandenen Definitionsansätze in der Literatur gegeben.

---

[123] Vgl. HELFAT et al. (2007), S. 1.
[124] Vgl. WU (2010), S. 31, TEECE (2007a), S. 1346.
[125] LIAO, KICKUL und MA (2009), S. 267.
[126] Die Tatsache, dass die Definition der Begrifflichkeit der *Dynamic Capability* in der Literatur sehr uneinheitlich vorgenommen wird, wird auch von den folgenden Autoren hervorgehoben: EASTERBY-SMITH, LYLES und PETERAF (2009), S. S2, AMBROSINI und BOWMAN (2009), S. 32f., MENON und MOHANTY (2008), S. 2f., WANG und AHMED (2007), S. 33, ZAHRA, SAPIENZA und DAVIDSSON (2006), S. 920ff..
[127] Vgl. TEECE, PISANO und SHUEN (1990b), S. 9.
[128] Auch AUGIER und TEECE (2008), S. 1191 sowie AMBROSINI und BOWMAN (2009), S. 30 bestätigen, dass die erstmalige Erwähnung des Begriffs der *Dynamic Capability* in der Veröffentlichung von TEECE, PISANO und SHUEN (1990b), S. 9 vorgenommen wurde.
[129] Vgl. ZAHRA, SAPIENZA und DAVIDSSON (2006), S. 917.

Der vorliegenden Untersuchung wird die folgende, von TEECE (2007a) formulierte **Definition von *Dynamic Capabilities*** zugrunde gelegt: *„For analytical purposes, dynamic capabilities can be disaggregated into the capacity (1) to sense and shape opportunities and threats, (2) to seize opportunities, and (3) to maintain competitiveness through enhancing, combining, protecting, and, when necessary, reconfiguring the business enterprise's intangible and tangible assets."*[130] Dieses Verständnis dient insbesondere als Grundlage für die in Kapitel 3.2 detailliert durchgeführte **Konzeptualisierung der *Dynamic Capabilities* von Start-up-Unternehmen im E-Business**.

Tabelle 2.3: Chronologische Auflistung unterschiedlicher Definitionen des Begriffs der *Dynamic Capability* (Quelle: Eigene Darstellung)

Autor(en) / Jahr	Definition
TEECE, PISANO und SHUEN (1990b), S. 9	*„(...) if control over scarce resources is the source of economic profits, then it follows that such issues as skill acquisition and learning become fundamental strategic issues. It is in this second dimension, encompassing skill acquisition, learning, and capability accumulation that we believe lays the greatest potential for the resource-based perspective to contribute to strategy. We will refer to this as the „dynamic capabilities approach", recognizing of course that it is part of the overall resource-based perspective."*
TEECE, PISANO und SHUEN (1997), S. 516	*„We define dynamic capabilities as the firm's ability to integrate, build, and reconfigure internal and external competences to address rapidly changing environments. Dynamic capabilities thus reflect an organization's ability to achieve new and innovative forms of competitive advantage given path dependencies and market positions (...)."*
EISENHARDT und MARTIN (2000), S. 1107	*„(...) we define dynamic capabilities as: The firm's processes that use resources - specifically the processes to integrate, reconfigure, gain and release resources - to match and even create market change. Dynamic capabilities thus are the organizational and strategic routines by which firms achieve new resource configurations as markets emerge, collide, split, evolve, and die."*
BARNEY, WRIGHT und KETCHEN (2001), S. 630	*„(...) „dynamic capabilities" are simply „capabilities that are dynamic"."*
ZOLLO und WINTER (2002), S. 340	*„A dynamic capability is a learned and stable pattern of collective activity through which the organization systematically generates and modifies its operating routines in pursuit of improved effectiveness."*
WINTER (2003), S. 991	*„(...) one can define dynamic capabilities as those that operate to extend, modify or create ordinary capabilities."*
ZAHRA, SAPIENZA und DAVIDSSON (2006), S. 918	*„(...) we define (...) [dynamic capabilities] as [i. Or. ab hier kursiv] the abilities to reconfigure a firm's resources and routines in the manner envisioned and deemed appropriate by its principal decision-maker(s)."*
	Fortsetzung auf der nächsten Seite

---

[130] TEECE (2007a), S. 1319.

2.1 Begriffliche Grundlagen

Tabelle 2.3 – Fortsetzung von der vorhergehenden Seite

Autor(en) / Jahr	Definition
WANG und AHMED (2007), S. 35	„We define dynamic capabilities as a firm's behavioural orientation constantly to integrate, reconfigure, renew and recreate its resources and capabilities and, most importantly, upgrade and reconstruct its core capabilities in response to the changing environment to attain and sustain competitive advantage."
HELFAT et al. (2007), S. 1	„A dynamic capability is the capacity of an organization to purposefully create, extend, or modify its resource base."
TEECE (2007a), S. 1319	„For analytical purposes, dynamic capabilities can be disaggregated into the capacity (1) to sense and shape opportunities and threats, (2) to seize opportunities, and (3) to maintain competitiveness through enhancing, combining, protecting, and, when necessary, reconfiguring the business enterprise's intangible and tangible assets."

2.1.3.4 Hierarchische Systematik der Begriffe des *Resource-based View*

Anhand des in den vorhergehenden Abschnitten 2.1.3.1 bis 2.1.3.3 entwickelten Verständnisses lässt sich zusammenfassend die in Abbildung 2.4 dargestellte **hierarchische Systematik der zentralen Begrifflichkeiten des *Resource-based View*** ableiten.[131] Auf der **ersten und untersten Ebene** finden sich dabei durch Veredelung von Inputgütern entstandene Ressourcen mit hoher Unternehmensspezifität („Zutaten"). Die **zweite Ebene** bilden die Kompetenzen eines Unternehmens, durch die eine Steuerung der Veredelungsprozesse möglich wird („Rezept zur Zusammensetzung der Zutaten"). Die **dritte Ebene** umfasst spezifische Kompetenzen, sog. Kernkompetenzen, durch die ein Unternehmen dauerhafte Wettbewerbsvorteile begründen kann. Auf der **vierten und höchsten Ebene** in der hierarchischen Systematik der Ressourcen einer Organisation finden sich schließlich die im Fokus der vorliegenden Arbeit stehenden *Dynamic Capabilities*.

Diese aus zahlreichen in der Literatur diskutierten Definitionsansätzen herausgearbeitete hierarchische Systematik der zentralen Begrifflichkeiten des *Resource-based View* steht in ihrer grundsätzlichen Struktur **in Übereinstimmung** mit den von anderen Autoren vorgenommenen hierarchischen Einordnungen. So unterscheidet

---

[131] Mit Abbildung 1.2 findet sich im Einleitungskapitel der vorliegenden Arbeit eine an Abbildung 2.4 angelehnte Darstellung, um bereits zu Beginn der Untersuchung die Einordnung von *Dynamic Capabilities* in die hierarchische Systematik von Kompetenzen und Ressourcen zu verdeutlichen.

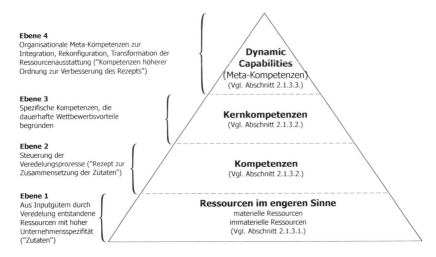

Abbildung 2.4: Hierarchische Systematik von Ressourcen, (Kern)Kompetenzen und *Dynamic Capabilities* (Quelle: Eigene Darstellung in Anlehnung an die Abschnitte 2.1.3.1 bis 2.1.3.3 der vorliegenden Arbeit sowie an MIKUS (2003), S. 243, WANG und AHMED (2007), S. 35f., MOOG (2009), S. 25 und BURR (2008), S. 186)

MIKUS (2003)[132] aufbauend auf unterschiedlichen Ansätzen der Klassifizierung[133] von Ressourcen und Kompetenzen ebenfalls die vier hierarchischen Ebenen Ressourcen i.e.S., Kompetenzen, Kernkompetenzen und Meta-Kompetenzen (d.h. *Dynamic Capabilities*). Und auch WANG und AHMED (2007)[134] nehmen eine vierstufige hierarchische Klassifizierung vor, die von den Ressourcen als „zero-order element" über die Kompetenzen und Kernkompetenzen bis hin zu den als „third-order" charakterisierten *Dynamic Capabilities* reicht. Eine ähnliche hierarchische Strukturierung der zentralen Begrifflichkeiten des *Resource-based View* findet sich ebenfalls bei MOOG (2009)[135] und BURR (2008)[136].

---

[132] Vgl. MIKUS (2003), S. 243.
[133] MIKUS (2003), S. 236ff. behandelt u.a. hierarchische Klassifizierungen von Kompetenzen nach ZAHN (1995), S. 364f., BUCHHOLZ und OLEMOTZ (1995), S. 19ff., STEINLE, BRUCH und NASNER (1997), S. 3f., BOUNCKEN (2000), S. 876f..
[134] Vgl. WANG und AHMED (2007), S. 35f..
[135] Vgl. MOOG (2009), S. 25.
[136] Vgl. BURR (2008), S. 186.

2.1 Begriffliche Grundlagen

Es wird somit deutlich, dass *Dynamic Capabilities* aufgrund ihrer Position auf der höchsten Ebene in der hierarchischen Systematik der einzelnen Komponenten des *Resource-based View* eine herausragende Bedeutung für Unternehmen und ihre Entwicklung einzunehmen vermögen. Hieraus resultiert die für die vorliegende Untersuchung forschungsleitende Frage, welchen Einfluss die für Unternehmen so bedeutsamen *Dynamic Capabilities* speziell auf das Markteintrittstiming haben.[137] Zur weiteren Festigung der Grundlagen der Untersuchung werden im nachfolgenden Abschnitt 2.1.4 wichtige Begrifflichkeiten und Ausprägungen des Markteintrittstimings erläutert.

2.1.4 Begrifflichkeiten und Ausprägungen des Markteintrittstimings

Nachdem im vorhergehenden Abschnitt 2.1.3 zunächst die begrifflichen Grundlagen des *Resource-based View* erläutert wurden, steht in den nachfolgenden Abschnitten die Präzisierung von Begrifflichkeiten des Markteintrittstimings im Fokus. Eine Untersuchung der Einflussfaktoren des Markteintrittstimings von Unternehmen bedarf dabei zunächst einer möglichst präzisen Abgrenzung der betreffenden Märkte. Dies ist deshalb von großer Bedeutung, da die Zahl der zu berücksichtigenden Marktteilnehmer naturgemäß variiert, je enger oder weiter die Abgrenzung eines Marktes erfolgt.[138] Zusätzlich kann auch die Marktabgrenzung erheblichen Einfluss darauf haben, ob ein Unternehmen als „Pionier", „früher Folger" oder „später Folger" eingeordnet wird, da bei einer sehr engen Marktabgrenzung deutlich mehr Unternehmen als Pioniere ihres jeweiligen (kleinen) Marktsegments gewertet werden müssten.[139] So werden in Abschnitt 2.1.4.1 zunächst der Begriff des Marktes und Möglichkeiten seiner Abgrenzbarkeit diskutiert.

Eine weitere Problematik von Untersuchungen des Markteintrittstimings liegt in der Festlegung, ab wann ein Unternehmen als in einen Markt eingetreten bezeichnet werden kann.[140] Diese Fragestellung wird in Abschnitt 2.1.4.2 für die vorliegende Untersuchung beantwortet. Anschließend wird in Abschnitt 2.1.4.3 der Begriff des Markteintrittstimings behandelt, bevor in den Abschnitten 2.1.4.4 und 2.1.4.5

---

[137] Vgl. Abschnitt 1.2 der vorliegenden Schrift.
[138] Vgl. LIEBERMAN (2007), S. 15.
[139] Vgl. LIEBERMAN und MONTGOMERY (1988), S. 51.
[140] Vgl. SINHA und NOBLE (2005), S. 189.

die Pionier- und Folgerstrategien begrifflich präzisiert und sorgfältig voneinander abgegrenzt werden. In den Abschnitten 2.1.4.6 und 2.1.4.7 werden schließlich die Begrifflichkeit der Effekte des Markteintrittstimings und der im Fokus der vorliegenden Arbeit stehenden Einflussfaktoren des Markteintrittstimings erläutert.

2.1.4.1 Begriff und Abgrenzbarkeit des Marktes

Aus der Vogelperspektive der Volkswirtschaftslehre wird ein **Markt** grundsätzlich als ein ökonomischer Ort verstanden, bei dem Angebot und Nachfrage zusammentreffen und **Anbieter und Nachfrager** im Rahmen eines Wettbewerbsprozesses **Leistungen austauschen**.[141] Zur genaueren Spezifizierung unterschiedlicher Märkte, lassen sich insbesondere anhand räumlicher und sachlicher Kriterien einzelne **Marktsegmente** voneinander abgrenzen.[142]

Die **räumliche Abgrenzung von Märkten** gestaltet sich im Forschungskontext des E-Business jedoch weitaus schwieriger, als in traditionellen Industrien.[143] So sind die auf online-basierten Märkten offerierten Leistungsangebote naturgemäß theoretisch aus nahezu jeder geographischen Region der Welt abrufbar.[144] Dennoch bestehen oftmals selbst für Angebote, deren Wertschöpfungsaktivitäten überwiegend oder vollständig online stattfinden, **geographische Grenzen**. Diese können sich bspw. dadurch ergeben, dass die Angebote zumeist nur in einer begrenzten Anzahl von Sprachen verfügbar sind oder aber dass die angebotenen Leistungen auf die spezifischen Bedürfnisse eines bestimmten geographischen Gebiets ausgerichtet sind. Insbesondere im E-Commerce findet oftmals eine Beschränkung der Leistungserfüllung bzw. des Versands auf bestimmte geographische Regionen statt.

Neben der räumlichen Abgrenzung ist insbesondere die **sachliche Abgrenzung von Märkten** in einzelne, möglichst in sich homogene und untereinander heterogene Marktsegmente anhand unterschiedlicher Objekte und deren Eigenschaften von Relevanz.[145] Für die vorliegende Untersuchung wird bei der **Abgrenzung von Märkten in Marktsegmente** eine Nachfrager-bezogene Perspektive eingenommen. Damit werden alle diejenigen Produkte bzw. Services zu einem Marktsegment

---

[141] Vgl. MEFFERT (2000), S. 36, HOHLSTEIN et al. (2003), S. 480 und MAASS (2008), S. 169.
[142] Vgl. MEFFERT (2000), S. 37.
[143] Vgl. MAASS (2008), S. 68.
[144] Vgl. MAASS (2008), S. 170.
[145] Vgl. MEFFERT (2000), S. 37.

zusammengefasst, die **aus der Sicht der Nachfrager als subjektiv austauschbar** angesehen werden.[146] Ein neues Marktsegment ist folglich dadurch charakterisiert, dass aus Nutzer- bzw. Kundenperspektive kein vergleichbares Angebot existiert.

Zusammenfassend wird der **Begriff des Marktsegments** für die vorliegende Untersuchung im Forschungskontext des E-Business wie folgt definiert:

> Ein **Marktsegment** im E-Business wird definiert als die Gesamtheit der online-basierten Leistungsangebote, die aus der Sicht der Nachfrager als subjektiv austauschbar angesehen werden.

Aufbauend auf diesem Verständnis eines Marktes bzw. von Marktsegmenten im E-Business wird im nachfolgenden Abschnitt definiert, ab wann von einem Eintritt eines Leistungsangebots in ein Marktsegment gesprochen werden kann.

2.1.4.2 Begriff des Markteintritts

Während klassische Definitionsansätze, insbesondere in der Volkswirtschaftslehre, unter dem **Markteintritt** die Gründung eines neuen Unternehmens und dessen Aufbau einer neuen Fertigungsanlage verstehen,[147] bezieht sich der Markteintritt im E-Business vielmehr auf die **Einführung von neuen Produkten bzw. Dienstleistungen** in ein online-basiertes Marktsegment. Nach REMMERBACH (1988) ist ein Markteintritt dabei grundsätzlich gegeben, wenn ein Unternehmen auf einem Absatzmarkt tätig wird, den es bislang nicht bedient hat.[148]

In der Literatur finden sich jedoch **unterschiedliche Auffassungen** darüber, ab wann ein Produkt bzw. eine Dienstleistung als in einen Markt eingetreten bezeichnet werden sollte. Im Rahmen vieler Untersuchungen der Effekte des Markteintrittstimings muss ein Produkt bzw. Service dazu einen **bestimmten Zeitraum am Markt** geblieben sein und/oder eine **bestimmte überregionale Verbreitung**

---

[146] Mit einer aus der Nachfrager-bezogenen Perspektive vollzogenen Marktsegmentierung folgt die vorliegende Untersuchung der Vorgehensweise zur Marktsegmentierung von vielen Arbeiten zum Markteintrittstiming, u.a. GOLDER und TELLIS (1993), S. 159, HIDDING und WILLIAMS (2003), S. 182.
[147] Vgl. SINHA und NOBLE (2005), S. 189.
[148] Vgl. REMMERBACH (1988), S. 8.

erreicht haben und/oder ein **merkliches Nachfrageniveau** aufweisen.[149] Die mit diesem Verständnis der Begrifflichkeit des Markteintritts zwangsläufig einhergehende Fokussierung der jeweiligen Untersuchungen auf **erfolgreiche Produkte bzw. Dienstleistungen**, hat zu einer **systematischen Verzerrung der Ergebnisse** geführt, durch die insbesondere die häufig untersuchten Effekte einer Pionier-Strategie oftmals überschätzt wurden.[150]

Um in der vorliegenden Untersuchung eine möglichst der Realität entsprechende, **unverzerrte Einordnung von Leistungsangeboten als Pionier bzw. Folger** vorzunehmen, werden Produkte bzw. Dienstleistungen, die in einzelne Marktsegmente des E-Business eingeführt wurden, **unabhängig von deren Existenzdauer und Erfolg** berücksichtigt. Um dieses Begriffsverständnis des Markteintritts auch im Rahmen der empirischen Erhebung operativ durchführen zu können, muss allerdings die Einschränkung vorgenommen werden, dass die Unternehmen den Markteintritt ihrer neuen Leistungsangebote bekannt gemacht haben müssen, so dass diese von Nutzern bzw. Kunden wahrgenommen und für die vorliegende Untersuchung identifiziert werden können. Insbesondere aufgrund des starken Konkurrenzdrucks, der die Unternehmen zur zügigen Bekanntmachung ihrer neuen Leistungsangebote drängt, und der Transparenz des Forschungskontexts des E-Business, steht zu erwarten, dass diese für die operative Durchführbarkeit der Untersuchung notwendige Einschränkung die Untersuchungsergebnisse nicht wesentlich verzerren wird.

In einigen Untersuchungen zum Markteintrittstiming wird der Fokus zusätzlich über Leistungsangebote, die in ein Marktsegment eingeführt wurden, hinaus auf sog. *„potential entrants"*[151] ausgeweitet.[152] Da in der vorliegenden, auf den Zeit-

---

[149] Vgl. URBAN et al. (1986), S. 648, ROBINSON, KALYANARAM und URBAN (1994), S. 2, BERGER (2005), S. 29, LAMBKIN und DAY (1989), S. 16: Normalerweise werden Pioniere als Unternehmen definiert, die zuerst ein Produkt auf nationaler Ebene beworben haben. Diese Definition schließt jedoch kleinere Unternehmen aus, die ein gleiches Produkt möglicherweise eher verkauft haben oder Unternehmen, die verpasst haben, eine nationale Distribution aufzubauen.

[150] Für eine kritische Zusammenfassung bisheriger Erkenntnisse zu den Effekten des Markteintrittstimings sei auf Abschnitt 2.1.4.6 der vorliegenden Untersuchung verwiesen.

[151] Um als *„potential entrant"* bezeichnet zu werden, müssen Unternehmen nach LEE (2007), S. 23 die folgenden zwei Kriterien erfüllen: *„(1) the firm is established prior to the emergence of the (...) [new] market; and (2) the firm produces at least one product that has a non-zero degree of relevance with respect to the emerging product market."*

[152] Beispiele für Untersuchungen des Markteintrittstimings unter Berücksichtigung von *„potential entrants"* sind die Arbeiten von LEE (2009), LEE (2008), LEE (2007) und MITCHELL (1989).

2.1 Begriffliche Grundlagen

raum bis zum Markteintritt fokussierten Untersuchung jedoch nur Unternehmen berücksichtigt werden, die einen Markteintritt tatsächlich absolviert haben, finden *„potential entrants"*, sofern sie nicht in den Markt eingetreten sind, **per definitionem keine Berücksichtigung**. Ebenso werden damit auch Projekte, die mit der Entwicklung eines neuen Leistungsangebots begonnen hatten, aber die noch **vor einem Markteintritt abgebrochen wurden**, nicht berücksichtigt.

Insbesondere im Forschungskontext des E-Business muss bei der Definition der Begrifflichkeit des Markteintritts zusätzlich beachtet werden, dass neue Leistungsangebote oftmals bereits **vor dem offiziellen Markteintritt im Rahmen einer Testphase** (z.B. in einer sog. *closed private beta*-Version) einer begrenzten bzw. ausgewählten Nutzergruppe zugänglich gemacht werden. Viele Plattformen im E-Business behalten die Bezeichnung *Beta* sogar bewusst nach dem offiziellen Markteintritt bei, um auf die ständige Weiterentwicklung hinzuweisen und Nutzer auch künftig zu Verbesserungsvorschlägen anzuregen.[153] Dennoch wird der **Übergang von der Testphase zum offiziellen Markteintritt** oftmals medienwirksam in Szene gesetzt und ist dementsprechend meist **gut dokumentiert**.

Zusammenfassend wird der **Begriff des Markteintritts** für die vorliegende Untersuchung im Forschungskontext des E-Business wie folgt definiert:

> Der **Markteintritt** eines neuen Leistungsangebots in ein Marktsegment des E-Business liegt vor, sobald dieses erstmalig in einer nicht primär zu Testzwecken bestimmten Version für die anvisierte Nutzerschaft frei zugänglich und öffentlich bekannt gemacht wird.

2.1.4.3 Begriff des Markteintrittstimings

Aufbauend auf dem im vorhergehenden Abschnitt geschaffenen Verständnis der Begrifflichkeit des Markteintritts, wird nachfolgend der **Begriff des Markteintrittstimings** behandelt. MEFFERT und REMMERBACH (1999) verstehen unter *Timing* grundsätzlich die „(...) Planung und Realisation des Markteintrittszeitpunktes (...)".[154] Dabei lassen sich zum einen die im Fokus der vorliegenden Untersuchung stehenden **länderspezifischen** und zum anderen die insbesondere in

---

[153] Vgl. KOLLMANN (2009a), S. 62.
[154] MEFFERT und REMMERBACH (1999), S. 182.

der Literatur zum internationalen Marketing diskutierten **länderübergreifenden** *Timing*-Strategien unterscheiden.[155]

Mit einer **länderübergreifenden *Timing*-Strategie** legt ein Unternehmen im Rahmen des Internationalisierungsprozesses fest, ob es ein neues Leistungsangebot entweder in mehreren Ländern gleichzeitig (simultaner Markteintritt durch eine sog. Sprinklerstrategie) oder aber nacheinander (sukzessiver Markteintritt durch eine sog. Wasserfallstrategie) einführen möchte.[156] Damit bezieht sich dieses Verständnis des Markteintrittstimings auf das **Verhältnis der internationalen Markteintrittszeitpunkte des gleichen Leistungsangebots eines Unternehmens zueinander**.

Eine **länderspezifische *Timing*-Strategie** hat dagegen zum Ziel, den Markteintrittszeitpunkt eines neuen Leistungsangebotes innerhalb eines Ländermarktes festzulegen und ist somit auf das **Verhältnis der Markteintrittszeitpunkte von konkurrierenden Leistungsangeboten eines bestimmten Marktsegments untereinander** fokussiert.[157] So kann ein Unternehmen im Rahmen einer länderspezifischen *Timing*-Strategie grundsätzlich die **strategische, qualitative Entscheidung** treffen, ob es für das neu entwickelte Leistungsangebot im Verhältnis zu den Konkurrenzangeboten des entsprechenden Marktsegments eine zeitbezogene Positionierung als **Pionier, früher Folger oder später Folger** anstrebt.[158] Anschließend muss das Unternehmen die **taktische, quantitative Entscheidung** treffen, wann es genau mit dem neuen Produkt als Pionier bzw. Folger in den Markt eintreten möchte.[159]

Wie in Abbildung 2.5 zusammenfassend dargestellt, handelt es sich bei dem Begriff des Markteintrittstimings um eine **relative Größe**, welche die **Handlung eines Unternehmens** (nämlich dessen Markteintrittszeitpunkt) **im Verhältnis zu den Handlungen anderer Unternehmen** (nämlich deren Markteintrittszeitpunkte im selben Marktsegment) beschreibt. Der **Begriff des Markteintrittstimings** im Forschungskontext des E-Business wird dementsprechend für die vorliegende Untersuchung wie folgt definiert:

---

[155] Vgl. MEFFERT (2000), S. 1241.
[156] Vgl. MEFFERT (2000), S. 1241.
[157] Vgl. MEFFERT (2000), S. 1241.
[158] Vgl. LILIEN und YOON (1990), S. 568.
[159] Vgl. LILIEN und YOON (1990), S. 568.

2.1 Begriffliche Grundlagen

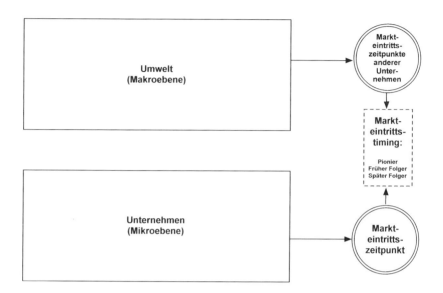

Abbildung 2.5: Begrifflichkeit des Markteintrittstimings (Quelle: Eigene Darstellung)

> Der Begriff des **Markteintrittstimings** beschreibt die zeitliche Beziehung des Markteintrittszeitpunktes eines Leistungsangebots im E-Business in Relation zu den Markteintrittszeitpunkten aller anderen Leistungsangebote des selben Marktsegments.

In den nachfolgenden Abschnitten 2.1.4.4 und 2.1.4.5 werden die im vorliegenden Abschnitt bereits genannten **Ausprägungen des Markteintrittstimings** des Pioniers, frühen Folgers und späten Folgers definiert und detailliert voneinander abgegrenzt.

2.1.4.4 Begriff des Pioniers

Der **Begriff des Pioniers**, für den oftmals auch synonym die Bezeichnungen „*first mover*", „*early entrant*", „*innovator*" oder „*market pioneer*" verwendet werden,[160] wird in der Literatur unterschiedlich definiert und abgegrenzt. So zeigt die **chronologische Auflistung verschiedener Definitionsansätze** in Tabelle 2.4, dass der Begriff des Pioniers in der betriebswirtschaftlichen Literatur teilweise auf unterschiedliche „Disziplinen" bezogen wird.

Eine weit verbreitete[161] Unterscheidung wird diesbezüglich von GOLDER und TELLIS (1993) gemacht, die grundsätzlich zwischen den Begriffen **Market Pioneer** und **Product Pioneer** differenzieren.[162] Der *Market Pioneer* ist dabei „(...) the first firm to sell in a new product category (...)"[163] und stellt damit den Begründer einer vor seinem Markteintritt noch nicht existierenden Produktkategorie dar (z.B. die erste Internet-Suchmaschine). Davon wird der *Product Pioneer* abgegrenzt als „(...) the first firm to develop a working model or sample in a new product category."[164] Demnach ist der **Product Pioneer** zwar der Erste, der einen Prototypen für eine neue Produktkategorie fertiggestellt hat (z.B. den Prototypen einer Internet-Suchmaschine im Rahmen eines universitären Forschungsprojekts), aber dennoch nicht zwangsläufig auch das erste Unternehmen, das mit dem neuen Produkt am Markt ist.[165] In der betriebswirtschaftlichen Literatur und auch für die vorliegende Untersuchung ist insbesondere die erstgenannte Definition eines Pioniers anhand seines Markteintritts von Relevanz.[166]

---

[160] Bspw. verwenden LIEBERMAN und MONTGOMERY (1988), S. 51 die Begriffe „*first mover*" und „*pioneer*" synonym. DEWETT und WILLIAMS (2007), S. 81 verwenden die Begriffe „*first mover*", „*pioneer*" und „*innovator*" synonym. ETHIRAJ und ZHU (2008), S. 13 und BERGER (2005), S. 29 verwenden für das erste Produkt in einem neuen Markt den Begriff „*innovator*". GOLDER und TELLIS (1993), S. 159 verwenden den Begriff des „*market pioneer*" synonym mit den Begriffen „*pioneer*" und „*first mover*".

[161] Diese Unterscheidung wird u.a. von HIDDING und WILLIAMS (2003), S. 181, ANKNEY und HIDDING (2005), S. 7 aufgegriffen. BUCHHOLZ (1996), S. 138 nimmt ebenfalls eine Unterscheidung von Produktentwicklungstiming und Markteintrittstiming vor und differenziert innerhalb dieser beiden Kategorien jeweils zwischen Pionieren, frühen Folgern und späten Folgern.

[162] Vgl. GOLDER und TELLIS (1993), S. 159.

[163] GOLDER und TELLIS (1993), S. 159.

[164] Ebd.

[165] In der Literatur finden sich u.a. bei SPECHT und PERILLIEUX (1988), S. 216 Hinweise darauf, dass in der Realität der *Product Pioneer* zumeist auch der *Market Pioneer* ist.

[166] Vgl. LIEBERMAN und MONTGOMERY (1988), S. 51; U.a. nimmt auch HINZE (2005), S. 52 eine Definition des Pioniers anhand des Markteintritts vor.

2.1 Begriffliche Grundlagen

Tabelle 2.4: Chronologische Auflistung unterschiedlicher Definitionen des Begriffs des Pioniers (Quelle: Eigene Darstellung)

Autor(en) / Jahr	Definition
SCHMALENSEE (1982), S. 350	„(...) the first appearance of a distinctly new product."
URBAN et al. (1986), S. 648	„(...) the first product to enter [the market]."
GOLDER und TELLIS (1993), S. 159	„Product pioneer [i. Or. kursiv] is the first firm to develop a working model or sample in a new product category. (...) Market pioneer [i. Or. kursiv] is the first firm to sell in a new product category."
LOWE und ATKINS (1994), S. 405	„„First mover" refers to being the first (or among the first) to embark upon a particular action (...) [and] to pioneering or preemptive moves in areas of business strategy, ranging from new products and technology to new advertising themes and positioning."
SOFKA und SCHMIDT (2004), S. 3	„(...) a first mover in our context is not a company that actually pioneers in a new segment but all companies strongly emphasizing an innovation strategy of being first in the industry to introduce new products."
SUAREZ und LANZOLLA (2007), S. 381f.	„(...) we define „first mover" as the first firm - or the first few firms when the market lead time that separates them is insignificant - to enter a new product category."

In der Literatur wird jedoch nicht immer nur das erste Angebot eines Produkts bzw. einer Dienstleistung in einem neuen Marktsegment als Pionier bezeichnet, sondern gelegentlich auch **eine Gruppe von Leistungsangeboten als Pioniere definiert**.[167] Diese Verfahrensweise bietet sich insbesondere an, wenn mehrere ähnliche Leistungsangebote zeitgleich oder in kurz aufeinander folgenden Abständen in einen Markt eingeführt werden. So definieren bspw. SUAREZ und LANZOLLA (2007) „(...) „first mover" as the first firm - or the first few firms when the market lead time that separates them is insignificant - to enter a new product category (...)"[168] und betonen damit, dass auch mehrere Produkte bzw. Dienstleistungen als Pioniere bezeichnet werden können. Ebenso wird in der PIMS-Datenbank[169], deren Daten für viele Untersuchungen zu den Effekten des Markteintrittstimings verwendet wurden,[170] der Begriff des Pioniers sehr breit als „(...) one of the pioneers in first developing such products or services (...)" definiert.[171]

---

[167] Vgl. LIEBERMAN (2007), S. 17f., ROBINSON, FORNELL und SULLIVAN (1992), S. 613ff., CHANDLER (1990)

[168] SUAREZ und LANZOLLA (2007), S. 381f..

[169] Die Abkürzung PIMS steht für das gleichnamige und in der betriebswirtschaftlichen Forschung viel zitierte Forschungsprojekt *Profit Impact of Market Strategies* des *American Strategic Planning Institute*, durch das entscheidende Einflussfaktoren auf den Unternehmenserfolg bestimmt werden sollten.

[170] Vgl. FISCHER, HIMME und ALBERS (2007), S. 543.

[171] Vgl. BUZZELL und GALE (1987), S. 260.

Insbesondere in traditionellen, **begrenzt dynamischen Industrien** mit langen Entwicklungszeiten, wie z.B. der Automobil-Industrie, kann eine solch **breite Auslegung** der Begrifflichkeit des Pioniers durchaus Sinn machen, da die zu einem ähnlich frühen Zeitpunkt in den Markt eingeführten Produkte aufgrund der langen Vorlaufzeit mit hoher Wahrscheinlichkeit unabhängig voneinander entstanden sind. Allerdings bietet sich diese Vorgehensweise weniger für den von starker Transparenz, relativ kurzen Produktentwicklungszeiten und hohen Reaktionsgeschwindigkeiten des Wettbewerbs geprägten Forschungskontext des E-Business an. So bestünde bei einer zu breiten Definition der Begrifflichkeit des Pioniers im E-Business eine hohe Gefahr, imitierende frühe Folger, die als Reaktion auf den Markteintritt des Pioniers entstanden sind, **fälschlicherweise ebenfalls als innovierende Pioniere einzugruppieren**. Deshalb wird für die vorliegende Untersuchung eine **enge Definition des Pioniers** gewählt und nur das datumsmäßig am frühesten in einen online-basierten Markt eingeführte, neuartige Leistungsangebot als Pionier bezeichnet.[172]

In der Realität war zudem gelegentlich zu beobachten, dass ein **Pionier der Zeit bzw. den Kundenpräferenzen voraus war** und mit dem Angebot eines Produkts bzw. einer Dienstleistung gescheitert und wieder aus dem Markt ausgetreten ist, während ein vergleichbares Leistungsangebot Jahre oder Jahrzehnte später erfolgreich am Markt etabliert werden konnte.[173] Ein solches, nach dem ursprünglichen, gescheiterten Pionier erfolgreich eingeführtes Leistungsangebot müsste der engen Definition des Pioniers zufolge **eigentlich als Folger** bezeichnet werden. Da jedoch zum Zeitpunkt des Markteintritts des zweiten Leistungsangebots der gescheiterte Pionier bereits wieder aus dem Markt ausgetreten ist und es dementsprechend kein vergleichbares Angebot gibt, befindet sich das zweite Angebot dementsprechend **faktisch in einer Pionier-Position**. Folglich wird in der vorliegenden Arbeit ein Leistungsangebot als Pionier bezeichnet, wenn es ein aus der Perspektive der Kunden bzw. Nutzer neues, **zum Zeitpunkt des Markteintritts nicht von vergleichbaren Angeboten bedientes Marktsegment begründet**, unabhän-

---

[172] Die Existenz von mehreren Pionieren eines Marktsegments ist im Rahmen des für die vorliegende Untersuchung gewählten Definitionsansatzes somit nur denkbar, sofern diese am gleichen Tag in das jeweilige Marktsegment eingetreten sind.
[173] Vgl. HINZE (2005), S. 96, SCHNAARS (1981), S. 14.

2.1 Begriffliche Grundlagen

gig davon, ob dieses bereits früher einmal durch ein gescheitertes Angebot bedient wurde.[174]

Zusammenfassend wird der **Begriff des Pioniers** im Forschungskontext des E-Business für die vorliegende Untersuchung wie folgt definiert:

> Ein **Pionier** im Forschungskontext des E-Business wird definiert als das erste, d.h. datumsmäßig am frühesten in einen online-basierten Markt eingeführte Leistungsangebot, das ein aus der Perspektive der Kunden bzw. Nutzer neues, zum Zeitpunkt des Markteintritts nicht von vergleichbaren Angeboten bedientes Marktsegment begründet.

Im nächsten Abschnitt 2.1.4.5 werden die zeitlich nach dem Pionier folgenden Ausprägungen des Markteintrittstimings des **frühen Folgers und späten Folgers** definiert und voneinander abgegrenzt.

2.1.4.5 Begriff des Folgers

Grundsätzlich lassen sich alle Leistungsangebote, die nach dem im vorherigen Abschnitt definierten Pionier in ein Marktsegment eingeführt werden, als **Folger** bezeichnen.[175] Während der Pionier als erster Anbieter mit einem neuartigen Produkt ein Marktsegment begründet, möchten die Folger demnach an dem potentiellen wirtschaftlichen Erfolg partizipieren und treten entweder relativ schnell oder auch erst erheblich später danach in das Marktsegment ein.[176] Damit wird deutlich, dass es **hinsichtlich des Markteintrittstimings unterschiedliche Arten von Folgern** gibt,[177] die in der Literatur oftmals durch **generelle Kategorien**, wie z.B.

---

[174] Dieses Begriffsverständnis steht in Übereinstimmung mit Auslegungen der Begrifflichkeit des Pioniers in der Literatur, u.a. bei HINZE (2005), S. 96 und BERGER (2005), S. 29f.
[175] Vgl. DEWETT und WILLIAMS (2007), S. 81.
[176] Vgl. FISCHER, HIMME und ALBERS (2007), S. 541.
[177] Vgl. HINZE (2005), S. 134.

„früher Folger"[178], „später Folger"[179], „Imitierender Folger"[180] oder „Verbessernder Folger" bezeichnet werden.[181]

Für die im Rahmen der vorliegenden Untersuchung relevante Unterscheidung von frühen Folgern und späten Folgern findet sich jedoch bislang **keine einheitliche Vorgehensweise**.[182] Einige Autoren schlagen die Unterscheidung von frühen Folgern und späten Folgern anhand des sog. **Takeoff-Zeitpunktes** vor, der als der Zeitpunkt des ersten großen Absatzanstiegs in einem Marktsegment definiert wird.[183] Die Bestimmung des *Takeoff*-Zeitpunktes setzt dementsprechend eine genaue Kenntnis von Umsatz-, Absatz- oder Nutzerzahlen einzelner Marktsegmente voraus. Insbesondere bei neu entstehenden Marktsegmenten im E-Business besteht jedoch oftmals eine ausgeprägte Verschwiegenheit über Erfolgskennzahlen. Und auch die unter enormem Konkurrenzdruck von einzelnen Unternehmen offiziell verkündeten und zumeist nicht objektiv kontrollierbaren Kennzahlen scheinen **wenig geeignet als solide Basis für eine wissenschaftliche Untersuchung**.

In der Literatur findet sich zudem die Unterscheidung von frühen Folgern und späten Folgern auf der Grundlage einer Sortierung der Markteintritte nach **der numerischen Reihenfolge** (*„move order"*).[184] So charakterisieren bspw. ANKNEY

---

[178] HINZE (2005), FISCHER, HIMME und ALBERS (2007).

[179] Zwar wird in der anglo-amerikanischen Literatur oftmals der Begriff des *„Late Mover"* verwendet, allerdings umfasst dieser nach Einschätzung von FISCHER, HIMME und ALBERS (2007), S. 569 alle Folger, inklusive der frühen Folger. Doch auch in der anglo-amerikanischen Literatur werden bspw. bei ROBINSON und CHIANG (2002) die Kategorie der *„Late Entrants"* von der Kategorie der *„Early Follower"* unterschieden.

[180] In der Literatur werden Folger oftmals auch mit Imitatoren gleichgesetzt. So verwenden DEWETT und WILLIAMS (2007), S. 81 die Begriffe *„followers"* und *„imitators"* synonym. Auch ETHIRAJ und ZHU (2008), S. 13 bezeichnen alle nach einem *„innovator"* in einen Markt eintretenden Produkte als *„imitators"*. Ebenso verwendet LEE et al. (2000), S. 26 für Folger den Begriff der *„imitators"*. Es muss allerdings darauf hingewiesen werden, dass Folger nicht zwangsläufig Imitatoren sein müssen, sondern eine Geschäftsidee auch ohne Kenntnis von bereits existierenden, ähnlichen Leistungsangeboten entwickelt haben können. Zudem betonen u.a. HINZE (2005), S. 14f. und ROBINSON und CHIANG (2002), S. 856, dass Folger durchaus auch innovative Elemente und Modifikationen der ursprünglichen Geschäftsidee des Pioniers entwickeln können. Gründe für imitatives Verhalten von Unternehmen werden u.a. von LIEBERMAN und ASABA (2006), KRENN (2006), S. 7ff. und SCHEWE (1996) behandelt.

[181] Vgl. LIEBERMAN und MONTGOMERY (1988), S. 51.

[182] Diese Einschätzung wird u.a. auch von FISCHER, HIMME und ALBERS (2007), S. 566f., KABUTH (2003), S. 5 sowie LIEBERMAN und MONTGOMERY (1988), S. 51 geteilt.

[183] Vgl. FISCHER, HIMME und ALBERS (2007), S. 542, MEFFERT (2000), S. 257f.

[184] LEE et al. (2000), S. 26 definieren die *„move order"* als *„(...) the temporal rank position of an imitator compared with the first mover and other imitators. For example, the first mover is designated as order 1, the second mover is designated as order 2, and subsequent*

2.1 Begriffliche Grundlagen

und HIDDING (2005) für eine Untersuchung im E-Business frühe Folger als die zweiten, dritten und vierten Unternehmen, die nach einem Pionier in den Markt eintreten.[185] Allerdings zeigt sich, dass in neu aufkommenden Marktsegmenten des E-Business oftmals in einem kurzen Zeitraum **eine Vielzahl an Unternehmen kurz nach dem Pionier in den Markt eintreten**. Dementsprechend wäre es realitätsfern und wenig sinnvoll, fast zum gleichen Zeitpunkt in ein Marktsegment eintretende Unternehmen nur aufgrund einer minimalen Differenz in der Eintrittsreihenfolge (z.B. vierter und fünfter Markteintritt eines Marktsegments) als frühe Folger bzw. späte Folger zu klassifizieren.

Im Rahmen der vorliegenden Untersuchung wird stattdessen eine Unterscheidung von frühen Folgern und späten Folgern anhand **der seit dem Markteintritt des Pioniers vergangenen Zeit** (*„move timing"*)[186] vorgenommen. Die Festlegung der genauen Anzahl der Tage des *„move timing"*, nach der Unternehmen nicht mehr als frühe Folger, sondern als späte Folger klassifiziert werden, erfolgt dabei argumentativ.

Als Grundlage der Argumentation dient dabei die Tatsache, dass in der Literatur Einigkeit darüber herrscht, dass ein **später Folger** erst dann in ein Marktsegment eintritt, wenn grundsätzlich **keine Gefahr mehr besteht**, dass die dem jeweiligen Marktsegment zugrunde liegende Innovation scheitern könnte.[187] Dieser kritische Zeitpunkt wird in der vorliegenden Untersuchung als der Moment operationalisiert, an dem die **erste Finanzierung eines Pioniers** üblicherweise spätestens **ausgelaufen** sein müsste und das Unternehmen dementsprechend nur durch **eigene Profitabilität** oder **neues Kapital** von Investoren fortbestehen kann. In beiden Fällen kann davon ausgegangen werden, dass sich die zugrunde liegende Innovation bewährt hat und die **Gefahr eines Scheiterns deutlich reduziert** ist.

---

laggards are designated in the same manner." Eine Unterscheidung von Folgern nach der *„move order"* wird u.a. von SCHOENECKER und COOPER (1998), S. 1135 sowie ANKNEY und HIDDING (2005), S. 7 vorgenommen.

[185] Vgl. ANKNEY und HIDDING (2005), S. 7.

[186] Die seit dem Markteintritt des Pioniers vergangene Zeit wird u.a. von LEE et al. (2000), S. 26 als *„move timing"* bezeichnet und definiert als *„(...) the number of days elapsed between the date of the new product introduction and the date of each imitation. For example, a first mover's new product introduction is given a value of 1, denoting the introduction takes place on day 1. An imitative response 100 days later is designated as day 101."* Eine Unterscheidung von Folgern nach dem *„move timing"* wird u.a. auch von SCHOENECKER und COOPER (1998), S. 1135 und KABUTH (2003), S. 39 vorgenommen.

[187] Vgl. FISCHER, HIMME und ALBERS (2007), S. 542.

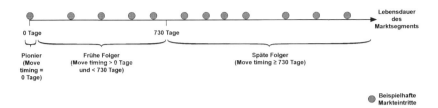

Abbildung 2.6: Abgrenzung von Pionier, frühen Folgern und späten Folgern eines Marktsegments im E-Business (Quelle: Eigene Darstellung)

Da **Finanzierungen von Start-up-Unternehmen im E-Business** meist auf einen Zeitraum von ein bis zwei Jahren ausgelegt sind, liegt dieser kritische Zeitpunkt **spätestens zwei Jahre nach dem Markteintritt des Pioniers**. Wie in Abbildung 2.6 dargestellt, werden für die vorliegende Untersuchung dementsprechend alle Folger-Unternehmen, deren „*move timing*" weniger als 730 Tage (ca. 2 Jahre) beträgt als **frühe Folger** und alle Folger-Unternehmen mit einem größeren „*move timing*" als **späte Folger** kategorisiert. Mit der relativ kurzen Zeitspanne, bis ein Unternehmen als später Folger klassifiziert wird, berücksichtigt die vorliegende Operationalisierung zudem die Tatsache, dass die **Produktlebenszyklen im E-Business erheblich kürzer sind**, als in traditionellen Industrien.[188]

Zusammenfassend wird der **Begriff des frühen Folgers** im Forschungskontext des E-Business für die vorliegende Untersuchung wie folgt definiert:

> **Frühe Folger** im E-Business werden definiert als Leistungsangebote, die aus der Sicht der Nachfrager als subjektiv austauschbar mit dem Pionier eines Marktsegments angesehen werden und die innerhalb eines Zeitraumes von weniger als 730 Tagen nach dem Pionier in das Marktsegment eingeführt wurden.

---

[188] WIRTZ (2001), S. 145 betont: „(...) [V]on namhaften Experten [wird] proklamiert, daß während eines „normalen" Wettbewerbsjahres in der traditionellen Wirtschaft vier „Internetjahre" in der Internet-Ökonomie vergehen." ZERDICK et al. (2001), S. 146 geht sogar noch weiter: „(...) [E]in Internetjahr verläuft siebenmal so schnell wie ein normales Jahr (...)"; Und auch HIDDING, WILSON und WILLIAMS (2008), S. 4 betonen: „*Product life cycles [in I.T.-driven product categories] are generally faster*"; Ebenso äußert sich MAASS (2008), S. 13: „Die Entwicklungszyklen und Produkthalbwertszeiten sind im E-Business äußerst kurz." HIDDING und WILLIAMS (2003), S. 184 betonen: „*(...) [T]he pace of change in technology markets is faster than in traditional markets such as for industrial or consumer products.*"

2.1 Begriffliche Grundlagen

Der **Begriff des späten Folgers** im Forschungskontext des E-Business wird für die vorliegende Untersuchung wie folgt definiert:

> **Späte Folger** im E-Business werden definiert als Leistungsangebote, die aus der Sicht der Nachfrager als subjektiv austauschbar mit dem Pionier eines Marktsegments angesehen werden und die frühestens 730 Tage nach dem Pionier in das Marktsegment eingeführt wurden.

Nachdem somit die Begrifflichkeiten „Pionier", „früher Folger" und „später Folger" definiert und voneinander abgegrenzt wurden, widmen sich die beiden nachfolgenden Abschnitte der Erläuterung der Begrifflichkeiten der Effekte und der Einflussfaktoren des Markteintrittstimings.

2.1.4.6 Begriff der Effekte des Markteintrittstimings

Vor- bzw. Nachteile, die sich für ein Unternehmen durch dessen Markteintrittsreihenfolge im Vergleich zu den Wettbewerbern des selben Marktsegments ergeben, werden in der Literatur unter dem Begriff der **Effekte des Markteintrittstimings** behandelt.[189] Obwohl sich die vorliegende Untersuchung ausdrücklich auf die Einflussfaktoren des Markteintrittstimings fokussiert, soll an dieser Stelle zumindest ein grundlegendes Verständnis der Begrifflichkeit und bisherigen Erforschung der Effekte des Markteintrittstimings geschaffen werden.

Wie in Abbildung 2.7 dargestellt, lassen sich entsprechend der unterschiedlichen Positionen des Markteintrittstimings Pionier-, frühe Folger- und späte Folger-Effekte unterscheiden. Ein entscheidender Anstoß für die intensivere[190] Erforschung der

---

[189] Vgl. KETCHEN, SNOW und HOOVER (2004), S. 784.

[190] Für eine vertiefende Betrachtung der Effekte des Markteintrittstimings sei auf die folgenden Studien verwiesen: **Nachweis von Pionier-Vorteilen**: URBAN et al. (1986), SZYMANSKI, TROY und BHARADWAJ (1995), MURTHI, SRINIVASAN und KALYANARAM (1996), BROWN und LATTIN (1994), HIMME (2006), BERGER (2005); **Nachweis von Folger-Vorteilen**: SHANKAR, CARPENTER und KRISHNAMURTHI (1998), CHO, KIM und RHEE (1998), BOULDING und CHRISTEN (2003), SHAMSIE, PHELPS und KUPERMAN (2004), FISCHER, HIMME und ALBERS (2007); **Imitative Folger**: SCHEWE (2005), SCHEWE und ZANGER (1992), ANDERSÉN (2007), LIEBERMAN und ASABA (2006), ETHIRAJ und ZHU (2008); **Effekte des Markteintrittstimings und Marktumfeldbedingungen**: SUAREZ und LANZOLLA (2007), SUAREZ und LANZOLLA (2005), HINZE (2005); **Effekte des Markteintrittstimings im E-Business**: MELLAHI und JOHNSON (2000), PORTER (2001), LIEBERMAN (2007), BUSCH (2005), ANKNEY und HIDDING (2005), VARADARAJAN, YADAV und SHANKAR (2007), EISENMANN (2006); **Übersicht von Studien zu Pionier-Vorteilen**: WALGENBACH (2007),

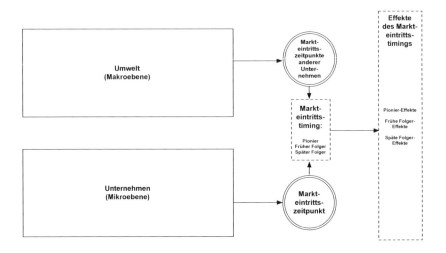

Abbildung 2.7: Begriff der Effekte des Markteintrittstimings (Quelle: Eigene Darstellung)

Effekte des Markteintrittstimings wurde insbesondere durch den viel beachteten Artikel von LIEBERMAN und MONTGOMERY (1988) gelegt.[191] Nachdem dabei zunächst vor allem der Pionierstrategie große Beachtung zuteil wurde,[192] ist seit der Jahrtausendwende zunehmend auch die Folgerstrategie Gegenstand der Forschung geworden.[193,194]

Mögliche Quellen von Pionier-Vorteilen sind die Schaffung eines Vorsprungs in der Forschung- und Entwicklung, die Sicherung von strategisch wichtigen Inputfaktoren und Ressourcen, der Aufbau von Wechselkosten bei Kunden oder die Ausnutzung

---

S. 332f., BUSCH (2005), S. 75ff.; **Übersicht von Studien zu Effekten des Markteintrittstimings**: KABUTH (2003), S. 285ff.; **Meta-Analysen von Studien zu den Effekten des Markteintrittstimings**: GOLDER und TELLIS (1993), VANDERWERF und MAHON (1997), VON DER OELSNITZ (2000), HIMME (2006).

[191] Der Artikel von LIEBERMAN und MONTGOMERY (1988) erhielt im Jahre 1996 von der *Strategic Management Society* in Kooperation mit John Wiley & Sons die jährlich verliehene Auszeichnung als „*Best Paper*" (vgl. LIEBERMAN und MONTGOMERY (1998), S. 1111).

[192] Vgl. LIEBERMAN und MONTGOMERY (1998), S. 1122, CHO, KIM und RHEE (1998), S. 489.

[193] Vgl. KABUTH (2003), S. 23.

[194] DEWETT und WILLIAMS (2007), S. 80 fassen die Verbreitung der Erforschung von Effekten des Markteintrittstimings wie folgt zusammen: „*The comparative advantages of pioneering and following have been studied in a variety of contexts including the introduction of new brands (...) and brand extensions (...), expansion into new international markets (...), acquisitions (...), and more than anywhere else, introducing new products and product categories (...).*"

2.1 Begriffliche Grundlagen

von Netzwerkeffekten.[195] Die Quellen einer möglichen Überlegenheit von späten Folgern gegenüber Pionieren sind zumeist in den Nachteilen der Pionier-Strategie begründet. So können späte Folger u.a. aus dem bisherigen Wettbewerbsverhalten der Branche lernen und oftmals auch von Markterschließungsmaßnahmen der zuvor eingetretenen Unternehmen profitieren.[196] FISCHER, HIMME und ALBERS (2007) weisen zudem argumentativ und empirisch nach, dass die Strategie des frühen Folgers die Vorteile einer frühen Marktbearbeitung mit den Vorteilen einer späten Folger-Strategie verbinden kann.[197] Zur Veranschaulichung sind in Abbildung 2.8 in Anlehnung an KERIN, VARADARAJAN und PETERSON (1992) und BERGER (2005) ausgewählte Mechanismen zur Entstehung von Effekten des Markteintrittstimings dargestellt.[198]

Während der Glaube an die Vorteilhaftigkeit der Pionierstrategie sowohl unter Managern als auch in den Medien weit verbreitet ist,[199] konnte die Erforschung der Effekte des Markteintrittstimings bislang keine eindeutige Überlegenheit der Pionier- oder Folgerstrategien nachweisen.[200] In der Literatur werden einige mögliche Gründe diskutiert, warum die Untersuchungen einer Vorteilhaftigkeit der Pionier- bzw. Folgerstrategien teilweise erhebliche Widersprüche aufweisen. So argumentieren LIEBERMAN und MONTGOMERY (1988), dass der Zeitpunkt der Betrachtung einen erheblichen Einfluss auf die Untersuchungsergebnisse hat: *„Whether the first-mover or late-mover has greater relative advantage depends on the point in time that the market is observed."*[201] Empirische Belege für diese Einschätzung liefern BOULDING und CHRISTEN (2003), indem sie zeigen, dass Pioniere zwar zunächst höhere

---

[195] Für eine detaillierte Auflistung von in der Literatur identifizierten Quellen der Effekte der unterschiedlichen Positionen des Markteintrittstimings seien ausdrücklich die folgenden Arbeiten empfohlen: KNACK (2006), S. 240ff., HINZE (2005), S. 103ff., KABUTH (2003), S. 12ff., LIEBERMAN und MONTGOMERY (1988), S. 41ff..

[196] Vgl. KNACK (2006), S. 247, WALGENBACH (2007), S. 98.

[197] Eine ausführliche Übersicht möglicher Vorteile von „frühen Folgern" gegenüber „Pionieren" und „späten Folgern" findet sich bei FISCHER, HIMME und ALBERS (2007), S. 544ff.

[198] Vgl. KERIN, VARADARAJAN und PETERSON (1992), S. 47, BERGER (2005), S. 33.

[199] BOLTON (2006), S. 32 zeigt, dass der Glaube an die Vorteilhaftigkeit der Pionierstrategie *„(...) is rooted in cultural beliefs and personal experience that favor „first-ness"."*

[200] Vgl. SUAREZ und LANZOLLA (2007), S. 377, FRITZ und VON DER OELSNITZ (2007), S. 83.

[201] Vgl. LIEBERMAN und MONTGOMERY (1988), S. 52.

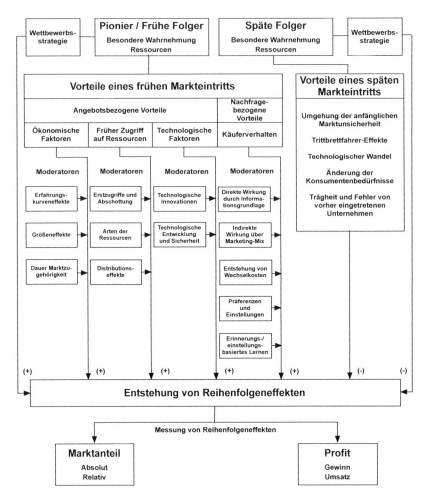

Abbildung 2.8: Mechanismen zur Entstehung von Effekten des Markteintrittstimings (Quelle: Eigene Darstellung in Anlehnung an KERIN, VARADARAJAN und PETERSON (1992), S. 47 sowie BERGER (2005), S. 33)

Gewinne als Folger verzeichnen, aber dieser Vorteil sich nach zwölf bis 14 Jahren ins Gegenteil verkehrt.[202]

---

[202] Auch SUAREZ und LANZOLLA (2008), S. 269 betonen: „(...) FMA [First mover advantage], even when it exists, cannot last forever. This basic observation has important implications

2.1 Begriffliche Grundlagen

Ein weiterer möglicher Grund für die widersprüchlichen Ergebnisse mag die Tatsache sein, dass den Untersuchungen zu den Effekten des Markteintrittstimings teilweise höchst unterschiedliche Methoden zur Messung einer Wettbewerbsvorteilhaftigkeit zugrunde liegen.[203] Zudem werden häufig die teilweise sehr unterschiedlichen und nicht selten ungenauen Abgrenzungen der Begrifflichkeiten des „Pioniers", „frühen Folgers" und „späten Folgers" für die konfligierenden Ergebnisse verantwortlich gemacht.[204,205] Die in der Literatur häufige Postulierung einer Vorteilhaftigkeit der Pionier-Strategie wird darüber hinaus auch auf eine systematische Verzerrung der Untersuchungsergebnisse zurückgeführt, da in vielen Untersuchungen zum Markteintrittstiming nur Unternehmen Berücksichtigung finden, die eine bestimmte Zeit am Markt überlebt haben.[206]

Nach dem Aufbau eines grundsätzlichen Verständnisses der Begrifflichkeit der Effekte des Markteintrittstimings werden in dem folgenden Abschnitt 2.1.4.7 die im Fokus der vorliegenden Untersuchung stehenden Einflussfaktoren des Markteintrittstimings begrifflich eingegrenzt.

2.1.4.7 Begriff der Einflussfaktoren des Markteintrittstimings

Das **Markteintrittstiming** wurde bereits in Abschnitt 2.1.4.3 für die vorliegende Untersuchung definiert als die zeitliche Beziehung des Markteintrittszeitpunktes eines Leistungsangebots im E-Business in Relation zu den Markteintrittszeitpunkten aller anderen Leistungsangebote des selben Marktsegments.

---

for theory development. It follows that FMA theory should focus on a specific time period during which the FMA isolating mechanisms have maximum potential to affect first movers' competitive performance."

[203] Vgl. HIDDING und WILLIAMS (2003), S. 180.

[204] Vgl. HIDDING und WILLIAMS (2003), S. 180, SUAREZ und LANZOLLA (2008), S. 269.

[205] Vielen Untersuchungen zu den Effekten des Markteintrittstimings liegt die sog. PIMS-Datenbank zugrunde (Vgl. Abschnitt 2.1.4.4 der vorliegenden Arbeit), bei der die Messung des Markteintrittsstatus', also ob ein Unternehmen als Pionier oder Folger zu bezeichnen ist, auf Basis einer subjektiven Einschätzung von Vertretern der befragten Unternehmen durchgeführt wurde. Die hohe Subjektivität dieser Einschätzung führte zwangsläufig zu Messfehlern, die in einer unrealistischen Verteilung von Pionieren zu Folgern in der PIMS-Datenbank mündeten. So bezeichneten durchschnittlich 52% der Befragten die eigene Geschäftseinheit als Pionier, 31% als frühen Folger und 17% als späten Folger (vgl. FISCHER, HIMME und ALBERS (2007), S. 543).

[206] Vgl. LAMBKIN und DAY (1989), S. 16.

Damit ergeben sich als **grundsätzliche Bestimmungsfaktoren des Markteintrittstimings** eines Unternehmens zum einen dessen **eigener Markteintrittszeitpunkt** und zum anderen die **Markteintrittszeitpunkte aller anderen** in dem Marktsegment tätigen Unternehmen. Während der Einfluss eines Unternehmens auf die Markteintrittszeitpunkte anderer Unternehmen nur indirekt erfolgen kann und als marginal einzustufen ist, unterliegt der **eigene Markteintrittszeitpunkt** weitaus stärker dem Einfluss eines Unternehmens.

Die Einflussfaktoren auf den eigenen Markteintrittszeitpunkt eines Unternehmens müssen dabei naturgemäß in dem **Zeitraum vor dem Markteintrittszeitpunkt** zu finden sein. Dieser umfasst sowohl den bisherigen **unternehmensspezifischen Entwicklungspfad** als auch den **Innovationsprozess**[207] des jeweiligen, in den Markt eingeführten Leistungsangebots. Wie in Abbildung 2.9 dargestellt, ergeben sich damit als maßgebliche Bestimmungsfaktoren des eigenen Markteintrittszeitpunkts eines Unternehmens grundsätzlich zum einen der **Zeitpunkt des Beginns des Innovationsprozesses** und zum anderen die **Dauer des Innovationsprozesses**.

Zusammenfassend wird der **Begriff der Einflussfaktoren des Markteintrittstimings** im Forschungskontext des E-Business für die vorliegende Untersuchung wie folgt definiert:

> Die **Einflussfaktoren des Markteintrittstimings** eines Leistungsangebots werden im Rahmen der vorliegenden Untersuchung definiert als all diejenigen unternehmensin- und externen Faktoren, die in positiver oder negativer Weise auf den Markteintrittszeitpunkt des betrachteten Leistungsangebots sowie auf die Markteintrittszeitpunkte aller anderen Leistungsangebote des selben Marktsegments wirken.

In Ergänzung dazu wird der **Begriff der Einflussfaktoren des Markteintrittszeitpunktes** im Forschungskontext des E-Business für die vorliegende Untersuchung wie folgt definiert:

---

[207] KUTSCHKER und SCHMID (2008), S. 1095 definieren Prozesse allgemein als „eine Folge zusammenhängender Aktivitäten oder Ereignisse (...), in denen die Transformation von Inputs in Outputs vorgenommen wird". Der Innovationsprozess speziell beschreibt die Entstehung einer Innovation im Zeitverlauf von der ersten Initiative bis zu ihrer abgeschlossenen Umsetzung. Eine detaillierte Beschreibung des Innovationsprozesses und seiner einzelnen Phasen wird in Abschnitt 2.1.5 vorgenommen.

2.1 Begriffliche Grundlagen

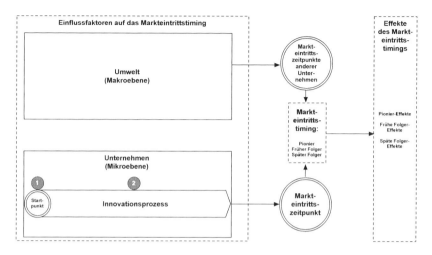

Abbildung 2.9: Begriff der Einflussfaktoren des Markteintrittstimings (Quelle: Eigene Darstellung)

> Die **Einflussfaktoren des Markteintrittszeitpunktes** eines Leistungsangebots werden im Rahmen der vorliegenden Untersuchung definiert als all diejenigen unternehmensin- und externen Faktoren, die in positiver oder negativer Weise auf den Zeitpunkt des Beginns und die Dauer des Innovationsprozesses des betrachteten Leistungsangebots wirken.

Während in diesem Abschnitt ausschließlich eine begriffliche Spezifikation vorgenommen wurde, erfolgt in Abschnitt 2.2 eine detaillierte Analyse der Literatur zu Erkenntnissen über die Einflussfaktoren des Markteintrittstimings.

2.1.5 Phasenbezogene Betrachtung anhand des Innovationsprozesses

Um den für die Untersuchung der Einflussfaktoren des Markteintrittstimings relevanten Zeitraum detailliert erfassen zu können, muss dieser zumindest konzeptionell in einzelne, möglichst genau voneinander **abgrenzbare Phasen** unterteilt werden. Da bei Start-up-Unternehmen in einer frühen Entwicklungsphase sowohl der Innovationsprozess als auch der Aufbau des Unternehmens zusammenfallen,[208] werden dazu

---
[208] Vgl. BOERSCH und ELSCHEN (2002), S. 272.

nachfolgend Erkenntnisse der **Innovationsprozess-** und der *(E)-Entrepreneurship-***Forschung** berücksichtigt. Diese Vorgehensweise bietet sich an, da sich für die Untersuchung von *Dynamic Capabilities* und ihrer Entwicklung im Zeitverlauf der Rückgriff auf die vielfältigen Erkenntnisse der strategischen Prozessforschung bereits bewährt hat.[209]

Grundsätzlich finden sich in der Literatur zahlreiche Vorschläge für die Unterteilung des von der Ideenfindung bis hin zum Markteintritt reichenden **Innovationsprozesses** in einzelne idealtypische Phasen, wobei sich die Konzepte hinsichtlich der Anzahl der Phasen und ihrer Ausdifferenzierung stark unterscheiden.[210] Eine zu feinteilige Unterscheidung der einzelnen Phasen könnte jedoch insbesondere bei einer *ex-post* durchgeführten Untersuchung zu einer **Überforderung der Befragten** führen und somit die **Qualität der erhobenen Daten vermindern**. Im Rahmen der vorliegenden Untersuchung wird in Anlehnung an das von REICHWALD und PILLER (2009) beschriebene lineare Phasenmodell eines interaktiven Innovationsprozesses eine in Abbildung 2.10 dargestellte **Unterteilung in fünf Phasen** als optimal im Sinne der Erkenntnisgewinnung angesehen.[211] So ermöglicht die Darstellung des Innovationsprozesses in fünf Phasen eine Abgrenzung von relativ heterogenen und damit auch für Befragte hinreichend unterscheidbaren Entwicklungsschritten.[212]

In die nachfolgende **Beschreibung der einzelnen Phasen** des Innovationsprozesses von Start-up-Unternehmen im E-Business fließen zudem Erkenntnisse über

---

[209] NARAYANAN, COLWELL und DOUGLAS (2009), S. S25ff. empfehlen ausdrücklich den Einbezug der reichhaltigen strategischen Prozessforschung bei der Erforschung von *Dynamic Capabilities* und ihrer Entstehung; NEWEY und ZAHRA (2009), S. 85 führen ebenfalls eine Untersuchung von *Dynamic Capabilities* unter Verwendung der Prozessforschung durch; EISENHARDT und MARTIN (2000), S. 1108 sehen sogar den Produktentwicklungsprozess insgesamt als ein typisches Beispiel einer *Dynamic Capability*.

[210] Nachfolgend sei auf einige Beispiele einer unterschiedlichen Granulierung der Phasen des Innovationsprozesses verwiesen: drei Phasen: THOM (1992), S. 9; fünf Phasen: REICHWALD und PILLER (2009), S. 122ff., HERSTATT (1999), S. 73; sechs Phasen: HAUSCHILDT (1997), S. 19ff.; 13 Phasen: COOPER und KLEINSCHMIDT (1986), S. 74; Ein detaillierter Überblick unterschiedlicher Konzeptionen des Innovationsprozesses findet sich u.a. bei VERWORN und HERSTATT (2000) sowie SAREN (1984).

[211] Vgl. REICHWALD und PILLER (2009), S. 122ff..

[212] Es sei allerdings darauf hingewiesen, dass eine Darstellung der einzelnen Phasen des Innovationsprozesses bzw. der Unternehmensgründung und zugehöriger Managementaufgaben immer nur idealtypischer Natur sein kann und in der Realität stärkere Rückkoppelungen zwischen den einzelnen Phase zu erwarten sind (vgl. REICHWALD und PILLER (2009), S. 122ff., SCHEFCZYK und PANKOTSCH (2002), S. 26).

2.1 Begriffliche Grundlagen

Abbildung 2.10: Phasen des Innovationsprozesses (Quelle: Eigene Darstellung in Anlehnung an REICHWALD und PILLER (2009), S. 123.)

die frühe Gründungsphase von Unternehmen ein.[213] Dabei lassen sich während der Innovations- und Gründungsphase grundsätzlich drei Arten von Aufgaben unterscheiden: **Innovationsaufgaben** (u.a. Markt- und Wettbewerbsanalysen, Produktentwicklung, Absicherung von Innovationen durch Schutzrechte), **Gründungsplanung und -strukturierung** (u.a. Geschäftsplanung, Aufbau des Gründerteams, Gründungsfinanzierung) und die **Gründung im gesellschaftsrechtlichen Sinne**.[214]

Die **Phase der Ideengenerierung**[215] stellt die erste Phase des Innovationsprozesses dar und beginnt mit einem **Impuls** bzw. einer sich ergebenden **Gelegenheit für ein neues Produkt bzw. eine neue Dienstleistung**.[216] Den Startpunkt der Betrachtung bildet somit nicht die Unternehmensgründung im gesellschaftsrechtlichen Sinne, da diese zumeist erst nach der Durchführung vielfältiger Vorarbeiten stattfindet, die wiederum als potentielle Einflussfaktoren des Markteintrittstimings berücksichtigt werden müssen.[217] Im Rahmen einer anschließenden ersten **Prüfung auf Erfolgswahrscheinlichkeit** werden u.a. die für die Idee notwendigen

---

[213] In der *(E)-Entrepreneurship*-Literatur finden sich vielfältige Konzepte zur Beschreibung typischer Entwicklungsschritte von Start-up-Unternehmen: Bspw. nimmt KOLLMANN (2009b), S. 45 eine Unterteilung der Entwicklungsphasen einer Unternehmensgründung im E-Business bis zum Zeitpunkt des Markteintritts in die drei Schritte der Ideenfindung, Ideenformulierung und Ideenumsetzung vor; SCHEFCZYK und PANKOTSCH (2002), S. 22f. nennen mit der Gründungs-, Etablierungs- und Wachstumsphase insgesamt drei Phasen der Entwicklung von Start-up-Unternehmen.

[214] Vgl. SCHEFCZYK und PANKOTSCH (2002), S. 26ff..

[215] Das für die vorliegende Untersuchung geltende Begriffsverständnis der Phase der Ideengenerierung entspricht der von REICHWALD und PILLER (2009), S. 124 beschriebenen gleichnamigen Phase und der von KOLLMANN (2009b), S. 51f. skizzierten Phase der Ideenfindung eines Start-up-Unternehmens im E-Business. Für eine Übersicht unterschiedlicher deutsch- und englischsprachiger Bezeichnungen für die frühen Phasen des Innovationsprozesses sei auf HERSTATT und VERWORN (2007), S. 8 verwiesen.

[216] Vgl. KOLLMANN (2009b), S. 45, REICHWALD und PILLER (2009), S. 124, HERSTATT und VERWORN (2007), S. 8.

[217] Vgl. SCHEFCZYK und PANKOTSCH (2002), S. 27f.

Arbeitsabläufe (z.B. Beschaffungs-, Arbeits-, Absatzprozesse) identifiziert, die Möglichkeiten des späteren Produktverkaufs umrissen und der zukünftige Kapitalbedarf abgeschätzt.[218] Im Gegensatz zu dem traditionellen Verständnis des Innovationsmanagements berücksichtigt der *Open Innovation*-Ansatz bereits bei den Aktivitäten in der Ideengenerierungsphase explizit die **Einbeziehung unternehmensexterner Quellen**.[219]

In der zweiten **Phase der Konzeptentwicklung**[220] wird die zumeist noch recht vage Innovationsidee weiterentwickelt und verfeinert.[221] Die Konzeption der Geschäftsidee wird üblicherweise in einem detaillierten **Businessplan** festgehalten, der sowohl für die Gründer als auch für unternehmensexterne Akteure (potentielle Kunden, Partner, Investoren) eine geeignete Grundlage für die Entscheidung über ein (weiteres) Engagement bietet.[222] Die Phase der Konzeptentwicklung endet schließlich mit einer ***Go-No-Go*-Entscheidung zur Entwicklung der Idee**.[223]

In der anschließenden **Phase der Prototyp-Erstellung**[224] wird aus dem in der vorhergehenden Phase geschaffenen Innovationskonzept ein voll funktionsfähiger Prototyp entwickelt, der unternehmensintern hinsichtlich der Funktionalität und *Performance* erprobt werden kann.[225] Insbesondere bei Start-up-Unternehmen besteht in dieser Phase oftmals der Bedarf, die nachhaltige Finanzierung des Unternehmens zu sichern, fehlende Humanressourcen für das Projekt zu gewinnen und zur Sicherung der Stabilität interner und externer Abläufe organisierte Prozesse einzuführen.[226]

---

[218] Vgl. KOLLMANN (2009b), S. 51f..
[219] Vgl. REICHWALD und PILLER (2009), S. 124.
[220] Die hier dargestellte Phase der Konzeptentwicklung entspricht der von REICHWALD und PILLER (2009), S. 125 beschriebenen gleichnamigen Phase und der von KOLLMANN (2009b), S. 51f. charakterisierten Phase der Ideenformulierung eines Start-up-Unternehmens im E-Business.
[221] Vgl. REICHWALD und PILLER (2009), S. 125.
[222] Vgl. KOLLMANN (2009b), S. 51.
[223] Vgl. HERSTATT und VERWORN (2007), S. 8.
[224] Die hier skizzierte Phase der Prototyp-Erstellung entspricht der von REICHWALD und PILLER (2009), S. 125f. beschriebenen gleichnamigen Phase und bildet zudem den ersten Schritt der von KOLLMANN (2009b), S. 51f. dargestellten Phase der Ideenumsetzung eines Start-up-Unternehmens im E-Business.
[225] Vgl. REICHWALD und PILLER (2009), S. 125.
[226] Vgl. KOLLMANN (2009b), S. 51f..

Die anschließende **Phase des Produkt- und Markttests**[227] dient schließlich einer Prüfung der Akzeptanz und *Performance* des entwickelten Produkts unter möglichst realen Marktbedingungen.[228] Im E-Business werden dabei oftmals **Testversionen**, die je nach dem Stand der Entwicklung z.B. als *Alpha*- oder *Beta*-Versionen bezeichnet werden, für eine meist begrenzte Zahl von Nutzern freigeschaltet. Im Sinne der *Open Innovation* werden dabei Funktionstests und Fehlersuchen teilweise auf Kunden übertragen, wodurch eine eng an den Kundenbedürfnissen orientierte Modifikation des Produkts möglich wird.[229]

Die letzte Etappe des Innovationsprozesses stellt schließlich die **Phase der Markteinführung**[230] dar, in der die Kommunikation und Vermarktung der Produktinnovation vorbereitet wird. Um einen möglichst breiten Marktzugang zu schaffen, können sowohl Vertriebskooperationen als auch der Einbezug der Kunden in die Diffusion des neuen Produkts eine bedeutende Rolle spielen.[231]

2.2 Forschungsstand zu Einflussfaktoren des Markteintrittstimings

Während die betriebswirtschaftliche Literatur unzählige Arbeiten zu den **Effekten** des Markteintrittstimings[232] hervorgebracht hat, sind die **Einflussfaktoren** auf das Markteintrittstiming bislang weit weniger erforscht worden.[233] Nachfolgend wird eine **Analyse der vorhandenen Literatur** zu den Einflussfaktoren

---

[227] Das für die vorliegende Untersuchung geltende Begriffsverständnis der Phase des Produkt- und Markttests entspricht der von REICHWALD und PILLER (2009), S. 126 beschriebenen gleichnamigen Phase und stellt zudem einen Teilbereich der von KOLLMANN (2009b), S. 51f. skizzierten Phase der Ideenumsetzung eines Start-up-Unternehmens im E-Business dar.

[228] Vgl. REICHWALD und PILLER (2009), S. 126.

[229] Vgl. REICHWALD und PILLER (2009), S. 126.

[230] Die hier beschriebene Phase der Markteinführung entspricht der von REICHWALD und PILLER (2009), S. 126 charakterisierten gleichnamigen Phase und bildet den letzten Schritt der von KOLLMANN (2009b), S. 51f. dargestellten Phase der Ideenumsetzung eines Start-up-Unternehmens im E-Business.

[231] Vgl. KOLLMANN (2009b), S. 52, REICHWALD und PILLER (2009), S. 126, GRUBER und HARHOFF (2001), S. 20f..

[232] Für eine kritische Zusammenfassung bisheriger Erkenntnisse zu den Effekten des Markteintrittstimings sei auf Abschnitt 2.1.4.6 der vorliegenden Schrift verwiesen.

[233] Vgl. SCHOENECKER und COOPER (1998), S. 1127, FUENTELSAZ, GOMEZ und POLO (2002), S. 245, SINHA und NOBLE (2005), S. 186, LEE (2008), S. 1259.

auf das Markteintrittstiming durchgeführt, um bestehende inhaltliche und methodische Forschungsdefizite herauszuarbeiten. Die in Abschnitt 1.2 formulierte forschungsleitende Fragestellung der vorliegenden Untersuchung und die im vorherigen Abschnitt 2.1 herausgearbeiteten begrifflichen Grundlagen dienen dabei als **Analyserahmen zur Identifikation und Aggregation von bestehenden Erkenntnissen** über Einflussfaktoren auf das Markteintrittstiming.

Die **Identifikation von relevanter Literatur** erfolgte zum einen durch eine groß angelegte Suche, u.a. nach den englischen Begriffen *„determinants of entry timing", „entry timing", „market entry", „pioneer", „first mover", „follower"*, und ihren deutschen Übersetzungen über die Suchfunktionen von EBSCO *Business Source Complete*, EconLit, SSRN, der Deutschen Nationalbibliothek, Google *Scholar*, Google *Books* und zahlreichen Wissenschaftsverlagen und -ressourcen[234]. Zudem wurden in den dabei identifizierten Studien zahlreiche weitere Verweise auf relevante Arbeiten gefunden.

Insgesamt wurden **21 Studien** identifiziert, wobei 17 davon den Untersuchungsfokus auf **Einflussfaktoren des Markteintrittstimings** legen (drei dieser Arbeiten behandeln zusätzlich auch die Effekte des Markteintrittstimings).[235] Die übrigen **vier Studien** behandeln zwar hauptsächlich Effekte des Markteintrittstimings, aber treffen dennoch **explizit oder implizit Aussagen zu den Einflussfaktoren** und wurden deshalb im Rahmen der vorliegenden Literaturanalyse ebenfalls berücksichtigt. Im Anhang A.2 wird eine **chronologische Auflistung dieser Studien** vorgenommen. Dabei werden zu den einzelnen Forschungsarbeiten der **Untersuchungsgegenstand**, die verwendete **Forschungsmethodik**, die Charakteristik der **Datenbasis** und **wichtige Resultate** hinsichtlich der Einflussfaktoren des Markteintrittstimings dargestellt.

---

[234] U.a. wurden die *Journals*, Bücher und sonstigen Veröffentlichungen der folgenden Wissenschaftsverlage und -ressourcen auf relevante Literatur untersucht: Springer *Science + Business Media*, Gabler Verlag, John Wiley & *Sons*, Elsevier, JSTOR, dissonline.de, ingentaconnect.

[235] Die Anzahl der identifizierten Artikel erscheint trotz der relativ geringen Menge nicht nur aufgrund des hohen Rechercheaufwands, sondern auch angesichts von Aussagen aus anderen Artikeln plausibel. So betonen SCHOENECKER und COOPER (1998), S. 1128 in einem Artikel im *Strategic Management Journal* im Jahre 1998, dass es zum damaligen Zeitpunkt nur die folgenden drei veröffentlichten Studien gab, die empirisch die Einflussfaktoren des Markteintrittstimings untersuchen: MITCHELL (1989), ROBINSON, FORNELL und SULLIVAN (1992) und THOMAS (1996). Auch HELFAT und LIEBERMAN (2002), S. 735 betonen die Existenz eines *„(...) small subset of studies that link firm-level data on pre-entry resources and capabilities to instances of market entry."*

2.2 Forschungsstand zu Einflussfaktoren des Markteintrittstimings

Nach einer **Klassifizierung** der identifizierten Literatur im nachfolgenden Abschnitt 2.2.1 werden in den Abschnitten 2.2.2 bis 2.2.5 **Erkenntnisse, Auffälligkeiten** und **Defizite** der bestehenden Literatur zu den Einflussfaktoren des Markteintrittstimings dargelegt und diskutiert. In Abschnitt 2.2.6 wird abschließend eine **kritische Zusammenfassung der Literaturanalyse** vorgenommen.

2.2.1 Klassifizierung der Literatur

In Tabelle 2.5 wird zunächst eine grundlegende **Klassifizierung** der identifizierten Literatur zu den Einflussfaktoren des Markteintrittstimings hinsichtlich verschiedener Merkmale vorgenommen. Dabei werden für jede Studie der **Untersuchungsfokus**, die angewendete **Methodik**, die **Datenbasis**, das **Veröffentlichungsdatum** und der Name des veröffentlichenden *Journal* dargestellt. Um die Charakteristik der vorhandenen Literatur zu den Einflussfaktoren des Markteintrittstimings zu verdeutlichen, wird im rechten Teil der Tabelle für jede der betrachteten Kategorien deren Häufigkeitsverteilung in Bezug auf die identifizierte Literatur in absoluten und prozentualen Werten angezeigt.

Die vorliegende Untersuchung wird dabei ebenfalls in die äußere rechte Spalte der Übersicht integriert, um deren grundsätzliche **Einordnung in die bestehende Literatur** zu verdeutlichen. Dabei wird ersichtlich, dass die vorliegende Arbeit mit der Anwendung einer **qualitativen Methodik** sowie der **Fokussierung auf eine hochdynamische Branche**, auf **Start-up-Unternehmen** und **deutsche Untersuchungsobjekte**, gleich mehrere relevante und bislang kaum im Rahmen von Arbeiten zu den Einflussfaktoren des Markteintrittstimings berücksichtigte Aspekte umfasst.

2.2.2 Forschungsmethoden

Die Analyse der identifizierten Literatur zu Einflussfaktoren des Markteintrittstimings hinsichtlich der zugrunde liegenden **Forschungsmethoden** zeigt, dass bislang fast ausschließlich **quantitative Forschungsmethoden** angewendet wurden. Wie in Tabelle 2.5 dargestellt, bauen 81% der identifizierten Studien auf großzahligen, quantitativen Forschungsdesigns auf.[236] Während dabei in den 1980er

---
[236] Vgl. THOMPSON (1986), LAMBKIN (1988), MITCHELL (1989), LILIEN und YOON (1990), GEROSKI und MURFIN (1991), ROBINSON, FORNELL und SULLIVAN (1992), THOMAS (1996),

Tabelle 2.5: Klassifizierung der Literatur zu den Einflussfaktoren auf das Markteintrittstiming (Quelle: Eigene Darstellung)

Oberkategorie	Unterkategorie	Summe absolut	Summe in %
Untersuchungsfokus	Einflussfaktoren MET	17	81
	Effekte MET	7	33
Theorie	Resource-based View	8	38
	Populationsökologie	3	14
Methodik	Quantitativ	17	81
	Qualitativ	0	0
	Theoretisch-konzeptionell	4	19
	Querschnittdesign	6	29
	Längsschnittdesign	6	29
Datenbasis	Geringe Branchendynamik	14	67
	Hohe Branchendynamik	8	38
	USA	15	71
	Europa	7	33
	Sonstige Regionen	2	10
	Großunternehmen	21	100
	Start-up-Unternehmen	6	29
	Zeitraum bis 1979	10	48
	Zeitraum 1980 bis 1989	13	62
	Zeitraum 1990 bis 1999	9	43
	Zeitraum 2000 bis 2009	6	29
Erscheinungsdatum	1980-1989	5	24
	1990-1999	7	33
	2000-2009	9	43
Journal	Academy of Management Journal	1	5
	Administrative Science Quarterly	1	5
	Applied Economics	1	5
	IEEE Transactions on Engineering Management	1	5
	Industrial and Corporate Change	1	5
	J. of Economic Studies	1	5
	J. of Economics & Mgmt. Strategy	1	5
	J. of Marketing	1	5
	Management Science	1	5
	Research Policy	1	5
	Strat. Mgmt. J.	10	48
	Zentrum für Europäische Wirtschaftsforschung (ZEW)	1	5

2.2 Forschungsstand zu Einflussfaktoren des Markteintrittstimings

und 90er Jahren überwiegend ein **Querschnittsdesign** angewendet wurde,[237] sind vor allem seit der Jahrtausendwende zahlreiche Studien veröffentlicht worden, denen ein **Längsschnittdesign** zugrunde liegt.[238]

Insgesamt finden sich nur vier Arbeiten, die nicht auf **quantitativer Forschung** aufbauen.[239] Bemerkenswert ist dabei insbesondere, dass diese ausschließlich theoretisch-konzeptionell vorgehen und **keine einzige davon eine empirisch-qualitative Erhebung aufweist.** Eine besondere Bedeutung für die Forschung zum Markteintrittstiming nehmen dabei die viel beachteten Artikel von LIEBERMAN und MONTGOMERY (1988) sowie LIEBERMAN und MONTGOMERY (1998) ein. Obwohl diese vorwiegend auf eine Konzeption der Effekte des Markteintrittstimings und einer Analyse der dazu veröffentlichten Literatur fokussiert sind, liefern sie dennoch auch einige konzeptionelle Überlegungen zu den Einflussfaktoren des Markteintrittstimings. Und auch die Literaturanalyse von HELFAT und LIEBERMAN (2002) zu unterschiedlichen Aspekten des Markteintritts liefert zusätzliche Erkenntnisse darüber, wie die vor dem Markteintritt vorhandenen Ressourcen und Kompetenzen von Unternehmen die Wahl des Marktes, des Eintrittsmodus' und das Markteintrittstiming beeinflussen können.

2.2.3 Theoretische Fundierung

Hinsichtlich der **theoretischen Fundierung** der identifizierten Literatur zu den Einflussfaktoren des Markteintrittstimings nimmt die zunehmende **Verknüpfung zwischen dem *Resource-based View* und der Literatur zum Markteintrittstiming** eine besondere Bedeutung ein. Während sich diese beiden Forschungsströme bis weit in die 1990er Jahre noch relativ separat voneinander entwickelt haben, konnten beide von einer zunehmenden Verflechtung und damit verbundenen

---

SWAMINATHAN (1998), SCHOENECKER und COOPER (1998), KLEPPER und SIMONS (2000), FUENTELSAZ, GOMEZ und POLO (2002), SOFKA und SCHMIDT (2004), SINHA und NOBLE (2005), LEE (2007), LEE (2008), LEE und PARUCHURI (2008), LEE (2009).

[237] Vgl. THOMPSON (1986), MITCHELL (1989), LILIEN und YOON (1990), ROBINSON, FORNELL und SULLIVAN (1992), THOMAS (1996), SINHA und NOBLE (2005).

[238] Vgl. LAMBKIN (1988), SINHA und NOBLE (2005), LEE (2007), LEE (2008), LEE und PARUCHURI (2008), LEE (2009).

[239] Vgl. LIEBERMAN und MONTGOMERY (1988), LAMBKIN und DAY (1989), LIEBERMAN und MONTGOMERY (1998), HELFAT und LIEBERMAN (2002).

Ausschöpfung von Synergien profitieren.[240] So wird die besondere Bedeutung des *Resource-based View* zur Erklärung des Markteintrittstimings im allgemeinen und dem Verständnis der unternehmensinternen Einflussfaktoren auf das Markteintrittstiming inzwischen in der Literatur betont.[241]

Wie in Tabelle 2.5 dargestellt, bildet der *Resource-based View* für insgesamt 38% der vorliegend erfassten Artikel die theoretische Grundlage.[242] Seit der Jahrtausendwende bauen sogar 78% der identifizierten Artikel auf dem *Resource-based View* auf,[243] wodurch dessen stark zunehmende Bedeutung für Studien über Einflussfaktoren des Markteintrittstimings deutlich wird.

Neben dem *Resource-based View* finden zudem vereinzelt auch **populationsökologische Modelle** Anwendung in den identifizierten Studien. So verknüpfen bspw. SINHA und NOBLE (2005) bei der Entwicklung eines Modells des Markteintritts in neue Technologie-Marktsegmente Erkenntnisse des *Resource-based View* mit populationsökologischen Annahmen.

Darüber hinaus zeigt sich auch bei der Analyse der Literatur zu den Einflussfaktoren des Markteintrittstimings eine ebenso bei Untersuchungen zu den Effekten des Markteintrittstimings vorherrschende **relativ geringe Berücksichtigung von Theorien zur Erklärung unternehmensexterner Faktoren**.

2.2.4 Datenbasen

Bei der Analyse der identifizierten Literatur zu den Einflussfaktoren auf das Markteintrittstiming hinsichtlich der **Datenbasen** fällt auf, dass bislang überwiegend traditionelle, **relativ statische Industrien** untersucht wurden. Wie in Tabelle 2.5 ersichtlich, berücksichtigen 67% der vorliegend analysierten Studien

---

[240] Eine wichtige Grundlage für die zunehmende Verknüpfung des *Resource-based View* und der Literatur zum Markteintrittstiming haben LIEBERMAN und MONTGOMERY (1998), S. 1111f. in ihrem viel beachteten Artikel gelegt, in dem sie mögliche Synergien der beiden Forschungsströme mit dem Ziel herausgearbeitet haben: „(...) to serve as marriage broker (or at least to initiate some serious dating)."

[241] LEE (2008), S. 1257 bezeichnet den *Resource-based View* als das „(...) leading theoretical framework (...)" zur Untersuchung der unternehmensinternen Einflussfaktoren auf das Markteintrittstiming.

[242] Vgl. LIEBERMAN und MONTGOMERY (1998), FUENTELSAZ, GOMEZ und POLO (2002), HELFAT und LIEBERMAN (2002), SINHA und NOBLE (2005), LEE (2007), LEE (2008), LEE und PARUCHURI (2008), LEE (2009).

[243] Vgl. FUENTELSAZ, GOMEZ und POLO (2002), HELFAT und LIEBERMAN (2002), SINHA und NOBLE (2005), LEE (2007), LEE (2008), LEE und PARUCHURI (2008), LEE (2009).

2.2 Forschungsstand zu Einflussfaktoren des Markteintrittstimings

Industrien mit einer eher geringen Branchendynamik.[244] Unter den relativ wenigen Arbeiten, die dagegen eher dynamische Branchen untersuchen,[245] findet sich jedoch keine Untersuchung von internetbasierten Geschäftsmodellen. Lediglich die Untersuchung von SINHA und NOBLE (2005) anhand der Entstehung des Marktsegments der elektronischen Geldautomaten könnte im weitesten Sinne dem E-Commerce zugeordnet werden. Allerdings raten die Autoren selber zur Vorsicht hinsichtlich einer Übertragung der Untersuchungsergebnisse auf Marktsegmente von internetbasierten Geschäftsmodellen.[246]

Ebenfalls auffällig ist, dass die meisten Studien über Einflussfaktoren des Markteintrittstimings überwiegend auf **Daten aus dem US-amerikanischen Markt** basieren. So geht aus Tabelle 2.5 hervor, dass 71% der identifizierten Studien US-amerikanische Daten zugrunde liegen.[247] Die geographische Verteilung der Autoren scheint jedoch nicht der alleinige Grund für die Dominanz US-amerikanischer Untersuchungsobjekte zu sein, da nur wenig mehr als die Hälfte der Veröffentlichungen von US-amerikanischen Autoren stammt. Untersuchungen auf Basis der **Daten von europäischen Märkten** sind dagegen mit nur 33% stark unterrepräsentiert.[248] Bspw. greifen LILIEN und YOON (1990) in ihrer Studie auf Daten zum Markteintrittstiming von Industrieprodukten französischer Unternehmen zurück und FUENTELSAZ, GOMEZ und POLO (2002) untersuchen die Determinanten des Markteintrittstimings von Diversifizierungsbemühungen etablierter Unternehmen

---

[244] Vgl. THOMPSON (1986), LIEBERMAN und MONTGOMERY (1988), LAMBKIN (1988), MITCHELL (1989), LILIEN und YOON (1990), GEROSKI und MURFIN (1991), ROBINSON, FORNELL und SULLIVAN (1992), THOMAS (1996), SWAMINATHAN (1998), LIEBERMAN und MONTGOMERY (1998), KLEPPER und SIMONS (2000), FUENTELSAZ, GOMEZ und POLO (2002), HELFAT und LIEBERMAN (2002), SOFKA und SCHMIDT (2004).

[245] Vgl. SCHOENECKER und COOPER (1998), HELFAT und LIEBERMAN (2002), SOFKA und SCHMIDT (2004), SINHA und NOBLE (2005), LEE (2007), LEE (2008), LEE und PARUCHURI (2008), LEE (2009).

[246] Vgl. SINHA und NOBLE (2005), S. 196.

[247] Vgl. LIEBERMAN und MONTGOMERY (1988), LAMBKIN (1988), MITCHELL (1989), ROBINSON, FORNELL und SULLIVAN (1992), THOMAS (1996), SWAMINATHAN (1998), SCHOENECKER und COOPER (1998), LIEBERMAN und MONTGOMERY (1998), KLEPPER und SIMONS (2000), HELFAT und LIEBERMAN (2002), SINHA und NOBLE (2005), LEE (2007), LEE (2008), LEE und PARUCHURI (2008), LEE (2009).

[248] Vgl. THOMPSON (1986), LILIEN und YOON (1990), GEROSKI und MURFIN (1991), LIEBERMAN und MONTGOMERY (1998), FUENTELSAZ, GOMEZ und POLO (2002), HELFAT und LIEBERMAN (2002), SOFKA und SCHMIDT (2004).

im spanischen Banken-Sektor. Untersuchungsobjekte aus den übrigen Regionen der Welt finden mit nur 10% fast gar keine Berücksichtigung.[249]

Eine darüber hinaus wichtige Erkenntnis bringt die Analyse der Datenbasen hinsichtlich der **Art der untersuchten Unternehmen** hervor. So werden in **ausnahmslos allen identifizierten Untersuchungen** zu Einflussfaktoren des Markteintrittstimings Markteintritte von **Großunternehmen in Form von Diversifizierungen** behandelt.[250] In nur sechs der analysierten Arbeiten (29% der Studien) werden zudem implizit oder explizit auch **Start-up-Unternehmen** berücksichtigt,[251] wobei darunter vier qualitativ-konzeptionelle[252] Arbeiten und nur zwei empirische[253] Erhebungen zu finden sind. Bei diesen einzigen beiden unabhägig von Großunternehmen operierenden Untersuchungsobjekten handelt es sich um junge Unternehmen aus den Bereichen der Brauindustrie (vgl. SWAMINATHAN (1998)) und der Regionalzeitungen (vgl. THOMPSON (1986)), welche offensichtliche Unterschiede in der Charakteristik zu Start-up-Unternehmen im E-Business aufweisen.

2.2.5 Forschungserkenntnisse

Die bisher vorliegenden Erkenntnisse zu den Einflussfaktoren des Markteintrittstimings weisen einige **Übereinstimmungen**, aber teilweise auch erhebliche **Widersprüche** auf. Um die ganze Bandbreite unterschiedlicher Aussagen zu den Einflussfaktoren des Markteintrittstimings möglichst übersichtlich abzubilden, werden diese in Tabelle 2.6 **systematisch klassifiziert**.

Dazu sind in den **Zeilen der Tabelle** die in der Literatur identifizierten **Einflussfaktoren des Markteintrittstimings** in drei Gliederungsebenen aufgelistet.

---

[249] Vgl. LIEBERMAN und MONTGOMERY (1998), HELFAT und LIEBERMAN (2002).
[250] Vgl. THOMPSON (1986), LIEBERMAN und MONTGOMERY (1988), LAMBKIN (1988), MITCHELL (1989), LAMBKIN und DAY (1989), LILIEN und YOON (1990), GEROSKI und MURFIN (1991), ROBINSON, FORNELL und SULLIVAN (1992), THOMAS (1996), SWAMINATHAN (1998), SCHOENECKER und COOPER (1998), LIEBERMAN und MONTGOMERY (1998), KLEPPER und SIMONS (2000), FUENTELSAZ, GOMEZ und POLO (2002), HELFAT und LIEBERMAN (2002), SOFKA und SCHMIDT (2004), SINHA und NOBLE (2005), LEE (2007), LEE (2008), LEE und PARUCHURI (2008), LEE (2009).
[251] Vgl. THOMPSON (1986), LIEBERMAN und MONTGOMERY (1988), LAMBKIN und DAY (1989), SWAMINATHAN (1998), LIEBERMAN und MONTGOMERY (1998), HELFAT und LIEBERMAN (2002).
[252] Vgl. LIEBERMAN und MONTGOMERY (1988), LAMBKIN und DAY (1989), LIEBERMAN und MONTGOMERY (1998), HELFAT und LIEBERMAN (2002).
[253] Vgl. THOMPSON (1986), SWAMINATHAN (1998).

2.2 Forschungsstand zu Einflussfaktoren des Markteintrittstimings

In den **Spalten der Tabelle** wird für **unterschiedliche Arten von Unternehmen** (etablierte Großunternehmen, Start-up-Unternehmen) der in der Literatur nachgewiesene **positive, negative oder neutrale Einfluss einzelner Faktoren** auf das Markteintrittstiming anhand von einem **Plus-/Minus-Zeichen bzw. einer Null** angezeigt. Es sei an dieser Stelle darauf hingewiesen, dass sich in Ergänzung zu dieser Übersicht in Anhang A.1 zudem eine detaillierte Darstellung der in der Literatur identifizierten Einflussfaktoren des Markteintrittstimings sowie ein Verweis auf die entsprechende Literatur findet.

Die somit vorgenommene Klassifizierung und Aggregation der bisherigen Erkenntnisse dienen zum einen dem **Aufbau eines tiefgehenden Verständnisses** der Einflussfaktoren des Markteintrittstimings. Zum anderen wird dadurch zum Abschluß der vorliegenden Untersuchung ein **systematischer Vergleich** der bisherigen mit den neu gewonnenen Erkenntnissen und deren **Einordnung in die Literatur** möglich.

Die Analyse der Literatur zeigt, dass sich die Einflussfaktoren des Markteintrittstimings grundsätzlich in **unternehmensin- und externe Faktoren** kategorisieren lassen. Während sich die bestehende Literatur vor allem auf die Erforschung unternehmensinterner Einflussfaktoren des Markteintrittstimings fokussiert, sind unternehmensexterne Einflussfaktoren bislang deutlich weniger erforscht worden.[254,255] In den nachfolgenden Abschnitten 2.2.5.1 und 2.2.5.2 werden wichtige Erkenntnisse zu unternehmensin- und externen Einflussfaktoren des Markteintrittstimings zusammengefasst und diskutiert.

---

[254] Die Einschätzung der Vernachlässigung unternehmensexterner Einflussfaktoren des Markteintrittstimings im Rahmen der betriebswirtschaftlichen Forschung teilen u.a. auch FUENTELSAZ, GOMEZ und POLO (2002), S. 248.

[255] Eine Vernachlässigung der Berücksichtigung unternehmensexterner Faktoren ist nicht nur hinsichtlich der Erforschung der Einflussfaktoren des Markteintrittstimings zu beobachten, sondern wird ebenfalls u.a. von SUAREZ und LANZOLLA (2007), S. 380 auch in Bezug auf die Literatur zu den Effekten des Markteintrittstimings bemängelt.

Tabelle 2.6: Analyse der Literatur zu den Einflussfaktoren auf das Markteintrittstiming (MET) (Quelle: Eigene Darstellung)

Einflußfaktoren	Unterkategorie	Unterkategorie	MET Diversifizierung	MET Start-up
Unternehmensinterne Einflussfaktoren	Managementkompetenz		⊕ 256	⊕ 257
	Finanzielles Kapital		⊙ 258	
	Finanzkompetenz		⊕ 259	
	F & E-Kompetenz		⊕ 260 ⊙ 261	⊕ 262
	Produktionskompetenz		⊕ 263 ⊖ 264 ⊙ 265	⊖ 266
	Unternehmensgröße		⊕ 267 ⊙ 268	
	Diversifizierungsgrad		⊕ 269 ⊖ 270 ⊙ 271	
	Visionskraft/Voraussicht		⊕ 272	⊕ 273
	Erwartete Rendite		⊕ 274	
			Fortsetzung auf der nächsten Seite	

---

[256] Vgl. LIEBERMAN und MONTGOMERY (1988), S. 54.
[257] Vgl. LIEBERMAN und MONTGOMERY (1988), S. 54.
[258] Vgl. SCHOENECKER und COOPER (1998), S. 1138f., FUENTELSAZ, GOMEZ und POLO (2002), S. 258.
[259] Vgl. ROBINSON, FORNELL und SULLIVAN (1992), S. 621.
[260] Vgl. LIEBERMAN und MONTGOMERY (1988), S. 54, SCHOENECKER und COOPER (1998), S. 1137f., KLEPPER und SIMONS (2000), S. 1007f..
[261] Vgl. ROBINSON, FORNELL und SULLIVAN (1992), S. 621.
[262] Vgl. LIEBERMAN und MONTGOMERY (1988), S. 54.
[263] Vgl. LAMBKIN (1988), S. 133ff., ROBINSON, FORNELL und SULLIVAN (1992), S. 621.
[264] Vgl. LIEBERMAN und MONTGOMERY (1988), S. 54, LAMBKIN (1988), S. 135, LILIEN und YOON (1990), S. 579, ROBINSON, FORNELL und SULLIVAN (1992), S. 621, SOFKA und SCHMIDT (2004), S. 20.
[265] Vgl. ROBINSON, FORNELL und SULLIVAN (1992), S. 621.
[266] Vgl. LIEBERMAN und MONTGOMERY (1988), S. 54.
[267] Vgl. LAMBKIN (1988), S. 135, ROBINSON, FORNELL und SULLIVAN (1992), S. 621, SCHOENECKER und COOPER (1998), S. 1137f., FUENTELSAZ, GOMEZ und POLO (2002), S. 258, SINHA und NOBLE (2005), S. 193.
[268] Vgl. ROBINSON, FORNELL und SULLIVAN (1992), S. 621.
[269] Vgl. LAMBKIN (1988), S. 133.
[270] Vgl. LAMBKIN (1988), S. 133.
[271] Vgl. SCHOENECKER und COOPER (1998), S. 1138.
[272] Vgl. LIEBERMAN und MONTGOMERY (1988), S. 54.
[273] Vgl. LIEBERMAN und MONTGOMERY (1988), S. 54.
[274] Vgl. GEROSKI und MURFIN (1991), S. 805, SCHOENECKER und COOPER (1998), S. 1129, SINHA und NOBLE (2005), S. 194.

2.2 Forschungsstand zu Einflussfaktoren des Markteintrittstimings

Tabelle 2.6 – Fortsetzung von der vorhergehenden Seite

Einflußfaktoren	Unterkategorie	Unterkategorie	MET Diversifizierung	MET Start-up
	Glück		⊕ 275	⊕ 276
	Branchenrelevante Ressourcen		⊕ 277	⊕ 278
	Marketingkompetenz		⊕ 279 ⊕ 280 ⊘ 281	⊕ 282
	Distribution		⊕ 283	
	Produktqualität		⊕ 284	
	Absorptionskompetenz		⊕ 285	
	Netzwerk-Ressourcen		⊕ 286 ⊖ 287	
Unternehmensexterne Einflussfaktoren	Globale Umwelt	Technologische Kräfte	⊕ 288	
		Politisch-rechtliche Kräfte	⊕ 289	⊕ 290
		Makroökonomische Kräfte	⊕ 291	⊕ 292
		Sozio-kulturelle Kräfte	⊕ 293	
				Fortsetzung auf der nächsten Seite

---

[275] Vgl. LIEBERMAN und MONTGOMERY (1988), S. 41, ROBINSON, FORNELL und SULLIVAN (1992), S. 622.
[276] Vgl. LIEBERMAN und MONTGOMERY (1988), S. 41.
[277] Vgl. MITCHELL (1989), S. 224, HELFAT und LIEBERMAN (2002), S. 736ff., SINHA und NOBLE (2005), S. 193, LEE (2008), S. 1272ff., LEE (2009), S. 91f..
[278] Vgl. HELFAT und LIEBERMAN (2002), S. 743f..
[279] Vgl. THOMAS (1996), S. 126.
[280] Vgl. LIEBERMAN und MONTGOMERY (1988), S. 54, LAMBKIN (1988), S. 133ff., LILIEN und YOON (1990), S. 579, ROBINSON, FORNELL und SULLIVAN (1992), S. 621.
[281] Vgl. ROBINSON, FORNELL und SULLIVAN (1992), S. 621.
[282] Vgl. LIEBERMAN und MONTGOMERY (1988), S. 54.
[283] Vgl. LAMBKIN (1988), S. 133, ROBINSON, FORNELL und SULLIVAN (1992), S. 622, SCHOENECKER und COOPER (1998), S. 1137f..
[284] Vgl. LAMBKIN (1988), S. 133.
[285] Vgl. SOFKA und SCHMIDT (2004), S. 20.
[286] Vgl. LEE (2007), S. 29ff..
[287] Vgl. LEE (2007), S. 30f..
[288] Vgl. LIEBERMAN und MONTGOMERY (1988), S. 52, SINHA und NOBLE (2005), S. 187.
[289] Vgl. SINHA und NOBLE (2005), S. 187.
[290] Vgl. BOERSCH und ELSCHEN (2002), S. 273.
[291] Vgl. THOMPSON (1986), S. 20.
[292] Vgl. THOMPSON (1986), S. 20.
[293] Vgl. LEE und PARUCHURI (2008), S. 1183.

Tabelle 2.6 – Fortsetzung von der vorhergehenden Seite

Einflußfaktoren	Unterkategorie	Unterkategorie	MET Diversifizierung	MET Start-up
	Wettbewerbsumwelt	Absatzmärkte	⊕ 294 ⊖ 295 ⓪ 296	⊖ 297
		Wettbewerbskräfte	⊕ 298 ⊖ 299 ⓪ 300	⊕ 301 ⊖ 302

2.2.5.1 Unternehmensinterne Einflussfaktoren

In der Literatur zeigt sich Einigkeit darüber, dass die spezifische **Ressourcenausstattung** eines Unternehmens sowohl die **Wahrscheinlichkeit** als auch das **Timing des Markteintritts** auf komplexe und bislang noch unzureichend verstandene Weise beeinflusst.[303] Damit wird einem jeden Unternehmen durchaus ein erheblicher Einfluss auf das eigene Markteintrittstiming zugesprochen. Im Detail ist jedoch strittig, welche Ressourcen und Kompetenzen genau das Markteintrittstiming in welcher Weise beeinflussen.

Eine grundlegende Erkenntnis hinsichtlich der **unternehmensinternen Einflussfaktoren** des Markteintrittstimings besteht darin, dass sowohl die Wahrscheinlichkeit als auch die Geschwindigkeit des Markteintritts eines Unternehmens steigen, wenn dieses über Ressourcen verfügt, die in dem anvisierten Marktsegment von hoher Relevanz sind.[304] Selbst Unternehmen, die zunächst über eine unvorteilhafte Ressourcenausstattung für einen Eintritt in das Marktsegment verfügen, können

---

[294] Vgl. SINHA und NOBLE (2005), S. 193, FUENTELSAZ, GOMEZ und POLO (2002), S. 258.
[295] Vgl. SWAMINATHAN (1998), S. 399.
[296] Vgl. FUENTELSAZ, GOMEZ und POLO (2002), S. 259.
[297] Vgl. SWAMINATHAN (1998), S. 399.
[298] Vgl. LIEBERMAN und MONTGOMERY (1988), S. 54, MITCHELL (1989), S. 224f., SCHOENECKER und COOPER (1998), S. 1132, FUENTELSAZ, GOMEZ und POLO (2002), S. 258, SINHA und NOBLE (2005), S. 193.
[299] Vgl. LIEBERMAN und MONTGOMERY (1988), S. 54, MITCHELL (1989), S. 224, GEROSKI und MURFIN (1991), S. 805, ROBINSON, FORNELL und SULLIVAN (1992), S. 622, FUENTELSAZ, GOMEZ und POLO (2002), S. 258.
[300] Vgl. FUENTELSAZ, GOMEZ und POLO (2002), S. 258.
[301] Vgl. LIEBERMAN und MONTGOMERY (1988), S. 54.
[302] Vgl. LIEBERMAN und MONTGOMERY (1988), S. 54.
[303] Vgl. LIEBERMAN und MONTGOMERY (1998), S. 1113f., HELFAT und LIEBERMAN (2002), S. 753, LAMBKIN (1988), S. 135.
[304] Vgl. LEE (2009), S. 91f., LEE (2008), S. 1272ff., SINHA und NOBLE (2005), S. 193, HELFAT und LIEBERMAN (2002), S. 736ff., MITCHELL (1989), S. 224.

2.2 Forschungsstand zu Einflussfaktoren des Markteintrittstimings

trotzdem noch einen frühen Markteintritt erzielen, sofern sie ihre Kompetenzen an die in dem Marktsegment erforderlichen anpassen.

Diese grundlegende Erkenntnis fasst LEE (2008) in dem **Konzept der *capability relevance*** zur Vorhersage des Markteintrittstimings zusammen.[305] Die *capability relevance* drückt aus, in welchem Maße die Ressourcen und Kompetenzen eines Unternehmens mit denen für einen bestimmten Produktmarkt erforderlichen Ressourcen und Kompetenzen übereinstimmen. Je höher die *capability relevance* ist, desto schneller wird das Unternehmen die für einen Markteintritt noch fehlenden Ressourcen beschaffen und in den Markt eintreten können.

Darüber hinaus konnte nachgewiesen werden, dass das **Netzwerk an Partnern** eines Unternehmens bis zu einer gewissen Größe einen positiven Einfluss auf das Markteintrittstiming von Diversifizierungen in ein neues Marktsegment hat, da es den Zugang zu kritischen Informationen ermöglichen kann. So treten Unternehmen, die Zugriff auf Informationen von hoher Qualität sowie in großer Menge und Vielfalt erhalten, schneller in einen neu entstehenden Produktmarkt ein, da Informationen dazu beitragen, die Unsicherheit zu reduzieren und Innovationen zu entwickeln.[306]

Ein positiver Effekt auf die Eintrittsgeschwindigkeit in neue Marktsegmente konnte ebenso hinsichtlich der **Distributionskompetenz** nachgewiesen werden. So stellte LAMBKIN (1988) fest, dass Pioniere beim Markteintritt über ein umfangreicheres Distributionsnetzwerk verfügen, als frühe Folger und späte Folger.[307] SCHOENECKER und COOPER (1998) konnten nachweisen, dass die Eintrittsgeschwindigkeit eines etablierten Unternehmens in ein neues Marktsegment steigt, wenn dieses über einen eigenen Direktvertrieb verfügt.[308]

Allerdings scheinen Unternehmen, die über eine stark ausgeprägte **Marketingkompetenz** verfügen, eher spät in einen Markt einzutreten. So merken LIEBERMAN und MONTGOMERY (1988) an: „*(...) [F]irms having relative skill bases in (...) marketing may not [find first-movership attractive]*."[309] Mehrere Untersuchungen[310]

---

[305] Vgl. LEE (2008), S. 1258f..
[306] Vgl. LEE (2007), S. 34.
[307] Vgl. LAMBKIN (1988), S. 133.
[308] Vgl. SCHOENECKER und COOPER (1998), S. 1137f..
[309] LIEBERMAN und MONTGOMERY (1988), S. 54.
[310] Vgl. ROBINSON, FORNELL und SULLIVAN (1992), S. 621, LILIEN und YOON (1990), S. 579, LAMBKIN (1988), S. 135.

konnten bestätigen, dass Unternehmen, die später in einen Markt eintreten über größere Marketingkompetenzen verfügen.

Bezüglich des Einflusses der **Unternehmensgröße** auf das Markteintrittstiming finden sich in der Literatur widersprüchliche Aussagen. So konnte in einigen Studien[311] über das Markteintrittstiming von Diversifizierungen etablierter Unternehmen nachgewiesen werden, dass die Wahrscheinlichkeit, früh in ein neues Marktsegment einzutreten, mit steigender Unternehmensgröße zunimmt. ROBINSON, FORNELL und SULLIVAN (1992) konnten dagegen nicht feststellen, dass die Unternehmensgröße einen signifikanten Effekt auf einen frühen Markteintritt als Pionier oder früher Folger hat, sondern nur nachweisen, dass mit steigender Unternehmensgröße zumindest ein Markteintritt als später Folger unwahrscheinlicher wird.[312]

Ebenfalls uneinheitliche Aussagen finden sich hinsichtlich des Einflusses der **F & E-Kompetenz** eines Unternehmens auf das Markteintrittstiming. So argumentieren LIEBERMAN und MONTGOMERY (1988): „*Firms whose new-product R & D (...) [is] excellent will tend to find first-movership attractive (...)*"[313]. SCHOENECKER und COOPER (1998) stellten auch empirisch fest, dass die Eintrittsgeschwindigkeit von bestehenden Unternehmen in ein neues Marktsegment mit steigenden F & E-Kompetenzen zunimmt.[314] ROBINSON, FORNELL und SULLIVAN (1992) dagegen konnten eine Begünstigung der Pionier-Position durch starke F & E-Kompetenzen nicht nachweisen.[315]

Ein Einfluss von **finanziellen Ressourcen** auf das Markteintrittstiming konnte bislang nicht nachgewiesen werden. So konnten SCHOENECKER und COOPER (1998) keinen Einfluss von finanziellem Kapital gemessen als relative[316] oder absolute[317] Größen feststellen.[318] Auch FUENTELSAZ, GOMEZ und POLO (2002) konnten bei

---

[311] Vgl. SINHA und NOBLE (2005), S. 193, FUENTELSAZ, GOMEZ und POLO (2002), S. 258 und SCHOENECKER und COOPER (1998), S. 1137f., LAMBKIN (1988), S. 135.
[312] Vgl. ROBINSON, FORNELL und SULLIVAN (1992), S. 621.
[313] LIEBERMAN und MONTGOMERY (1988), S. 54.
[314] Vgl. SCHOENECKER und COOPER (1998), S. 1137f..
[315] Vgl. ROBINSON, FORNELL und SULLIVAN (1992), S. 621.
[316] SCHOENECKER und COOPER (1998), S. 1130 messen finanzielle Ressourcen als relative Größen als das Verhältnis von Umlaufvermögen zu kurzfristigen Verbindlichkeiten und das Verhältnis zwischen Fremdkapital und Eigenkapital.
[317] SCHOENECKER und COOPER (1998), S. 1139 messen finanzielle Ressourcen als absolute Größen als Nettoumlaufvermögen und Eigenkapital des Mutterunternehmens.
[318] Vgl. SCHOENECKER und COOPER (1998), S. 1138.

2.2 Forschungsstand zu Einflussfaktoren des Markteintrittstimings

der Untersuchung der Diversifizierung von etablierten Unternehmen in neue geographische Märkte innerhalb ihrer bisherigen Branche keinen signifikanten Einfluss auf die Eintrittsgeschwindigkeit durch die bisherige Profitabilität des Unternehmens nachweisen.[319] Allerdings stellen ROBINSON, FORNELL und SULLIVAN (1992) im Rahmen einer Untersuchung von Diversifizierungsbemühungen etablierter Großunternehmen fest, dass mit steigender Kompetenz eines Unternehmens in finanziellen Angelegenheiten auch die Wahrscheinlichkeit steigt, dass diese als Pionier in einen Markt eintreten.[320]

Zu guter Letzt soll nicht unerwähnt bleiben, dass einigen Autoren auch dem **Glück** von Unternehmen einen entscheidenden Einfluss auf das Markteintrittstiming zuschreiben.[321] Eine Schwierigkeit der Erforschung der Einflussfaktoren des Markteintrittstimings besteht allerdings darin, dass nur schwer zwischen Glück und Kompetenzen unterschieden werden kann. Dies ist auch darauf zurückzuführen, dass die Kompetenzen eines Unternehmens auch wiederum dessen Glück beeinflussen und umgekehrt.[322]

In dem nachfolgenden Abschnitt werden wichtige Erkenntnisse zu unternehmensexternen Einflussfaktoren auf das Markteintrittstiming dargestellt.

2.2.5.2 Unternehmensexterne Einflussfaktoren

Hinsichtlich der **globalen Umwelt** konnten im Rahmen der Literaturanalyse einige Einflussfaktoren auf das Markteintrittstiming identifiziert werden. So betonen SINHA und NOBLE (2005), dass Veränderungen durch **technologischen Wandel** die Entstehung von unternehmerischen Gelegenheiten bewirken können.[323] Zudem argumentieren die Autoren, dass **Veränderungen im regulatorischen Umfeld** die Entstehung von unternehmerischen Gelegenheiten bewirken können, da die Ressourcenausstattung eines Unternehmens unter veränderten regulatorischen Bedingungen einen höheren Wert einnehmen kann.

---

[319] Vgl. FUENTELSAZ, GOMEZ und POLO (2002), S. 258.
[320] Vgl. ROBINSON, FORNELL und SULLIVAN (1992), S. 621.
[321] Vgl. ROBINSON, FORNELL und SULLIVAN (1992), S. 622, LIEBERMAN und MONTGOMERY (1988), S. 41.
[322] Vgl. LIEBERMAN und MONTGOMERY (1988), S. 49.
[323] Vgl. SINHA und NOBLE (2005), S. 187.

Eine interessante Erkenntnis hinsichtlich der **sozio-kulturellen Umwelt** bringen zudem LEE und PARUCHURI (2008) hervor. Demnach kann eine Medienberichterstattung, die eine Verbindung zwischen einem neu entstehenden Marktsegment (z.B. Elektromotoren) und den von einem Unternehmen bereits bedienten Marktsegmenten (z.B. Verbrennungsmotoren) herstellt (sog. „*media-associative rhetoric*"), einen starken Effekt auf die Eintrittsgeschwindigkeit der Unternehmen in das neue Marktsegment ausüben. So treten etablierte Unternehmen schneller in einen neuen Markt ein, wenn die „*media-associative rhetoric*" ein höheres Volumen (im Gegensatz zu einem niedrigeren) und einen positiven Tenor (im Gegensatz zu einem negativen) hat sowie auf Unternehmen (im Gegensatz zu Journalisten/Analysten) als Informationsquellen und auf Verallgemeinerungen (im Gegensatz zu spezifischen Fällen) fußt.[324]

Darüber hinaus gibt es Erkenntnisse, die auch der **Charakteristik des Absatzmarktes** einen Einfluss auf das Markteintrittstiming zuschreiben. So stellten FUENTELSAZ, GOMEZ und POLO (2002) fest, dass die Eintrittsgeschwindigkeit von Unternehmen in neue geographische Märkte innerhalb ihrer bisherigen Industrie umso mehr steigt, je größer die geographische Nähe des neuen Zielmarkts ist.[325] Allerdings konnten sie keinen signifikanten Einfluss auf die Eintrittsgeschwindigkeit durch die Intensität der Nachfrage oder das Marktwachstum im neuen Zielmarkt nachweisen.[326]

Einige Studien belegen zudem, dass auch die **Wettbewerbskräfte** innerhalb von Märkten sowohl einen positiven als auch negativen Einfluss auf das Markteintrittstiming haben können. So betonen LIEBERMAN und MONTGOMERY (1988), dass das Markteintrittstiming eines Unternehmens grundsätzlich auch von der Ressourcenausstattung der Wettbewerber abhängt.[327] Auch MITCHELL (1989) stellen fest, dass die Eintrittsgeschwindigkeit von etablierten Unternehmen in neu entstehende Marktsegmente innerhalb ihrer bisherigen Industrie umso mehr steigt, je mehr Wettbewerber existieren, die ebenfalls über Ressourcen verfügen, die für das Überleben in dem neuen Marktsegment von hoher Relevanz sind.[328] Zudem

---

[324] Vgl. LEE und PARUCHURI (2008), S. 1183.
[325] Vgl. FUENTELSAZ, GOMEZ und POLO (2002), S. 258.
[326] Vgl. FUENTELSAZ, GOMEZ und POLO (2002), S. 259.
[327] Vgl. LIEBERMAN und MONTGOMERY (1988), S. 54.
[328] Vgl. MITCHELL (1989), S. 224.

2.2 Forschungsstand zu Einflussfaktoren des Markteintrittstimings

weisen die Autoren ebenso wie auch SCHOENECKER und COOPER (1998) nach, dass sowohl die Eintrittswahrscheinlichkeit als auch -geschwindigkeit steigen, wenn das neue Marktsegment die bestehenden Kernprodukte des Unternehmens bedrohen könnte.[329]

Darüber hinaus zeigt sich, dass der Konkurrenzdruck in einem Marktsegment Unternehmen auch gänzlich von einem Markteintritt abhalten kann. So fanden MITCHELL (1989) heraus, dass die Eintrittswahrscheinlichkeit von etablierten Unternehmen in neu entstehende Marktsegmente innerhalb ihrer bisherigen Industrie mit steigender Zahl potentieller Wettbewerber in dem neuen Marktsegment sinkt.[330] Und auch FUENTELSAZ, GOMEZ und POLO (2002) konnten nachweisen, dass die Eintrittsgeschwindigkeit von bestehenden Unternehmen in neue geographische Märkte innerhalb ihrer bisherigen Industrie sinkt, je stärker der potentielle Konkurrenzkampf in dem anvisierten Zielmarkt ist.[331] Allerdings konnten sie nur einen Einfluss des potentiellen Konkurrenzkampfs und keinen Einfluss des tatsächlichen Konkurrenzkampfs auf das Markteintrittstiming nachweisen.[332]

Nachdem zentrale Erkenntnisse zu unternehmensin- und externen Einflussfaktoren auf das Markteintrittstiming dargestellt wurden, wird im nachfolgenden Abschnitt eine kritische Würdigung der Literaturanalyse vorgenommen.

2.2.6 Kritische Würdigung

Auf Grundlage der systematischen Literaturanalyse lässt sich **zusammenfassend** konstatieren, dass die identifizierten Studien zu den Einflussfaktoren des Markteintrittstimings hinsichtlich der verwendeten Datenbasen, der Forschungsmethodik und damit auch der bisherigen Erkenntnisse teilweise **unübersehbare Schwächen** aufweisen. Die Tatsache, dass die Einflussfaktoren des Markteintrittstimings bislang überwiegend anhand von **Diversifizierungsbemühungen** etablierter Großunternehmen untersucht wurden, macht eine Übertragung der vorliegenden Erkenntnisse auf die vollkommen unterschiedliche Charakteristik von Start-up-Unternehmen

---

[329] Vgl. MITCHELL (1989), S. 224f., SCHOENECKER und COOPER (1998), S. 1132.
[330] Vgl. MITCHELL (1989), S. 224.
[331] Vgl. FUENTELSAZ, GOMEZ und POLO (2002), S. 258.
[332] Vgl. FUENTELSAZ, GOMEZ und POLO (2002), S. 258.

schwierig. Zudem basiert der überwiegende Teil der Untersuchungen zu den Einflussfaktoren des Markteintrittstimings auf Daten aus **relativ statischen Industrien**, die nur bedingt auf ein hochdynamisches Marktumfeld übertragen werden können.

Weitere Anknüpfungspunkte für zukünftige Studien liefert die bislang **ausschließliche Verwendung von quantitativen Forschungsmethoden** zur empirischen Untersuchung der Einflussfaktoren des Markteintrittstimings. So liegen den bisherigen Forschungsergebnissen die für großzahlige quantitative Untersuchungen zwingend notwendigen vereinfachten Annahmen über die Ressourcenausstattungen von Unternehmen zugrunde (z.B. organisationale Größe als Proxy für Kompetenzen der F & E). **Qualitative Untersuchungen** anhand von Fallstudien bieten somit die Möglichkeit einer detaillierteren Exploration und Beschreibung einzelner Kausalmechanismen, die einen maßgeblichen Einfluss auf das Markteintrittstiming haben. Derart ausdifferenzierte Kenntnisse der Einflussfaktoren des Markteintrittstimings in einzelnen Fällen bieten nicht zuletzt auch eine bessere Grundlage für zukünftige großzahlige Untersuchungen.

Darüber hinaus zeigt die Literaturanalyse, dass der *Resource-based View* inzwischen von vielen Forschern als **geeignete theoretische Grundlage** für Untersuchungen der Einflussfaktoren des Markteintrittstimings angesehen wird. Eine enge Verzahnung der Forschung zu den Einflussfaktoren des Markteintrittstimings mit dem auf dem *Resource-based View* aufbauenden Konzept der *Dynamic Capabilities* ist jedoch bislang nicht erfolgt. In Anbetracht einer in vielen Branchen zu erwartenden weiteren Zunahme der Dynamik könnte eine solche Integration für die zukünftige Erforschung der Einflussfaktoren des Markteintrittstimings einen erheblichen Mehrwert stiften. Zudem bietet das auch unternehmensexterne Faktoren einschließende Konzept der *Dynamic Capabilities* zahlreiche Möglichkeiten, die bislang noch relativ wenig erforschten unternehmensexternen Einflussfaktoren des Markteintrittstimings stärker zu berücksichtigen.

Insgesamt zeigt sich, dass das Verständnis der Einflussfaktoren des Markteintrittstimings von Start-up-Unternehmen im E-Business bislang **stark begrenzt** ist. Die vorliegende Untersuchung soll unter Einbezug des Konzepts der *Dynamic Capabilities* einen ersten Schritt zum Schließen dieser Forschungslücke vornehmen.

2.2 Forschungsstand zu Einflussfaktoren des Markteintrittstimings

Dazu wird im nachfolgenden Kapitel zunächst eine umfassende Konzeptualisierung der *Dynamic Capabilities* von Start-up-Unternehmen im E-Business vorgenommen.

Kapitel 3

Dynamic Capabilities von Start-up-Unternehmen im E-Business

Nachdem im vorhergehenden **Kapitel 2** zentrale Begrifflichkeiten der vorliegenden Untersuchung und der Forschungsstand zu den Einflussfaktoren des Markteintrittstimings herausgearbeitet wurden, widmet sich das **vorliegende Kapitel 3** einer Charakterisierung der *Dynamic Capabilities* von Start-up-Unternehmen im E-Business. Dazu werden zunächst in **Abschnitt 3.1** die **Entwicklungsschritte** des *Dynamic Capability-based View* sowie seine **grundlegenden Prämissen** dargelegt. Anschließend wird in **Abschnitt 3.2** eine **Konzeptualisierung** der *Dynamic Capabilities* von Start-up-Unternehmen im E-Business anhand von Erkenntnissen der Strategischen Management- und *Entrepreneurship*-Forschung vorgenommen.

3.1 Grundlagen des *Dynamic Capability-based View*

Nachfolgend wird zunächst in Abschnitt 3.1.1 die **Entstehungsgeschichte des *Dynamic Capability-based View*** skizziert. In Abschnitt 3.1.2 werden anschließend die dem *Dynamic Capability-based View* **zugrunde liegenden Prämissen** erläutert.

3.1.1 Entstehungsgeschichte des *Dynamic Capability-based View*

Das zentrale **Ziel** des Strategischen Managements liegt in der Ergründung der Frage, warum einige Unternehmen Wettbewerbsvorteile[333] gegenüber anderen Unternehmen aufbauen und dadurch überdurchschnittliche Kapitalrenditen erzielen können.[334]

---

[333] Siehe Abschnitt 2.1.4.6 für eine Darstellung der Wettbewerbsvorteile, die aus den Strategien des Markteintrittstimings als Pionier, früher Folger oder später Folger resultieren können.
[334] Vgl. BARNEY und ARIKAN (2001), S. 124, TEECE, PISANO und SHUEN (1997), S. 509.

Einer der bedeutendsten[335] Ansätze zur Klärung dieser Frage ist der dem **Dynamic Capability-based View** zugrunde liegende **Resource-based View**[336], der die Unterschiede im Erfolg von Unternehmen auf deren unterschiedliche Ausstattungen an Ressourcen, Vermögensgegenständen und Kompetenzen zurückführt.

Über den Ursprung dieser auf unternehmensinternen Faktoren beruhenden Erklärung für die Wettbewerbsvorteile einzelner Unternehmen finden sich in der Literatur unterschiedliche Auffassungen. So sehen einige Autoren den **Grundstein** für den *Resource-based View* bereits in den Arbeiten von RICARDO (1817) und SCHUMPETER (1934).[337] Nach weit verbreiteter[338], aber dennoch nicht unumstrittener[339] Auffassung werden aber vor allem die in den 1950er Jahren entstandenen Arbeiten

---

[335] NEWBERT (2007), S. 121 bezeichnet den *Resource-based View* als „(...) one of the most widely accepted theories of strategic management." BARNEY, WRIGHT und KETCHEN (2001), S. 625 sehen den *Resource-based View* als „(...) perhaps the most influential framework for understanding strategic management." FREILING (2009), S. 1 betont das „(...) große Interesse am „Resource-based View" (...)" und dessen „(...) beträchtliche Akzeptanz (...)". EISENHARDT und MARTIN (2000), S. 1105 führt aus: „The resource-based view of the firm (RBV) is an influential theoretical framework for understanding how competitive advantage within firms is achieved and how that advantage might be sustained over time (...)."

[336] Synonym werden für den Begriff des *Resource-based View* in der angelsächsischen Literatur u.a. auch die Benennungen „Resource-based Theory", „Resource-based Perspective" bzw. die Abkürzungen „RBV" oder „RBT" verwendet. Im Deutschen werden vielfach die Übersetzungen „ressourcenorientierter Ansatz", „ressourcentheoretischer Ansatz", „ressourcenorientierte Forschung", „Ressourcenansatz" oder „Ressourcentheorie" gebraucht. Um eine begriffliche Konfusion durch die Verwendung mehrerer Bezeichnungen für den selben Ansatz zu vermeiden, wird in der vorliegenden Arbeit ausschließlich die erstmals von WERNERFELT (1984) eingebrachte, englischsprachige Bezeichnung „Resource-based View" verwendet.

[337] Bspw. sehen BARNEY und ARIKAN (2001), S. 127ff. in RICARDO (1817)'s Aussage, dass Unternehmen einen Wettbewerbsvorteil haben, wenn sie zum einen über mehr Produktionsfaktoren verfügen und darüber hinaus zu geringeren Kosten produzieren können, bereits erste Ansätze einer ressourcenorientierten Sichtweise. SCHUMPETER (1934)'s Theorien zum ökonomischen Wandel werden von EISENHARDT und MARTIN (2000), S. 1105 und AMIT und ZOTT (2001) als Grundlage des *Resource-based View* genannt und TEECE, PISANO und SHUEN (1997), S. 510 schreiben ihnen insbesondere einen Einfluss auf die Entwicklung des *Dynamic Capability-based View* zu.

[338] U.a. nennen KOR und MAHONEY (2004), LOCKET und THOMPSON (2004), THOMPSON und WRIGHT (2005), NEWBERT (2007), S. 122 die Arbeit von PENROSE (1995) und AMIT und SCHOEMAKER (1993), S. 34f., BARNEY und ARIKAN (2001), S. 124ff., NOTHNAGEL (2008), S. 19 und FREILING (2009), S. 1 die Arbeiten von PENROSE (1995) und SELZNICK (1957) als wichtige Vorläufer des *Resource-based View*.

[339] Nach Auffassung von RUGMAN und VERBEKE (2002) sowie RUGMAN und VERBEKE (2004) wird der Einfluss der Arbeit von PENROSE (1995) auf den *Resource-based View* von vielen Forschern fehlinterpretiert und überbewertet.

3.1 Grundlagen des *Dynamic Capability-based View*

von PENROSE (1995)[340] und SELZNICK (1957) als Vorläufer des *Resource-based View* gesehen. So definierte PENROSE (1995) im Rahmen ihrer *„Theory of the Growth of the Firm"* Unternehmen bereits als Bündel von physischen und menschlichen Ressourcen und betonte dabei insbesondere die Notwendigkeit des Aufbaus von unternehmensinternem Wissen für die Leistungsentfaltung der Ressourcen.[341] Und auch SELZNICK (1957) zeigte anhand seines soziologischen *Leadership*-Modells, dass Unternehmen über zahlreiche sog. *„distinctive competencies"* verfügen können, die es ihnen ermöglichen, erfolgreicher als Wettbewerber zu agieren.

Auch wenn es über den Ursprung des *Resource-based View* unterschiedliche Auffassungen gibt, ist es dennoch unstrittig, dass sein rascher[342] **Aufstieg** zu einer der am meisten beachteten Theorien im Bereich des Strategischen Managements erst Mitte der 1980er Jahre begann. Entscheidend dafür waren u.a. die viel beachteten[343] Publikationen von WERNERFELT (1984), der auch erstmals den Begriff des *Resource-based View* einführte, sowie von RUMELT (1984), BARNEY (1986) und DIERICKX und COOL (1989), die die Überlegenheit einzelner Unternehmen auf deren spezifische und einzigartige Ressourcenausstattung zurückführten.[344] Diese Erklärung von Wettbewerbsvorteilen anhand von Ressourcenunterschieden stellte einen krassen Gegensatz zu der bis dahin im Strategischen Management vorherrschenden, auf der volkswirtschaftlichen Industrieökonomik aufbauenden Sichtweise des **Market-based View**[345] dar. Dieser, auf unternehmensexterne Faktoren fokussierte Ansatz führt Wettbewerbsvorteile von Unternehmen maßgeblich auf die

---

[340] Das hier zitierte Werk von PENROSE (1995) ist in der Erstauflage bereits im Jahre 1959 erschienen.

[341] Vgl. PENROSE (1995), S. 24ff..

[342] FREILING (2009), S. 1f. nennt zahlreiche Gründe für die rasante Verbreitung des *Resource-based View*.

[343] WERNERFELT (1995), S. 171 weist darauf hin, dass die Arbeit von WERNERFELT (1984) von der *Strategic Management Society* in Kooperation mit John Wiley & Sons die jährlich verliehene Auszeichnung als *„Best Paper"* erhielt. Die herausragende Bedeutung der Arbeit von WERNERFELT (1984) für die Entwicklung des *Resource-based View* wird auch von PRIEM und BUTLER (2001), S. 23, RUGMAN und VERBEKE (2002), S. 771 betont.

[344] Vgl. BARNEY und ARIKAN (2001), S. 131ff..

[345] Synonym werden für den Begriff des *Market-based View* im Englischen u.a. auch die Benennungen *„Market-based Theory"* und *„Harvard School"* verwendet. Im Deutschen werden vielfach die Übersetzungen „marktorientierter Ansatz" oder „marktbasierter Ansatz" verwendet.

Wahl einer Branche mit attraktiver Branchenstruktur[346] und auf die vorteilhafte Positionierung[347] innerhalb der gewählten Branche zurück.[348,349]

In den folgenden Jahren wurde eine Vielzahl an Studien publiziert, die zwar dem *Resource-based View* zugeordnet werden können, jedoch teilweise unabhängig voneinander in parallelen Forschungsströmen[350] entstanden.[351] Durch die unterschiedlichen Schwerpunkte der einzelnen Arbeiten wurde der *Resource-based View* in mehrere Richtungen weiterentwickelt, die teilweise nach der jeweiligen Fokussierung benannt werden.[352,353] Eine viel beachtete Weiterentwicklung des *Resource-based View* stellt der überwiegend in den 1990er Jahren entstandene und insbesondere auf die Arbeiten von PRAHALAD und HAMEL (1990), HAMEL und PRAHALAD (1993) und

---

[346] Die augenblickliche und zukünftige Attraktivität bzw. Rentabilität einer Branche wird nach PORTER (2008), S. 35ff. von fünf Wettbewerbskräften bestimmt, die sich anhand einer sog. Branchenstrukturanalyse analysieren lassen: (1) Rivalität unter den bestehenden Unternehmen einer Branche; (2) Potenzielle neue Konkurrenten; (3) Bedrohung durch Ersatzprodukte und -dienste; (4) Verhandlungsstärke der Lieferanten; (5) Verhandlungsmacht der Abnehmer.

[347] PORTER (2008), S. 71ff. unterscheidet zur Schaffung einer gefestigten Branchenposition drei erfolgversprechende Wettbewerbsstrategien: (1) Umfassende Kostenführerschaft: Zielt darauf ab, einen umfassenden Kostenvorsprung innerhalb einer Branche zu erlangen; (2) Differenzierung: Zielt darauf ab, ein Produkt zu schaffen, das aus Sicht der Kunden in der gesamten Branche einzigartig ist und deshalb zu einem höheren Preis angeboten werden kann; (3) Konzentration auf Schwerpunkte: Zielt nicht wie die Strategien (1) und (2) auf die Bedienung der gesamten Branche, sondern auf die Bearbeitung von Marktnischen. Diese werden entweder mit der Strategie der umfassenden Kostenführerschaft und/oder der Differenzierung bearbeitet.

[348] Grundlagen der Industrieökonomie finden sich bei MASON (1939) und BAIN (1956). Für eine vertiefende Betrachtung des *Market-based View* sei auf die Werke von PORTER (2008) und PORTER (1985) verwiesen.

[349] Zur genaueren Einordnung des *Resource-based View* in den Kontext alternativer Theorien der Unternehmung sei auf FREILING (2009), S. 53ff. verwiesen.

[350] Eine nach Forschungsgebieten sortierte Auflistung von 192, dem *Resource-based View* zuzuordnenden Studien sowie ihrer Forschungsfragen und -ergebnisse findet sich bei NOTHNAGEL (2008), S. 238ff.. Bei FREILING (2009), S. 9f. wird eine Auflistung der Hauptanwendungsfelder des *Resource-based View* der 1980er und 1990er Jahre und dazugehöriger Studien vorgenommen. Weitere Auflistungen von Forschungsarbeiten zum *Resource-based View* finden sich bei PRIEM und BUTLER (2001), S. 25ff..

[351] Vgl. BARNEY und ARIKAN (2001), S. 136.

[352] Vgl. BARNEY und ARIKAN (2001), S. 139f..

[353] BARNEY und ARIKAN (2001), S. 140 sehen in den unterschiedlichen Bezeichnungen lediglich „*Battles over the label of this common theoretical framework*" und lehnen diese als kontraproduktiv ab. Auch NOTHNAGEL (2008), S. 21 subsumiert im Rahmen einer Meta-Analyse alle ressourcenorientierten Forschungsbeiträge unter dem Begriff „*Resource-based Theory*". FREILING, GERSCH und GOEKE (2006), S. 7 dagegen konstatieren, dass „die einzelnen Partialansätze sowohl untereinander als auch innerhalb der (...) Untergruppen (...) immer heterogener werden, so dass von einem deutlichen „Riss durch die ressourcen- und kompetenzorientierte Forschung" gesprochen werden muss. Eine einheitliche Charakterisierung als homogenes Forschungsprogramm wird (...) unmöglich gemacht".

3.1 Grundlagen des *Dynamic Capability-based View*

HAMEL und PRAHALAD (1995) zurückgehende **Competence-Based-View** dar.[354] Im Mittelpunkt dieses Ansatzes stehen vor allem die organisationsspezifischen und personengebundenen Kompetenzen, die ein Unternehmen zur erfolgreichen Nutzung seiner Ressourcen benötigt. Mit dem u.a. durch die Arbeiten von GRANT (1996b), GRANT (1997) und SPENDER (1996) geprägten **Knowledge-based View** hat sich zudem eine Forschungsrichtung innerhalb der ressourcenorientierten Sichtweise des Strategischen Managements gebildet, die sich vor allem auf die Bedeutung der Ressource des „Wissens" für den Aufbau und Erhalt von Wettbewerbsvorteilen fokussiert.

Eine weitere und für die vorliegende, auf Start-up-Unternehmen in einem dynamischen Marktumfeld fokussierte Arbeit besonders wichtige Erweiterung[355] des *Resource-based View* stellt der **Dynamic Capability-based View** dar, der im Verlauf der 1990er Jahre durch die Arbeiten von TEECE, PISANO und SHUEN (1990b), TEECE, PISANO und SHUEN (1990a), TEECE und PISANO (1994) und TEECE, PISANO und SHUEN (1997) eingebracht wurde. Dieser Ansatz berücksichtigt den in vielen Branchen immer schneller voranschreitenden Wandel des Marktumfelds, indem er das bis dahin eher statische[356] Ressourcen-Verständnis des *Resource-based View* um eine **dynamische Betrachtungsweise**[357] erweitert.

---

[354] WERNERFELT (1995), S. 171 betont die herausragende Bedeutung der praxisorientierten Arbeit von PRAHALAD und HAMEL (1990) für die Verbreitung des *Resource-based View* in der Management-Praxis, indem er schreibt: „(...) I believe these authors were single-handedly responsible for diffusion of the resource-based view into practice."

[355] TEECE, PISANO und SHUEN (1990b), S. 9 betonen in dem ersten Artikel, in dem der Begriff der *Dynamic Capabilities* verwendet wird, dass diese als „part of the overall resource-based perspective" anzusehen sind. U.a. folgen auch AMBROSINI und BOWMAN (2009), S. 29 dieser Einschätzung. Inzwischen sieht TEECE (2007a), S. 1347 den *Dynamic Capability-based View* jedoch zunehmend auf dem Weg zu einer eigenständigen Theorie des Strategischen Managements: „(...) [W]e have the beginnings of a general theory of strategic management in an open economy with innovation, outsourcing, and off-shoring."

[356] Zu einer Erläuterung der eher statischen Konzeption des klassischen *Resource-based View* sei auf PRIEM und BUTLER (2001), S. 33 und NOTHNAGEL (2008), S. 47 verwiesen. TEECE (2007a), S. 1344 stellt zusammenfassend fest: „(...) [T]he resource-based approach is inherently static (...)."

[357] PRIEM und BUTLER (2001), S. 33 betonen, dass frühere, dem *Resource-based View* zuzuordnende Arbeiten durchaus dynamische, den Wandel im Zeitverlauf berücksichtigende Ansätze verfolgten. Der Großteil der nachfolgenden Literatur basierte nach Meinung der Autoren jedoch auf einer statischen Konzeption. Als Beispiele für frühe, dynamische Arbeiten nennen die Autoren PENROSE (1995), WERNERFELT (1984) und DIERICKX und COOL (1989). NOTHNAGEL (2008), S. 47 nennt darüber hinaus noch die Arbeit von BARNEY (1991).

90 Kapitel 3 Dynamic Capabilities von Start-up-Unternehmen im E-Business

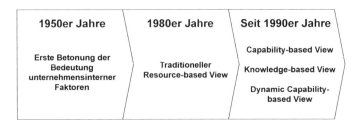

Abbildung 3.1: Entwicklungsschritte des *Resource-based View* (Quelle: Eigene Darstellung)

So steht beim *Dynamic Capability-based View* nicht die bloße statische Betrachtung vorhandener Ressourcen im Mittelpunkt, sondern vielmehr die durch sog. *Dynamic Capabilities* durchgeführte **Erneuerung, Weiterentwicklung und Anpassung** der bestehenden Ressourcen an eine sich ändernde Umwelt. Damit bindet der *Dynamic Capability-based View* ausdrücklich auch Faktoren der Unternehmensumwelt in die Betrachtung ein und fußt so auf der zunehmend in der Literatur vorherrschenden Meinung, dass zur Erklärung von Wettbewerbsvorteilen sowohl unternehmensin- als auch unternehmensexterne Faktoren von Bedeutung sind.[358]

Abbildung 3.1 gibt zusammenfassend die wichtigsten Schritte der Entstehungsgeschichte des *Resource-based View* wieder. Die knappe[359] Darstellung der Entwicklungsgeschichte des *Resource-based View* mit seinen unterschiedlichen Weiterentwicklungen zeigt, dass eine Vielzahl an Beiträgen aus unterschiedlichen Bereichen der Betriebswirtschaftslehre dem Ansatz zu einer enormen Popularität im Bereich des Strategischen Managements verholfen haben. Die unterschiedlichen Forschungsströme und auch die rasante Weiterentwicklung des *Resource-based View* haben dabei allerdings nicht nur zu einer gewissen Unschärfe innerhalb des Ansatzes, sondern auch zu Defiziten in der Theorieentwicklung beigetragen.[360] So liegen vielen Forschungsbeiträgen zum ressourcenorientierten Ansatz teilweise unterschiedliche Prämissen, Kausalstrukturen oder sogar Definitionen von grundlegenden Begriffen, wie z.B. „Ressourcen", „Fähigkeiten", „Wissen" und „Kompetenzen" zugrunde.

---

[358] Die Relevanz einer Berücksichtigung von unternehmensin- und unternehmensexternen Faktoren betonen u.a. COMBS und KETCHEN (1999), PORTER (1991).

[359] Für eine detailliertere Betrachtung der Historie des *Resource-based View* sei auf BARNEY und ARIKAN (2001), S. 124ff., PRIEM und BUTLER (2001), S. 23ff., FREILING (2009), S. 28ff. oder NEWBERT (2007), S. 122ff. verwiesen.

[360] Vgl. FREILING (2009), S. 41ff..

3.1 Grundlagen des *Dynamic Capability-based View*

Abbildung 3.2: Theoriegerüst des *Resource-based View* und seiner Weiterentwicklungen (Quelle: Eigene Darstellung)

Die Grundlage für die Anwendung des Ansatzes auf die vorliegende Untersuchung wird durch die in Abschnitt 2.1.3 erfolgte terminologische Abgrenzung der wichtigsten Begriffe und die im folgenden Abschnitt 3.1.2 vorgenommene Erläuterung der grundlegenden Prämissen des *Resource-based View* gelegt.

3.1.2 Prämissen

Insgesamt beruhen der *Resource-based View* und seine unterschiedlichen Weiterentwicklungen auf der **gleichen theoretischen Grundstruktur**.[361] Ein solches Theoriegerüst lässt sich, wie in Abbildung 3.2 dargestellt, grundsätzlich in das Explanandum, also das Erklärungsziel, und das Explanans, also das kausal-logische Erklärungsgerüst des *Resource-based View* aufschlüsseln. Das Ziel des Ansatzes liegt dabei in der Erklärung der Ergebnisunterschiede von Unternehmen (**Explanandum**). Als Erklärung für die Ergebnisunterschiede von Unternehmen werden beim *Resource-based View* die Ressourcen eines Unternehmens herangezogen (**Explanans**). Die Grundaussage des *Resource-based View* liegt also darin, dass ein Unternehmen, das über wirkungsvollere Ressourcen als andere Unternehmen verfügt, auch erfolgreicher[362] als die anderen Unternehmen ist.[363]

---

[361] Vgl. BARNEY und ARIKAN (2001), S. 140, AMBROSINI und BOWMAN (2009), S. 31.

[362] NOTHNAGEL (2008), S. 31ff. stellt fest, dass der Erfolg von Unternehmen bei Untersuchungen, die dem *Resource-based View* zuzuordnen sind, zumeist entweder durch die Erzielung von (1) Wettbewerbsvorteilen (Fähigkeit des Unternehmens, einen höheren ökonomischen Mehrwert, als seine einzelnen Wettbewerber zu schaffen) oder (2) durch die Erzielung von überdurchschnittlichen Renten operationalisiert wird. Zu einer genauen Unterscheidung und Beschreibung von statischen und dynamischen Rentenanalysen im Rahmen des *Resource-based View* (Ricardo-, Monopol-, Pareto- und Schumpeter-Renten) sei auf DUSCHEK (2002), S. 48ff. verwiesen. Zu einer Meta-Analyse der detaillierten Operationalisierung des Erfolgs bei dem *Resource-based View* zuzuordnenden Studien sei auf NOTHNAGEL (2008), S. 102ff. verwiesen.

[363] Vgl. SEISREINER (1999), S. 169ff..

Um die Erfolgsunterschiede von Unternehmen anhand von deren Ressourcen erklären zu können, geht der *Resource-based View* von der **grundlegenden Annahme** aus, dass Unternehmen über **asymmetrisch verteilte Ressourcenausstattungen** (in Form von Informationen, Wissen und Kompetenzen) verfügen.[364,365] Diese **Ressourcenheterogenität** hat zudem **dauerhaften Bestand,** wobei sich die Ressourcenausstattungen der Unternehmen durchaus im Zeitverlauf verändern können, aber es niemals zu einer Gleichverteilung der Ressourcen kommt.[366]

Im Mittelpunkt der Erklärung dieser dauerhaft unterschiedlichen Ressourcenausstattungen von Unternehmen steht die mit der Realität in Einklang stehende Annahme, dass die dem Handel von Ressourcen zugrunde liegenden **Faktormärkte mehr oder weniger starke Ineffizienzen aufweisen.**[367,368] Als mögliche Faktoren, die für Ineffizienzen von Märkten verantwortlich sein können, nennt RUMELT (1984): „*(...) (1) transaction costs, (2) limits on rationality, (3) technological uncertainty, (4) constraints on factor mobility, (5) limits on information availability, (6) markets in which price conveys quality information, (7) consumer or producer learning, and (8) dishonest and/or foolish behavior.*"[369] Einen Extremfall von Ineffizienz stellt das von DIERICKX und COOL (1989) beschriebene **Nichtvorhandensein eines Faktormarktes,** also die Nicht-Handelbarkeit bestimmter Ressourcen aufgrund vollkommener Immobilität, dar.[370] Diese liegt insbesondere bei immateriellen, höchstgradig unternehmensspezifischen Ressourcen (z.B. Unternehmenskultur, Reputation) vor, die ihren Wert bei Herauslösung aus dem bisherigen Unternehmenskontext verlieren würden.[371]

---

[364] Vgl. PETERAF (1993), S. 180, BARNEY (1991), S. 101.
[365] Für eine Ausführung zu den wissenschaftlichen Grundpositionen des *Resource-based View* sei auf FREILING (2009), S. 83f. verwiesen.
[366] Vgl. FREILING (2009), S. 85.
[367] Vgl. BARNEY (1986), S. 1233ff., BARNEY (1991), S. 101, GRANT (1991), S. 126, AMIT und SCHOEMAKER (1993).
[368] Im Gegensatz zu den dem *Resource-based View* zugrunde liegenden Annahmen von Ressourcenheterogenität der Unternehmen und ineffizienten und nicht-existenten Faktormärkten, ging der bis Ende der 1980er Jahre im Strategischen Management vorherrschende *Market-based View* von Ressourcenhomogenität der Unternehmen innerhalb einer Branche und vollkommenen, also effizienten Faktormärkten aus.
[369] RUMELT (1984), S. 559.
[370] Vgl. DIERICKX und COOL (1989), S. 1504ff..
[371] Vgl. PETERAF (1993), S. 183ff., BLACK und BOAL (1994), S. 135.

Die Ineffizienz der Faktormärkte hat zur Folge, dass die Unternehmen ihre wirtschaftlichen Entscheidungen unter mehr oder weniger starker **Unsicherheit** treffen müssen. So haben Unternehmen unvollständige Informationen über vergangene, gegenwärtige und zukünftigen Entwicklungen im Marktumfeld (z.B. technologische Veränderungen, Verhalten von Wettbewerbern) und insbesondere größeren Unternehmen fehlt es zudem oftmals sogar an genauer Kenntnis der unternehmensinternen Gegebenheiten.[372] Aufgrund dieser **unvollkommenen Informationen** sowie der **individuell unterschiedlichen Kompetenzen und ökonomischen Zielsetzungen** schätzen Wirtschaftssubjekte die zukünftigen Entwicklungen und den zukünftigen Wert von Ressourcen unterschiedlich ein und treffen dementsprechend voneinander abweichende Entscheidungen für den Aufbau ihrer Ressourcenausstattungen.[373]

Durch diese individuellen Entscheidungen bilden sich im Zeitverlauf für die einzelnen Unternehmen **unterschiedliche historische Entwicklungspfade** heraus, die wiederum den Aufbau von Ressourcen prägen und somit weiter zur Entwicklung von unternehmensspezifischen Ressourcenausstattungen beitragen.[374] Die Berücksichtigung des jeweiligen unternehmensspezifischen Entwicklungspfads ist insbesondere im Rahmen des *Dynamic Capability-based View* von hoher Relevanz, da dieser fokussiert den Aufbau, die Weiterentwicklung und die Umwandlung von Ressourcen im Zeitverlauf betrachtet.[375]

In Abbildung 3.3 werden die in diesem Abschnitt beschriebenen Prämissen des *Resource-based View* zusammenfassend dargestellt.

3.2 Konzeptualisierung der *Dynamic Capabilities*

Der vorliegende Abschnitt widmet sich einer detaillierten **Konzeptualisierung von *Dynamic Capabilities* bei Start-up-Unternehmen im E-Business**. Für die Konzeptualisierung ist es hilfreich, dass sich durch zahlreiche Forschungsbeiträge[376] inzwischen ein **besseres Begriffsverständnis der *Dynamic Capabilities***

---
[372] Vgl. AMIT und SCHOEMAKER (1993), S. 40, FREILING (2009), S. 85f.
[373] Vgl. BARNEY (1986), S. 1233ff., FREILING (2009), S. 90ff.
[374] Vgl. BARNEY (1986), S. 1235 und BLACK und BOAL (1994), S. 132.
[375] Vgl. AMBROSINI und BOWMAN (2009), S. 29.
[376] Für eine vertiefende Lektüre zu spezifischen Aspekten der Erforschung von *Dynamic Capabilities* sei u.a. auf die folgende Literatur verwiesen: **Zusammenfassende Darstellungen und**

94   Kapitel 3 *Dynamic Capabilities* von Start-up-Unternehmen im E-Business

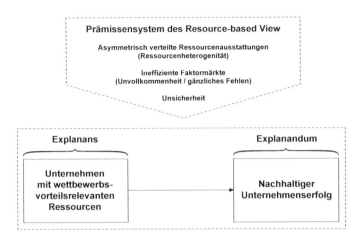

Abbildung 3.3: Prämissensystem des *Resource-based View* (Quelle: Eigene Darstellung)

herausbildet.[377] Im Rahmen einer Zusammenführung der bisherigen Forschungserkenntnisse zu den *Dynamic Capabilities* entwickelte TEECE (2007a) ein umfassendes[378] Rahmenwerk, anhand dessen sich *Dynamic Capabilities*, wie in Abbildung 3.4 dargestellt, zu Analysezwecken grundsätzlich in **drei Klassen** gliedern lassen: Das *Sensing* zum Aufspüren von Chancen und Gefahren, das *Seizing* zum Ergreifen der Chancen und das ***Managing Threats/Transforming***, um Gefahren zu be-

---

Diskussionen des Konzepts der *Dynamic Capabilities:* EASTERBY-SMITH, LYLES und PETERAF (2009), AMBROSINI und BOWMAN (2009), TEECE (2009), TEECE (2007a), HELFAT et al. (2007), WANG und AHMED (2007), WINTER (2003), MAKADOK (2001), EISENHARDT und MARTIN (2000), TEECE, PISANO und SHUEN (1997), TEECE und PISANO (1994); ***Dynamic Capabilities* bei jungen Unternehmen:** NEWEY und ZAHRA (2009), MCKELVIE und DAVIDSSON (2009), ZAHRA, SAPIENZA und DAVIDSSON (2006), NEWBERT (2005), ZAHRA und GEORGE (2002); ***Dynamic Capabilities* im Strategischen E-Business-Management:** KOCH (2010), LIAO, KICKUL und MA (2009), WITT (2008), WU und HISA (2008); **Aufbau und Entwicklung von *Dynamic Capabilities* im Zeitverlauf:** KOCH (2010), NARAYANAN, COLWELL und DOUGLAS (2009), HONG, KIANTO und KYLÄHEIKO (2008), HELFAT und PETERAF (2003), ZOLLO und WINTER (2002).

[377] Für eine detaillierte Diskussion der Begrifflichkeit der *Dynamic Capability* sei auf Abschnitt 2.1.3.3 der vorliegenden Arbeit verwiesen.

[378] TEECE (2007a), S. 1346 betont, dass das *Dynamic Capabilities*-Rahmenwerk „(...) *integrates and synthesizes concepts and research findings from the field of strategic management, from business history, industrial economics, law and economics, the organizational sciences, innovation studies, and elsewhere.*"

3.2 Konzeptualisierung der *Dynamic Capabilities*

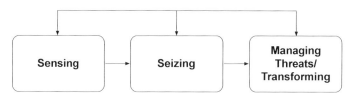

Abbildung 3.4: *Dynamic Capabilities*-Rahmenwerk nach TEECE (2007a) (Quelle: Eigene Darstellung in Anlehnung an TEECE (2007a), S. 1342)

gegnen und die Ressourcenausstattung kontinuierlich den jeweiligen Erfordernissen anzupassen.[379]

Um erfolgreich zu sein, müssen Unternehmen alle diese drei Klassen von *Dynamic Capabilities* aufbauen und oftmals zeitgleich anwenden.[380] Zwischen den einzelnen Klassen herrschen dabei zahlreiche Spannungen, Verflechtungen und wechselseitige Beziehungen.[381] Die für die einzelnen Klassen notwendigen Management-Kompetenzen sind insgesamt sehr unterschiedlich und dementsprechend nicht bei allen Managern gleichermaßen vorzufinden.[382] Deshalb ist es notwendig, dass die drei Klassen von *Dynamic Capabilities* tief im Top-Management-Team verankert werden.[383]

Das von TEECE (2007a) entwickelte *Dynamic Capabilities*-Rahmenwerk und seine Mikrofundierungen dienen als **Grundlage zur Konzeptualisierung von Dynamic Capabilities** in der vorliegenden Untersuchung.[384] Um eine möglichst akkurate theoretische Fundierung für die empirische Untersuchung von Start-up-Unternehmen im E-Business zu schaffen, wird das *Dynamic Capabilities*-Rahmenwerk zudem um weitere Erkenntnisse aus den Bereichen der *Dynamic Capability*-, Start-up-, E-Business- und *Open Innovation*-Forschung ergänzt. Die Bezeichnungen der grundsätzlichen Komponenten des von TEECE (2007a) entwickelten *Dynamic Capabilities*-Rahmenwerks werden dabei so weit möglich beibehalten,

---

[379] Vgl. TEECE (2007a), S. 1322ff..
[380] Vgl. TEECE (2007a), S. 1347.
[381] Vgl. TEECE (2007a), S. 1347.
[382] Vgl. TEECE (2007a), S. 1347.
[383] Vgl. TEECE (2007a), S. 1347.
[384] Die Geeignetheit des *Dynamic Capabilities*-Rahmenwerks von TEECE (2007a) als Grundlage für die vorliegende Untersuchung wird durch die Aussage von HODGKINSON und HEALEY (2009) untermauert, die es als „(...) *the most comprehensive to date for analyzing the microfoundations of capabilities development (...)*" bezeichnen.

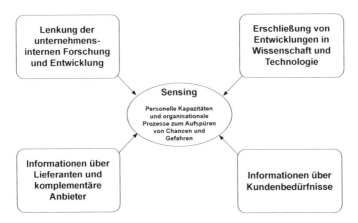

Abbildung 3.5: Prozesse des *Sensing* (Quelle: Eigene Darstellung in Anlehnung an TEECE (2007a), S. 1326)

um begriffliche Verwirrungen zu vermeiden und eine bessere Vergleichbarkeit des von TEECE (2007a) entwickelten sowie des nachfolgend auf Start-up-Unternehmen im E-Business übertragenen Rahmenwerks zu ermöglichen. In den folgenden Abschnitten 3.2.1 bis 3.2.3 werden die drei Klassen von *Dynamic Capabilities*, also das *Sensing*, *Seizing* und *Managing Threats*, detailliert konzeptualisiert.

3.2.1 *Sensing*

Im Mittelpunkt des **Sensing** (Erkundung) stehen personelle Kapazitäten und organisationale Prozesse zum **Aufspüren von neuen Chancen und Gefahren**.[385] Grundsätzlich ist dies entweder möglich durch bereits **bestehende Informationen**, die ungleich zwischen Unternehmen bzw. Individuen verteilt sind, oder aber durch **neue Informationen** und **neu entwickeltes Wissen**, gleich ob unternehmensin- oder extern entstanden.[386]

Für **Start-up-Unternehmen** in einem von schnellem Wandel der Technologie und Kundenbedürfnisse geprägten Marktumfeld, wie dem E-Business, bieten das *Sensing* und die daraus resultierenden **Informationsvorsprünge** eine entscheidende Möglichkeit, **Wettbewerbsvorteile** insbesondere gegenüber etablierten, größe-

---
[385] Vgl. TEECE (2007a), S. 1326.
[386] Vgl. TEECE (2007a), S. 1322, FUEGLISTALLER, MÜLLER und VOLERY (2004), S. 34.

3.2 Konzeptualisierung der *Dynamic Capabilities*

ren Unternehmen aufzubauen. So neigen etablierte Unternehmen dazu, ihre Such-Aktivitäten eng auf die **Ausschöpfung von bestehenden technologischen und organisationalen Vermögenswerten** auszurichten, wodurch das Erkennen von potentiellen radikalen Innovationen erschwert wird.[387] Zudem bedarf das *Sensing* nicht zwangsläufig des Einsatzes zahlreicher Ressourcen und ist damit auch für junge Unternehmen mit einer noch relativ kleinen Ressourcenbasis durchführbar.[388] Der im Rahmen einer **Öffnung des Innovationsprozesses** (*Open Innovation*) stattfindende Einbezug von unternehmensexternen (Informations-)Ressourcen ermöglicht zudem auch jungen Unternehmen den zügigen Aufbau einer breiten Informationsbasis.

Wie in Abbildung 3.5 dargestellt, hat TEECE (2007a) insgesamt die folgenden **vier Prozesse des *Sensing*** identifiziert:[389]

1. Lenkung der unternehmensinternen Forschung und Entwicklung;
2. Erschließung von Entwicklungen in Wissenschaft und Technologie;
3. Erschließung der Innovationen von Lieferanten und komplementären Anbietern;
4. Identifikation von Zielmarktsegmenten, sich wandelnden Kundenbedürfnissen und Kundeninnovationen.

In den nachfolgenden Abschnitten 3.2.1.1 bis 3.2.1.4 werden diese vier Prozesse erläutert und in den Kontext von Start-up-Unternehmen im E-Business eingeordnet.

3.2.1.1 Lenkung der unternehmensinternen Forschung und Entwicklung

Als eine zentrale Komponente des *Sensing* sieht TEECE (2007a) Prozesse zur **Lenkung der unternehmensinternen Forschung- und Entwicklung** und der Auswahl von neuen Technologien.[390] Im Gegensatz zu Industrien, in denen intensive Forschung notwendig ist, wie z.B. der Pharma- oder Autoindustrie, umfasst die Forschung und Entwicklung im E-Business gewöhnlich die Suche nach neuen Produkten und Prozessen und deren technische Umsetzung.

Für die Entdeckung und Ausgestaltung von Chancen im Rahmen der unternehmensinternen Forschung und Entwicklung spielen die **kognitiven und kreativen**

---
[387] Vgl. TEECE (2007a), S. 1335.
[388] Vgl. TEECE (2007a), S. 1343.
[389] Vgl. TEECE (2007a), S. 1326.
[390] Vgl. TEECE (2007a), S. 1323ff..

Fähigkeiten sowie das vorhandene **Wissen** der in einem Unternehmen beschäftigten Individuen eine entscheidende Rolle.[391] Aufgrund der Tatsache, dass Start-up-Unternehmen im E-Business insbesondere in frühen Phasen des Innnovations- und Gründungsprozesses maßgeblich von den **Gründern** geprägt sind,[392] wird diesen auch eine große Bedeutung zur Lenkung der unternehmensinternen Forschung und Entwicklung zuteil.

So erhöht insbesondere eine von den Kernkompetenzen der Gründer geleitete Innovationssuche die Wahrscheinlichkeit, echte Wettbewerbsvorteile zu erzielen.[393] Die **Kompetenzen** der Gründer wiederum werden vor allem von deren **Ausbildungsgrad** und bisheriger **Branchenerfahrung** geprägt.[394] Im E-Business ist dabei ausgeprägtes **Fach- und Spezialwissen** der Informatik, Wirtschaftsinformatik und Betriebswirtschaftslehre von großer Bedeutung.[395]

Insbesondere in der frühen Ideenfindungsphase können zudem sowohl die **Persönlichkeit** als auch die **Motivation und Interessen** der jeweiligen Gründer die Suche nach neuen Produkten und Prozessen lenken. So werden Gründern grundsätzlich u.a. ein stark ausgeprägtes Unabhängigkeitsstreben, eine relativ starke Risikoneigung sowie Durchsetzungsbereitschaft und Belastbarkeit zugeschrieben.[396] Die Motivation zur Gründung eines Unternehmens kann dabei grundsätzlich durch externe Faktoren erzwungen werden (sog. *Push*-Faktoren, z.B. Arbeitslosigkeit, Unzufriedenheit mit Arbeitsbedingungen) oder aber stark intrinsisch verankert sein (sog. *Pull*-Faktoren, z.B. Selbstverwirklichung/-bestimmung).[397]

In Tabelle 3.1 werden die für Start-up-Unternehmen im E-Business relevanten Aspekte der Lenkung der unternehmensinternen Forschung und Entwicklung zusammenfassend dargestellt. Während im traditionellen Verständnis des Innovationsmanagements die Suche nach neuen Produkten und Prozessen vor allem auf unternehmensinternen Quellen aufbaut,[398] sind insbesondere in dem von schnellem Wandel der Technologie und des Wettbewerbs geprägten E-Business zusätzlich

---

[391] Vgl. TEECE (2007a), S. 1323.
[392] Vgl. FUEGLISTALLER, MÜLLER und VOLERY (2004), S. 30.
[393] Vgl. KOLLMANN (2009b), S. 72.
[394] Vgl. KOLLMANN (2009b), S. 65.
[395] Vgl. KOLLMANN (2009b), S. 66f.
[396] Vgl. KOLLMANN (2009b), S. 61, FUEGLISTALLER, MÜLLER und VOLERY (2004), S. 40f.
[397] Vgl. GALAIS (1998), S. 88f., KOLLMANN (2009b), S. 63f.
[398] Vgl. REICHWALD und PILLER (2009), S. 124.

3.2 Konzeptualisierung der *Dynamic Capabilities*

unternehmensexterne Informationsquellen von hoher Relevanz für das *Sensing*.[399] Diese ermöglichen eine Überwindung des „Problems der lokalen Suche", bei der Problemlöser nur auf Lösungsansätze zurückgreifen, die im Unternehmen oder der F & E-Abteilung bekannt sind.[400] In den nachfolgenden Abschnitten 3.2.1.2 bis 3.2.1.4 werden mögliche unternehmensexterne Informationsquellen behandelt.

Tabelle 3.1: Konzeptualisierung der Lenkung der unternehmensinternen Forschung und Entwicklung (Quelle: Eigene Darstellung)

Konzeptualisierung der Lenkung der unternehmensinternen Forschung und Entwicklung
Kompetenzen der Gründer (u.a. Ausbildungsgrad, Branchenerfahrung, Fach- und Spezialwissen)
Persönlichkeit der Gründer (u.a. Unabhängigkeitsstreben, Risikoneigung)
Motivation der Gründer (*Push*- und *Pull*-Faktoren)

3.2.1.2 Erschließung von Entwicklungen in Wissenschaft und Technologie

Als eine weitere Komponente des *Sensing* nennt TEECE (2007a) die **Erschließung von Entwicklungen in Wissenschaft und Technologie**.[401] Eine bei Unternehmen im E-Business beliebte Möglichkeit der Generierung von Informationen über neue technologische Entwicklungen besteht im Informationsaustausch mit **unternehmensexternen Beratern und Experten**.[402] Insbesondere für Start-up-Unternehmen spielen dabei grundsätzlich neben Management- und IT-Beratern vor allem *Business Angels* und andere Risikokapitalgeber eine wichtige Rolle.[403] Dabei besteht eine Möglichkeit für Gründer darin, z.B. auf Messen, Konferenzen oder über das private und berufliche Netzwerk Interviews mit Experten zu führen und so an wertvolle Hinweise über Entwicklungen in Wissenschaft und Technologie zu gelangen.[404]

Eine ebenfalls geeignete Quelle für Informationen über Entwicklungen in Wissenschaft und Technologie liegt in Verbindungen und Kooperationen mit **Institutionen der Wissenschaft**, wie z.B. Universitäten oder Forschungsorganisationen.[405]

---

[399] Vgl. LIAO, KICKUL und MA (2009), S. 268.
[400] Vgl. REICHWALD und PILLER (2009), S. 8f., TEECE (2007a), S. 1324.
[401] Vgl. TEECE (2007a), S. 1326.
[402] Vgl. WITT (2008), S. 199.
[403] Vgl. WITT (2008), S. 199, STUBNER (2004), S. 150ff..
[404] Vgl. KOLLMANN (2009b), S. 83.
[405] Vgl. TEECE (2007a), S. 1324.

So ist die wissenschaftliche Forschung nicht an den jeweiligen unternehmensspezifischen Kenntnisstand gebunden und kann dementsprechend Wissen hervorbringen, das weit über den Blickwinkel des Start-up-Unternehmens hinausgeht.[406] Einen extremen Fall der Zusammenarbeit mit Institutionen der Wissenschaft stellt eine Ausgründung (*Spin-off*) dar, die aus einer wissenschaftlichen Tätigkeit heraus und mit Unterstützung der entsprechenden Institution entstanden ist.[407]

Zusätzlich bietet der Austausch mit anderen **(Start-up-)Unternehmen im E-Business**, darunter auch direkte Konkurrenten, eine weitere Möglichkeit der Generierung von neuen Informationen.[408] Ein solcher Informationsaustausch kann sowohl im Rahmen von Kooperationen als auch durch informelle Gespräche zwischen Mitgliedern der jeweiligen Unternehmen, z.B. durch regelmäßige Treffen (*Web Monday*) oder auf Konferenzen, stattfinden.

In Tabelle 3.2 werden die in dem vorliegenden Abschnitt diskutierten, für Start-up-Unternehmen im E-Business relevanten Aspekte der Erschließung von Entwicklungen in Wissenschaft und Technologie zusammenfassend dargestellt.

Tabelle 3.2: Konzeptualisierung der Erschließung von Entwicklungen in Wissenschaft und Technologie (Quelle: Eigene Darstellung)

Konzeptualisierung der Erschließung von Entwicklungen in Wissenschaft und Technologie
Informationen von unternehmensexternen Beratern, Experten, Investoren
Informationen von Institutionen der Wissenschaft
Informationen von anderen (Start-up-)Unternehmen im E-Business

3.2.1.3 Informationen über Lieferanten/komplementäre Anbieter

Eine weitere Komponente des *Sensing* liegt in der **Erschließung der Innovationen von Lieferanten und komplementären Anbietern**.[409] Ein Informationsaustausch kann dabei bspw. über Kooperationen von Unternehmen und Zulieferern in Produktionsnetzwerken stattfinden.[410] Gerade für Start-up-Unternehmen, die in der frühen Phase der Unternehmensentwicklung häufig noch nicht über ein gewachsenes Beziehungsnetzwerk zu Lieferanten verfügen, sind zudem **Informationen**

---

[406] Vgl. WITT (2008), S. 198f., TEECE (2007a), S. 1324
[407] Vgl. GUPTE (2007), S. 15f..
[408] Vgl. WITT (2008), S. 199.
[409] Vgl. TEECE (2007a), S. 1324.
[410] Vgl. REICHWALD und PILLER (2009), S. 33.

3.2 Konzeptualisierung der *Dynamic Capabilities*

über potentielle Lieferanten von Relevanz. Im Vergleich zu den im nachfolgenden Abschnitt behandelten Informationen über Kunden, nehmen Informationen über (potentielle) Lieferanten im E-Business jedoch eine geringere Bedeutung für Unternehmen ein.[411]

In Tabelle 3.3 werden die für Start-up-Unternehmen im E-Business relevanten Aspekte der Erfassung von Informationen über Lieferanten bzw. komplementäre Anbieter zusammenfassend dargestellt.

Tabelle 3.3: Konzeptualisierung der Informationen über Lieferanten/komplementäre Anbieter (Quelle: Eigene Darstellung)

Konzeptualisierung der Informationen über Lieferanten/komplementäre Anbieter
Informationen über Zusammenarbeit mit Lieferanten
Informationen über komplementäre Anbieter
Informationen über potentielle Lieferanten

3.2.1.4 Informationen über Kundenbedürfnisse

Eine weitere Komponente des *Sensing* von neuen Chancen und Gefahren liegt in Prozessen zur **Identifikation von Zielkundensegmenten, sich wandelnden Kundenbedürfnissen und Kundeninnovationen**.[412] So gehören Kunden oftmals zu den Ersten, die das Potential für die Anwendung einer neuen Technologie erkennen und gelegentlich sogar bereits mit rudimentären Entwicklungsaktivitäten beginnen.[413] Besonders lukrativ ist für Unternehmen dabei die Identifikation von Kundenwünschen, die von existierenden Lösungsansätzen nur unzureichend befriedigt werden (sog. *„Pain-Points"*).[414] So hat sich in der Vergangenheit gezeigt, dass durch E-Business-Anwendungen zahlreiche *„Pain-Points"* von Konsumenten, wie z.B. mangelnde Preistransparenz oder begrenzte Individualisierung von Produkten, erfolgreich adressiert werden konnten.

Unternehmen sind dementsprechend gefordert, **systematisch Informationen über Kundenbedürfnisse zu sammeln und auszuwerten**.[415] Gerade im

---

[411] Vgl. WITT (2008), S. 198.
[412] Vgl. TEECE (2007a), S. 1326.
[413] Vgl. REICHWALD und PILLER (2009), S. 62, TEECE (2007a), S. 1324.
[414] Vgl. KOLLMANN (2009b), S. 167.
[415] Vgl. KOLLMANN (2009b), S. 384.

Tabelle 3.4: Konzeptualisierung der Erfassung von Informationen über Kunden (Quelle: Eigene Darstellung)

Konzeptualisierung der Erfassung von Informationen über Kunden
Integration potentieller Kunden in den Innovationsprozess (Einsatz von Testplattformen für potentielle Kunden)
Sonstige Informationsgewinnung über Kundenbedürfnisse und -innovationen (z.B. Interviews, Online-Umfragen)

E-Business bieten sich dabei vielfältige Möglichkeiten, relativ kostengünstig große Mengen an detaillierten Informationen aus der Interaktion mit Kunden digital zu erfassen und auszuwerten (z.b. durch *Data Mining Tools*, *Cookie-* oder *Log-File-Analysen*).[416] Für Start-up-Unternehmen tut sich jedoch das Problem auf, dass diese insbesondere in der Phase bis zum Markteintritt naturgemäß noch nicht über einen gewachsenen Kundenstamm verfügen.

Es muss deshalb angestrebt werden, bereits frühzeitig **potentielle Kunden in den Innovationsprozess einzubinden**, um genauere Informationen über (sich ändernde) Kundenbedürfnisse und Kundeninnovationen zu erhalten. Dazu eignen sich sowohl **Interviews** mit potentiellen Kunden, **Umfragen** im Rahmen der Online-Marktforschung als auch die Schaffung einer **Testplattform**, um Feedback von einem möglichst repräsentativen Kreis potentieller Nutzer zu erhalten.[417]

In Tabelle 3.4 werden die in dem vorliegenden Abschnitt diskutierten, für Start-up-Unternehmen im E-Business relevanten Aspekte der Erfassung von Informationen von/über Kunden zusammenfassend dargestellt.

3.2.1.5 Zusammenfassende Darstellung des *Sensing*

In Abbildung 3.6 werden zusammenfassend die von TEECE (2007a) identifizierten Komponenten des *Sensing* dargestellt. Dabei handelt es sich um die Lenkung der unternehmensinternen Forschung und Entwicklung, die Erschließung von Entwicklungen in Wissenschaft und Technologie sowie die Informationen über Lieferanten, komplementäre Anbieter und Kundenbedürfnisse. Für jede dieser Komponenten des *Sensing* werden zudem die in den vorhergehenden Abschnitten 3.2.1.1 bis 3.2.1.4 erläuterten Konzeptualisierungen für Start-up-Unternehmen im E-Business abgebildet.

---

[416] Vgl. KOLLMANN (2009b), S. 385ff., KOLLMANN (2009b), S. 425.
[417] Vgl. KOLLMANN (2009b), S. 392.

3.2 Konzeptualisierung der *Dynamic Capabilities*

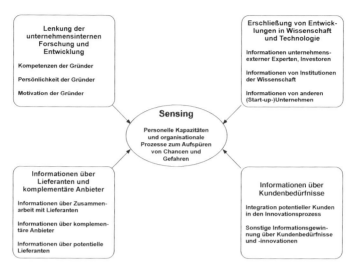

Abbildung 3.6: Prozesse des *Sensing* und ihre Mikrofundierung bei Start-up-Unternehmen im E-Business (Quelle: Eigene Darstellung in Anlehnung an TEECE (2007a), S. 1326)

3.2.2 *Seizing*

Sobald eine neue Chance erkannt wurde, muss diese durch neue Produkte, Prozesse oder Dienstleistungen adressiert werden.[418] Dementsprechend stellt das zweite Element der *Dynamic Capabilities* das **Seizing** (Ergreifung) dar, zu dem Unternehmensstrukturen, Vorgehensweisen, Planungen und Inzentivierungen für das Ergreifen von Chancen gezählt werden.[419]

Wie in Abbildung 3.7 dargestellt, nennt TEECE (2007a) grundsätzlich die folgenden **vier Komponenten des *Seizing*:**[420]

1. Konzeption bzw. Anpassung von Kundenlösung und Geschäftsmodell;
2. Auswahl von Techniken zur Entscheidungsfindung;
3. Festlegung der Unternehmensgrenzen zum Management von Komplementen und zur Kontrolle von Plattformen;
4. Aufbau von Loyalität und Leistungsbereitschaft.

---

[418] Vgl. TEECE (2007a), S. 1326.
[419] Vgl. TEECE (2007a), S. 1334.
[420] Vgl. TEECE (2007a), S. 1334.

Kapitel 3 Dynamic Capabilities von Start-up-Unternehmen im E-Business

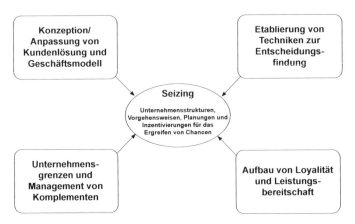

Abbildung 3.7: Prozesse des *Seizing* (Quelle: Eigene Darstellung in Anlehnung an TEECE (2007a), S. 1334)

In den nachfolgenden Abschnitten 3.2.2.1 bis 3.2.2.4 werden diese vier Komponenten des *Seizing* für den Forschungskontext der Start-up-Unternehmen im E-Business konzeptualisiert.

3.2.2.1 Konzeption/Anpassung von Kundenlösung und Geschäftsmodell

Die durch das *Sensing* erfassten Informationen über Kundenwünsche und Entwicklungen in der unternehmensexternen Umwelt bieten zunächst nur Anhaltspunkte für unternehmerische Möglichkeiten. Im Rahmen der **Konzeption einer Kundenlösung und eines Geschäftsmodells** müssen Unternehmen anschließend festlegen, wie sie diese Potentiale durch die Schaffung von Kundennutzen addressieren und durch die Erzeugung von Zahlungsbereitschaften und Generierung von Gewinnen abschöpfen möchten.[421] Zwar können Manager auf eine Vielzahl an *Best Practice*-Gestaltungsempfehlungen und Literatur für die Entwicklung von Geschäftsmodellen zurückgreifen, aber dennoch beruht ein nicht unerheblicher Teil der Konzeption auf taziten Komponenten in Form von Kreativität sowie dem Verständnis von Kunden, Lieferanten und Wettbewerbern.[422]

---

[421] Vgl. TEECE (2007a), S. 1329.
[422] Vgl. TEECE (2007a), S. 1330.

3.2 Konzeptualisierung der *Dynamic Capabilities*

Im Rahmen der **Spezifikation einer Kundenlösung** im E-Business müssen der aus einem **elektronischen Wertschöpfungsprozess** resultierende **elektronische Mehrwert** (z.B. Überblick, Abwicklung, Austausch)[423] und ein darauf aufbauender **elektronischer Kundennutzen** (z.B. Kosten-, Zeit- oder Qualitätsvorteile) definiert werden.[424] Die Herausforderung besteht dabei insbesondere in der Schaffung eines sog. **Alleinstellungsmerkmals** ggü. Wettbewerbern.[425]

Die **Konzeption eines Geschäftsmodells** im E-Business definiert darüber hinaus, wie über den Kundennutzen eine **Zahlungsbereitschaft** erzeugt werden kann. Dabei wird durch eine **Spezifikation des Geschäftsbereichs** festgelegt, über welche Art von Akteuren im E-Business die Einnahmen generiert werden sollen (z.B. Konsumenten, Unternehmen)[426] und wie die anvisierten **Markt- und Zielkundensegmente** genau charakterisiert sind (z.B. Marktwachstum, Kundenmerkmale).[427] Anhand des **elektronischen Geschäftskonzepts** (z.B. *Content*, *Commerce*) wird schließlich beschrieben, über welche Leistungsaustauschprozesse die Einnahmen genau erzielt werden sollen (z.B. Bezahlung für Premiuminhalte).[428]

In einem von starker Dynamik charakterisierten Wettbewerbsumfeld, wie dem E-Business, bedarf es zudem einer laufenden **Anpassung von Kundenlösungen und Geschäftsmodellen** an die durch das *Sensing* erfassten, veränderten Rahmenbedingungen.[429] Gerade für den in der vorliegenden Untersuchung betrachteten Zeitraum bis zum Markteintritt müssen Start-up-Unternehmen im E-Business über ausgeprägte Kompetenzen zur Entwicklung und Anpassung von Kundenlösungen und Geschäftsmodellen verfügen, da die weitere Existenz des Unternehmens stark von dem Markteintritt mit einem überzeugenden und rentablen Produkt abhängt. Einem klar definierten Geschäftsmodell kommt letztlich für die Ergreifung von

---

[423] Für eine umfassende Auflistung möglicher elektronischer Mehrwerte sei auf KOLLMANN (2009a), S. 30ff. verwiesen.

[424] Vgl. KOLLMANN (2009b), S. 150ff..

[425] Für eine Auflistung der Anforderungen an ein Alleinstellungsmerkmal im E-Business sei auf KOLLMANN (2009b), S. 152f. verwiesen.

[426] Für eine Beschreibung der gängigen Interaktionsmuster von Anbietern und Empfängern elektronisch basierter Leistungen im E-Business sei auf Abschnitt 2.1.1 der vorliegenden Arbeit verwiesen.

[427] Vgl. KOLLMANN (2009b), S. 158ff..

[428] Vgl. KOLLMANN (2009b), S. 160ff..

[429] Vgl. DOTTORE (2009), S. 484ff., TEECE (2007a), S. 1329f., HOMMEL und KNECHT (2002), S. 10.

Chancen eine große Bedeutung bei, da es die Grundlage für die Ausrichtung der Unternehmensstrategie und daraus resultierende Investitionsprioritäten bildet.[430] In Tabelle 3.5 werden die in dem vorliegenden Abschnitt diskutierten, für Start-up-Unternehmen im E-Business relevanten Aspekte der Konzeption und Anpassung von Kundenlösung und Geschäftsmodell zusammenfassend dargestellt.

Tabelle 3.5: Konzeptualisierung von Kompetenzen zur Konzeption und Anpassung des Geschäftsmodells (Quelle: Eigene Darstellung)

Konzept. der Konzeption/Anpassung von Kundenlösung/Geschäftsmodell
Kompetenzen zur Konzeption bzw. Anpassung einer Kundenlösung (Spezifikation von elektronischem Wertschöpfungsprozess, elektronischem Mehrwert, elektronischem Kundennutzen, Alleinstellungsmerkmal)
Kompetenzen zur Konzeption bzw. Anpassung des Geschäftsmodells (Spezifikation von Geschäftsbereich, Markt- und Zielkundensegmenten und elektronischem Geschäftskonzept)

3.2.2.2 Etablierung von Techniken zur Entscheidungsfindung

Nachdem ein Unternehmen im Rahmen des *Sensing* potentielle Chancen identifiziert hat, muss es eine Entscheidung darüber treffen, ob es diese tatsächlich ergreifen soll oder nicht. Dabei können vielfältige Faktoren, wie z.B. das Festhalten an bestehenden Strategien oder eine ausgeprägte Verlustaversion von Entscheidungsträgern eine Ergreifung der potentiellen Chancen **erschweren bzw. ganz verhindern** oder aber zu **Fehlentscheidungen** führen.[431] Unternehmen sind deshalb gefordert, Verfahrensweisen einzuführen, die **negative Beeinflussungen der Entscheidungsfindung minimieren**.

Eine besonders starke Beeinflussung der Entscheidungsfindung kann von **bereits vorhandenen Routinen und Ressourcen** eines Unternehmens ausgehen. So können bspw. einzelne Akteure im Unternehmen aufgrund von Eigeninteressen versuchen, bestimmte Entscheidungen zu torpedieren. Dementsprechend ist das Management laufend gefordert, für die zukünftige Strategie des Unternehmens **wertlose Routinen und Ressourcen** zu identifizieren und zu entfernen, da diese

---
[430] Vgl. TEECE (2007a), S. 1327.
[431] Vgl. TEECE (2007a), S. 1327.

3.2 Konzeptualisierung der *Dynamic Capabilities*

andernfalls zu **potentiellen Fesseln und Blockaden** bei der Entscheidungsfindung werden können.[432]

Um ungewollte Beeinflussungen der Entscheidungsfindung und Fehlentscheidungen zu verhindern bieten sich darüber hinaus zahlreiche weitere **organisatorische und strategische Maßnahmen** an. So stellen die Inzentivierungen der Entscheidungsträger, die Ausgestaltung der Organisationsstruktur, die Schaffung einer offenen Diskussionsatmosphäre und die Förderung von kreativem Denken nur einige mögliche Ansatzpunkte dar.[433] HODGKINSON und HEALEY (2009) betonen zudem die besondere Rolle von Gefühlen für das *Seizing*: *„(...) [U]ltimately, the route to effective seizing behavior lies in developing strong, positive emotional reactions to new alternatives that lead to fast selection and sure commitment."*[434]

Für Start-up-Unternehmen gilt generell, dass diese im Gegensatz zu eher bürokratischen und langwierigen Entscheidungsfindungsprozessen von Großunternehmen eine deutlich höhere **Flexibilität bei der Entscheidungsfindung** aufweisen. So ist der Automatisierungsgrad zur Entscheidungsfindung in den frühen Phasen einer Unternehmensgründung üblicherweise noch sehr schwach ausgeprägt.[435] Insbesondere die für den Erfolg eines jungen Unternehmens relevanten Entscheidungen liegen zumeist unter der Kontrolle der Gründer.[436]

Dabei muss berücksichtigt werden, dass Unternehmer andere Verhaltensweisen hinsichtlich der Entscheidungsfindung aufweisen, als Manager in etablierten Unternehmen. So besteht bei Start-up-Unternehmen oftmals die Gefahr, dass die Gründer entweder die Kompetenzen ihres Unternehmens überschätzen und/oder die der Konkurrenzunternehmen unterschätzen.[437] BUSENITZ und BARNEY (1994) konnten bspw. nachweisen, dass Unternehmensgründer im Gegensatz zu Managern etablierter Unternehmen beim Treffen von Entscheidungen zu deutlich größerer Zuversicht neigen und ihre Entscheidungen zudem weniger auf der Grundlage repräsentativer Daten und rationaler Erwägungen treffen.

---

[432] Vgl. ELLERMANN (2010), S. 89ff., TEECE (2007a), S. 1333.
[433] Vgl. TEECE (2007a), S. 1333.
[434] HODGKINSON und HEALEY (2009), S. 4.
[435] Vgl. KOLLMANN (2009b), S. 144.
[436] Vgl. KOLLMANN (2009b), S. 145.
[437] Vgl. HELFAT und LIEBERMAN (2002), S. 754.

Auch wenn überschwenglicher Optimismus die Entscheidungsfindung negativ beeinflussen kann, ermöglicht eine stark ausgeprägte Selbstsicherheit von Gründern oftmals überhaupt erst die Ergreifung einer von zahlreichen Unwägbarkeiten bestimmten Geschäftsidee.[438] HODGKINSON und HEALEY (2009) argumentieren zudem, dass eine zu geringe Selbstsicherheit das Festhalten an gescheiterten Strategien noch verstärken kann.

In Tabelle 3.6 werden die in dem vorliegenden Abschnitt diskutierten, für Start-up-Unternehmen im E-Business relevanten Aspekte der **Etablierung von Techniken zur Entscheidungsfindung** zusammenfassend dargestellt.

Tabelle 3.6: Konzeptualisierung der Etablierung von Techniken zur Entscheidungsfindung (Quelle: Eigene Darstellung)

Konzeptualisierung der Etablierung von Techniken zur Entscheidungsfindung
Kompetenzen zur Minimierung von ungewollten Beeinflussungen der Entscheidungsfindung durch bestehende Ressourcen (Identifikation und Entfernung von wertlosen Ressourcen und Routinen)
Sonstige Kompetenzen zur Minimierung von Fehlentscheidungen und ungewollten Beeinflussungen der Entscheidungsfindung (z.B. Inzentivierungen der Entscheidungsträger, die Ausgestaltung der Organisationsstruktur, die Schaffung einer offenen Diskussionsatmosphäre, Förderung von kreativem Denken, Schaffung positiver Emotionen hinsichtlich zu ergreifender Chancen)

3.2.2.3 Unternehmensgrenzen und Management von Komplementen

Vor dem Hintergrund einer immer stärker vernetzten Ökonomie und zunehmend vielfältigen Organisationsformen zwischen Unternehmen und Märkten (z.B. Netzwerkorganisationen, virtuelle Organisationsstrukturen),[439] sind Unternehmen gefordert, für jede größere Innovationsidee die **Grenzen des Unternehmens** neu festzulegen.[440] Dabei müssen die Grenzen so strukturiert werden, dass der aus einer Innovationsidee am Markt realisierbare Gewinn möglichst dem innovierenden Unternehmen und weniger potentiellen Nachahmern zufließt.[441] Die Umweltfaktoren, die bestimmen, inwieweit ein Unternehmens die aus einer Innovation erzielbaren Gewinne auch tatsächlich vereinnahmen kann, werden in der Literatur in dem Konzept des

---

[438] Vgl. BUSENITZ und BARNEY (1994), S. 88.
[439] Vgl. REICHWALD und PILLER (2009), S. 32.
[440] Vgl. TEECE (2007a), S. 1332, PICOT und NEUBURGER (2002), S. 212.
[441] Vgl. TEECE (2007a), S. 1331.

3.2 Konzeptualisierung der *Dynamic Capabilities*

Appropriierungsregimes zusammengefasst.[442] Als maßgebliche Einflussfaktoren werden dabei die Art der zugrunde liegenden Technologie (z.B. inwieweit diese auf tazitem Wissen beruht) und die Möglichkeit eines rechtlichen Schutzes[443] genannt.

Von zentraler strategischer Bedeutung ist es zudem für Unternehmen, interne **Schwachpunkte und Engpässe in der Wertschöpfungskette von der Erfindung bis zur Markteinführung** zu identifizieren und zu kontrollieren.[444] Insbesondere für Start-up-Unternehmen in der frühen Gründungsphase bis zum Markteintritt ist die Ausweitung der Unternehmensgrenzen von großer Bedeutung, um die zumeist stark ausgeprägten **Ressourcendefizite**[445] **durch den Einbezug von unternehmensexternen Quellen abzumildern**. Dabei muss ein Unternehmen die komplexe Entscheidung treffen, bei welchen Leistungen eine unternehmensinterne Erstellung oder aber ein *Outsourcing* an Experten mit entsprechenden Skalen- und Verbundvorteilen vorzuziehen ist.[446]

Aufgrund der Tatsache, dass *Outsourcing* inzwischen in vielen Industrien weit verbreitet ist, können die dadurch erzielbaren Skalen- und Verbundvorteile jedoch immer weniger einen langfristigen Wettbewerbsvorteil ggü. anderen Marktteilnehmern begründen.[447] Stattdessen nimmt zunehmend die **Co-Spezialisierung** eine bedeutende Rolle für die Abschöpfung der aus einer Innovation am Markt realisierbaren Gewinne ein.[448] Co-spezialisierte Ressourcen stellen eine besondere Form von **komplementären Ressourcen** dar, die erst im Zusammenspiel einen Wert entfalten und zwischen denen eine **bilaterale Abhängigkeit** besteht (z.B. durch Wasserstoff angetriebene Fahrzeuge haben ohne Wasserstoff-Tankstellen keinen Wert und umgekehrt).[449]

---

[442] Vgl. TEECE (1986), S. 287.
[443] Der Schutz von *Know-how* und geistigem Eigentum im E-Business als eine Komponente des *Managing Threats/Transforming* wird zudem in Abschnitt 3.2.3.4 detaillierter behandelt.
[444] Vgl. TEECE (2007a), S. 1331.
[445] Vgl. FREILING und KOLLMANN (2008), S. 7, NEWBERT (2005), S. 57.
[446] Vgl. TEECE (2007a), S. 1331.
[447] Vgl. TEECE (2007a), S. 1332.
[448] Vgl. TEECE (2007a), S. 1332.
[449] TEECE (1986), S. 289 unterscheidet grundsätzlich **drei Arten von komplementären Ressourcen**: generische, spezialisierte und co-spezialisierte Ressourcen. **Generische Ressourcen** sind universelle Ressourcen, die nicht auf eine bestimmte Innovation zugeschnitten werden müssen (z.B. Kapital). **Spezialisierte Ressourcen** weisen eine unilaterale Abhängigkeit zwischen der betrachteten Innovation und der komplementären Ressource auf (z.B. hängen Containerschiffe stark von der Existenz von Containerlastwagen ab, umgekehrt aller-

Insbesondere in Branchen, deren Marktstruktur stark von der Existenz von sog. Industrie-Plattformen bestimmt wird, spielen komplementäre Innovationen und komplementäre Ressourcen eine entscheidende Rolle.[450] BRESNAHAN und GREENSTEIN (1999) definieren eine Plattform als „(...) a bundle of standard components around which buyers and sellers coordinate efforts."[451] Auch im E-Business hat die Bedeutung von Industrie-Plattformen stetig zugenommen (z.B. Facebook.com oder Apple's iTunes Store als Industrie-Plattformen für Applikationen von Drittanbietern) und muss dementsprechend von den Marktteilnehmern in ihren Strategien berücksichtigt werden.

In Tabelle 3.7 werden die in dem vorliegenden Abschnitt diskutierten, für Start-up-Unternehmen im E-Business relevanten Aspekte der **Festlegung der Unternehmensgrenzen und des Managements von Komplementen** zusammenfassend dargestellt.

Tabelle 3.7: Konzeptualisierung der Festlegung der Unternehmensgrenzen und des Managements von Komplementen (Quelle: Eigene Darstellung)

Festlegung der Unternehmensgrenzen und Management von Komplementen
Beurteilung des **Appropriierungsregimes** (Appropriierungsregime: Art der zugrunde liegenden Technologie, rechtliche Schutzmöglichkeiten)
Identifikation und Kontrolle von unternehmensinternen Schwachpunkten und Engpässen in der Wertschöpfungskette von der Erfindung bis zur Markteinführung
Identifikation, Management und Ausnutzung von **Co-Spezialisierung**

3.2.2.4 Aufbau von Loyalität und Leistungsbereitschaft

Für das Ergreifen von lukrativen Chancen ist ein Unternehmen maßgeblich auf die Initiative und den Einsatz seiner Mitarbeiter angewiesen. Erkenntnisse der betriebswirtschaftlichen Forschung belegen, dass die **Leistungsbereitschaft der**

---

dings deutlich weniger). Bei **co-spezialisierten Ressourcen** besteht dagegen eine bilaterale Abhängigkeit zwischen der Ressource und der betrachteten Innovation (z.B. Spielkonsolen haben ohne dafür konzipierte Spiele keinen Wert und umgekehrt). Als generelle Beispiele für komplementäre Ressourcen im E-Business nennen HIDDING, WILSON und WILLIAMS (2008), S. 4 u.a. die Kapazität der unternehmenseigenen Server-Farm (z.B. Google), bestehende Beziehungen zu Schlüsselkunden (z.B. SAP) oder Marketing-Kompetenzen (z.B. IBM).

[450] Vgl. TEECE (2007a), S. 1337.
[451] BRESNAHAN und GREENSTEIN (1999), S. 4.

3.2 Konzeptualisierung der *Dynamic Capabilities*

Mitarbeiter erheblich steigt, wenn sich diese stark mit dem jeweiligen Unternehmen identifizieren.[452] Um eine ausgeprägte **Identifikation der Mitarbeiter mit ihrem Unternehmen** zu schaffen, sind nach Ansicht von TEECE (2007a) insbesondere die folgenden, eng miteinander verwobenen Kompetenzen der höchsten Führungsebene von großer Bedeutung:[453] **Führungsstärke, wirkungsvolle Kommunikation** von Zielen und Erwartungen sowie die **Verankerung von Werten und einer motivierenden und innovativen Unternehmenskultur.**

In den frühen Phasen der Entstehung setzen sich die **Humanressourcen eines Start-up-Unternehmens** zumeist nur aus einer **Keimzelle von Gründern** zusammen,[454] die üblicherweise eine starke Innovationskraft, eine ausgeprägte Identifikation mit dem entstehenden Unternehmen und eine hohe Leistungsbereitschaft aufweisen.[455] Während die Unternehmenskultur insbesondere in der frühen Phase der Unternehmensentwicklung relativ unbewusst **von den gelebten Werten der Gründer geprägt** ist, besteht die Herausforderung vor allem darin, den innovativen Charakter der Unternehmenskultur auch im Zuge der **Einstellung von zusätzlichen Mitarbeitern** aufrecht zu erhalten und gezielt zu steuern.[456] So muss das eher **informelle Miteinander innerhalb eines Gründerteams** schrittweise zu einer eher **formalisierten Unternehmenskultur** weiterentwickelt werden.[457]

Dabei ist die Führungsebene gefordert, eine **Unternehmenskultur** zu schaffen, in der keine Furcht vor Neuem besteht und neue Chancen trotz der damit verbundenen (persönlichen) Gefahren ergriffen werden.[458] Neuere Erkenntnisse der neurowissenschaftlichen Forschung zeigen dabei die besondere Bedeutung der Kompetenz von Managern, automatische, emotionale und unbewusste Abwehrreaktionen von Mitarbeitern gegen Bedrohungen der eigenen und gesellschaftlichen Identität abzuschwächen und einer Selbstkontrolle zu unterziehen, um eine un-

---

[452] Vgl. TEECE (2007a), S. 1334.
[453] Vgl. TEECE (2007a), S. 1334.
[454] Vgl. KOLLMANN (2009b), S. 41, FUEGLISTALLER, MÜLLER und VOLERY (2004), S. 30, HOMMEL und KNECHT (2002), S. 4.
[455] Vgl. KOLLMANN (2009b), S. 61, FUEGLISTALLER, MÜLLER und VOLERY (2004), S. 40f..
[456] Vgl. GRUBER und HARHOFF (2001), S. 20.
[457] Vgl. KOLLMANN (2009b), S. 274.
[458] Vgl. TEECE (2007a), S. 1335.

voreingenommene Beurteilung von neuen Entwicklungen zu ermöglichen.[459] Als grundsätzliche **Möglichkeiten zur Förderung innovativer Ideen** in Unternehmen des E-Business nennt WITT (2008) u.a. interne E-Business-Ideen-Wettbewerbe, internes Vorschlagswesen und die Förderung innovativer Unternehmergeiste.[460]

Und auch die im Rahmen der **Führung der Mitarbeiter** durchzuführende **Planung und Kommunikation von Zielen und daraus resultierenden Erwartungen** hat sowohl auf das Management als auch auf die Mitarbeiter eines Unternehmens eine motivierende und leistungsfördernde Wirkung.[461] Die **Vision des Unternehmens** dient dabei als übergeordnetes und langfristiges Unternehmensziel, das zumeist einfach zu kommunizieren, leicht verständlich und dennoch in der Realisierung herausfordernd ist.[462] Insbesondere im schnelllebigen E-Business können Visionen und Leitbilder wichtige **Instrumente zur Orientierung und Lenkung der Entwicklung eines Unternehmens** darstellen und damit Legitimations-, Motivations- und Koordinationsfunktionen übernehmen.[463] Dies gilt speziell für Start-up-Unternehmen in einer frühen Entwicklungsphase, wenn noch Unklarheit über die genaue Ausgestaltung des finalen Produkts herrscht.[464]

Aus der Vision lassen sich schließlich **konkrete Ziele** ableiten und an Mitgründer, Mitarbeiter oder auch unternehmensexterne Akteure, wie z.B. Kapitalgeber, kommunizieren.[465] Die Ziele können dabei eine besonders starke motivationale Wirkung auf das Unternehmen entfalten, wenn sie nicht nur in der Führungsebene, sondern auch von den Mitarbeitern akzeptiert und aus Überzeugung mitgetragen werden.[466] Die Schaffung einer **motivierenden Arbeitsatmosphäre** ist für Start-up-Unternehmen im E-Business letztlich nicht nur zur Steigerung der Leistungsfähigkeit des Unternehmens in dem sehr kompetitiven Marktumfeld von großer Bedeutung, sondern kann zudem auch die Bindung von herausragenden Mitarbeitern ohne übermäßige finanzielle Ressourcen ermöglichen.[467]

---

[459] Vgl. HODGKINSON und HEALEY (2009), S. 5f..
[460] Vgl. WITT (2008), S. 216ff..
[461] Vgl. KOLLMANN (2009b), S. 137.
[462] Vgl. KOLLMANN (2009b), S. 137.
[463] Vgl. MAASS (2008), S. 57f..
[464] Vgl. MAASS (2008), S. 57, GRUBER und HARHOFF (2001), S. 20.
[465] Vgl. KOLLMANN (2009b), S. 136.
[466] Vgl. KOLLMANN (2009b), S. 137.
[467] Vgl. KOLLMANN (2009b), S. 275.

3.2 Konzeptualisierung der *Dynamic Capabilities*

In Tabelle 3.8 werden die in dem vorliegenden Abschnitt diskutierten, für Start-up-Unternehmen im E-Business relevanten **Kompetenzen zum Aufbau von Loyalität und Leistungsbereitschaft** zusammenfassend dargestellt.

Tabelle 3.8: Konzeptualisierung der Kompetenzen zum Aufbau von Identifikation mit der Organisation und Leistungsbereitschaft (Quelle: Eigene Darstellung)

Konzeptualisierung von Kompetenzen zum Aufbau von Loyalität und Leistungsbereitschaft
Schaffung und Kommunikation einer Vision
Kommunikation von Werten, Zielen und Erwartungen
Sonstige Faktoren zur Schaffung einer innovativen und motivierenden Unternehmenskultur

3.2.2.5 Zusammenfassende Darstellung des *Seizing*

In Abbildung 3.8 werden zusammenfassend die von TEECE (2007a) identifizierten Komponenten des *Seizing* dargestellt. Dabei handelt es sich um die Konzeption bzw. Anpassung von Kundenlösung und Geschäftsmodell, die Etablierung von Techniken zur Entscheidungsfindung, die Festlegung der Unternehmensgrenzen und das Management von Komplementen sowie den Aufbau von Loyalität und Leistungsbereitschaft. Für jede dieser Komponenten des *Seizing* werden zudem die in den vorhergehenden Abschnitten 3.2.2.1 bis 3.2.2.4 erläuterten Konzeptualisierungen für Start-up-Unternehmen im E-Business abgebildet.

3.2.3 *Managing Threats/Transforming*

Die dritte von TEECE (2007a) identifizierte Art von *Dynamic Capabilities* ist das *Managing Threats/Transforming*, zu dem die **kontinuierliche Anpassung und Neuausrichtung** von spezifischen materiellen und immateriellen Vermögenswerten zählen.[468] Diese Rekonfigurationen sind notwendig, um die evolutionäre Fitness eines Unternehmens aufrecht zu erhalten und, sofern notwendig, unvorteilhafte Pfadabhängigkeiten wieder abzuschütteln.[469] Bei Start-up-Unternehmen sind insbesondere in der frühen Entwicklungsphase die **Transformationsfähigkeiten** von besonderer Bedeutung, da diese überhaupt erst die Umwandlung von einem

---
[468] Vgl. TEECE (2007a), S. 1340.
[469] Vgl. TEECE (2007a), S. 1335.

114   Kapitel 3 *Dynamic Capabilities* von Start-up-Unternehmen im E-Business

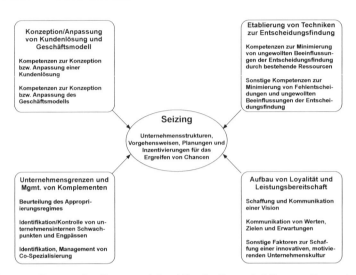

Abbildung 3.8: Prozesse des *Seizing* und ihre Mikrofundierung bei Start-up-Unternehmen im E-Business (Quelle: Eigene Darstellung in Anlehnung an TEECE (2007a), S. 1334)

Start-up-Unternehmen mit geringer Ressourcenausstattung zu einem etablierten Unternehmen ermöglichen.[470]

Wie in Abbildung 3.9 dargestellt, hat TEECE (2007a) insgesamt die folgenden **vier Komponenten des *Managing Threats/Transforming*** identifiziert:[471]

1. Dezentralität und Koordination;
2. Unternehmenssteuerung;
3. Co-Spezialisierung;
4. Wissensmanagement.

In den nachfolgenden Abschnitten 3.2.3.1 bis 3.2.3.4 werden diese vier Komponenten erläutert und in den Kontext von Start-up-Unternehmen im E-Business eingeordnet.

---

[470] Vgl. GRUBER und HARHOFF (2001), S. 19.
[471] Vgl. TEECE (2007a), S. 1340.

3.2 Konzeptualisierung der *Dynamic Capabilities*

Abbildung 3.9: Prozesse des *Managing Threats/Transforming* (Quelle: Eigene Darstellung in Anlehnung an TEECE (2007a), S. 1340)

3.2.3.1 Dezentralität und Koordination

Die Kompetenzen eines Unternehmens, möglichst kurzfristig auf potentielle Gefahren reagieren und Veränderungen der Ressourcenbasis vornehmen zu können, werden maßgeblich von dessen **Organisationsstruktur** bestimmt. So muss die Organisationsstruktur dafür eine besondere Nähe der Entscheidungsträger zu Entwicklungen in der unternehmensexternen Umwelt und ein hohes Maß an Flexibilität erlauben. Als eine fundamentale Komponente des *Managing Threats/Transforming* nennt TEECE (2007a) deshalb die Schaffung einer **dezentralen Organisationsform**, deren jeweilige Organisationseinheiten einerseits weitgehend **unabhängig voneinander agieren** können, aber andererseits im Bedarfsfall ihre Aktivitäten auch untereinander hinreichend zu **koordinieren** vermögen.[472] Dabei muss die Organisationsstruktur zudem im Sinne des Konzepts der *Open Innovation* auf die **Integration** von unternehmensexternen Akteuren ausgerichtet sein.[473]

Insbesondere für Unternehmen im E-Business ist eine längerfristige, von zentraler Stelle ausgeführte Planung aufgrund der starken Umfelddynamik und der daraus resultierenden Unsicherheit erheblich erschwert und kann sogar kontraproduktiv

---

[472] Vgl. TEECE (2007a), S. 1336.
[473] Vgl. TEECE (2007a), S. 1336f..

sein.[474] Stattdessen bietet eine dezentrale Organisationsstruktur Unternehmen in einem dynamischen Wettbewerbsumfeld eine erhöhte strategische Flexibilität und eine hohe Geschwindigkeit beim Treffen von Entscheidungen.

In der betriebswirtschaftlichen Literatur wird betont, dass je nach evolutorischer Lebensphase eines Unternehmens unterschiedliche Organisationsstrukturen zu beobachten und notwendig sind.[475] So ist der **Organisationsaufbau in der frühen Phase einer Unternehmensgründung im E-Business** zumeist nur rudimentär entwickelt und die Abläufe innerhalb der Keimzelle aus Gründerteam und noch relativ wenigen Mitarbeitern sind stark informell und haben Ad-hoc-Charakter.[476,477] Bei Start-up-Unternehmen mit nur einem Gründer findet sich naturgemäß zunächst ein relativ stark **zentralisierter Organisationsaufbau**, da viele Aufgaben und Entscheidungen von dem Gründer selber übernommen werden.[478]

Sind dagegen mehrere Gründer am Aufbau des Unternehmens beteiligt, findet bereits eine **kompetenzorientierte Entscheidungsdezentralisierung** statt, indem Mitglieder des Kernteams selbständige Arbeitsbereiche mit entsprechender Verantwortung übertragen bekommen (z.B. Unternehmensleitung durch den CEO, Technologie durch den CTO).[479] Die organisatorische Dezentralisierung kann dabei durchaus auch mit einer **räumlichen Dezentralisierung** einhergehen, bei der zumeist aufgrund von ökonomischen Erwägungen einzelne Organisationseinheiten des Unternehmens an unterschiedlichen Standorten verankert sind.[480]

Um dabei eine intensive Einbindung von unternehmensin- und externen Akteuren zu ermöglichen, müssen Unternehmen entsprechend **integrative Kompetenzen** entwickeln.[481] Diese lassen sich bspw. durch durch einen gemeinschaftlichen Management-Stil mit einer geringen Anzahl von Hierarchieebenen, Gruppenkom-

---

[474] Vgl. DEWETT und WILLIAMS (2007), S. 86.
[475] Vgl. THOMMEN und STRUSS (2002), S. 190, GOMEZ und ZIMMERMANN (1993), S. 30.
[476] Vgl. WEBERING und HUSMANN (2003), S. 623.
[477] Für eine detailliertere Beschreibung des Organisationsaufbaus und der Organisationsstruktur von Start-up-Unternehmen im E-Business sei an dieser Stelle auf KOLLMANN (2009b), S. 142ff. verwiesen.
[478] Vgl. KOLLMANN (2009b), S. 144.
[479] Vgl. KOLLMANN (2009b), S. 142ff..
[480] Vgl. REICHWALD und PILLER (2009), S. 33.
[481] Vgl. TEECE (2007a), S. 1337.

3.2 Konzeptualisierung der *Dynamic Capabilities*

munikation anstelle von streng festgelegten Kommunikationsstrukturen, Versammlungen und andere Integrationsforen implementieren.[482]

Zur Sicherstellung einer effektiven Kommunikation und Abstimmung sowohl zwischen den unternehmensinternen Organisationseinheiten als auch mit den unternehmensexternen Akteuren, müssen Unternehmen zudem ausgeprägte **Koordinationskompetenzen** entwickeln.[483] So sind für Start-up-Unternehmen im E-Business zur Realisierung der benötigten IT-Infrastruktur und dessen wirtschaftlicher Nutzung insbesondere **kurze Abstimmungswege** zwischen dem Chief Executive Officer (CEO), Chief Marketing Officer (CMO) und Chief Technology Officer (CTO) notwendig.[484] Dabei ermöglicht der insbesondere bei Start-up-Unternehmen im E-Business weit verbreitete Einsatz von **modernen Informations- und Kommunikationstechnologien (IKT)** eine ortsübergreifende, informationsreichhaltige und effiziente Interaktion.[485]

In Tabelle 3.9 werden die in dem vorliegenden Abschnitt diskutierten, für Start-up-Unternehmen im E-Business relevanten Aspekte der Dezentralität und Koordination zusammenfassend dargestellt.

Tabelle 3.9: Konzeptualisierung von Dezentralität und Koordination (Quelle: Eigene Darstellung)

Konzeptualisierung von Dezentralität und Koordination
Entscheidungsdezentralisierung (Flexibilität, Entscheidungsbefugnisse einzelner Organisationseinheiten, räumliche Dezentralisierung)
Integrative Kompetenzen zur Unterstützung von *Open Innovation* (gemeinschaftlicher Management-Stil, geringe Anzahl von Hierarchieebenen, Versammlungen, Gruppenkommunikation, Integrationsforen)
Koordinationskompetenzen (kurze Abstimmungswege, Informations- und Kommunikationstechnologien (IKT), Intranet, Training von Multitasking, Teamwork, Projektgruppen)

3.2.3.2 Unternehmenssteuerung

Für das Management potentieller Gefahren und die Erneuerung der Ressourcenbasis sind unterschiedliche Mechanismen zur kontinuierlichen **Steuerung und**

---

[482] Vgl. REICHWALD und PILLER (2009), S. 33, TEECE (2007a), S. 1336.
[483] Vgl. TEECE (2007a), S. 1337.
[484] Vgl. KOLLMANN (2009b), S. 146.
[485] Vgl. REICHWALD und PILLER (2009), S. 39f..

Kontrolle der Aktivitäten und Vermögensgegenstände eines Unternehmens notwendig. Damit muss nach Ansicht von TEECE (2007a) zum einen die Gefahr einer **opportunistischen Verschwendung und Aneignung von Ressourcen** durch einzelne Interessengruppen im Unternehmen (z.B. Management oder Mitarbeiter) adressiert werden.[486] Zum anderen bedarf insbesondere die Unternehmensstrategie einer Steuerung, da von einer **fehlgeleiteten Strategie** erhebliche Gefahr für den Fortbestand eines Unternehmens ausgeht.

Als entscheidende Fähigkeit zur **Vermeidung einer opportunistischen Verschwendung und Aneignung von Ressourcen** eines Unternehmens nennt TEECE (2007a) die **Schaffung von Anreizsystemen**, die kontinuierlich an die Gegebenheiten des Unternehmens angepasst werden müssen.[487] In Anlehnung an VON ROSENSTIEL (1975) unterscheidet BAU (2003) die folgenden Möglichkeiten zum Setzen von **Inzentivierungen für Management und Mitarbeiter bei Start-up-Unternehmen im E-Business**: Anreize der Arbeit, soziale Anreize, finanzielle Anreize und Anreize des organisatorischen Umfeldes.[488]

Als **Inzentivierung für Gründer** sind dabei insbesondere die potentielle Wertsteigerung ihrer Unternehmensanteile, die Chance auf Verwirklichung einer eigenen Idee oder auch der mögliche Zuwachs ihres sozialen Status' im Erfolgsfall zu nennen. Dementsprechend ist insbesondere in der frühen Phase der Unternehmensgründung, in der ein Start-up-Unternehmen zumeist nur aus den Gründern besteht bzw. von ihnen geführt wird, zumeist von einer **intakten Anreizstruktur** auszugehen.

Mit der Einstellung zusätzlicher Mitarbeiter und auch mit der zunehmenden Trennung von Management und Eigentümern während der weiteren Entwicklung des Unternehmens besteht jedoch eine erhöhte **Gefahr des Auftretens von Inzentivierungsproblemen**.[489] So kann eine Trennung von Management und Eigentümern zu vielfältigen Zielkonflikten zwischen den Gesellschaftern und der Geschäftsführung führen,[490] die in der betriebswirtschaftlichen Forschung hinreichend im Rahmen der *Principal-Agent*-Theorie untersucht wurden.[491] Dementsprechend

---

[486] Vgl. TEECE (2007a), S. 1339.
[487] Vgl. TEECE (2007a), S. 1340.
[488] Vgl. BAU (2003), S. 600.
[489] Vgl. TEECE (2007a), S. 1339.
[490] Vgl. KOLLMANN (2009b), S. 263.
[491] Vgl. TEECE (2007a), S. 1339.

3.2 Konzeptualisierung der *Dynamic Capabilities*

muss mit zunehmendem Wachstum der Organisation auch der **Inzentivierung von Mitarbeitern** Aufmerksamkeit zuteil werden.

Die **Steuerung der strategischen Ausrichtung** eines Start-up-Unternehmens im E-Business kann grundsätzlich durch ein **gesellschaftsrechtlich vorgeschriebenes** (Aufsichtsrat bei Aktiengesellschaften) und/oder **freiwillig installiertes Kontrollorgan** (Beirat) erfolgen.[492] Dabei können Aufsichtsrat oder Beirat sowohl eine **Kontroll- als auch eine Beratungsfunktion** einnehmen.[493] Bei Start-up-Unternehmen im E-Business ist zudem häufig zu beobachten, dass auch die **Wagniskapitalgeber** (z.B. *Business Angels, Venture-Capital*-Unternehmen) sowohl eine kontrollierende als auch eine beratende Funktion einnehmen.[494] Zudem kann letztlich auch der **Markt als Koordinationsmechanismus** zur Steuerung und Kontrolle der Unternehmensstrategie beitragen.

In Tabelle 3.10 werden die in dem vorliegenden Abschnitt diskutierten, für Start-up-Unternehmen im E-Business relevanten Kompetenzen der Unternehmenssteuerung zusammenfassend dargestellt.

Tabelle 3.10: Konzeptualisierung der Unternehmenssteuerung (Quelle: Eigene Darstellung)

Konzeptualisierung von Unternehmenssteuerung
Schaffung und Anpassung eines Anreizsystems (Anreize der Arbeit, soziale Anreize, finanzielle Anreize und Anreize des organisatorischen Umfeldes)
Steuerung der strategischen Ausrichtung (Aufsichts- oder Beirat, Wagniskapitalgeber, Markt)

3.2.3.3 Management von Co-Spezialisierung

Sowohl im Rahmen des *Seizing*[495] als auch im *Managing Threats/Transforming* nimmt die Co-Spezialisierung, d.h. die Schaffung von Werten durch die Verknüpfung von bilateral abhängigen Ressourcen, eine große Bedeutung ein.[496] So bezeichnet TEECE (2007a) die Co-Spezialisierung als das Schlüsselelement, um laufend einen

---

[492] Vgl. KOLLMANN (2009b), S. 267.
[493] Vgl. KOLLMANN (2009b), S. 264.
[494] Vgl. BASSEN (2002), S. 155f..
[495] Vgl. Abschnitt 3.2.2.3 der vorliegenden Schrift.
[496] Für eine Definition der Begrifflichkeit der Co-Spezialisierung sei auf Abschnitt 3.2.2.3 der vorliegenden Arbeit verwiesen.

"*Strategic fit*" zwischen den unternehmensinternen Ressourcen und den unternehmensextern Chancen zu kreieren.[497] Co-Spezialisierung kann dabei in vielen Bereichen erfolgen: „*Cospecialization can be of one asset to another, or of strategy to structure, or of strategy to process.*"[498] Die betriebswirtschaftliche Literatur zeigt, dass Unternehmen durch die Verknüpfung co-spezialisierter Ressourcen Wettbewerbsvorteile erzielen können.[499]

Unternehmen sind dementsprechend gefordert, auf kreative Weise neue Kombinationen von verschiedenartigen, unternehmensin- und externen co-spezialisierten Ressourcen zusammenzuführen und zu koordinieren.[500] Sie müssen also über Kompetenzen zur **Identifikation von co-spezialisierbaren Ressourcen** und zu deren **unternehmensinterner Entwicklung oder unternehmensexterner Beschaffung** verfügen.[501] Dabei spielen sowohl die unternehmensinterne Forschung und Entwicklung als auch die Allianzfähigkeit des Unternehmens eine wichtige Rolle.

Ein günstiger Einkauf von co-spezialisierbaren Ressourcen ist dabei insbesondere dann möglich, wenn die gewünschte Ressource für den bisherigen Eigentümer einen deutlich niedrigeren Wert hat, als er sich für den Käufer nach der Co-Spezialisierung mit anderen Ressourcen ergibt.[502] Nach ihrer Zusammensetzung bieten co-spezialisierte Ressourcen aufgrund ihrer idiosynkratischen Charakteristik oftmals einen **Imitationsschutz**, da sie meist in ihrer Gesamtheit nicht auf Märkten zu kaufen und infolgedessen für Wettbewerber schwer erhältlich sind.[503]

In Tabelle 3.11 werden die in dem vorliegenden Abschnitt diskutierten, für Start-up-Unternehmen im E-Business relevanten Aspekte des Managements von Co-Spezialisierung zusammenfassend dargestellt.

---

[497] Vgl. TEECE (2007a), S. 1337.
[498] TEECE (2007a), S. 1337.
[499] KIM und MAHONEY (2008), LIPPMAN und RUMELT (2003).
[500] Vgl. TEECE (2007a), S. 1346, TEECE (2007b), S. 23.
[501] Vgl. TEECE (2007a), S. 1338.
[502] Vgl. TEECE (2007a), S. 1339.
[503] Vgl. TEECE (2007a), S. 1338, TEECE (2007b), S. 22ff..

Tabelle 3.11: Konzeptualisierung des Managements von Co-Spezialisierung (Quelle: Eigene Darstellung)

Konzeptualisierung des Managements von Co-Spezialisierung
Kompetenzen zur Identifikation von co-spezialisierbaren Ressourcen
Kompetenzen zum Aufbau bzw. Einkauf von co-spezialisierten Ressourcen

3.2.3.4 Management von Wissen

Die besondere Bedeutung des Wissensbestandes eines Unternehmens für den Aufbau von Kompetenzen und Wettbewerbsvorteilen wird in zahlreichen betriebswirtschaftlichen Forschungsbeiträgen hervorgehoben.[504] Insbesondere für Unternehmen in einem dynamischen, von starker Unsicherheit geprägten Marktumfeld, wie dem E-Business, stellt Wissen eine entscheidende Ressource zur Reduzierung der Unsicherheit dar.

Eine Besonderheit von Start-up-Unternehmen liegt dabei darin, dass die Wissensressourcen zunächst hauptsächlich aus dem Humankapital der Gründer und deren bisher durch Ausbildung, Management- und spezifischer Branchenerfahrung erworbenen Kenntnissen bestehen.[505] Darüber hinaus können sowohl erste Mitarbeiter als auch Partner aus dem unternehmensexternen Netzwerk Zugang zu spezifischer Expertise bringen.[506] Damit sind nicht nur große, sondern auch Start-up-Unternehmen gefordert, bereits frühzeitig ein umfangreiches **organisationales Wissensmanagement** einzuführen.[507] Die Etablierung eines Wissensmanagements wird dabei jedoch durch die relativ geringe Größe eines Start-up-Unternehmens vereinfacht.[508]

Im Mittelpunkt eines organisationalen Wissensmanagements stehen **individuelle und organisationale Lernprozesse**, die im E-Business insbesondere im Rahmen der Produktentwicklung von großer Bedeutung sind.[509] Während *Dynamic*

---

[504] Insbesondere die Arbeiten, die dem *Knowledge-based View* zuzuordnen sind, betonen die herausragende Bedeutung der Ressource Wissen für den Aufbau von Wettbewerbsvorteilen: u.a. GRANT (1996b), GRANT (1996a), SPENDER (1996).
[505] Vgl. MCKELVIE und DAVIDSSON (2009), S. S66.
[506] Vgl. MCKELVIE und DAVIDSSON (2009), S. S66ff..
[507] Vgl. GRUBER und HARHOFF (2001), S. 18.
[508] Vgl. GRUBER und HARHOFF (2001), S. 18.
[509] Vgl. WITT (2008), S. 103.

Capabilities in einem moderat dynamischen Marktumfeld vorwiegend auf bestehendem Wissen aufbauen, beruhen sie in einem von ständigen, unvorhersehbaren Veränderungen geprägten Marktumfeld, wie dem E-Business, vielmehr auf schnell erzeugtem, situationsspezifischem Wissen.[510] Entsprechend müssen die Lernprozesse bei Unternehmen im E-Business auf die kurzfristige Hervorbringung von neuem Wissen ausgerichtet sein.

Eine weitere wichtige Komponente des Wissensmanagements liegt zudem im Aufbau von **Kompetenzen zur Integration und Kombination von *Know-how*** innerhalb der Organisation sowie zwischen dem Unternehmen und externen Organisationen.[511] Dies gilt gerade für Start-up-Unternehmen im E-Business, die oftmals eine eher dezentrale Organisationsstruktur aufweisen und auf eine umfassende Einbindung von unternehmensexternen Akteuren in den Innovationsprozess ausgerichtet sind. Zudem erfordert der Entwicklungsprozess eines neuen Produktes die umfangreiche Integration von spezialisiertem Wissen aus unterschiedlichen Bereichen.[512] Besonders moderne Informations- und Kommunikationstechnologien (IKT) bieten Start-up-Unternehmen im E-Business vielfältige Möglichkeiten zur Integration und Kombination von *Know-how*, z.B. in Form von Managementinformationssystemen (Wikis, Intranet, regelmäßige organisationsinterne *Newsletter*) oder internen Diskussionsplattformen.

Darüber hinaus sind Start-up-Unternehmen im E-Business gefordert, wirksame **Kompetenzen zum Schutz von *Know-how* und geistigem Eigentum** zu entwickeln. So nimmt mit der zunehmenden Einbindung von unternehmensexternen Akteuren in den Innovationsprozess, dem oftmals weit verbreiteten *Outsourcing* und der stark gestiegenen Nutzung von leicht transferierbaren, digitalen Daten die Gefahr des Verlusts, der Unterschlagung und des Missbrauchs von Technologien und geistigem Eigentum rasant zu.[513] Dies ist vor allem deshalb problematisch, weil intangible Ressourcen wie Wissen und Technologien im E-Business erfolgskritisch sind.[514]

---

[510] Vgl. EISENHARDT und MARTIN (2000), S. 1110f..
[511] Vgl. TEECE (2007a), S. 1339.
[512] Vgl. GRANT (1996a), S. 376.
[513] Vgl. TEECE (2007a), S. 1339.
[514] Vgl. KIM, SONG und KOO (2008), S. 205.

3.2 Konzeptualisierung der *Dynamic Capabilities*

Gerade für den in der vorliegenden Untersuchung betrachteten Zeitraum bis zum Markteintritt ist der Schutz von geistigem Eigentum von besonderer Bedeutung, da die Geschäftsidee zu Beginn mit das wichtigste Kapital der Gründer ist und insbesondere im E-Business ein Großteil der Mehrwerte kurzfristig von Konkurrenten kopiert werden kann.[515] Im E-Business sieht KOLLMANN (2009b) grundsätzlich die folgenden **Schutzrechte**: Schutz von Produktideen und Geschäftsmethoden durch Patentanmeldungen, Schutz des *„Look and Feel"* einer *Website* durch das Urheberrecht, Schutz der Marke durch eine *Trademark*, Schutz von Inhalten durch *Copyright*.[516] Als **Schutzstrukturen** können zudem die Zusammensetzung des Gesellschafterkreises oder auch Kooperationen dienen.

In Tabelle 3.12 werden die in dem vorliegenden Abschnitt diskutierten, für Start-up-Unternehmen im E-Business relevanten Aspekte des Wissensmanagements zusammenfassend dargestellt.

Tabelle 3.12: Konzeptualisierung von Wissensmanagement (Quelle: Eigene Darstellung)

Konzeptualisierung von Wissensmanagement
Individuelle und organisationale Lernprozesse
***Know-how*-Integration**: Informations- und Kommunikationstechnologien (IKT), z.B. in Form von Managementinformationssystemen (Wikis) oder internen Diskussionsplattformen.
Schutz von *Know-how* und geistigem Eigentum: Schutzrechte, Schutzstrukturen.

3.2.3.5 Zusammenfassende Darstellung des *Managing Threats/Transforming*

In Abbildung 3.10 werden zusammenfassend die von TEECE (2007a) identifizierten Komponenten des *Managing Threats/Transforming* dargestellt. Dabei handelt es sich um die Dezentralität und Koordination, die Unternehmenssteuerung, das Management von Co-Spezialisierung und das Management von Wissen. Für jede dieser Komponenten des *Managing Threats/Transforming* werden zudem die in den vorhergehenden Abschnitten 3.2.3.1 bis 3.2.3.4 erläuterten Konzeptualisierungen für Start-up-Unternehmen im E-Business abgebildet.

---

[515] Vgl. KOLLMANN (2009b), S. 154.
[516] Vgl. KOLLMANN (2009b), S. 154ff..

124 Kapitel 3 *Dynamic Capabilities* von Start-up-Unternehmen im E-Business

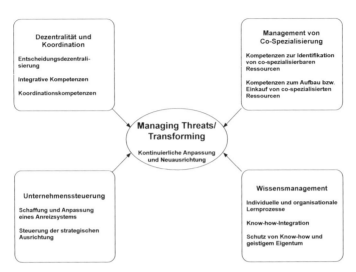

Abbildung 3.10: Prozesse des *Managing Threats/Transforming* und ihre Mikrofundierung bei Start-up-Unternehmen im E-Business (Quelle: Eigene Darstellung in Anlehnung an TEECE (2007a), S. 1340)

3.2.4 Zusammenfassende Darstellung der Konzeptualisierung

Zusammenfassend wird in Abbildung 3.13 die in den vorhergehenden Abschnitten 3.2.1 bis 3.2.3 vorgenommene Konzeptualisierung der *Dynamic Capabilities* von Start-up-Unternehmen im E-Business dargestellt. Diese setzt sich zusammen aus den drei von TEECE (2007a) identifizierten Komponenten des *Sensing*, *Seizing* und *Managing Threats/Transforming*. Für jede dieser Komponenten werden die von TEECE (2007a) herausgearbeiteten Unterkategorien sowie deren in der vorliegenden Arbeit vorgenommenen Konzeptualisierungen für Start-up-Unternehmen im E-Business abgebildet.

3.2 Konzeptualisierung der Dynamic Capabilities

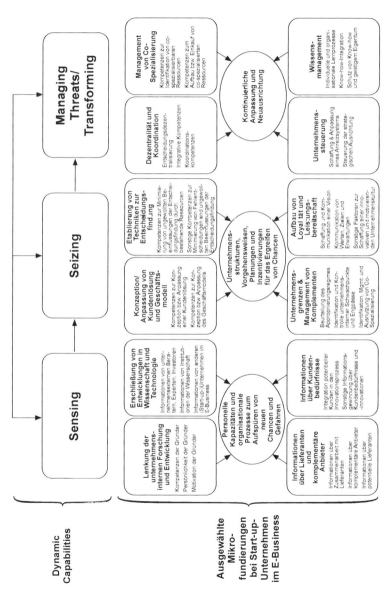

Tabelle 3.13: Mikrofundierung der *Dynamic Capabilities* von Start-up-Unternehmen im E-Business (Quelle: Eigene Darstellung in Anlehnung an TEECE (2007a), S. 1342)

Kapitel 4

Vorläufiger theoretischer Bezugsrahmen und Fragenkonzept

Im vorliegenden **Kapitel 4** wird zunächst in **Abschnitt 4.1** eine Darstellung des im vorliegenden Teil II entwickelten **vorläufigen theoretischen Bezugsrahmens** vorgenommen. Anschließend wird in **Abschnitt 4.2** ein grundsätzliches **Fragenkonzept** für die in Teil III beschriebene empirische Erhebung abgeleitet, das als Grundlage für den im weiteren Verlauf der Untersuchung entwickelten Interviewleitfaden dient.

4.1 Vorläufiger theoretischer Bezugsrahmen

Wie in Abbildung 4.1 dargestellt, lassen sich die in den vorhergehenden Kapiteln 2 und 3 diskutierten theoretischen Komponenten nun zu einem **vorläufigen theoretischen Bezugsrahmen** zusammenfügen. Dieser ermöglicht somit aufbauend auf bestehenden wirtschaftswissenschaftlichen Erkenntnissen eine Untersuchung der *Dynamic Capabilities* als Einflussfaktoren des Markteintrittstimings von Start-up-Unternehmen im E-Business.

So stellt der vorläufige theoretische Bezugsrahmen grundsätzlich das **Markteintrittstiming** aus der Perspektive eines Start-up-Unternehmens im E-Business dar. Das Markteintrittstiming ergibt sich dabei als die zeitliche Beziehung des Markteintrittszeitpunktes eines Leistungsangebots im E-Business in Relation zu den Markteintrittszeitpunkten aller anderen Leistungsangebote des selben Marktsegments.[517]

Die Einflussfaktoren auf den eigenen Markteintrittszeitpunkt eines Unternehmens müssen dabei naturgemäß in dem **Zeitraum vor dem Markteintrittszeitpunkt**

---
[517] Vgl. Abschnitt 2.1.4.3 der vorliegenden Schrift.

zu finden sein.[518] Dieser Zeitraum wird im Rahmen der vorliegenden Untersuchung durch den **Innovationsprozess** vom Zeitpunkt der Ideenfindung bis hin zum Markteintrittszeitpunkt des jeweiligen eingeführten Leistungsangebots abgebildet.[519] Um im Rahmen der vorliegenden Untersuchung eine detaillierte Betrachtung des Innovationsprozesses des Unternehmens zu ermöglichen, wird dieser in insgesamt fünf idealtypische Phasen unterteilt.[520]

Als maßgebliche Bestimmungsfaktoren des eigenen Markteintrittszeitpunkts eines Unternehmens ergeben sich somit grundsätzlich zum einen der **Zeitpunkt des Beginns des Innovationsprozesses** und zum anderen die **Dauer des Innovationsprozesses**.[521] Sowohl auf den Startpunkt als auch auf die Dauer des Innovationsprozesses wirken dabei unternehmensin- und externe Faktoren, wobei im Rahmen der vorliegenden Untersuchung eine Fokussierung auf die *Dynamic Capabilities* als Einflussfaktoren vorgenommen wird. Die Grundlage für die Konzeptualisierung der *Dynamic Capabilities* bildet das in Abschnitt 3.2 an die Besonderheiten von Start-up-Unternehmens im E-Business angepasste *Dynamic Capability*-Rahmenwerk von TEECE (2007a).

Der Vollständigkeit halber sind in dem vorläufigen theoretischen Bezugsrahmen auch die **nicht** im Fokus der vorliegenden Untersuchung stehenden **Effekte des Markteintrittstimings** eingezeichnet. Diese beschreiben mögliche Vor- bzw. Nachteile der strategischen Positionen des Markteintrittstimings von Pionieren, frühen Folgern und späten Folgern und wurden, wie in Abschnitt 2.1.4.6 dargestellt, bereits im Rahmen zahlreicher wissenschaftlicher Studien hinreichend erforscht.

Insgesamt liegt mit dem vorläufigen theoretischen Bezugsrahmen eine anhand von theoretischen Überlegungen und Erkenntnissen **geschärfte Brille** für die Untersuchung der *Dynamic Capabilities* als Einflussfaktoren des Markteintrittstimings von Start-up-Unternehmen im E-Business vor. Der vorläufige theoretische Bezugsrahmen bildet somit das **Vorverständnis** für die in Teil III auf Basis von Fallstudien durchgeführte **explorative Untersuchung**.

---

[518] Vgl. Abschnitt 2.1.4.7 der vorliegenden Schrift.
[519] Vgl. Abschnitte 2.1.4.7 und 2.1.5 der vorliegenden Schrift.
[520] Vgl. Abschnitt 2.1.5 der vorliegenden Schrift.
[521] Vgl. Abschnitt 2.1.4.7 der vorliegenden Schrift.

4.1 Vorläufiger theoretischer Bezugsrahmen

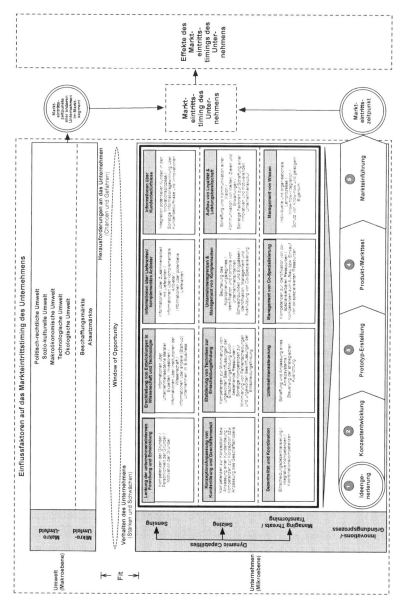

Abbildung 4.1: Vorläufiger Theoretischer Bezugsrahmen der *Dynamic Capabilities* als Einflussfaktoren des Markteintrittstimings von Start-up-Unternehmen im E-Business (Quelle: Eigene Darstellung)

4.2 Ableitung eines Fragenkonzeptes

Um die im Rahmen der empirischen Untersuchung zu erforschenden Fragestellungen weiter zu konkretisieren, wird nachfolgend aus dem vorläufigen theoretischen Bezugsrahmen das in Tabelle 4.1 dargestellte grundlegende **Fragenkonzept** abgeleitet. Dieses bildet die Grundlage für den in **Abschnitt 5.2.2.1** erläuterten und in **Anhang A.4** dargestellten Interviewleitfaden.

Tabelle 4.1: Ableitung eines Fragenkonzeptes (Quelle: Eigene Darstellung)

Themengebiet	Zu erforschende Fragestellungen
Startpunkt des Innovationsprozesses	• Durch welche *Dynamic Capabilities* wurde der **Zeitpunkt des Beginns des Innovationsprozesses** maßgeblich beeinflusst? • Wie waren diese Beeinflussungen genau charakterisiert (z.B. positive oder negative Auswirkungen)?
Dauer des Innovationsprozesses	• Durch welche *Dynamic Capabilities* wurde die **Dauer des Innovationsprozesses** maßgeblich beeinflusst? • Wie waren diese Beeinflussungen genau charakterisiert (z.B. positive oder negative Auswirkungen)?
Grundlegende Informationen zum Innovationsprojekt	• **Datum des Beginns** des Innovationsprozesses? • **Dauer der einzelnen Phasen** des Innovationsprozesses? • **Datum der Markteinführung** des Leistungsangebots? • **Datum der Gründung** des Unternehmens? • Wurde hinsichtlich des Markteintrittstimings geplant, eine Position als Pionier, früher Folger oder später Folger einzunehmen? Stimmen das tatsächliche Timing des Markteintritts und das geplante überein? Wenn nicht, warum nicht? Wurde der Markteintritt aus strategischen Gründen absichtlich verzögert?

Teil III

Empirische Untersuchung

Aufbau des Teils III der Arbeit

Im vorhergehenden **Teil II** der Arbeit wurde aus einer Vielzahl von theoretischen Konzepten und Überlegungen ein vorläufiger theoretischer Bezugsrahmen zu den *Dynamic Capabilities* als Einflussfaktoren des Markteintrittstimings von Start-up-Unternehmen im E-Business entwickelt. In diesem **Teil III** der Arbeit wird die auf dem vorläufigen theoretischen Bezugsrahmen aufbauende **empirische Untersuchung** beschrieben. Dazu wird in **Kapitel 5** zunächst die Konzeption der anhand von **Fallstudien** durchgeführten Untersuchung und das konkrete **methodische Vorgehen** erläutert. Anschließend wird in **Kapitel 6** eine **Darstellung und Analyse der Einzelfallstudien** vorgenommen. In **Kapitel 7** wird schließlich eine **fallübergreifende Auswertung** der Ergebnisse durchgeführt und darauf aufbauend der **endgültige theoretische Bezugsrahmen** abgeleitet.

Teil I	Teil II	Teil III	Teil IV
Ausgangspunkte	Vorläufiger theoretischer Bezugsrahmen	Empirische Untersuchung	Implikation
Kapitel 1 Einführung	**Kapitel 2** Grundlagen der Untersuchung **Kapitel 3** *Dynamic Capabilities* von *Start-up* Unternehmen im *E-Business* **Kapitel 4** Vorläufiger theoretischer Bezugsrahmen und Fragenkonzept	**Kapitel 5** Konzeption der Untersuchung und methodisches Vorgehen **Kapitel 6** Darstellung und Analyse der Einzelfallstudien **Kapitel 7** Fallübergreifende Auswertung der Ergebnisse	**Kapitel 8** Abschließende Bewertung

Aufbau des Teils III der Arbeit (Quelle: Eigene Darstellung)

Kapitel 5

Konzeption der Untersuchung und methodisches Vorgehen

Im Rahmen des vorliegenden Kapitels wird zunächst in **Abschnitt 5.1** die **Wahl von Fallstudien als Forschungsmethode** begründet. Die anschließend in den **Abschnitten 5.2 und 5.3** erläuterte **methodische Vorgehensweise** bei der Datenerhebung und -analyse der vorliegenden Untersuchung wird grundsätzlich durch den in Teil II entwickelten vorläufigen theoretischen Bezugsrahmen geleitet.[522] Damit folgt die vorliegende Arbeit dem Ansatz von YIN (2003), der betont: *„The case study inquiry (...) benefits from the prior development of theoretical propositions to guide data collection and analysis."*[523] Abschließend wird in **Abschnitt 5.4** beschrieben, wie die Erkenntnisse der Untersuchung mit **bestehenden Erkenntnissen der Literatur verglichen** werden.

5.1 Wahl der Forschungsmethode

Das **Ziel der nachfolgenden empirischen Erhebung** liegt grundsätzlich darin, den im vorhergehenden Teil entwickelten vorläufigen theoretischen Bezugsrahmen anhand der Gewinnung von Erkenntnissen aus der Praxis weiter auszudifferenzieren und damit die **Theoriebildung zu den Einflussfaktoren des Markteintrittstimings** voranzubringen. Konkret sollen dabei anhand der Herausarbeitung und dem Vergleich der Charakteristik der *Dynamic Capabilities* von Pionieren, frühen Folgern und späten Folgern im E-Business, Rückschlüsse über den Einfluss der *Dynamic Capabilities* auf das Markteintrittstiming gezogen und diese in Form von **Hypothesen** formuliert werden. Um dieses Ziel zu erreichen, muss eine geeignete **Forschungsstrategie** für die empirische Erhebung ausgewählt werden.

---
[522] Vgl. KUBICEK (1977), S. 15.
[523] YIN (2003), S. 13f..

Die komplexe, pfadabhängige und in Teilen noch unerforschte Charakteristik von *Dynamic Capabilities* stellt dabei besondere Anforderungen an die zu verwendende Forschungsmethode. So merkt TEECE (2007a) an: *„Understanding (...) the processes and structures that undergird dynamic capabilities is enterprise specific, and requires intimate knowledge of both the enterprise and the ecosystem in which the enterprise cooperates and competes."*[524] Die damit im Rahmen der Untersuchung von *Dynamic Capabilities* im Kontext des Innovations- und Gründungsprozesses zu berücksichtigende Vielzahl von Dimensionen und Kontextmerkmalen sowie die explorative[525] Ausrichtung der Untersuchung lassen eine **qualitative Forschungsmethode** besonders geeignet erscheinen.[526]

So umfasst die **qualitative Forschung** als ein Teil der empirischen Sozialwissenschaften verschiedene Forschungsmethoden,[527] die anhand der Erhebung und Auswertung nicht standardisierter Daten die Untersuchung komplexer Sachverhalte und tief liegender Mechanismen ermöglichen.[528,529] Damit steht sie im Gegensatz zur reduktionistisch geprägten **quantitativen Forschung**, bei der z.B. anhand von Zeitreihen, großzahligen Umfragen und Paneldaten zählbare Eigenschaften in stan-

---

[524] TEECE (2007a), S. 1345.

[525] Grundsätzlich kann im Rahmen von empirischen Untersuchungen zwischen einem explorativen und einem konfirmatorischen Forschungsdesign unterschieden werden. Die explorative Forschung führt eine Erkundung von Strukturen oder Zusammenhängen durch. Die konfirmatorische Forschung beschäftigt sich dagegen mit der Prüfung von Hypothesen. Aufgrund der geringen vorhandenen Erkenntnisse über die Einflussfaktoren des Markteintrittstimings von Start-up-Unternehmen im E-Business und dem daraus abgeleiteten Ziel der vorliegenden Arbeit zur Generierung von Hypothesen, hat die vorliegende empirische Untersuchung einen stark explorativen Charakter. Damit ist die vorliegende Untersuchung auf den Entdeckungszusammenhang fokussiert.

[526] Alle von WRONA (2005), S. 18 zusammenfassend genannten Voraussetzungen für die Anwendung einer qualitativen Forschungsmethode treffen auf den vorliegenden Untersuchungsgegenstand zu: Eine komplexe Ausgangssituation mit relativ geringer Kenntnis über den Untersuchungsgegenstand und das Fehlen von zentralen Hypothesen; ein Untersuchungsgegenstand, der nicht punktuell prüfend, sondern aufgrund seiner Komplexität möglichst umfassend analysiert werden soll; eine besondere Bedeutung der Historie und des Kontexts des Untersuchungsgegenstands für die Analyse; eine unklare Kausalität zwischen einzelnen Größen, welche sich anhand von Fallstudien interpretieren lässt; das Ziel der heuristischen Entwicklung neuer Ideen und Fragestellungen für zukünftige Untersuchungen.

[527] Vgl. FLICK (2010), S. 30, LAMNEK (2005), S. 1, MAYRING (2002), S. 9.

[528] Vgl. WRONA (2005), S. 10, LAMNEK (2005), S. 33.

[529] LAMNEK (2005), S. 32f. erklärt: „Das Forschungsziel qualitativer Forschung besteht darin, die Prozesse zu rekonstruieren, durch die die soziale Wirklichkeit in ihrer sinnhaften Strukturierung hergestellt wird."

5.1 Wahl der Forschungsmethode

dardisierter Form erhoben und oftmals anhand von multivariaten Analysemethoden ausgewertet werden.[530],[531]

Um die *Dynamic Capability*-Profile von Start-up-Unternehmen im E-Business detailliert herausarbeiten, plastisch illustrieren und untereinander vergleichen zu können, bietet sich insbesondere die **Fallstudienmethode** an. Grundsätzlich ist die Fallstudienmethode eine **umfassende Forschungsstrategie**, anhand derer sich sowohl das Forschungsdesign, die Methoden der Datenerhebung und die Herangehensweise bei der Datenanalyse von empirischen Untersuchungen gestalten lassen.[532] Fallstudienuntersuchungen werden häufig für die Erforschung von Untersuchungsobjekten mit einer stark prozessualen Charaktersitik eingesetzt und eignen sich dementsprechend insbesondere für die Untersuchung der von starker Pfadabhängigkeit charakterisierten *Dynamic Capabilities*.[533]

Die Entscheidung für die Anwendung der Fallstudienmethode wird zudem dadurch gestützt, dass deren Verwendung zur Untersuchung von *Dynamic Capabilities* zunehmend von Forschern gefordert wird und es bereits mehrere Beispiele gibt, die erfolgreich eine Untersuchung von *Dynamic Capabilities* anhand von reichhaltigen Einzel- und Mehrfallstudienuntersuchungen durchgeführt haben.[534] Zusätzlich ist die ausführliche empirische Untersuchung einer kleineren Auswahl von Unternehmen auch methodisch interessant, da der Großteil der Untersuchungen zu den

---

[530] Vgl. BORCHARDT und GÖTHLICH (2009), S. 34.
[531] Detaillierte Abgrenzungen von qualitativer und quantitativer Forschung sowie Diskussionen über die Vor- und Nachteile der beiden Forschungsmethoden sowie deren Vereinbarkeit im Rahmen von hybriden Forschungskonzeptionen, wurden in der Literatur hinreichend geführt und sollen an dieser Stelle nicht ausführlich wiedergegeben werden. Eine genauere Beschreibung qualitativer Forschung liefern u.a. FLICK (2010), PRZYBORSKI und WOHLRAB-SAHR (2008), WRONA (2005), LAMNEK (2005), MAYRING (2002) und GUMMESSON (2000). Für einen Überblick quantitativer Forschung sei u.a. auf RAITHEL (2008) verwiesen. Eine engere Verzahnung von qualitativer und quantitativer Forschung wird u.a. von FLICK (2010), S. 39ff. und SEIPEL und RIEKER (2003) thematisiert.
[532] Vgl. YIN (2003), S. 14.
[533] Vgl. YIN (2003), S. 2.
[534] Als Beispiele für Untersuchungen von *Dynamic Capabilities* anhand von Einzel- und Mehrfallstudienuntersuchungen sind u.a. KOCH (2010), ELLONEN, WIKSTRÖM und JANTUNEN (2009), NARAYANAN, COLWELL und DOUGLAS (2009), NEWEY und ZAHRA (2009), BRUNI und VERONA (2009) und ZOBOLSKI (2008) zu nennen. Die vermehrte Untersuchung von *Dynamic Capabilities* anhand von Fallstudien wird zudem u.a. von LIAO, KICKUL und MA (2009), S. 280, AMBROSINI und BOWMAN (2009), S. 46 sowie MENON und MOHANTY (2008), S. 7 gefordert. Im Rahmen einer Meta-Analyse stellt NOTHNAGEL (2008), S. 203f. jedoch fest, dass bislang nur 17% von 192 wichtigen, dem *Resource-based View* zuzuordnenden Forschungsarbeiten ein Fallstudiendesign aufweisen.

Einflussfaktoren des Markteintrittstimings bislang auf großzahligen, statistischen Hypothesentests basiert.[535]

Eine grundsätzliche Unterscheidung hinsichtlich der Art der Fallstudienuntersuchung lässt sich anhand der **Anzahl der betrachteten Fälle** vornehmen. So lassen sich **Einzel- und Mehrfallstudien** unterscheiden, die wiederum im Rahmen der jeweiligen Fallbetrachtung(en) eine oder sogar mehrere Untersuchungseinheiten enthalten können.[536] Im Rahmen der vorliegenden Untersuchung wird eine Mehrfalluntersuchung vorgenommen, bei der die *Dynamic Capability*-Profile von Pionieren, frühen Folgern und späten Folgern im E-Business detailliert herausgearbeitet und miteinander verglichen werden. Die Vorgehensweise zur Datengewinnung und -analyse wird in den nachfolgenden Abschnitten 5.2 und 5.3 erläutert.

5.2 Datengewinnung

Der vorliegende **Abschnitt 5.2** beschreibt detailliert die **Datengewinnung der empirischen Untersuchung**. Dazu wird zunächst in **Abschnitt 5.2.1** die **Auswahl der Untersuchungsobjekte** erläutert. In **Abschnitt 5.2.2** wird dargestellt, welche **Arten von Daten** der Analyse der Untersuchungsobjekte zugrunde liegen und wie diese erhoben wurden.

5.2.1 Auswahl der Untersuchungsobjekte

Die **Grundgesamtheit**, d.h. die Menge aller Markmalsträger, auf die sich die vorliegende Untersuchung bezieht,[537] bilden alle von Start-up-Unternehmen initiierten Innovationsprojekte, durch die ein ausdrücklich **auf den deutschen Markt zielendes Leistungsangebot** in ein **Marktsegment des B2C-E-Business** eingeführt wurde. Damit werden ausschließlich nur Innovationsprojekte betrachtet, durch die

---

[535] Vgl. Abschnitt 2.2.2 der vorliegenden Schrift zur Analyse der bisher in der Literatur für die Untersuchung der Einflussfaktoren des Markteintrittstimings angewendeten Forschungsmethoden.
[536] Vgl. YIN (2003), S. 39.
[537] Vgl. SCHNELL, HILL und ESSER (2008), S. 265, RAAB, UNGER und UNGER (2004), S. 43.

5.2 Datengewinnung

tatsächlich der **Markteintritt**[538] eines Produkts bzw. einer Dienstleistung erzielt wurde und deren Umsetzung demzufolge nicht bereits vorher gescheitert ist.[539]

Auswahl nach Methode des *Theoretical Sampling*

Um innerhalb der Grundgesamtheit letztlich Innovationsprojekte zu identifizieren, die einen möglichst großen Erklärungsbeitrag zum Einfluss von *Dynamic Capabilities* auf den Markteintrittszeitpunkt liefern könnten, wurde eine **systematische Auswahl der einzelnen Untersuchungsobjekte** anhand der Methode des ***Theoretical Sampling*** vorgenommen. Nach WRONA (2005) bedeutet *Theoretical Sampling*, „(...) dass systematisch nach Fällen gesucht wird, die eine oder mehrere Kategorien gemeinsam haben und hinsichtlich bedeutsamer Merkmale ähnlich [i. Or. kursiv] oder (alternativ) unterschiedlich [i. Or. kursiv] sind."[540] Damit wurde im Gegensatz zu großzahligen, quantitativen Untersuchungen bewußt keine repräsentative Zufallsauswahl (*Statistical Sampling*), sondern eine gezielte Auswahl von Fällen getätigt, von denen ein besonders großer Beitrag zum Verständnis der Untersuchungsfragestellung und zur weiteren Theoriebildung erwartet werden konnte.[541,542]

Die Auswahl der einzelnen Fälle folgte somit einer **Replikationslogik**, bei der aufeinander folgend entweder zur vermuteten Bestätigung der bisherigen Erkenntnisse gezielt ähnliche Fälle ausgewählt wurden (*literal replication*) oder aber Fälle, die kontrastierende Befunde erwarten liessen, welche jedoch aufgrund theoretischer Vorüberlegungen erklärbar waren (*theoretical replication*).[543] So sind die Untersuchungsobjekte in der vorliegenden empirischen Erhebung sowohl hinsichtlich der

---

[538] Die für die vorliegende Untersuchung geltende Arbeitsdefinition der Begrifflichkeit des Markteintritts wird weiter oben in Abschnitt 2.1.4.2 hergeleitet.

[539] Da die vorliegende Untersuchung ausschließlich auf den Zeitraum von der Ideenfindung bis zum Markteintritt fokussiert ist, werden Unternehmen unabhängig davon berücksichtigt, ob sie am Markt erfolgreich waren oder wie lange sie nach ihrem Markteintritt noch existiert haben. Entscheidend ist nur, dass sie in den Markt eingetreten sind.

[540] WRONA (2005), S. 24.

[541] Vgl. SCHNELL, HILL und ESSER (2008), S. 299, WRONA (2005), S. 23f., PATTON (2002), S. 40, STAKE (1995), S. 4, EISENHARDT (1989), S. 536f..

[542] Für eine Einordnung der Methode des *Theoretical Sampling* in die Gesamtheit der Auswahlverfahren sei auf die graphische Darstellung von SCHNELL, HILL und ESSER (2008), S. 270 verwiesen.

[543] Vgl. YIN (2003), S. 47.

140　　　　Kapitel 5 Konzeption der Untersuchung und methodisches Vorgehen

grundsätzlichen **Branche** (B2C-E-Business) als auch hinsichtlich der **Unternehmensart** (Start-up-Unternehmen) ähnlich, aber weisen bezüglich des **Markteintrittstimings** (Pionier, früher Folger, später Folger) und des **Beginns des Innovationsprozesses** in Relation zum Marktlebenszyklus (früh, mittel, spät) **Unterschiede** auf.

Aufbau einer Datenbank zur Erfassung der Grundgesamtheit

Zur möglichst umfänglichen **Erfassung der Grundgesamtheit** wurde für die vorliegende Untersuchung im Rahmen einer genauen historischen Analyse anhand vieler unterschiedlicher Quellen eine **Datenbank** aufgebaut. Die Basis für die Datenbank bildete die Nennung von relevanten Unternehmen in den beiden reichweitenstärksten, auf unternehmerische Aktivitäten im deutschen E-Business-Umfeld fokussierten und unabhängig voneinander agierenden Online-Medien[544] aus einem Zeitraum von ca. dreieinhalb Jahren.[545] Mit hoher Wahrscheinlichkeit wurde dadurch ein Großteil der in diesem Zeitraum neu entstandenen und zuvor bereits bestehenden Marktsegmente erfasst. Dabei wurden die in den Artikeln erwähnten, sowohl von Start-ups als auch von etablierten Unternehmen eingeführten Leistungsangebote in eine Datenbank übernommen und miteinander abgeglichen.[546] Gemäß der Definition der Grundgesamtheit wurden aus den so insgesamt über 600 identifizierten Leistungsangeboten für die vorliegende Untersuchung nur solche berücksichtigt, die dem B2C-E-Business zuzuordnen sind.

Kategorisierung der Datenbank nach Marktsegmenten

Wie bereits in Abschnitt 2.1.4 ausgeführt wurde, bedarf die Untersuchung von Pionieren, frühen Folgern und späten Folgern einer **präzisen Abgrenzung der jeweiligen Marktsegmente**, um eine Verzerrung der Ergebnisse zu vermeiden. Eine Marktsegmentierung anhand der gängigerweise in der Praxis und Wissenschaft

---

[544] Die betrachteten Online-Medien sind www.gruenderszene.de und www.deutsche-startups.de.
[545] Die analysierten Artikel stammen aus dem Zeitraum vom 14. Mai 2006 bis zum 1. Januar 2010.
[546] Obwohl die vorliegende Untersuchung ausschließlich auf Start-up-Unternehmen fokussiert ist, müssen dennoch auch die Leistungsangebote von etablierten Unternehmen bei der Klassifizierung des E-Business in einzelne Marktsegmente berücksichtigt werden. Andernfalls würde insbesondere die spätere Sortierung der gesamten Leistungsangebote eines Marktsegments in Pioniere, frühe Folger und späte Folger verfälscht werden.

verwendeten, standardisierten *Industry Codes*[547] kam dabei für die vorliegende Untersuchung jedoch nicht in Betracht, da diese **zu grobmaschig** sind, um eine Identifikation von Pionieren, frühen Folgern und späten Folgern insbesondere in neu entstehenden Marktsegmenten des E-Business zu ermöglichen.

Deshalb wurden die identifizierten Produkte bzw. Services einzeln anhand ihrer Webseiten, Produktbeschreibungen und sonstiger Presseberichte begutachtet und auf Basis der Einschätzung des Autors der vorliegenden Untersuchung Marktsegmenten zugeordnet, die aus Kundenperspektive **in sich möglichst homogen** und **untereinander weitestgehend heterogen** sind.[548,549] Durch die anschließend erfolgte Analyse von weiteren Presseberichterstattungen, Listen der Teilnehmer von Gründerwettbewerben, Informationen aus dem persönlichen Netzwerk des Autors, Hinweisen von *Business Angels* und Gründern und durch den Abgleich mit Portfolios bekannter Risikokapitalgeber wurde die Datenbank erweitert und die Marktsegmentierung zusätzlich verfeinert.

Historische Analyse der Markteintrittszeitpunkte

Um die Leistungsangebote der untersuchten Marktsegmente in Pioniere, frühe Folger und späte Folger unterteilen zu können, wurden die **Markteintrittszeitpunkte** der einzelnen Leistungsangebote recherchiert, was sich insbesondere bei nicht börslich notierten, kleineren Unternehmen schwieriger gestaltet und nur durch eine

---

[547] Beispiele für häufig verwendete *Industry Codes* sind das *Global Industry Classification System (GICS)*, der *Standard Industrial Classifications (SIC) Index* und sein Nachfolger, das *North American Industry Classification System (NAICS)*. Auch das auf Hochtechnologie-Unternehmen fokussierte Marktforschungsunternehmen *Corporate Technology Information Services (CorpTech)* unterscheidet die *Telecommunications and Internet (TEL) industry* nur anhand einiger sehr grober *Industry Codes*.

[548] Die für die vorliegende Untersuchung auf Basis der Einschätzung des Autors durchgeführte Einordnung der in der Datenbasis enthaltenen Produkte bzw. Services in einzelne Marktsegmente deckt sich mit der methodischen Vorgehensweise von LIEBERMAN (2007), S. 15.

[549] Gerade bei Start-up-Unternehmen findet in der Zeit nach dem Markteintritt häufig eine radikale Veränderung der Geschäftsmodelle statt. Damit etwaige nachträgliche Veränderungen des Geschäftsmodells nicht die Bildung der Marktsegmente zum Untersuchungszeitpunkt beeinflussen, wurden die Produkte bzw. Services danach abgegrenzt, welches Zielmarktsegment sie zum Zeitpunkt des Markteintritts bedient haben.

umfangreiche **historische Analyse** möglich ist.[550,551,552] Die Identifikation eines Markteintrittszeitpunktes gestaltet sich zusätzlich schwierig, weil der Markteintritt oftmals ein sequenzieller Prozess ist und nicht immer einem speziellen Kalendertag zugeordnet werden kann.[553] Das jeweilige Markteintrittsdatum[554] konnte jedoch zumeist anhand von Pressemitteilungen oder -berichterstattungen, Angaben auf der entsprechenden Unternehmens-Webseite oder aber durch persönliche Nachfrage bei den jeweiligen Unternehmen identifiziert werden. Mit der **auf belegbaren Daten beruhenden Kategorisierung** der Unternehmen in Pioniere, frühe Folger und späte Folger liegt der vorliegenden Untersuchung eine **weitaus präzisere Verfahrensweise** zugrunde, als die in der Vergangenheit oftmals bei Untersuchungen zum Markteintrittstiming verwendete und stark kritisierte Kategorisierung in Pioniere, frühe Folger und späte Folger anhand von Selbsteinschätzungen der befragten Unternehmen.[555]

---

[550] Vgl. EISENMANN (2006), S. 1193.

[551] Mit der Anwendung einer genauen historischen Analyse der Markteintrittszeitpunkte folgt die vorliegende Untersuchung der Vorgehensweise von GOLDER und TELLIS (1993) sowie HIDDING und WILLIAMS (2003).

[552] Zwar konnten nicht für alle im Rahmen der Fallstudien untersuchten Marktsegmente sämtliche Leistungsangebote und Markteintrittszeitpunkte identifiziert werden. Allerdings konnten immer genügend Markteintritte bestimmt werden, um anhand der in den Abschnitten 2.1.4.4 und 2.1.4.5 vorgenommenen Definitionen eine zuverlässige Kategorisierung der identifizierten Leistungsangebote hinsichtlich des Markteintrittstimings vornehmen zu können.

[553] Vgl. LIEBERMAN (2007), S. 16.

[554] In anderen Untersuchungen werden für die Operationalisierung des Markteintrittszeitpunkts dagegen teilweise das meist zeitlich weit vor dem Markteintrittsdatum liegende Gründungsdatum (z.B. EISENMANN (2006), S. 1193) oder aber das Datum der Registrierung des Domainnamens (z.B. LIEBERMAN (2007), S. 17) verwendet. Für die vorliegende Untersuchung, die detailliert den Zeitraum von der Ideenfindung bis zu Markteinführung eines neuen Leistungsangebots behandelt, wird jedoch eine präzise Operationalisierung des Markteintrittszeitpunkts anhand des Markteintrittsdatums verwendet.

[555] Kritik an der Kategorisierung von Unternehmen in Pioniere, frühe Folger und späte Folger anhand von Selbsteinschätzungen der befragten Unternehmen findet sich u.a. bei ROBINSON, FORNELL und SULLIVAN (1992), S. 613. Sofern der betrachtete Zeitraum länger zurückliegen würde und/oder die Markteintrittsdaten nicht genau hätten ermittelt werden können, wäre eine zusätzliche Befragung von Branchen-Experten hinsichtlich der einzelnen Markteintrittsdaten sinnvoll gewesen (wie z.B. bei LEE et al. (2000), S. 26). Da jedoch für die vorliegende Untersuchung die Markteintrittsdaten in den ausgewählten Marktsegmenten präzise ermittelt werden konnten, hätte eine zusätzliche Befragung von Experten die Qualität der Daten nicht erhöht.

5.2 Datengewinnung

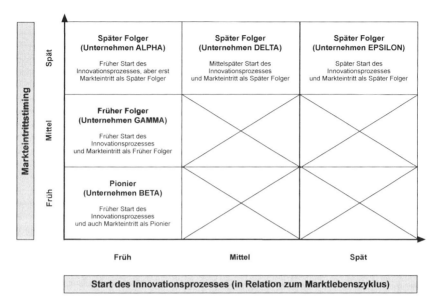

Abbildung 5.1: Systematik der Auswahl der Fallstudienunternehmen nach dem Start des Innovationsprozesses und dem Markteintrittstiming (Quelle: Eigene Darstellung)

Untersuchung von insgesamt fünf Fallstudien

In der Theorie erfolgt eine Auswahl von Fällen so lange, bis eine theoretische Sätting erreicht ist, bei der nur noch inkrementelle Erkenntniszuwächse durch die Erhebung zusätzlicher Fallstudien erreicht würden.[556] In der Praxis wird der Umfang einer empirischen Erhebung allerdings auch durch die zur Verfügung stehenden finanziellen und zeitlichen Ressourcen sowie durch den Zugang zu möglichen Untersuchungsobjekten durch die jeweiligen Forscher beschränkt.[557] Wie Abbildung 5.1 anhand der Systematik der Fallstudienauswahl zeigt, konnten für die vorliegende Untersuchung im Rahmen des *Theoretical Sampling* **insgesamt fünf Fallstudien** von Start-up-Unternehmen, die in B2C-Marktsegmenten des E-Business tätig sind, erhoben werden.[558] **Unternehmen Alpha** begann den Innovationsprozess

---
[556] Vgl. EISENHARDT (1989), S. 545.
[557] Vgl. EISENHARDT (1989), S. 545.
[558] In der Literatur findet sich keine allgemeingültige Empfehlung für die Anzahl der zu erhebenden Fallstudien. EISENHARDT (1989), S. 545 äußert sich diesbezüglich wie folgt: „(...)

bereits frühzeitig im Marktlebenszyklus, aber konnte dennoch erst als später Folger in den Markt eintreten.[559] **Unternehmen Beta** begann den Innovationsprozess ebenfalls sehr frühzeitig und schaffte auch einen Markteintritt als Pionier.[560] **Unternehmen Gamma** begann ebenfalls frühzeitig mit dem Innovationsprozess und konnte kurz nach dem Pionier als früher Folger in das Marktsegment eintreten.[561] **Unternehmen Delta** begann in Relation zum Marktlebenszyklus mittelspät mit dem Innovationsprozess und konnte erst als später Folger in das Marktsegment eintreten.[562] Und **Unternehmen Epsilon** begann den Innovationsprozess erst sehr spät, als der Marktlebenszyklus bereits weit voran geschritten war und betrat den Markt als später Folger.[563]

Die im Rahmen der vorliegenden Fallstudien untersuchten Start-up-Unternehmen entstanden während der zweiten Boom-Zeit von Gründungen im E-Business in den **Jahren 2007 bis 2009**. Alle betrachteten Unternehmen sind **in Deutschland ansässig**. Vier der untersuchten Unternehmen hatten **zwei Gründer** und ein weiteres wurde von **vier Personen** gegründet. Zusätzlich zu den Gründern verfügten die untersuchten Unternehmen bis zum Markteintrittszeitpunkt über durchschnittlich **drei Mitarbeiter**. Die **Dauer der einzelnen Innovationsprozesse** betrug zwischen **sechs und etwa 24 Monaten**. Die von den Start-up-Unternehmen im Rahmen des Innovationsprozesses entwickelten Leistungsangebote sind, dem Fokus der vorliegenden Untersuchung entsprechend,[564] alle zu einem erheblichen Teil dem Interaktionsmuster **Business-to-Consumer** zuzuordnen. In Tabelle 5.1 werden die genannten zentralen Charakteristika der Fallstudienunternehmen zusammenfassend dargestellt.

5.2.2 Datenquellen

Um ein möglichst tiefgehendes Verständnis der *Dynamic Capabilities* von Start-up-Unternehmen im E-Business während des Zeitraums von der Ideenfindung bis

---

[W]hile there is no ideal number of cases, a number between 4 and 10 cases usually works well." YIN (2003), S. 54 merkt an: „(...) [H]aving at least two cases should be your goal."
[559] Vgl. Einzelfallanalyse von Unternehmen Alpha in Abschnitt 6.1 der vorliegenden Schrift.
[560] Vgl. Einzelfallanalyse von Unternehmen Beta in Abschnitt 6.2 der vorliegenden Schrift.
[561] Vgl. Einzelfallanalyse von Unternehmen Gamma in Abschnitt 6.3 der vorliegenden Schrift.
[562] Vgl. Einzelfallanalyse von Unternehmen Delta in Abschnitt 6.4 der vorliegenden Schrift.
[563] Vgl. Einzelfallanalyse von Unternehmen Epsilon in Abschnitt 6.5 der vorliegenden Schrift.
[564] Vgl. Abschnitt 2.1.1 der vorliegenden Schrift.

5.2 Datengewinnung

Tabelle 5.1: Charakteristika der Fallstudienunternehmen (Quelle: Eigene Darstellung)

Charakteristika	Alpha	Beta	Gamma	Delta	Epsilon
Markteintrittstiming	Später Folger	Pionier	Früher Folger	Später Folger	Später Folger
Beginn Innovationsprozess	Früh	Früh	Früh	Mittel	Spät
Dauer Innovationsprozess (in Monaten)	Mind. 24	Ca. 9	Ca. 6	Ca. 12	Ca. 9
Gründungsjahr	2007	2007	2007	2009	2007
Anzahl Gründer	2	2	2	2	4
Anzahl Mitarbeiter (zusätzlich zu Gründern)	2	5,5	4	0	4
Branche	B2C: Online-Bewertung	B2C: Online-Effizienzsteigerung	B2C: Online-Kommunikation	B2C: Marktsegment des E-Commerce	B2C: Marktsegment des E-Commerce
Standort	Deutschland	Deutschland	Deutschland	Deutschland	Deutschland

zum Markteintritt gewinnen zu können, baut die vorliegende empirische Erhebung auf unterschiedlichen Datenquellen auf. Eine solche **Daten-Triangulation** wird in der Literatur vielfach empfohlen, da unterschiedliche Datenquellen für den gleichen Untersuchungsgegenstand präzisere und substanzhaltigere Rückschlüsse aus der Untersuchung erlauben.[565]

In der betriebswirtschaftlichen Forschung werden grundsätzlich **zwei Methoden zur Datengewinnung** unterschieden: Zum einen die **Primärforschung**, bei der Daten eigens für die Untersuchung erhoben werden und zum anderen die **Sekundärforschung**, bei der bereits vorhandenes Datenmaterial ausgewertet wird.[566] Für die vorliegende Untersuchung werden gemäß der Empfehlungen in der Literatur zur Durchführung von Fallstudienerhebungen und Untersuchungen im Rahmen des *Resource-based View* beide Methoden der Datengewinnung angewendet.[567] So wurden im Rahmen der Primärforschung **Interviews mit Managern und Gründern** über die Beschaffenheit von *Dynamic Capabilities* bei Start-up-Unternehmen im E-Business durchgeführt. Sowohl zur Vorbereitung als auch zur Verifizierung und Ergänzung der durchgeführten Befragungen wurden im Rahmen einer umfangreichen Sekundärforschung zudem vielfältige **Dokumente über die betrachteten**

---

[565] Vgl. YIN (2003), S. 97ff., EISENHARDT (1989), S. 538.
[566] Vgl. RAAB, UNGER und UNGER (2004), S. 31f., HÜTTNER und SCHWARTING (2002), S. 22.
[567] Vgl. NOTHNAGEL (2008), S. 218f..

Leistungsangebote, Unternehmen und Branchen zusammengetragen und analysiert.

In den folgenden Abschnitten 5.2.2.1 und 5.2.2.2 werden die für die vorliegende Untersuchung relevanten Datenquellen der **Interviews mit Schlüsselinformanten** und der **Dokumentenanalyse** detailliert erläutert.

5.2.2.1 Interviews mit Schlüsselinformanten

Um die *Dynamic Capabilities* eines Start-up-Unternehmens im E-Business während des Zeitraums von der Ideenfindung bis zum Markteintritt detailliert charakterisieren zu können, bedarf es einer ausgeprägten Kenntnis des jeweiligen Unternehmens und seines spezifischen Entwicklungspfades. Eine geeignete Quelle für die Erhebung qualitativer Daten über die Charakteristik der *Dynamic Capabilities* von Start-up-Unternehmen im E-Business stellen damit **Interviews mit Schlüsselinformanten** dar.[568] Als Schlüsselinformanten kommen dabei vor allem **Personen aus der Führungsebene** von Start-up-Unternehmen in Frage, da die zu untersuchenden *Dynamic Capabilities* in ihrer Eigenschaft als Meta-Kompetenzen überwiegend auf höherer Stufe in der Hierarchie angesiedelt sind.[569]

Zur **Durchführung von Interviews** finden sich in der Literatur zur empirischen Sozialforschung zahlreiche unterschiedliche Ansätze, anhand derer eine auf die jeweilige Zielsetzung der Untersuchung abgestimmte Herangehensweise entwickelt werden kann.[570] Für die Erfassung der Beschaffenheit von *Dynamic Capabilities* bei Start-up-Unternehmen im E-Business wurden grundsätzlich **Einzelinterviews** in **persönlicher Form** und anhand eines **semi-strukturierten Aufbaus** für geeignet erachtet. Dabei bildet ein auf Grundlage des theoretischen Bezugsrahmens

---

[568] NOTHNAGEL (2008), S. 218 betont die Bedeutung von *Insider*-Informationen, insbesondere von Führungskräften, für die Datenerhebung im Rahmen von Untersuchungen des *Resource-based View*: „(...) [I]nsider information is (...) without doubt the most important source to get to the core of resource-based constructs within a firm (...).“ In der Literatur wird zudem betont, dass Interviews zu den wichtigsten Informationsquellen bei Fallstudienerhebungen zählen: YIN (2003), S. 89ff.

[569] Vgl. TEECE (2007a), S. 1346.

[570] In der Literatur finden sich u.a. Unterscheidungen von Interviews in **Einzel- und Gruppeninterviews**, eine Einteilung nach dem **Adressatenkreis**, z.B. Befragung von Experten, Schlüsselinformanten, Händlern, Verbrauchern etc. (vgl. HÜTTNER und SCHWARTING (2002), S. 68ff.) und eine Unterscheidung nach dem **Erhebungsmodus** in schriftliche, telefonische, (persönlich-)mündliche Befragung (vgl. BORCHARDT und GÖTHLICH (2009), S. 38, HÜTTNER und SCHWARTING (2002)).

5.2 Datengewinnung

entwickelter **Interviewleitfaden** ein heuristisch-analytisches Grundgerüst für den Ablauf des Interviews während zugleich die Freiheit aufrecht erhalten wird, z.B. für Nachfragen oder Erklärungen von dem vorgesehenen Verlauf des Interviewleitfadens abzuweichen.[571] In einem Fall wurde zusätzlich zu einem Einzelinterview mit dem Gründer und Geschäftsführer des Unternehmens noch ein weiteres Doppelinterview geführt, bei dem auch der Technische Direktor zur Verifizierung einiger Angaben hinzugezogen wurde.

Die Anwendung eines Leitfadeninterviews wird in der Literatur insbesondere für die Rekonstruktion sozialer Prozesse, wie dem in der vorliegenden Arbeit untersuchten Innovationsprozess, empfohlen.[572] So dient der Interviewleitfaden zum einen als **Gedächtnisstütze** und stellt somit sicher, dass die für die Untersuchung von *Dynamic Capabilities* relevanten, vielschichtigen Themenbereiche auch tatsächlich abgefragt werden.[573] Zum anderen trägt der Interviewleitfaden dazu bei, die erhobenen Daten in eine sinnvolle Struktur zu bringen und erhöht somit die für die vorliegende Untersuchung dringend erforderliche **fallübergreifende Vergleichbarkeit** der Daten von Pionieren, frühen Folgern und späten Folgern.[574] Die Fokussierung der Befragung auf Personen der Führungsebene erhöht dabei zusätzlich die Vergleichbarkeit der erhobenen Daten zwischen den einzelnen Untersuchungsobjekten.

Für die konkrete **Ausgestaltung des Interviewleitfadens** wurden vielfältige Gestaltungshinweise aus der Literatur zum Ablauf von Befragungen und Expertengesprächen im Speziellen berücksichtigt.[575] Zudem wurde der Interviewleitfaden unter Berücksichtigung von Erfahrungen, die der Autor der vorliegenden Arbeit im Rahmen des Managements eines eigenen Start-up-Unternehmens im E-Business gewinnen konnte, erstellt. Der somit entwickelte, in Anhang A.4 dargestellte Interviewleitfaden ist insgesamt in **sechs Abschnitte** unterteilt. Im ersten **Abschnitt A** wurde zunächst im Rahmen einer **Einleitung** eine Vorstellung des Interviewers, des Befragten, des Forschungsprojekts und der konkreten Vorgehensweise beim

---

[571] Vgl. MAYER (2009), S. 43, WRONA (2005), S. 25ff..
[572] Vgl. GLÄSER und LAUDEL (2009), S. 116.
[573] Vgl. WRONA (2005), S. 26.
[574] Vgl. MAYER (2009), S. 39, WRONA (2005), S. 26f.
[575] Vgl. PRZYBORSKI und WOHLRAB-SAHR (2008), S. 134ff., MAYER (2009), S. 37ff., GLÄSER und LAUDEL (2009), S. 142ff., RAAB, UNGER und UNGER (2004), S. 102ff..

Interview vorgenommen. In **Abschnitt B** wurde dem jeweils Befragten durch eine Eröffnungsfrage Gelegenheit gegeben, kurz die im Rahmen des betrachteten Innovationsprozesses umgesetzte Geschäftsidee zu erläutern.

Anschließend wurde dem jeweils Befragten als visuelle Unterstützung eine Abbildung der in Abschnitt A.4 beschriebenen fünf idealtypischen Phasen eines Innovationsprozesses von Start-up-Unternehmen im E-Business vorgelegt (s. Abbildung 5.2). Im Rahmen von offenen Fragen (**Abschnitte C und D**) wurden die Befragten dann gebeten, **kritische Ereignisse** zu nennen und detailliert zu erläutern, die zum einen den **Zeitpunkt des Beginns** und zum anderen die **Dauer des Innovationsprozesses bzw. seiner einzelnen Phasen positiv oder negativ beeinflusst** haben. Um den Detailgrad der Ausführungen der Befragten zu erhöhen, wurden ihnen zusätzlich gezielt Fragen zu der Rolle einzelner Komponenten der *Dynamic Capabilities* gestellt (**Abschnitt E**). Abschließend wurde den Befragten Gelegenheit gegeben, aus ihrer Sicht wichtige und bislang noch nicht ausreichend behandelte Aspekte zum Verständnis des Innovationsprozesses einzubringen (**Abschnitt F**).

Durch diese systematische Vorgehensweise wurde nicht nur die Vergleichbarkeit der gewonnenen Erkenntnisse zwischen den einzelnen Fallstudien erhöht, sondern auch deren genaue Zuordnung zu einzelnen Phasen des Innovationsprozesses ermöglicht. Die im Rahmen der Interviews eingesetzte, auf FLANAGAN (1954) zurückgehende *critical-incident*-**Technik** hat sich zudem bereits in zahlreichen Untersuchungen zum *Resource-based View* als besonders geeignet erwiesen, um die einem beobachteten Phänomen zugrunde liegenden Ursache-Wirkungsketten zu ergründen und dabei den im Rahmen der vorliegenden Untersuchung besonders relevanten Entwicklungspfad im Zeitverlauf zu untersuchen.[576] Zudem ist die *critical-incident*-Technik besonders für die Befragung zu länger in der Vergangenheit zurück liegenden Vorgängen geeignet, da sie auf der Beschreibung von sich bei Menschen oftmals nachhaltig einprägenden, besonders positiven bzw. negativen Ereignissen aufbaut. Damit adressiert sie die Tatsache, dass der für die Untersuchung relevante Zeitraum des Innovationsprozesses bei den Befragten teilweise

---

[576] Vgl. NOTHNAGEL (2008), S. 212.

5.2 Datengewinnung

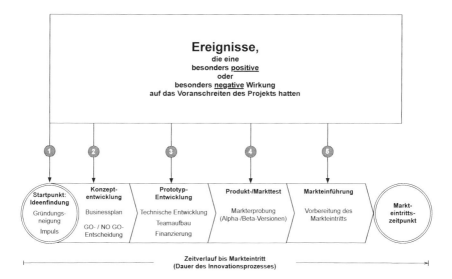

Abbildung 5.2: Visuelle Unterstützung der Interviews (Quelle: Eigene Darstellung)

einige Monate bzw. Jahre zurücklag und im Zeitverlauf generell ein qualitativer und/oder quantitativer Informationsverlust zu verzeichnen ist.[577]

Insgesamt wurden im Zeitraum von Juli bis November 2010 in fünf Start-up-Unternehmen Interviews mit Schlüsselinformanten geführt, die als Gründer bzw. Geschäftsführer direkt an der Entwicklung der betrachteten Unternehmen und Leistungsangebote beteiligt waren. Die Interviews wurden, wie in der Literatur zur empirischen Sozialforschung empfohlen, zumeist im persönlichen Umfeld der Befragten, d.h. in den jeweiligen Geschäftsräumen durchgeführt.[578] Zudem wurde den Befragten, um die Bereitschaft zur Teilnahme und zur Auskunft über sensible Vorgänge zu erreichen, eine Anonymisierung der erhobenen Daten zugesichert.[579] Alle persönlichen Interviews wurden aufgezeichnet und später transkribiert,[580] wodurch insgesamt 188 Textseiten (DIN A4, Schriftgröße 12, doppelter Zeilenabstand)

---

[577] Vgl. SCHNELL, HILL und ESSER (2008), S. 336.
[578] Vgl. WRONA (2005), S. 24.
[579] Vgl. MAYER (2009), S. 46.
[580] Die Transkription erfolgte gemäß den von KUCKARTZ (2010), S. 38ff. aufgestellten Regeln zur Verschriftlichung von aufgezeichneten Interviews. Um die zugesagte Anonymisierung und Geheimhaltung der erhobenen Daten sowie die Qualität der Transkription zu sichern, wurde diese von dem Autor der vorliegenden Arbeit persönlich vorgenommen.

entstanden. Die Interviews dauerten im Durchschnitt eine Stunde und drei Minuten (maximal zwei Stunden und 13 Minuten). Im Anhang A.3 wird eine Übersicht über die Charakteristik der geführten Interviews gegeben.

5.2.2.2 Dokumentenanalyse

Neben Daten aus Befragungen nehmen vor allem **Dokumente** vielfältigster Art eine große Bedeutung bei der Erhebung von Fallstudien ein.[581] So spielte auch im Rahmen der vorliegenden Untersuchung die Analyse von Dokumenten sowohl vor als auch nach der Durchführung der Experteninterviews eine wichtige Rolle.

Insgesamt wurden für die vorliegende Untersuchung weit über 600 Webseiten sowie mehrere hundert sonstige Dokumente, wie z.B. Pressemitteilungen und -berichte, Interviews und Handelsregistereinträge analysiert. Eine wichtige Rolle nahmen Dokumente insbesondere bei der in Abschnitt 5.2.1 beschriebenen historischen Analyse zur Identifizierung von Marktsegmenten und Markteintrittszeitpunkten ein. Anhand von Dokumenten konnte zudem in Vorbereitung auf die Durchführung der Experteninterviews die spezifische Unternehmenssituation und der Kontext der Befragten analysiert werden. Im Anschluß an die Durchführung der Experteninterviews trugen Dokumente darüber hinaus zur Verifizierung und Ergänzung der von den Befragten getätigten Aussagen bei.

5.3 Datenanalyse

Die Analyse des im Rahmen von Mehrfallstudien gewonnenen Datenmaterials bildet eine besondere Herausforderung im Forschungsprozess, da es dafür seit jeher an allgemeingültigen und standardisierten Verfahrensweisen fehlt.[582] Dennoch sollte bereits vor dem Beginn der Datengewinnung eine grundlegende **Analysestrategie** entwickelt werden, um damit zum einen die Analysierbarkeit des Datenmaterials von vornherein sicherzustellen und zum anderen die Datenanalyse lenken zu können.[583] Die im Rahmen der vorliegenden Arbeit angewendete **Analysestrategie** wird im

---

[581] Vgl. YIN (2003), S. 87f..
[582] Vgl. YIN (2003), S. 109f., EISENHARDT (1989), S. 539, MILES (1979), S. 590.
[583] Vgl. YIN (2003), S. 111.

nachfolgenden **Abschnitt 5.3.1** erläutert. Anschließend wird in den **Abschnitten 5.3.2 und 5.3.3** die konkrete Vorgehensweise bei der **Einzelfallanalyse** und der **vergleichenden Fallanalyse** dargelegt.

5.3.1 Analysestrategie

Die **Analysestrategie** legt grundsätzlich schwerpunktmäßig fest, was genau und warum dies analysiert werden soll.[584] Aufgrund der Tatsache, dass der Umfang qualitativer Daten oftmals relativ groß ist, bedarf es dabei einer Strategie zur Verdichtung der Daten. Um die erhobenen qualitativen und numerischen Daten systematisch erfassen zu können, finden sich in der Literatur mit der freien Interpretation, den sequenzanalytischen Methoden, dem Kodieren und der qualitativen Inhaltsanalyse unterschiedliche Auswertungsmethoden.[585] Für die Auswertung von Experteninterviews zur Rekonstruktion sozialer Situationen und Prozesse eignen sich grundsätzlich besonders das Kodieren und die qualitative Inhaltsanalyse.[586] Beim Kodieren werden Textsegmente, die nach Ansicht des Autors für das Verstehen des Untersuchungsgegenstands relevant sind, markiert und aussagekräftigen Kategorien, sog. *Codes* zugeordnet, aus denen sich im Verlauf des Analyseprozesses ein detailliertes Kategoriensystem entwickelt.[587] Im Gegensatz dazu wird bei der qualitativen Inhaltsanalyse bereits *ex ante* ein Analyseraster aus unterschiedlichen theoriegeleiteten Kategorien (sog. *Codes*) entwickelt, anhand dessen die auszuwertenden Texte auf relevante Informationen hin durchsucht werden.[588]

Im Rahmen der vorliegenden Untersuchung wurde eine qualitative Inhaltsanalyse angewendet, da mit der in Abschnitt 3.2 vorgenommenen Konzeptualisierung von *Dynamic Capabilities* bereits ein detailliert strukturiertes Auswertungsraster entwickelt werden konnte. Damit folgt die vorliegende Untersuchung YIN (2003), der eine besonders geeignete **Analysestrategie** darin sieht, anhand von **theoretischen Vorüberlegungen** eine Datenreduktion und Fokussierung der Datenanalyse auf besonders relevante Aspekte zu erreichen.[589] So dienten als *Codes* zunächst die

---

[584] Vgl. YIN (2003), S. 109.
[585] Vgl. GLÄSER und LAUDEL (2009), S. 43ff..
[586] Vgl. GLÄSER und LAUDEL (2009), S. 106.
[587] Vgl. KUCKARTZ (2010), S. 23, BORTZ und DÖRING (2006), S. 330.
[588] Vgl. GLÄSER und LAUDEL (2009), S. 46f..
[589] Vgl. YIN (2003), S. 111f..

drei Klassen des *Sensing, Seizing* und *Managing Threats/Transforming* sowie ihre jeweiligen vier Untertypen.[590] Während der Durchsicht des Datenmaterials lässt sich dieses *a priori* aufgestellte Kategorienraster weiter ergänzen.[591] So bildet sich sowohl durch die Zusammenfassung von *Codes* zu neuen, übergreifenden *Codes* als auch durch die weitere Ausdifferenzierung von *Codes* im Verlauf des Analyseprozesses ein engmaschiges und geordnetes Kategoriesystem heraus.[592] Im Rahmen der vorliegenden Untersuchung wurde dabei gemäß der in der qualitativen Forschung inzwischen weit verbreiteten Praxis eine **computergestützte Datenverdichtung** unter Zuhilfenahme der Software MAXQDA[593] durchgeführt.[594]

Für die vorliegende Untersuchung wird grundsätzlich der für die Durchführung der Fallstudienanalyse weit verbreiteten Empfehlung einer **zweigliedrigen Vorgehensweise** gefolgt, bei der zunächst eine **Analyse der Einzelfälle** und darauf aufbauend eine **fallübergreifende Analyse** vorgenommen wird.[595] Die jeweilige Vorgehensweise bei der Einzelfallanalyse und der vergleichenden Fallanalyse wird in den beiden folgenden Abschnitten 5.3.2 und 5.3.3 skizziert.

5.3.2 Einzelfallanalyse

Auch im Rahmen von Mehrfallstudien besteht das Ziel der Datenanalyse zunächst darin, jeden einzelnen Fall genau zu verstehen.[596] Dementsprechend wird zunächst anhand einer **Einzelfallanalyse** jeder erhobene Fall isoliert betrachtet und anhand des aus vielfältigen Quellen zusammengetragenen Datenmaterials detailliert erforscht.[597] Entsprechend der im vorhergehenden Abschnitt beschriebenen strategischen Vorgehensweise zur Datenverdichtung, wurden anhand einer qualitativen Inhaltsanalyse zunächst systematisch solche Komponenten im Datenmaterial identifiziert, die einer Komponente des vorläufigen theoretischen Bezugsrahmens (d.h. des *Sensing, Seizing, Managing Threats/Transforming* und ihrer Unterkategorien)

---

[590] Vgl. Abschnitt 3.2 der vorliegenden Schrift.
[591] Vgl. BORTZ und DÖRING (2006), S. 330.
[592] Vgl. KUCKARTZ (2010), S. 25.
[593] Eine detaillierte Beschreibung der Analyse qualitativer Daten unter Zuhilfenahme der Software MAXQDA findet sich bei KUCKARTZ (2010).
[594] Vgl. KUCKARTZ (2010), S. 12.
[595] Vgl. PATTON (2002), S. 41.
[596] Vgl. STAKE (1995), S. 4, EISENHARDT (1989), S. 540.
[597] Vgl. PATTON (2002), S. 41.

zugeordnet werden können. Anhand dieser thematischen Gruppierung des Datenmaterials ergab sich für den jeweils betrachteten Fall ein detailliert ausdifferenziertes *Dynamic Capability*-Profil für den Zeitraum des Innovationsprozesses von der Initialzündung bis zum Markteintrittszeitpunkt.

In die Darstellung der Einzelfallstudien werden konkrete Zitate und Ankerbeispiele aus den Experteninterviews integriert, um die Vorgänge während des jeweiligen Innovationsprozesses möglichst plastisch darzustellen. Damit soll die von PRATT (2009) an vielen Fallstudien geäußerte Kritik, dass diese oftmals zu wenig Fokus auf das Zeigen konkreter Daten legen, adressiert werden: „*Rather than show any raw data, authors give only their interpretation of the data.*"[598]

Die Darstellung und Analyse der Einzelfälle wird in Kapitel 6 vorgenommen.

5.3.3 Vergleichende Fallanalyse

Die Zielsetzung der in Kapitel 7 beschriebenen fallvergleichenden Analyse besteht darin, Unterschiede und Gemeinsamkeiten zwischen den einzelnen Fallstudien herauszuarbeiten und die dabei gewonnenen Erkenntnisse in Form von Hypothesen zu formulieren. Dabei baut die fallübergreifende Analyse auf den Einzelfallanalysen auf und hängt dementsprechend maßgeblich von deren Qualität ab.[599] So ist eine detaillierte Kenntnis der Einzelfälle und ihrer Besonderheiten eine wichtige Voraussetzung, um im Rahmen einer vergleichenden Fallanalyse, wiederkehrende Muster, generalisierende Aussagen und Unterschiede der einzelnen Fallstudien herauszuarbeiten.[600]

Im Rahmen der fallübergreifenden Analyse wurde zudem ein *Pattern Matching* durchgeführt, bei dem die aus den Fallstudien gewonnenen Erkenntnisse mit den bestehenden Erkenntnissen der Literatur zu den Einflussfaktoren des Markteintrittstimings abgeglichen und zusammengeführt werden. Auf diesen Vergleich der gewonnenen Erkenntnisse mit der bestehenden Literatur wird im nachfolgenden Abschnitt 5.4 eingegangen.

---

[598] PRATT (2009), S. 857.
[599] Vgl. PATTON (2002), S. 41.
[600] Vgl. EISENHARDT (1989), S. 540.

5.4 Vergleich der Erkenntnisse mit bestehender Literatur

Ein besonders wichtiger Schritt zur Theoriebildung liegt darin, die im Rahmen der Fallstudienanalyse entstehenden Konzepte, Theorien und Hypothesen mit Erkenntnissen der bestehenden Literatur abzugleichen.[601] Dabei müssen Ähnlichkeiten und Gegensätze zwischen den im Rahmen der vorliegenden Untersuchung gewonnenen Erkenntnissen und der bestehenden Literatur herausgearbeitet und ein Versuch von deren Begründung unternommen werden. Die offene und kritische Diskussion von neu gewonnenen Erkenntnissen mit konfligierenden Erkenntnissen der bestehenden Literatur fördert die kreative Auseinandersetzung und kann letztlich zu einem tieferen Verständnis des Untersuchungsgegenstands und der Generalisierbarkeit der Erkenntnisse führen.[602] Aber auch die Herausarbeitung übereinstimmender Ergebnisse ermöglicht das Erkennen von Ähnlichkeiten zwischen einzelnen Phänomenen, deren Beziehung untereinander bislang nicht deutlich war.[603]

Aufgrund der Tatsache, dass die Theoriebildung anhand von Fallstudien oftmals nur auf einer stark begrenzten Anzahl an Fällen aufbaut, bietet der Vergleich der gewonnenen Erkenntnisse mit bestehender Literatur eine wichtige Möglichkeit, die interne Validität, Generalisierbarkeit und die theoretische Ebene zu erhöhen.[604] Im Rahmen der vorliegenden Untersuchung dient dazu die in Abschnitt 2.2 und Anhang A.2 dargestellte ausführliche Analyse der Literatur zu Erkenntnissen über die Einflussfaktoren des Markteintrittstimings.

---

[601] Vgl. WRONA (2005), S. 37, EISENHARDT (1989), S. 544.
[602] Vgl. WRONA (2005), S. 37, EISENHARDT (1989), S. 544.
[603] Vgl. WRONA (2005), S. 37, EISENHARDT (1989), S. 544.
[604] Vgl. EISENHARDT (1989), S. 545.

Kapitel 6

Darstellung und Analyse der Einzelfallstudien

Das vorliegende Kapitel 6 dient der Darstellung und Analyse der Einzelfallstudien. Dazu wird in den nachfolgenden Abschnitten 6.1 bis 6.5 für jeden der fünf erhobenen Fälle eine Zusammenfassung der jeweiligen Einzelfallanalysen vorgenommen. Die Darstellung der einzelnen Fallstudien folgt dabei grundsätzlich der nachstehend erläuterten, einheitlichen Struktur:

1. **Einleitung zu Leistungsangebot, Branche und Markteintrittstiming:** Zu Beginn jeder Einzelfallbetrachtung erfolgt eine kurze Beschreibung des betrachteten Leistungsangebots und der jeweiligen Branche. Zudem wird das von dem betrachteten Leistungsangebot erzielte Markteintrittstiming innerhalb des jeweiligen Marktsegments identifiziert. Beschreibungen des Leistungsangebots und der jeweiligen Branche erfolgen dabei bewußt auf einer hohen Abstraktionsebene, um die für die Untersuchung notwendigerweise zugesagte Anonymität der Fallstudienunternehmen zu gewährleisten.
2. **Ausprägungen und Wirkungen der *Dynamic Capabilities*:** Im Anschluß an die Einleitung wird herausgearbeitet, wie die *Dynamic Capabilities* des jeweiligen Untersuchungsobjekts während des Innovationsprozesses charakterisiert waren und welche Wirkung sie auf den Startpunkt und die Dauer des Innovationsprozesses hatten.
3. **Zusammenfassung der Erkenntnisse:** Abschließend zu jeder Einzelfallbetrachtung werden die entscheidenden Besonderheiten und Erkenntnisse der jeweiligen Fallbetrachtung zusammenfassend dargestellt.

6.1 Fallstudie „Alpha" (später Folger)

Das in der vorliegenden Einzelfallanalyse untersuchte Innovationsprojekt führte zu der Markteinführung eines Leistungsangebots in ein Marktsegment der Online-

Bewertung von Dienstleistern und Gewerbetreibenden durch Kunden.[605] Ein maßgeblicher Anteil der dem Leistungsangebot zugrunde liegenden Interaktionsmuster fällt daher in den Bereich *Business-to-Consumer*.

Unternehmen Alpha begann den Innovationsprozess bereits frühzeitig im Marktlebenszyklus,[606] aber konnte dennoch erst als später Folger in den Markt eintreten.[607] Der Markteintritt der Online-Plattform lässt sich dabei nach Ansicht der Gründer nicht an einem exakten Datum festmachen. Vielmehr entwickelte sich die Markteinführung im Rahmen einer schleichenden Entwicklung aus einem ersten Prototypen heraus.[608] Aufgrund von Angaben der Gründer[609] und anhand von Recherchen[610] im Internet kann davon ausgegangen werden, dass die Inbetriebnahme dieses ersten Prototyps etwa 500 Tage nach dem Markteintritt des Pioniers[611] erfolgte. Nach Aussage des Gründers kann von einer offiziellen Markteinführung jedoch erst frühestens zwölf Monate nach Einführung dieses Prototyps gesprochen werden.[612] Folglich ist die vorliegende Online-Plattform, wie in Abbildung 6.1 dargestellt, über 730 Tage nach dem Pionier in den Markt eingetreten und somit, entsprechend der in Abschnitt 2.1.4 definierten Abgrenzungen unterschiedlicher Ausprägungen des Markteintrittstimings, als **später Folger** zu kategorisieren.

Das hinter dem Projekt stehende Start-up-Unternehmen Alpha wurde im Zuge des Innovationsprozesses gegründet und hat seinen **Sitz in Deutschland**.[613] Neben den **beiden Gründern** verfügte das Unternehmen bis zum Markteintrittszeitpunkt

---

[605] Das Marktsegment wird zur Gewährleistung der Anonymität des untersuchten Unternehmens bewußt nicht genauer beschrieben.

[606] Vgl. IN-ALPHA-2, Absatz 8.

[607] Vgl. DK-ALPHA-6 (archivierte Version der Webseite des Pioniers im Marktsegment von Unternehmen Alpha); DK-ALPHA-7 (archivierte Version der Webseite des Pioniers im Marktsegment von Unternehmen Alpha); DB-INNO (für die vorliegende Untersuchung entwickelte Datenbank von Markteintritten im E-Business).

[608] Vgl. IN-ALPHA-1, Absatz 30.

[609] Vgl. IN-ALPHA-2, Absätze 11 bis 19.

[610] Vgl. DK-ALPHA-3 (Bericht in einem Blog über Unternehmen Alpha); DK-ALPHA-4 (Bericht der Handelskammer über Unternehmen Alpha); DK-ALPHA-5 (Facebook-Fanseite von Unternehmen Alpha).

[611] Vgl. DK-ALPHA-6 (archivierte Version der Webseite des Pioniers im Marktsegment von Unternehmen Alpha); DK-ALPHA-7 (archivierte Version der Webseite des Pioniers im Marktsegment von Unternehmen Alpha); DB-INNO (für die vorliegende Untersuchung entwickelte Datenbank von Markteintritten im E-Business).

[612] Vgl. IN-ALPHA-1, Absatz 32.

[613] Vgl. DK-ALPHA-1 (Bekanntmachung von Unternehmen Alpha im Unternehmensregister des Bundesanzeiger Verlags); DK-ALPHA-2 (Jahresabschluss von Unternehmen Alpha).

6.1 Fallstudie „Alpha" (später Folger)

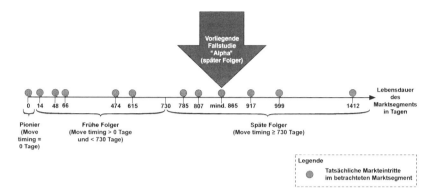

Abbildung 6.1: *Move Timing* von Unternehmen Alpha und Wettbewerbern (Quelle: Eigene Darstellung)

über **zwei weitere Mitarbeiter**, die in den Bereichen Technik und Vertrieb beschäftigt waren.[614] Von der Initialzündung zur Geschäftsidee bis zur Fertigstellung des ersten Prototyps verging mindestens ein Jahr.[615] Wie oben erwähnt, dauerte die darauf folgende Phase des Produkt-/Markttests und der Markteinführung zusammen mindestens ein weiteres Jahr, da zunächst mit großem Aufwand Inhalte für die Online-Plattform gewonnen werden mussten, bevor eine offizielle Markteinführung möglich war.[616] Die **Dauer des Innovationsprozesses** von der Initialzündung bis zum Markteintritt betrug somit insgesamt mindestens 24 Monate.

Der vorliegenden Einzelfallbetrachtung liegt die 49-seitige Transkription[617] eines Interviews mit einem der beiden Gründer sowie eines Doppelinterviews mit beiden Gründern zugrunde. Zusätzlich wurden insgesamt sieben Dokumente analysiert.[618] Eine Einordnung der vorliegenden Fallstudie Alpha in die Systematik aller im Verlauf der Untersuchung erhobenen Fallstudien wird in Abbildung 6.2 vorgenommen.

---

[614] Vgl. IN-ALPHA-2, Absätze 22 bis 31.
[615] Vgl. IN-ALPHA-1, Absatz 28; IN-ALPHA-2, Absätze 8 bis 19.
[616] Vgl. IN-ALPHA-1, Absatz 32.
[617] Die Transkription umfasste 13.812 Wörter. Der Umfang der Transkription von 49 Seiten ergab sich bei einer Formatierung in DIN A4 mit Schriftgröße 12 und doppeltem Zeilenabstand.
[618] Eine Übersicht der im Rahmen der Fallstudienuntersuchungen analysierten Dokumente findet sich in Anhang A.5 der vorliegenden Schrift.

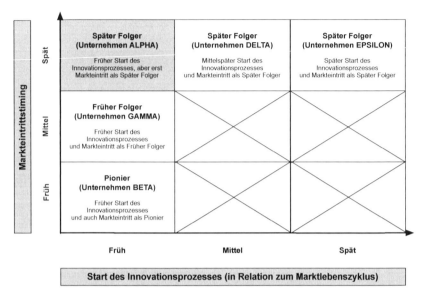

Abbildung 6.2: Fallstudie Alpha in der Systematik der Fallstudienerhebungen der vorliegenden Untersuchung (Quelle: Eigene Darstellung)

6.1.1 Ausprägungen und Wirkungen der *Dynamic Capabilities*

Kompetenzen, Persönlichkeit und Motivation des Gründers als Treiber

Die Initialzündung für die Geschäftsidee entstand durch die Kreativität eines der beiden Gründer, als dieser einen eigenen Bedarf im E-Business decken wollte und dafür keine geeignete existierende Lösung sah.[619] Die Initialzündung ereignete sich sehr früh im Lebenszyklus des betrachteten Marktsegments,[620] welches erst im darauffolgenden Jahr von einem Pionier eröffnet wurde.[621] Die aus dem unbefriedigten Bedarf resultierende gedankliche Entwicklung der Geschäftsidee lässt sich auch darauf zurückführen, dass der Gründer bereits seit langem eine stark ausgeprägte

---

[619] Vgl. IN-ALPHA-1, Absatz 4; IN-ALPHA-2, Absatz 2.
[620] Vgl. IN-ALPHA-2, Absatz 8.
[621] Vgl. DK-ALPHA-6 (archivierte Version der Webseite des Pioniers im Marktsegment von Unternehmen Alpha); DK-ALPHA-7 (archivierte Version der Webseite des Pioniers im Marktsegment von Unternehmen Alpha); DB-INNO (für die vorliegende Untersuchung entwickelte Datenbank von Markteintritten im E-Business).

6.1 Fallstudie „Alpha" (später Folger)

Gründungsneigung (*Sensing*) hatte.[622] Zwar verfügte er über jahrelange Erfahrungen als Manager im Marketing eines großen Konsumgüterkonzerns,[623] aber hinsichtlich E-Business-Anwendungen und deren Entwicklung hatte er nicht zuletzt aufgrund seiner **relativ schwach ausgeprägten Internet-Affinität** nur relativ geringes Wissen.[624]

Bei der Entscheidung zur Umsetzung der Geschäftsidee und der damit verbundenen Aufgabe seines bisherigen Jobs war der Gründer auch davon beeinflußt, dass er bereits einige Male zuvor unternehmerische Chancen hatte verstreichen lassen:[625]

> „(...) [I]ch ärgere mich jetzt sowieso schon über zwei, drei andere Dinge, die ich damals nicht realisiert habe, wo im Nachhinein der Markteintritt geschehen ist von Leuten, die (...) auch (...) diese Idee hatten (...). Und diesmal dachte ich, diesmal musst du es machen (...), sonst werde ich irgendwann im Sterbebett liegen und sagen: „Du Hornochse, warum hast du das nicht gemacht, damals?""[626]

Geringe Kompetenzen zur Akquise von komplementären Ressourcen

Der Gründer verfügte jedoch von Beginn des Innovationsprozesses an über starke Ressourcen-Engpässe, die einer schnellen Umsetzung der Idee im Wege standen:[627]

> „(...) [U]nd dann bin ich auf die Suche gegangen nach den Ressourcen, die ich eben halt nicht hatte. Ich hatte eigentlich von allen zu wenig oder gar nichts. Ich hatte kein Geld, ich hatte keine Techniker, (...) keinen Datenbank-Spezialisten, ich hatte keinen Designer, ich hatte im Grunde gar nichts (...) und (...) das Allerschlimmste: Ich hatte kein Netzwerk."[628]

Nicht zuletzt auch aufgrund des für die Umsetzung einer Geschäftsidee im E-Business fehlenden Wissens und Kontaktnetzwerks verfügte das betrachtete Start-up-Unternehmen insgesamt jedoch über relativ **geringe Kompetenzen zur**

---

[622] Vgl. IN-ALPHA-1, Absatz 4.
[623] Vgl. IN-ALPHA-1, Absatz 103.
[624] Vgl. IN-ALPHA-1, Absatz 4.
[625] Vgl. IN-ALPHA-1, Absatz 4.
[626] IN-ALPHA-1, Absatz 4.
[627] Vgl. IN-ALPHA-1, Absatz 4.
[628] IN-ALPHA-1, Absatz 4.

Akquise komplementärer Ressourcen (*Seizing*), die für ein schnelles Vorankommen des Innovationsprozesses notwendig gewesen wären. So erfolgte auch die im Rahmen des *Seizing* wichtige Konzeption der Kundenlösung und des Geschäftsmodells vornehmlich durch den Gründer selber, der dabei nicht auf Personen mit ausgewiesenen Kompetenzen und Erfahrungen im E-Business und dem spezifischen Marktsegment zurückgreifen konnte.[629] Im Rahmen der Produkt-/Markttestphase zeigte sich später, dass das zunächst angedachte Geschäftsmodell nicht tauglich war und geändert werden musste, wodurch weitere Zeit bis zum Markteintritt verloren ging.[630]

Auch nach Einbezug eines weiteren Mitgründers gestaltete sich insbesondere die Erschließung der komplementären Ressource des finanziellen Kapitals vor allem deshalb schwierig, weil beide Gründer über keinerlei Erfahrungen und Wissen hinsichtlich der Gewinnung von *Venture Capital* verfügten:[631]

> „(...) [D]ie Art und Weise, wie man sich dann präsentieren muss, welche Informationen zwingend notwendig sind, (...) welche Strategien aus deren Sicht vielversprechend sind, haben wir völlig missachtet. Völlig, vollkommen."[632]

Es gelang zwar, mehrere *Business Angels* für das Projekt zu gewinnen, jedoch konnten diese nur relativ geringe finanzielle Mittel und mangels Erfahrungen im E-Business und in der spezifischen Branche nur in stark begrenztem Maße notwendiges *Know-how* beisteuern.[633] Insgesamt standen Unternehmen Alpha für die **strategische Ausrichtung und Steuerung (*Managing Threats/Transforming*)** während des gesamten Innovationsprozesses kaum Personen mit fachspezifischer Expertise zur Verfügung, so dass die Unternehmenssteuerung maßgeblich von den Gründern selber geprägt war.[634]

Die geringen verfügbaren finanziellen Ressourcen bremsten schließlich auch stark das Vorankommen des Innovationsprozesses aus. So verfügte das Unternehmen nach

---

[629] Vgl. IN-ALPHA-1, Absatz 62; IN-ALPHA-2, Absätze 46 bis 47.
[630] Vgl. IN-ALPHA-1, Absatz 8.
[631] Vgl. IN-ALPHA-1, Absatz 20.
[632] IN-ALPHA-1, Absatz 20.
[633] Vgl. IN-ALPHA-1, Absatz 4.
[634] Vgl. IN-ALPHA-1, Absätze 62 und 64.

6.1 Fallstudie „Alpha" (später Folger)

Ansicht des Gründers über „(...) wahrscheinlich nicht mal (...) ein Fünftel oder wahrscheinlich noch weniger Kapital als Mitbewerber (...)"[635], wodurch nur eine „(...) sehr sehr restriktive (...)"[636] Planung möglich war. Das fehlende finanzielle Kapital war vor allem deshalb so hemmend für den Innovationsprozess, da dies nach Meinung des Gründers die Ursache für viele weitere Ressourcen-Engpässe war:[637]

> „(...) [D]as Allerwichtigste ist natürlich die Ressource Kapital. Das ist das Allerwichtigste, weil das bedingt natürlich alle anderen Ressourcen, ob das nun Technik oder Vertrieb oder Marketing oder wie auch immer ist (...)."[638]

Dass das Fehlen von finanziellen Ressourcen aber durchaus auch eine beschleunigende Wirkung auf die Dauer einzelner Etappen des Innovationsprozesses haben kann, zeigte sich in dem vorliegend betrachteten Innovationsprozess bei der technischen Entwicklung eines ersten Prototyps.[639] So merkt der Gründer an:

> „(...) [W]ir hatten eine extrem kurze [technische] Entwicklungszeit mit extrem wenigen Ressourcen. Und die war deswegen auch so kurz, weil wir so wenig Geld hatten. Je weniger Geld, um so kürzer die Entwicklungszeit. Weil dann können Sie sich nicht verlieren in irgendwelchen Sperenzien, dann können Sie sich keinen Luxus erlauben (...) und Sie fokussieren sich nur auf (...) die Hauptelemente."[640]

Die schnelle Entwicklung eines Prototyps war vor allem deshalb notwendig, da nur durch diesen erste Unternehmen und Verbraucher für die Generierung von Inhalten, die für den offiziellen Start der Plattform dringend notwendig waren,[641] gewonnen werden konnten.[642] Allerdings ging die Gewinnung von ersten Unternehmen und Verbrauchern zur Generierung von *Content* aufgrund des Mangels an finanziellen

---

[635] IN-ALPHA-1, Absatz 8.
[636] IN-ALPHA-1, Absatz 8.
[637] Vgl. IN-ALPHA-1, Absatz 18.
[638] IN-ALPHA-1, Absatz 18.
[639] Vgl. IN-ALPHA-1, Absatz 66.
[640] IN-ALPHA-1, Absatz 66.
[641] Vgl. IN-ALPHA-1, Absatz 12.
[642] Vgl. IN-ALPHA-1, Absätze 10 und 11.

Ressourcen und daraus resultierenden Engpässen an personellen Ressourcen im Vertrieb nur äußerst langsam voran.[643] So merkt der Gründer an:

„Der Content, der für uns so wichtig war, konnte nur auf eine ganz traditionelle, harte Akquise-Methode gewonnen werden."[644]

Und er ergänzt:

„Wir waren extrem klein und haben uns auch extrem langsam bewegt. (...) [D]ie entscheidende Ressource, kapitalbedingt, die uns fehlte, das war der Vertrieb. Weil zu Beginn sind wir dann quasi mit einer Person losgelaufen und Mitbewerber, die haben dann plötzlich ein Callcenter mit 20 Mann."[645]

Das langsame Voranschreiten bei der Generierung von *Content* war dann auch der entscheidende Grund, warum die Online-Plattform lange Zeit nicht offiziell in den Markt eingeführt werden konnte und das Projekt dementsprechend im Markteintrittstiming gegenüber Mitbewerbern immer weiter zurückfiel.[646] Der Gründer drückt diese Misere wie folgt aus:

„Dementsprechend konnten wir auch nicht die Seite (...) wirklich publik machen, weil das wäre die Katastrophe gewesen. Hätte je (...) eine Zeitung über uns geschrieben (...) und es wären ganz viele Leute auf die Seite gekommen - die hätten eine Produktenttäuschung erlebt und wären nie wieder gekommen."[647]

Und er fügt hinzu:

„(...) [B]is weit über ein Jahr nach (...) [dem Online-Start des Prototyps] wäre das extrem fatal gewesen, (...) eine Pressemitteilung [herauszugeben]."[648]

---

[643] Vgl. IN-ALPHA-1, Absätze 14, 16 und 18.
[644] IN-ALPHA-1, Absatz 16.
[645] IN-ALPHA-1, Absätze 14 und 18.
[646] Vgl. IN-ALPHA-1, Absätze 12 und 32.
[647] IN-ALPHA-1, Absatz 12.
[648] IN-ALPHA-1, Absatz 32.

6.1 Fallstudie „Alpha" (später Folger)

Um die Schwäche des Unternehmens im Vertrieb in den Griff zu bekommen, wurde auch versucht, diesen Bereich auszulagern.[649] Letztlich eignete sich das der **Festlegung von Unternehmensgrenzen (*Seizing*)** zuzuordnende *Outsourcing* jedoch entweder aufgrund struktureller Besonderheiten des Geschäftsmodells nicht oder war aus Kostengründen nicht möglich.[650] Hierzu sagt der Gründer:

> „(...) [W]ir haben es ja immer mal wieder probiert, also, gerade das, was den Erfolg eben halt maßgeblich beeinflusst[, auszulagern]. Vertrieb, da haben wir wirklich eigentlich jede Stufe (...) versucht, irgendwie Kooperationen oder *Outsourcing* zu machen, aber es scheitert letztendlich an der Effizienz und somit auch am Kapital, was uns zur Verfügung steht."[651]

Erschließung von Informationen über Kundenbedürfnisse

Im Rahmen der Gewinnung von ersten Unternehmen als Kunden in der Markt- bzw. Produkttestphase wurde auch Feedback für die weitere Entwicklung der Plattform gewonnen:[652]

> „Wir haben natürlich immer sehr regelmäßig von Kunden Feedback bekommen[.] (...) Sie bekommen [beim Verkaufsgespräch] sofort Feedback, weil wenn er das nicht schön findet, dann schließt er auch nicht ab."[653]

Die durch positives Feedback ausgedrückte Zufriedenheit der Kunden mit dem Produkt war für die Gründer zusätzlich zu ihrer Begeisterung für die Geschäftsidee eine große Motivation:[654]

> „(...) [D]iese Produktzufriedenheit, diese Kundenzufriedenheit, die baut einen dann auf, das ist der Motivator."[655]

---

[649] Vgl. IN-ALPHA-1, Absätze 44 und 46.
[650] Vgl. IN-ALPHA-1, Absätze 46, 48 und 53.
[651] IN-ALPHA-1, Absatz 48.
[652] Vgl. IN-ALPHA-1, Absatz 74.
[653] IN-ALPHA-1, Absatz 74.
[654] Vgl. IN-ALPHA-1, Absatz 34.
[655] IN-ALPHA-1, Absatz 34.

Insgesamt war der Innovationsprozess geprägt von einem dem **Wissensmanagement** (*Managing Threats/Transforming*) zuzuordnenden ständigen individuellen und organisationalen Lernen:[656]

„Sie müssen auch vor allem immer in der Lage sein, immer zu lernen. Das ist es. (...) [S]o viel, wie ich jetzt in dieser kurzen Zeit gelernt habe, das habe ich weder in meinem Studium noch bei irgendeinem anderen Arbeitgeber gelernt. So viel. (...) [W]irklich aus allen Bereichen. Oft extrem schmerzhaft und oft eben halt auch sehr motivierend wieder. (...) [Wenn etwas nicht gelingt,] ziehen wir ersteinmal unsere Lehren draus und beim nächsten Mal machen wir es besser."[657]

6.1.2 Zusammenfassung der Erkenntnisse

Die Initialzündung zu dem von Start-up-Unternehmen Alpha entwickelten Leistungsangebot im E-Business war maßgeblich auf die Kreativität eines der beiden Gründer, seine Kompetenzen, Persönlichkeit und Motivationen zurückzuführen. Obwohl der Gründer kaum über spezifische (Markt-)Kenntnisse zur Entwicklung eines Leistungsangebots im E-Business verfügte, erfolgte die Initialzündung noch bevor das Marktsegment überhaupt von einem Pionier eröffnet wurde. Dennoch trat das Unternehmen erst als später Folger in das Marktsegment ein.

Bei der Analyse der vorliegenden Fallstudie zeigt sich, dass das sehr langsame Vorankommen des Innovationsprozesses und der dadurch stark verspätete Markteintritt nicht nur auf die relativ schwache Anfangsausstattung an Ressourcen, sondern insbesondere auf einen Mangel an *Dynamic Capabilities* zurückzuführen ist. So verfügte Unternehmen Alpha nur über geringe Kompetenzen zur Akquise bzw. zum Aufbau von komplementären und co-spezialisierten Ressourcen, welche einen wichtigen Bestandteil des *Seizing* und *Managing Threats/Transforming* darstellen. Zwar konnte der Gründer eine Reihe von *Business Angels* für sein Innovationsprojekt gewinnen, aber diese brachten nur relativ geringe finanzielle Ressourcen und Expertise für die Umsetzung eines Innovationsprojekts im E-Business mit ein. So bedingten die relativ geringen finanziellen Ressourcen des Unternehmens zahlreiche weitere

---

[656] Vgl. IN-ALPHA-1, Absatz 74.
[657] IN-ALPHA-1, Absatz 74.

6.1 Fallstudie „Alpha" (später Folger)

Ressourcenengpässe, insbesondere im Bereich Vertrieb, die zu einer erheblichen Verzögerung des Markteintrittszeitpunktes führten.

Zudem fehlten während des Innovationsprozesses immer wieder dringend benötigte Informationen und Erfahrungen hinsichtlich des anvisierten Marktsegments, des konkreten Geschäftsmodels und des E-Business im Allgemeinen. Zum einen war dies auf die fehlenden Kenntnisse und Erfahrungen der Gründer selber zurückzuführen. Zum anderen verfügten die Gründer nur über ein stark begrenztes Kontaktnetzwerk, wodurch die Aufnahme von spezifischem Expertenwissen kaum möglich war.

In Abbildung 6.3 werden die Ausprägungen und Wirkungen der drei Arten von *Dynamic Capabilities* (*Sensing, Seizing, Managing Threats/Transforming*) von Unternehmen Alpha im Zeitraum von der Ideenfindung bis zum Markteintritt zusammenfassend dargestellt. In der nachfolgenden Fallstudienanalyse wird Unternehmen Beta betrachtet, das den Innovationsprozess, wie Unternehmen Alpha, noch vor der Eröffnung seines Marktsegments begann, das aber im Gegensatz zu Unternehmen Alpha nicht als später Folger, sondern als Pionier in den Markt eintrat.

166 Kapitel 6 Darstellung und Analyse der Einzelfallstudien

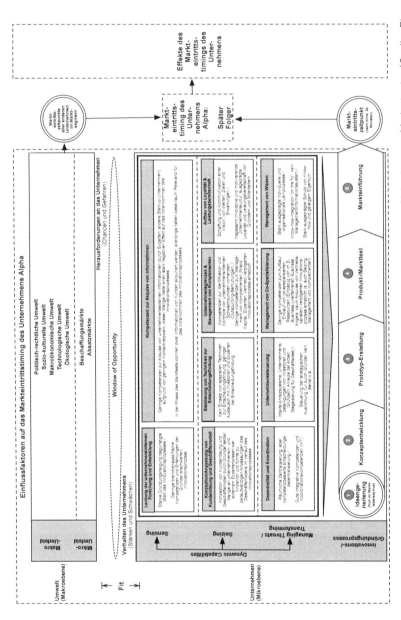

Abbildung 6.3: Ausprägungen und Wirkungen der *Dynamic Capabilities* von Unternehmen Alpha bis zum Markteintritt (Quelle: Eigene Darstellung)

6.2 Fallstudie „Beta" (Pionier)

Im Rahmen des vorliegend untersuchten Innovationsprojekts wurde ein Leistungsangebot entwickelt, das als **Pionier** ein neues Marktsegment zur Effizienzsteigerung bei der Nutzung von Online-Diensten begründet hat.[658,659] Wie in Abbildung 6.4 dargestellt, bestand das betrachtete **Marktsegment** bis zum Abschluß der vorliegenden Untersuchung erst aus vier Unternehmen. Dem in der vorliegenden Einzelfallanalyse untersuchten Pionier folgten 132 Tage später ein früher Folger und 476 Tage später zwei weitere frühe Folger.[660]

Das vorliegend untersuchte Innovationsprojekt wurde von einem **deutschen Start-up-Unternehmen** initiiert, das im Zuge des Innovationsprozesses gegründet wurde.[661] Neben den beiden Gründern und Geschäftsführern waren ab der Phase der Prototyp-Entwicklung bis zum Markteintrittszeitpunkt zudem fünf technische Mitarbeiter in Vollzeit und einer in Teilzeit beschäftigt.[662] Das Leistungsangebot richtete sich zum Markteintrittszeitpunkt **ausschließlich an Konsumenten** und ist damit dem Interaktionsmuster *Business-to-Consumer* zuzuordnen. Die **Dauer des Innovationsprozesses** von der Initialzündung bis zum Markteintritt betrug insgesamt ca. neun Monate. Auf die Phase der Ideenfindung und die Phase der Konzeptentwicklung wurden dabei jeweils ca. 20%, auf die Phase der Prototyp-Entwicklung ca. 35% und auf die Phasen des Produkt-/Markttests und

---

[658] Das Marktsegment wird zur Gewährleistung der Anonymität des untersuchten Unternehmens bewußt nicht genauer beschrieben.
[659] Vgl. DB-INNO (für die vorliegende Untersuchung entwickelte Datenbank von Markteintritten im E-Business); DK-BETA-1 (Presseberichterstattung über Unternehmen Beta); DK-BETA-2 (Presseberichterstattung über Unternehmen Beta); DK-BETA-3 (Pressemitteilung von Unternehmen Beta); DK-BETA-5 (Presseberichterstattung über Unternehmen Beta); DK-BETA-6 (Presseberichterstattung über Unternehmen Beta); DK-BETA-13 (Presseberichterstattung über Unternehmen Beta); DK-BETA-17 (Presseberichterstattung über Unternehmen Beta).
[660] Vgl. DB-INNO (für die vorliegende Untersuchung entwickelte Datenbank von Markteintritten im E-Business); DK-BETA-4 (Pressemitteilung eines Wettbewerbers von Unternehmen Beta); DK-BETA-19 (Presseberichterstattung über Wettbewerber von Unternehmen Beta).
[661] Vgl. DK-BETA-17 (Presseberichterstattung über Unternehmen Beta); DK-BETA-18 (Presseberichterstattung über Unternehmen Beta); DK-BETA-25 (Bekanntmachung von Unternehmen Beta im Unternehmensregister des Bundesanzeiger Verlags).
[662] Vgl. IN-BETA-1, Absatz 21; DK-BETA-12 (Presseberichterstattung über Unternehmen Beta); DK-BETA-13 (Presseberichterstattung über Unternehmen Beta); DK-BETA-18 (Presseberichterstattung über Unternehmen Beta).

168　　　　　　　　　　Kapitel 6 Darstellung und Analyse der Einzelfallstudien

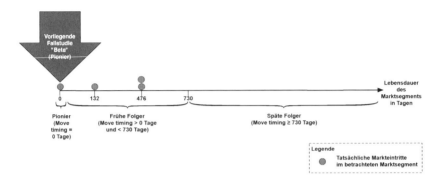

Abbildung 6.4: *Move Timing* von Unternehmen Beta und Wettbewerbern (Quelle: Eigene Darstellung)

die Vorbereitung der Markteinführung zusammen ca. 25% der Gesamtdauer des Innovationsprozesses verwendet.[663]

Für die vorliegende Einzelfallbetrachtung wurden eine 34-seitige Transkription[664] eines Interviews mit einem der Gründer des betrachteten Unternehmens sowie insgesamt 25 Dokumente analysiert.[665] Abbildung 6.5 zeigt eine Einordnung der vorliegenden Fallstudie von Unternehmen Beta in die Systematik aller im Verlauf der Untersuchung erhobenen Fallstudien.

6.2.1 Ausprägungen und Wirkungen der *Dynamic Capabilities*

Kompetenzen, Persönlichkeiten und Motivation der Gründer als Treiber

Die Initialzündung zu der Geschäftsidee wurde durch die spezifischen Kompetenzen, die Persönlichkeiten und die Motivationen der beiden Unternehmensgründer gelenkt (*Sensing*). So hatten beide Gründer von Unternehmen Beta aufgrund ihrer beiderseits stark ausgeprägten **Gründungsneigung**[666] bereits öfters während des

---

[663] Vgl. IN-BETA-1, Absätze 4, 14, 15 und 21.
[664] Die Transkription umfasste 9441 Wörter. Der Umfang der Transkription von 34 Seiten ergab sich bei einer Formatierung in DIN A4 mit Schriftgröße 12 und doppeltem Zeilenabstand.
[665] Eine Übersicht der im Rahmen der Fallstudienuntersuchungen analysierten Dokumente findet sich in Anhang A.5 der vorliegenden Schrift.
[666] Vgl. IN-BETA-1, Absatz 4; DK-BETA-7 (Presseberichterstattung über Unternehmen Beta); DK-BETA-11 (Presseberichterstattung über Unternehmen Beta); DK-BETA-14 (Presseberichterstattung über Unternehmen Beta); DK-BETA-22 (Interview mit den Gründern von

6.2 Fallstudie „Beta" (Pionier)

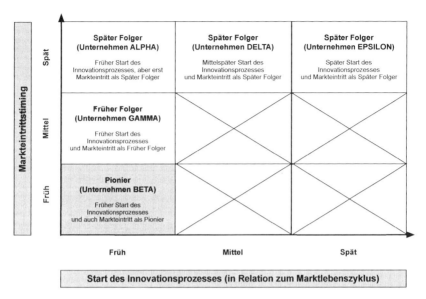

Abbildung 6.5: Fallstudie Beta in der Systematik der Fallstudienerhebungen der vorliegenden Untersuchung (Quelle: Eigene Darstellung)

gemeinsamen Studiums[667] und der anschließenden Arbeit bei einer internationalen Unternehmensberatung[668] unterschiedliche Ideen durchgesprochen[669]. Einer der Gründer hatte zudem bereits einmal zu Schulzeiten Gründungserfahrungen im Software-Bereich gesammelt und verfügte über eine starke Software- und Internet-Affinität.[670] Der **Startpunkt des Innovationsprozesses** wurde schließlich dadurch gesetzt, dass die beiden Gründer im Rahmen ihres bisherigen Berufs ein

---

 Unternehmen Beta im Rahmen einer Messe- und Kongressveranstaltung); DK-BETA-24 (Interview mit den Gründern von Unternehmen Beta in einem Blog).
[667] Vgl. DK-BETA-7 (Presseberichterstattung über Unternehmen Beta); DK-BETA-15 (Presseberichterstattung über Unternehmen Beta); DK-BETA-20 (Beschreibung der Historie von Unternehmen Beta auf der Webseite zu einem Kongress.); DK-BETA-23 (Presseberichterstattung über Unternehmen Beta); DK-BETA-24 (Interview mit den Gründern von Unternehmen Beta in einem Blog).
[668] Vgl. DK-BETA-7 (Presseberichterstattung über Unternehmen Beta); DK-BETA-20 (Beschreibung der Historie von Unternehmen Beta auf der Webseite zu einem Kongress.); DK-BETA-23 (Presseberichterstattung über Unternehmen Beta).
[669] Vgl. IN-BETA-1, Absatz 4.
[670] Vgl. IN-BETA-1, Absatz 4.

bestehendes Problem von Konsumenten identifizierten, für dessen Lösung ihnen eine grobe Idee kam.[671]

Starke Kompetenzen zur Akquise von komplementären Ressourcen

Die entscheidende Weichenstellung für das zügige Voranschreiten des Innovationsprozesses lag in den **stark ausgeprägten Kompetenzen** zur Identifikation und Akquise von **komplementären und co-spezialisierten Ressourcen** (*Seizing*; *Managing Threats/Transforming*). So verfügten die Gründer von Beginn des Innovationsprozesses an über ein großes und breit gefächertes Kontaktnetzwerk, über das sie für die Umsetzung des Innovationsprojekts wichtige Ressourcen identifizieren und akquirieren konnten.[672] Dies zeigte sich bereits zu Beginn der Phase der Konzeptentwicklung, als die Gründer zunächst zur Identifikation von relevanten Aspekten der Umsetzung mit einer Vielzahl an Personen mit entsprechender Expertise aus ihrem Kontaktnetzwerk sprachen (*Sensing*):[673]

> „(...) [W]ir haben innerhalb dieser allerersten zwei Wochen, in denen wir gearbeitet haben, (...) gesagt, (...) es ist sinnvoll, so viele Experteninterviews wie irgend möglich zu führen, mit Family & Friends zum Thema Unternehmensgründung (...) [u]nd sozusagen Feedback erst einmal zum Thema Gründung, Gründungsprozess, Software, zur Idee eingeholt. Da sind unter anderem Leute dabei gewesen, die erfolgreich Softwareunternehmen gegründet haben, inklusive bis Börsengang heutzutage, die dann auch viel erste Kontakte vermitteln konnten zu Programmierern, zu Grafikern, zu Freelancern, Büroräume, Büromöbel und solche Geschichten, also die können sagen: „Hier, ruf mal den und den und den an", also da konnte man super das Netzwerk gleich nutzen (...)."[674]

Durch die **zahlreichen Expertengespräche** konnten viele wichtige Hinweise für die Umsetzung des Projekts eingeholt werden, die den weiteren Verlauf des Innovationsprozesses nachhaltig positiv beeinflussten.[675] Von besonderer Bedeutung

---

[671] Vgl. IN-BETA-1, Absatz 4.
[672] Vgl. IN-BETA-1, Absätze 6, 11, 16, 19, 25, 47.
[673] Vgl. IN-BETA-1, Absatz 6.
[674] IN-BETA-1, Absatz 6.
[675] Vgl. IN-BETA-1, Absätze 6 und 25.

6.2 Fallstudie „Beta" (Pionier)

war dabei, dass bereits nach wenigen Tagen der Phase der Konzeptentwicklung durch einen befragten Experten der Kontakt zu einem renommierten *Venture-Capital-* Unternehmen hergestellt wurde, das als Investor für das Projekt gewonnen werden konnte.[676] So gab dieses *Venture-Capital*-Unternehmen zunächst die Zusage für die Übernahme der entstehenden Kosten in der Phase der Konzeptentwicklung und tätigte bereits in der anschließenden Phase der Prototyp-Entwicklung die Zusage über eine Investition in Höhe eines siebenstelligen Euro-Betrages in Unternehmen Beta:[677]

„(...) [U]ns (...) wurde dann (...) über diesen Freund dieser VC (...) vermittelt, der uns einfach mal Feedback geben sollte (...) oder Infos geben sollte, wie läuft dieser Prozess. Und mit dem haben wir uns getroffen, das war (...) genau nach fünf Arbeitstagen (...). [U]nd der war, so leuchtende Augen, war völlig begeistert (...) [und der zweite Partner des *Venture-Capital*-Unternehmens] war auch begeistert von der Idee (...) und (...) hat (...) gesagt: „(...) Ihr seid super Leute und finde ich eine pfiffige Idee (...), fangt schon einmal an, weiter zu arbeiten und zu forschen und wenn Euch Kosten entstehen (...)", dann übernimmt er sie einfach (...). [S]omit war an sich die (...) Frage der Seed-Finanzierung, also das allererste Loslaufen (...) innerhalb von eineinhalb Wochen oder so etwas geklärt (...)."[678]

Neben der Bereitstellung der üppigen finanziellen Ressourcen vergrößerte das *Venture-Capital*-Unternehmen das Kontaktnetzwerk der Unternehmer zusätzlich.[679] Insgesamt hatten des breite Kontaktnetzwerk und der damit verbundene Zugriff auf Informationen und Ressourcen einen stark positiven Effekt auf den zügigen Verlauf des Innovationsprozesses:[680]

---

[676] Vgl. IN-BETA-1, Absätze 11-14; DK-BETA-5 (Presseberichterstattung über Unternehmen Beta); DK-BETA-8 (Presseberichterstattung über Unternehmen Beta); DK-BETA-21 (Presse-Interview mit einem Gründer von Unternehmen Beta).
[677] Vgl. IN-BETA-1, Absätze 11-14 und 69.
[678] IN-BETA-1, Absätze 11-14.
[679] Vgl. IN-BETA-1, Absätze 19.
[680] Vgl. IN-BETA-1, Absatz 19.

„(...) [A]m wichtigsten [war] eben der Bekanntenkreis an Unternehmern, den man um Informationen und Ressourcen irgendwie angehen konnte, das war echt das Wichtigste (...)."[681]

Besonders hilfreich in der frühen Phase des Innovationsprozesses war zudem, dass die beiden Gründer noch über viele Wochen die Infrastruktur ihres bisherigen Arbeitgebers mitbenutzen durften und somit sowohl über Notebooks, Räumlichkeiten und ein Sekretariat verfügten.[682] Zudem konnten die Gründer einen erfahrenen Freelancer als technischen Leiter gewinnen, dessen Erfahrung bei dem Aufsetzen von technischen Projekten für das Vorankommen des Innovationsprozesses sehr förderlich war.[683] Und auch die **Identifikation und Akquise der komplementären Ressource (*Seizing*)** einer *Open Source*-Software, auf der die technische Entwicklung aufbauen konnte, beschleunigte den Innovationsprozess zusätzlich.[684] Zudem wurde im Rahmen einer genauen **Definition der Unternehmensgrenzen (*Seizing*)** darauf geachtet, dass möglichst viele Tätigkeiten ausgelagert wurden, die nicht direkt der Wertschöpfung durch das Produkt dienten.[685]

Erschließung von Informationen über Kundenbedürfnisse

Für die **Erschließung von Informationen über Kundenbedürfnisse (*Sensing*)** war insbesondere die Markt-/Produkttestphase entscheidend, bei der ausgewählte Nutzer bereits anhand einer *Private Closed Beta*-Version die Funktionalität austesten konnten:[686]

„(...) [D]as Feedback aus diesem Betatest quasi, das war enorm wichtig. Weil man da einfach gehört hat, was alles nicht funktioniert oder was nicht intuitiv ist und das wurde alles angepasst (...)."[687]

Die für das *Seizing* wichtige **Loyalität und Leistungsbereitschaft** war bei dem vorliegenden Innovationsprojekt sowohl auf Seiten der Gründer als auch der

---

[681] IN-BETA-1, Absatz 19.
[682] Vgl. IN-BETA-1, Absätze 11 und 19.
[683] Vgl. IN-BETA-1, Absatz 51.
[684] Vgl. IN-BETA-1, Absatz 51.
[685] Vgl. IN-BETA-1, Absätze 43-44.
[686] Vgl. IN-BETA-1, Absatz 27.
[687] IN-BETA-1, Absatz 27.

6.2 Fallstudie „Beta" (Pionier)

Mitarbeiter stark ausgeprägt. Eine besondere Bedeutung spielte dafür die Begeisterung für die Geschäftsidee und die damit verbundene Vorstellung, dass diese Idee für viele Menschen einen großen Nutzen stiften könnte.[688] So konnte die Begeisterung und Motivation der Gründer vor allem durch deren Vision auch auf die Mitarbeiter übertragen werden:[689]

„(...) [P]ersönliche Begeisterung rüberbringen, (...) dass man persönlich so dafür brennt für die Idee, dann ist es für den anderen schwierig, nicht auch dafür zu brennen, (...) Sympathien, (...) eine gute Team-Stimmung, waren (...) die wichtigsten Faktoren. Und auch dann Begeisterung für die Idee [durch die Mitarbeiter], als sie dann die Idee wirklich kannten oder auch durchschaut haben, waren die auch wirklich angetan von der Idee und haben gesagt „Das ist wirklich super, da glauben wir auch dran, dass das eine tolle Sache wird."" [690]

Zusätzlich spielten für den Aufbau von Loyalität und Leistungsbereitschaft sowohl für die Gründer als auch für die Mitarbeiter eine im Rahmen der **Steuerung des Unternehmens (*Managing Threats/Transforming*)** festgelegte Beteiligung am Unternehmen eine Rolle. So gehörte den beiden Gründern auch nach dem Einstieg des *Venture-Capital*-Unternehmens die Mehrheit der Unternehmensanteile.[691] Neben einer guten Entlohnung[692] erhielten zudem auch die Mitarbeiter eine geringe Beteiligung am Unternehmen, was insbesondere in der frühen Phase der Unternehmensentwicklung eine besonders motivierende Wirkung auf diese hatte:[693]

„(...) [D]ie [Mitarbeiter] haben auch einen kleinen Unternehmensanteil bekommen, was die zu Beginn, glaube ich, sehr motiviert hat, weil die damit sehen, „Mensch, super, (...) das zeigt auch irgendwie, dass die Geschäftsführer da, die Chefs auch bereit sind, irgendwie zu teilen und so etwas." Die Motivation über den Unternehmensanteil hat aber, glaube ich, mit der Zeit deutlich nachgelassen, weil irgendwann die Leute auch

---
[688] Vgl. IN-BETA-1, Absatz 33.
[689] Vgl. IN-BETA-1, Absätze 35 und 37.
[690] IN-BETA-1, Absätze 35 und 37.
[691] Vgl. IN-BETA-1, Absatz 69.
[692] Vgl. IN-BETA-1, Absatz 39.
[693] Vgl. IN-BETA-1, Absatz 39.

realisieren, „O.k., das sind jetzt irgendwie nullkommasoundso Prozent (...) von virtuellem Geld." (...) Obwohl wir es denen damals vorgerechnet haben, dass es sowieso sich nur um ein paar tausend Euro handeln würde, im realistischen Fall, trotzdem ist da erstmal sozusagen (...) ein ganz neuer Umgang vom Chef mit Mitarbeitern, so etwas kannten die gar nicht, dass jemand sagt: „Hier kriegst Du sogar Unternehmensanteile." (...) Aber das hat die, (...) noch einmal sehr (...) gebunden an das Unternehmen oder begeistert oder auch persönliche Neigung da gebracht."[694]

Die Gründer hatten zudem den Anreiz, dass sie kein finanzielles und juristisches Risiko eingegangen sind.[695] Für den befragten Gründer bestand darüber hinaus ein relativ geringes Risiko, da er jederzeit zu seinem vorherigen Arbeitgeber hätte zurückkehren können, falls das Projekt scheitert.[696]

Kompetenzbasierte Entscheidungsdezentralisierung und räumliche Nähe

Die Struktur der Organisation war während des gesamten Innovationsprozesses von einer **kompetenzbasierten Entscheidungsdezentralisierung (*Managing Threats/Transforming*)** gekennzeichnet.[697] Neben der Festlegung von klaren Verantwortlichkeiten zwischen den Gründern fand zudem eine sehr enge Koordination der Gründer untereinander statt. Diese wurde durch den Einsatz von modernen Informations- und Kommunikationstechnologien und auch durch die räumliche Nähe der Zusammenarbeit erzielt:[698]

„(...) [E]rst einmal natürlich klare Verantwortlichkeiten und Aufgaben festlegen, das ist wichtig, damit das Team weiß, an wen sie sich wenden müssen. Was sehr gut war zu Beginn, dass wir beiden Geschäftsführer in einem Raum nebeneinander saßen, weil damit jeder wirklich alles mitbekommen hat, was am Telefon besprochen wird (...) oder auch quasi jede E-Mail mitbekommt. (...) [B]ei E-Mails auch, haben wir uns immer (...) bei jeder E-Mail, die geschrieben wurde, in CC oder Blind Copy

---

[694] IN-BETA-1, Absatz 39.
[695] Vgl. IN-BETA-1, Absatz 33.
[696] Vgl. IN-BETA-1, Absatz 33.
[697] Vgl. IN-BETA-1, Absatz 59.
[698] Vgl. IN-BETA-1, Absatz 59.

6.2 Fallstudie „Beta" (Pionier)

genommen, dass der andere einfach nur ungefähr auf dem Laufenden ist, was passiert, weil die Entwicklung so schnell ist. (...) Und das (...) fand ich sehr sehr gut, also kann ich durchaus zu raten, dass sich die Gründer zu Beginn alle in einen Raum setzen, also die Geschäftsführer wirklich nebeneinandersitzen, mit einem Meter Abstand, man kriegt einfach alles mit, was läuft."[699]

Und auch dass das Team **zentralisiert an einem Standort** zusammen saß, war für eine schnelle Umsetzung der Geschäftsidee von Vorteil:[700]

„(...) [G]anz ganz wichtig, das wurde mir auch von anderen Gründern gesagt, würde ich auch immer so weiter empfehlen, war, dass wir alle in einem Büro quasi sitzen und zusammenarbeiten oder in zwei Büros, aber Hauptsache in einem Gebäude, auf einem Flur. (...) [N]ur deswegen war eine schnelle Entwicklung möglich, das war enorm wichtig."[701]

Besonders wichtig war für die **Kommunikation und Koordination** (*Managing Threats/Transforming*) zudem, dass jeden Morgen ein kurzes *Stand-up Meeting* stattfand, bei dem jeder Mitarbeiter des Unternehmens kurz gesagt hat, was er gerade macht und in welchen Bereichen er Probleme hat.[702] Dadurch wurde der Austauch zwischen den Mitarbeitern angetrieben und Probleme konnten schneller gelöst werden.[703] Zudem fanden mindesten einmal wöchentlich Team-Meetings und auch Treffen des technischen Leiters mit den beiden Gründern statt.[704]

Von Beginn an gut organisiertes Wissensmanagement

Das Unternehmen verfügte zudem über ein **gut organisiertes Wissensmanagement** (*Managing Threats/Transforming*). So wurde ein unternehmensinternes Wissens-Wiki geführt und auch ein Entwickler-Blog eingerichtet, in den die technischen Entwickler aktuell relevantes Wissen (wie z.B. Server-Konfigurationen)

---

[699] IN-BETA-1, Absatz 59.
[700] Vgl. IN-BETA-1, Absatz 41.
[701] IN-BETA-1, Absatz 41.
[702] Vgl. IN-BETA-1, Absatz 41.
[703] Vgl. IN-BETA-1, Absatz 41.
[704] Vgl. IN-BETA-1, Absatz 41.

eingetragen haben und somit andere Entwickler schnell Zugriff darauf hatten.[705] Das individuelle Lernen der Mitarbeiter wurde von einigen selbst anhand von Fortbildungen vollzogen, diese waren allerdings nicht unternehmensseitig organisiert.[706] Bei der Programmierung kamen neueste Programmiertechniken zum Einsatz, bei denen ein Programmierer die Arbeit eines anderen Programmierers live beobachtet bzw. ein Programmierer anderen Programmierern seinen Programmiercode vorführt und diese den kritisch kommentieren.[707]

Obwohl die Gründer, wie oben dargestellt, von Beginn des Innovationsprozesses an mit sehr vielen Experten gesprochen haben, war der Kreis der Eingeweihten dennoch dadurch begrenzt, dass die Gründer sehr bedacht auf den **Schutz der Geschäftsidee (*Managing Threats/Transforming*)** waren.[708] Dies wird im Nachhinein von dem befragten Gründer jedoch als hinderlich angesehen, da er den Wert der durch Experteninterviews erzielbaren Informationen als sehr hoch einschätzt und die Gefahr einer Nachahmung der Geschäftsidee durch Dritte als sehr gering:[709]

„(...) [A]llerdings die Idee, auch mal ganz klar gesagt, haben wir längst nicht so weit und breit diskutiert, wie wir es hätten müssen. Man ist da überängstlich als Gründer, ist völliger Quatsch, also im Nachhinein, ist Unfug. Also ängstlich braucht man nicht zu sein, es (...) hätte uns besser getan, wir hätten 50 Gespräche oder 100 Gespräche geführt, mit intelligenten Menschen die Idee diskutiert, als dass man nur mit so wenigen gesprochen hat und dann macht man halt doch noch Sachen falsch."[710]

6.2.2 Zusammenfassung der Erkenntnisse

Der Startpunkt des Innovationsprozesses von Unternehmen Beta, der gemessen am Lebenszyklus des entsprechenden Marktsegments sehr frühzeitig erfolgte, ist auf die

---

[705] Vgl. IN-BETA-1, Absatz 53.
[706] Vgl. IN-BETA-1, Absatz 57.
[707] Vgl. IN-BETA-1, Absatz 55.
[708] Vgl. IN-BETA-1, Absatz 16.
[709] Vgl. IN-BETA-1, Absatz 16.
[710] IN-BETA-1, Absatz 16.

6.2 Fallstudie „Beta" (Pionier)

beiden Unternehmensgründer und ihre spezifischen Kompetenzen, Persönlichkeiten und Motivationen zurückzuführen. So entdeckten sie im Rahmen ihres vorherigen Berufs als Unternehmensberater einen Bedarf, zu dem es bislang keine existierende Lösung gab, und entwickelten aufgrund ihrer stark ausgeprägten Gründungsneigung daraus eine Geschäftsidee. Bereits zu Beginn des Innovationsprozesses und auch im weiteren Verlauf waren neben den branchenrelevanten Kompetenzen der Gründer und Mitarbeiter besonders das breite Kontaktnetzwerk des Unternehmens von großer Bedeutung, da dieses Zugriff auf vielfältige Informationen lieferte und in vielen Situationen des Innovationsprozesses wichtige Impulse geben konnte.

Das zügige Vorankommen während des Innovationsprozesses, der mit einem Markteintritt als Pionier endete, war zudem den stark ausgeprägten Kompetenzen zur Akquise von komplementären Ressourcen des Unternehmens geschuldet. So gelang es dem Unternehmen bereits innerhalb kürzester Zeit nach der Ideengewinnung, über das persönliche Kontaktnetzwerk einen finanzstarken Investor für das Innovationsprojekt zu gewinnen. Neben der schnellen Akquise von finanziellem Kapital konnte über das breite Kontaktnetzwerk der Gründer und Investoren des jungen Unternehmens auch auf vielfältige weitere Ressourcen zurückgegriffen werden. So gelang es ihnen schnell, wichtige komplementäre Ressourcen, wie z.B. fachkundige Experten, Programmierer, Grafiker sowie Büroflächen und -ausstattungen an das Innovationsprojekt zu binden.

In Abbildung 6.6 werden die Ausprägungen und Wirkungen der drei Arten von *Dynamic Capabilities (Sensing, Seizing, Managing Threats/Transforming)* von Unternehmen Alpha im Zeitraum von der Ideenfindung bis zum Markteintritt zusammenfassend dargestellt. In der nachfolgenden Fallstudienanalyse wird Unternehmen Gamma untersucht, das den Innovationsprozess, wie die Unternehmen Alpha und Beta, noch vor der Eröffnung des Marktsegments begann, das aber im Gegensatz zu den Unternehmen Alpha und Beta nicht als später Folger respektive Pionier, sondern als früher Folger in den Markt eintrat.

178 Kapitel 6 Darstellung und Analyse der Einzelfallstudien

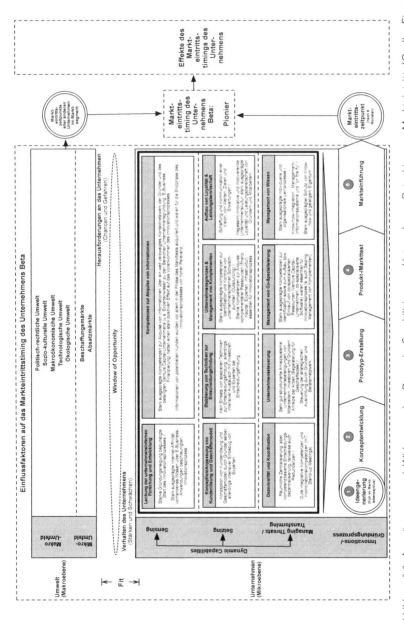

Abbildung 6.6: Ausprägungen und Wirkungen der *Dynamic Capabilities* von Unternehmen Beta bis zum Markteintritt (Quelle: Eigene Darstellung)

6.3 Fallstudie „Gamma" (früher Folger)

Das im Rahmen des vorliegend untersuchten Innovationsprojekts entwickelte Leistungsangebot ist als **früher Folger** in ein neues Marktsegment eingetreten, das grundsätzlich der Online-Kommunikation zugeordnet werden kann.[711] Wie in Abbildung 6.7 dargestellt, bestand das betrachtete **Marktsegment** bis zum Abschluß der Untersuchung aus insgesamt vier Unternehmen.[712] Der vorliegend betrachtete frühe Folger trat 77 Tage nach dem Pionier in das Marktsegment ein.[713] Zwei weitere frühe Folger traten 128 bzw. 490 Tage nach dem Pionier in das Marktsegment ein.[714]

Das Innovationsprojekt wurde von einem **deutschen Start-up-Unternehmen** initiiert, das im Zuge des Innovationsprozesses gegründet wurde.[715] Neben den beiden Gründern hatte das Unternehmen bis zum Markteintrittszeitpunkt vier weitere Mitarbeiter.[716] Das Leistungsangebot richtete sich zum Markteintrittszeitpunkt **ausschließlich an Konsumenten** und ist damit dem Interaktionsmuster *Business-to-Consumer* zuzuordnen.[717] Die **Dauer des Innovationsprozesses** von der Initialzündung bis zum Markteintritt betrug insgesamt gut sechs Monate.[718] Nach der mit einer Dauer von zwei Wochen sehr kurzen Phase der Ideenfindung

---

[711] Das Marktsegment wird zur Gewährleistung der Anonymität des untersuchten Unternehmens bewußt nicht genauer beschrieben.
[712] Vgl. DB-INNO (für die vorliegende Untersuchung entwickelte Datenbank von Markteintritten im E-Business); DK-GAMMA-1 (Pressemitteilung eines Wettbewerbers von Unternehmen Gamma); DK-GAMMA-2 (Presseberichterstattung über Wettbewerber von Unternehmen Gamma); DK-GAMMA-3 (Pressemitteilung eines Wettbewerbers von Unternehmen Gamma); DK-GAMMA-4 (Mitteilung im Unternehmensblog eines Wettbewerbers von Unternehmen Gamma); DK-GAMMA-5 (Mitteilung im Unternehmensblog von Unternehmen Gamma); DK-GAMMA-6 (Presseberichterstattung über Unternehmen Gamma); DK-GAMMA-8 (Presseberichterstattung über Wettbewerber von Unternehmen Gamma).
[713] Vgl. DK-GAMMA-5 (Mitteilung im Unternehmensblog von Unternehmen Gamma); DK-GAMMA-6 (Presseberichterstattung über Unternehmen Gamma).
[714] Vgl. DK-GAMMA-1 (Pressemitteilung eines Wettbewerbers von Unternehmen Gamma); DK-GAMMA-2 (Presseberichterstattung über Wettbewerber von Unternehmen Gamma); DK-GAMMA-3 (Pressemitteilung eines Wettbewerbers von Unternehmen Gamma); DK-GAMMA-4 (Mitteilung im Unternehmensblog eines Wettbewerbers von Unternehmen Gamma); DK-GAMMA-8 (Presseberichterstattung über Wettbewerber von Unternehmen Gamma).
[715] Vgl. DK-GAMMA-10 (Bekanntmachung von Unternehmen Gamma im Unternehmensregister des Bundesanzeiger Verlags).
[716] Vgl. IN-GAMMA-1, Absatz 60.
[717] Vgl. IN-GAMMA-1, Absatz 2.
[718] Vgl. IN-GAMMA-1, Absätze 30-39.

180 Kapitel 6 Darstellung und Analyse der Einzelfallstudien

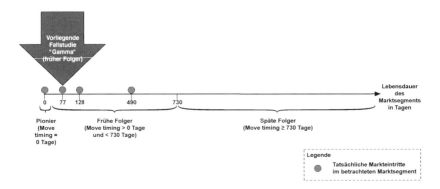

Abbildung 6.7: *Move Timing* von Unternehmen Gamma und Wettbewerbern (Quelle: Eigene Darstellung)

folgten die zusammen insgesamt fünf Monate dauernden Phasen der Konzept- und Prototypentwicklung.[719] Nach einer dreiwöchigen Produkt- und Markttestphase sowie der dazugehörigen Vorbereitung der Markteinführung erfolgte schließlich der Markteintritt.[720] So entfielen insgesamt ca. 8% der Gesamtdauer des Innovationsprozesses auf die Phase der Ideenfindung, ca. 80% auf die Phasen der Konzept- und Prototyp-Entwicklung und ca. 12% auf die Phasen des Produkt-/Markttests und die Vorbereitung der Markteinführung.[721]

Für die vorliegende Einzelfallbetrachtung wurden eine 27-seitige Transkription[722] eines Interviews mit einem der Gründer des betrachteten Unternehmens sowie insgesamt zehn Dokumente analysiert.[723] In Abbildung 6.8 wird die vorliegende Fallstudie Gamma in die Systematik aller im Verlauf der Untersuchung erhobenen Fallstudien eingeordnet.

---

[719] Vgl. IN-GAMMA-1, Absätze 30-39.
[720] Vgl. IN-GAMMA-1, Absätze 37-39.
[721] Vgl. DK-GAMMA-6 (Presseberichterstattung über Unternehmen Gamma); DK-GAMMA-7 (Presseberichterstattung über Unternehmen Gamma).
[722] Die Transkription umfasste 8397 Wörter. Der Umfang der Transkription von 27 Seiten ergab sich bei einer Formatierung in DIN A4 mit Schriftgröße 12 und doppeltem Zeilenabstand.
[723] Eine Übersicht der im Rahmen der Fallstudienuntersuchungen analysierten Dokumente findet sich in Anhang A.5 der vorliegenden Schrift.

6.3 Fallstudie „Gamma" (früher Folger)

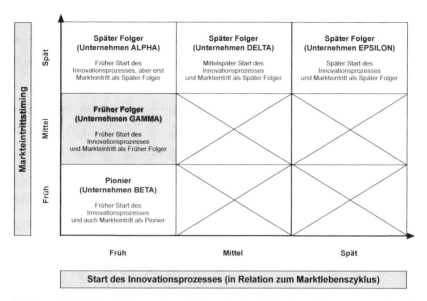

Abbildung 6.8: Fallstudie Gamma in der Systematik der Fallstudienerhebungen der vorliegenden Untersuchung (Quelle: Eigene Darstellung)

6.3.1 Ausprägungen und Wirkungen der *Dynamic Capabilities*

Kompetenzen, Persönlichkeiten und Motivation der Gründer als Treiber

Der **Startpunkt des Innovationsprozesses** wurde maßgeblich von den spezifischen Kompetenzen, Persönlichkeiten und der Motivation der beiden Gründer (*Sensing*) gesetzt. Der befragte Gründer hatte bereits in seinem vorherigen Job Erfahrungen hinsichtlich der Konzeptionierung eines E-Business-Projekts eines deutschen Großunternehmens gesammelt und sich für diese Aufgabe begeistert.[724] Zudem verfügte er über eine starke Gründungsneigung.[725]

> „Ich wusste oder dachte zu wissen, dass ich für das Unternehmertum irgendwie geschaffen bin, was an einigen persönlichen Charaktereigenschaften liegt (...)."[726]

---

[724] Vgl. IN-GAMMA-1, Absatz 12.
[725] Vgl. IN-GAMMA-1, Absatz 18.
[726] IN-GAMMA-1, Absatz 18.

Zudem war die Suche nach einer Geschäftsidee stark durch die Tätigkeit der Familie des befragten Gründers in der Medienbranche geprägt:[727]

„(...) [E]s ist definitiv so, dass meine mediale Vorprägung von meiner Familie sehr entscheidend waren, (...) ich wusste: (...) [I]rgendetwas im Medienbereich soll es sein (...)."[728]

Zusätzlich ermutigt durch eine aufkeimende zweite „Internet-Goldgräberzeit"[729] spielte der Gründer mit einem Freund, dem zukünftigen Mitgründer, unterschiedliche Gründungsideen durch.[730] Da sie über die nötigen finanziellen Ressourcen verfügten, um einige Monate ohne Gehalt leben zu können, begannen die Gründer mit der Konzeption und technischen Entwicklung einer ersten Geschäftsidee.[731]

Identifikation einer co-spezialisierten Ressource als Weichenstellung

Die entscheidende Weichenstellung für die Entwicklung des letztendlich von Unternehmen Gamma in den Markt eingeführten Leistungsangebots ergab sich dadurch, dass die Gründer eine Gruppe von im E-Business sehr erfahrenen *Business Angels* identifizierten (*Sensing*) und über ihr persönliches Netzwerk mit diesen in Kontakt traten.[732] Im gemeinsamen Austausch mit den als **co-spezialisierte Ressource** charakterisierbaren *Business Angels* stellte sich heraus, dass die bisherige Idee keine ausreichenden Erfolgschancen aufwies.[733] Dennoch entwickelte sich aus dem ersten Kontakt ein Dialog über mögliche andere und erfolgversprechendere Geschäftsideen.[734] Der befragte Gründer beschreibt die Situation wie folgt:

„(...) [W]ir [haben] mit denen ganz offen diskutiert, wir fanden die natürlich wahnsinnig spannend, weil die erfolgreiche Jungs waren, die schon einen Track Record hatten und sie fanden uns halt ganz gut, weil sie in uns junge, engagierte, zukünftige Gründer gesehen haben."[735]

---

[727] Vgl. IN-GAMMA-1, Absatz 18.
[728] IN-GAMMA-1, Absatz 18.
[729] IN-GAMMA-1, Absatz 12.
[730] Vgl. IN-GAMMA-1, Absatz 12.
[731] Vgl. IN-GAMMA-1, Absatz 12.
[732] Vgl. IN-GAMMA-1, Absatz 24.
[733] Vgl. IN-GAMMA-1, Absatz 12.
[734] Vgl. IN-GAMMA-1, Absatz 12.
[735] IN-GAMMA-1, Absatz 12.

6.3 Fallstudie „Gamma" (früher Folger)

Die gemeinsame Suche war dabei systematisch darauf ausgerichtet, eine im E-Business lukrative Branche zu identifizieren (*Sensing*) und diese mit einem relativ neuartigen Leistungsangebot zu adressieren (*Seizing*).[736] Die Entscheidung für eine Geschäftsidee wurde dementsprechend unabhängig von den bisherigen Branchenerfahrungen der Gründer getroffen:[737]

> „(...) [H]äufig ist es ja so, wenn man sich selbstständig macht, man kommt schon aus einer Branche, man hat schon Branchen-Knowledge und auch sehr tiefgreifendes und erkennt innerhalb einer Branche einen gewissen Need und sagt: „Dieser Need muss befriedigt werden und das mache ich jetzt, ich werde jetzt Unternehmer!" Das war bei uns ein bisschen anders: Wir haben uns eher angeguckt, welche Märkte funktionieren (...)."[738]

Der **Austausch mit den *Business Angels*** und deren Input war dabei für die Ideenfindung entscheidend und beschleunigte diese Phase erheblich:[739]

> „(...) [D]ie Ideenfindung war ein sehr sehr kurzer Prozess. (...) [V]on dieser ersten Ideenfindung bis, dass wir quasi uns entschieden haben, wir machen das Ding, (...) waren zweieinhalb Wochen."[740]

Die Hinzunahme der insgesamt fünf[741] *Business Angels* erwies sich nicht nur in den Phasen der Ideenfindung und Konzeptentwicklung, sondern auch im weiteren Verlauf des Innovationsprozesses als sehr hilfreich. Dies war vor allem auch darauf zurückzuführen, dass die beiden Gründer über ein relativ geringes Wissen zur Umsetzung der Geschäftsidee verfügten und zudem generell ein sehr ähnliches Kompetenzspektrum aufwiesen:[742]

> „(...) [W]ir [sind] wirklich auch sehr naiv an die Sache [herangegangen], wir hatten überhaupt keine Vorkenntnisse, [bei unseren] (...) ersten Investoren-Präsentationen, da haben wir mehr mit Euphorie und mit

---

[736] Vgl. IN-GAMMA-1, Absatz 12.
[737] Vgl. IN-GAMMA-1, Absatz 12.
[738] IN-GAMMA-1, Absatz 12.
[739] Vgl. IN-GAMMA-1, Absatz 30.
[740] IN-GAMMA-1, Absatz 30.
[741] Vgl. IN-GAMMA-1, Absatz 46.
[742] Vgl. IN-GAMMA-1, Absätze 22, 40 und 42.

absoluter Überzeugung gepunktet, als ehrlich gesagt mit fachlichem Wissen. (...) [U]nd (...) das reduzierte Wissen, das wir hatten, war auch noch ehrlich gesagt ziemlich identisch und (...) das ist eine Sache, die man nicht machen sollte und die eigentlich auch nicht Erfolg haben kann."[743]

So war es für die zügige Umsetzung des Innovationsprojekts extrem förderlich, dass die *Business Angels* neben finanziellem Kapital[744] und Expertise auch ihr breit gefächertes Kontaktnetzwerk[745] zur Verfügung stellten. Die Breite des Wissens und des Netzwerks, auf das Unternehmen Gamma zugreifen konnte, resultierte dabei aus der Entscheidung, gezielt solche *Business Angels* und Experten als Unterstützer des Projekts auszuwählen, die aus Bereichen kamen, die für die Umsetzung des Innovationsprojekts von hoher Relevanz waren.[746] Nicht nur die als *Lead*-Investoren auftretenden *Business Angels*, sondern auch die zusätzlich einbezogenen Experten wurden durch eine im Sinne der **Steuerung des Unternehmens (Managing Threats/Transforming)** zugesicherte Unternehmensbeteiligung zu einer Mitwirkung am Innovationsprojekt inzentiviert:[747]

„(...) [D]as haben wir dann weiter ausgebaut, wenn man mal Fragen zu spezifischen Bereichen hat, dass man die dann auch fragen kann. Und so haben wir uns dann wirklich aus verschiedenen Bereichen, also aus Social Networking, (...) einen TV-Menschen, (...)[, a]lso aus ganz verschiedenen Bereichen haben wir uns halt Leute eingekauft, was heißt eingekauft, aber beteiligen lassen im Endeffekt, zu guten Konditionen, dass wir halt dann auf deren Wissen zurückgreifen können."[748]

Der Wert der *Business Angels* für das Voranschreiten des Innovationsprozesses zeigte sich auch darin, dass diese den Kontakt zu einem *Venture-Capital*-Unternehmen herstellten, das kurz vor dem Markteintritt die Zusage für eine hohe Investition in Unternehmen Gamma tätigte und zusätzlich den Zugang zu höchst nützlichen

---

[743] IN-GAMMA-1, Absatz 22.
[744] Vgl. IN-GAMMA-1, Absatz 48.
[745] Vgl. IN-GAMMA-1, Absätze 26 und 48.
[746] Vgl. IN-GAMMA-1, Absatz 46.
[747] Vgl. IN-GAMMA-1, Absatz 46.
[748] IN-GAMMA-1, Absatz 46.

6.3 Fallstudie „Gamma" (früher Folger)

komplementären Ressourcen (*Seizing*) ermöglichte.[749] So bekam Unternehmen Gamma durch die Beteiligung des *Venture-Capital*-Unternehmens die Möglichkeit, eine für die Markteinführungsphase wichtige Werbekampagne auf einem der am stärksten frequentierten deutschen *Community*-Portale, welches ebenfalls ein Portfolio-Unternehmen des *Venture-Capital*-Unternehmens war, zu schalten.[750] Der Gründer betont die Bedeutung der Gewinnung des *Venture-Capital*-Unternehmens als Investor wie folgt:[751]

„(...) [W]as für unseren Markteintritt und im Endeffekt dann auch nachhaltige Auswirkungen hatte, war halt im Endeffekt unser VC. (...) [M]an unterscheidet ja meistens zwischen Finanz- und strategischen Investoren - wir hatten einen Investor, der sowohl das eine als auch das andere abgedeckt hat. (...) [W]ir brauchten Geld, wir haben aber dazu auch noch einen (...) exklusiven Zugang zum damals erfolgreichsten Social Network bekommen (...). Das war schon ein entscheidender Faktor, der uns schon wahnsinnig nach vorne gebracht hat."[752]

Integration von Kunden in den Innovationsprozess kaum relevant

Die Einbindung von Kunden bzw. Nutzern in den Innovationsprozess (*Sensing*) erfolgte erst kurz vor dem Markteintritt der Online-Plattform im Rahmen einer etwa dreiwöchigen Produkt- und Markttest-Phase.[753] Allerdings hatte das Feedback der Kunden keinen entscheidenden Einfluss auf die weitere Entwicklung des Leistungsangebots bis zum Markteintritt:[754]

„Wir waren uns relativ sicher schon ein paar Monate vorher, was das Ding können muss und wie das Ding aussehen soll (...). (...) Also von daher, alles, was ehrlich gesagt aus unserer eigenen Gehirnmasse kam,

---

[749] Vgl. IN-GAMMA-1, Absatz 78f.; DK-GAMMA-9 (Portfolio-Beschreibung des in Unternehmen Gamma investierten *Venture-Capital*-Unternehmens).
[750] Vgl. IN-GAMMA-1, Absatz 76.
[751] Vgl. IN-GAMMA-1, Absatz 76.
[752] IN-GAMMA-1, Absatz 76.
[753] Vgl. IN-GAMMA-1, Absätze 35-39.
[754] Vgl. IN-GAMMA-1, Absatz 63.

war meistens wesentlich effektiver und besser für die Seite und für die User, als das was von außen da herangetragen wurde."[755]

Outsourcing war für den Innovationsprozess unbedeutend

Während des Zeitraumes bis zum Markteintritt konnten keine für das Vorankommen des Innovationsprozesses maßgeblichen Komponenten identifiziert werden, deren *Outsourcing (Seizing)* an externe Dienstleister sinnvoll erschien.[756] Insbesondere dass die technische Entwicklung innerhalb des Unternehmens stattfand war für das Vorankommen des Innovationsprozesses von entscheidender Bedeutung:[757]

„(...) [G]erade in dem technischen Bereich (...), alles muss Inhouse passieren und die Leute müssen auch neben Dir sitzen oder Du musst neben den Programmierern sitzen, sonst wird das nichts. Also ich werde ja häufig gefragt: „(...) Du machst so wenig Urlaub, dann fahr doch einfach mal eine Woche nach [Name einer Insel] und arbeite von da. Ist doch Internet, das geht doch!" Nein, das geht nicht! Es geht nicht! Und das geht in diesem Business wahrscheinlich noch weniger, als in anderen klassischen, wo man ja eigentlich denken würde, im Internet ist ja alles so Telekommunikation und (...) da kann man ja sonstwo sein, aber das funktioniert nicht, weil das ist sehr sehr feinteilig (...)."[758]

Motivation durch Vision und Prototyp

Während des gesamten Innovationsprozesses war die Unternehmenskultur des Startups von **starker Leistungsbereitschaft und Motivation (*Seizing*)** der Gründer und Mitarbeiter geprägt. Diese anspornende Arbeitsatmosphäre ging vor allem von den Gründern des Unternehmens aus, die für ihre Vision „gebrannt"[759] haben:[760]

---

[755] IN-GAMMA-1, Absatz 63.
[756] Vgl. IN-GAMMA-1, Absätze 71 bis 74.
[757] Vgl. IN-GAMMA-1, Absätze 58 und 70.
[758] IN-GAMMA-1, Absatz 58.
[759] IN-GAMMA-1, Absätze 60 und 62.
[760] Vgl. IN-GAMMA-1, Absatz 58.

6.3 Fallstudie „Gamma" (früher Folger)

> „(...) [G]erade bei einem Start-up hängt es ja meistens an (...) der Motivation und der Leidenschaft der Gründer (...)[,] dass das Ding einmal aus dem Saft kommt."[761]

Die Übertragung der Vision und der Motivation auf die Mitarbeiter gestaltete sich aufgrund der relativ kleinen Teamgröße fast von selbst.[762] Zusätzlich wurde der technische Direktor des Innovationsprojekts über eine im Sinne der **Steuerung des Unternehmens** (*Managing Threats/Transforming*) gewährte Unternehmensbeteiligung inzentiviert.[763] Zudem hatte das Produkt selber eine stark motivierende Wirkung auf die Mitarbeiter und Gründer. So war für die Mitarbeiter insbesondere die technisch anspruchsvolle Entwicklung, die sie ständig vor neue Herausforderungen stellte, sehr motivierend.[764] Eine besonders anspornende Wirkung auf die Gründer hatte zudem auch die schrittweise Entstehung des Prototyps:[765]

> „(...) [D]as hatte einen dann noch mehr gepushed, (...) zu sehen, wie aus einer Konzeption eine Realität wird. [A]ls könntest Du da wirklich Dein eigenes Baby Dir zusammenbasteln und (...) kannst sagen, welche Augenfarbe, welche Haarfarbe und so, man kann halt wahnsinnig viel selber beeinflussen, bestimmen, mehr als man das in anderen Bereichen kann (...)."[766]

Flexibilität und Lernen „on the fly"

Insgesamt wies sowohl die Planung als auch das im Rahmen des **Wissensmanagements** (*Managing Threats/Transforming*) wichtige organisationale Lernen während des Innovationsprojekts eine relativ hohe Flexibilität auf:[767]

> „(...) [W]ir haben nicht alles bis ins letzte Detail durchgeplant, [denn] es gibt für eine Internetseite (...) nie einen fertigen Zustand. Es gibt immer nur den aktuellen Ist-Zustand, der aber in zwei, drei Monaten

---

[761] IN-GAMMA-1, Absatz 58.
[762] Vgl. IN-GAMMA-1, Absatz 60.
[763] Vgl. IN-GAMMA-1, Absatz 62.
[764] Vgl. IN-GAMMA-1, Absatz 62.
[765] Vgl. IN-GAMMA-1, Absatz 85.
[766] IN-GAMMA-1, Absatz 85.
[767] Vgl. IN-GAMMA-1, Absatz 40.

wahrscheinlich wieder obsolet geworden ist. [Deshalb haben wir] (...) grob konzeptioniert und (...) on [the] fly (...) weiterentwickelt."[768]

Durch die intensive Auseinandersetzung mit dem Thema durchschritten sowohl die Gründer als auch das Team eine steile Lernkurve während des Innovationsprozesses.[769] Das Lernen und das Management von Wissen wurde darüber hinaus jedoch nicht durch spezielle Tools oder Systeme unterstützt.[770]

6.3.2 Zusammenfassung der Erkenntnisse

Die beiden Gründer starteten mit einer stark ausgeprägten Gründungsneigung, jedoch auch mit einem relativ geringen Wissen über das E-Business und mit einem generell sehr ähnlichen Kompetenzspektrum. Trotz der somit für die Entwicklung einer E-Business-Anwendung eher unzureichenden Anfangsausstattung an Ressourcen, gelang Unternehmen Gamma ein sehr früher Markteintritt als früher Folger nur 77 Tage nach dem Pionier. Dies war maßgeblich darauf zurückzuführen, dass die beiden Gründer über die Kompetenz verfügten, komplementäre bzw. co-spezialisierte Ressourcen zu identifizieren, an das Projekt zu binden und damit eigene Schwachpunkte zu kompensieren (*Seizing, Managing Threats/Transforming*).

So war die Einbindung der co-spezialisierten Ressource von im E-Business sehr erfahrenen *Business Angels* die wohl entscheidende Weichenstellung für das schnelle Vorankommen des Innovationsprozesses und den relativ frühen Markteintritt. Diese stellten neben finanziellen Ressourcen auch Expertise und den Zugriff auf ein breites Kontaktnetzwerk zur Verfügung. So gestaltete sich bereits die im Austausch mit den *Business Angels* stattfindende Ideenfindung des Innovationsprojekts sehr zügig und erfolgte noch bevor ein vergleichbarer Anbieter das Marktsegment überhaupt eröffnet hatte.

Und auch der weitere Verlauf des Innovationsprozesses war entscheidend von den Ressourcen der *Business Angels* geprägt. So stellten diese auch den Kontakt zu einem *Venture-Capital*-Unternehmen her, das in großem Umfang in Unternehmen Gamma investierte und zudem eine für die Markteinführungsphase wichtige Kooperation mit einer der am meisten frequentierten Online-Communities Deutschlands ermöglichte.

---

[768] IN-GAMMA-1, Absatz 40.
[769] Vgl. IN-GAMMA-1, Absatz 44.
[770] Vgl. IN-GAMMA-1, Absatz 55ff..

6.3 Fallstudie „Gamma" (früher Folger)

Zur Sicherung des Zugriffs auf die Erfahrungen und das Wissen von Experten aus unterschiedlichen Bereichen, wurden zudem ausgewiesene Branchenexperten zu besonders günstigen Konditionen am Unternehmen beteiligt und somit für eine Unterstützung inzentiviert.

In Abbildung 6.9 werden die Ausprägungen und Wirkungen der drei Arten von *Dynamic Capabilities* (*Sensing, Seizing, Managing Threats/Transforming*) von Unternehmen Gamma im Zeitraum von der Ideenfindung bis zum Markteintritt zusammenfassend dargestellt. In der nachfolgenden Fallstudienanalyse wird Unternehmen Delta untersucht, das den Innovationsprozess im Gegensatz zu den Unternehmen Alpha, Beta und Gamma erst nach der Eröffnung des Marktsegments begann, und das als später Folger in den Markt eintrat.

190 Kapitel 6 Darstellung und Analyse der Einzelfallstudien

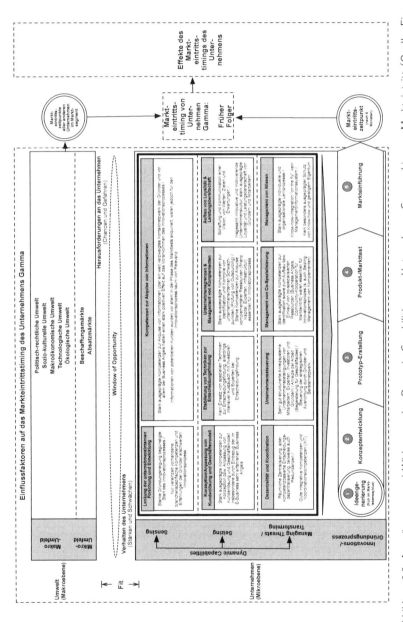

Abbildung 6.9: Ausprägungen und Wirkungen der *Dynamic Capabilities* von Unternehmen Gamma bis zum Markteintritt (Quelle: Eigene Darstellung)

6.4 Fallstudie „Delta" (später Folger)

Das in der vorliegenden Einzelfallanalyse betrachtete Innovationsprojekt führte zu der Markteinführung eines Leistungsangebots in ein Marktsegment des E-Commerce.[771] Ein erheblicher Teil der dem Leistungsangebot zugrunde liegenden Interaktionsmuster fällt in den Bereich *Business-to-Consumer*.[772] Wie in Abbildung 6.10 dargestellt, wurde die im Rahmen des Innovationsprozesses entwickelte Online-Plattform 1.175 Tage nach dem Pionier des Marktsegments eingeführt und ist damit, entsprechend der in Abschnitt 2.1.4 für die vorliegende Untersuchung definierten Abgrenzungen unterschiedlicher Ausprägungen des Markteintrittstimings, als **später Folger** zu kategorisieren.[773]

Das als Initiator und Betreiber des betrachteten Leistungsangebots auftretende Start-up-Unternehmen Delta entstand im Zuge des Innovationsprozesses und hatte seinen **Unternehmenssitz in Deutschland**.[774] Das Unternehmen wurde von **zwei Personen** gegründet und beschäftigte bis zum Markteintritt keine weiteren Mitarbeiter.[775] Die **Dauer des Innovationsprozesses** von der Initialzündung bis zum Markteintritt betrug insgesamt ca. 16 Monate.[776]

Für die vorliegende Einzelfallbetrachtung wurden eine 27-seitige Transkription[777] eines Interviews mit einem der Gründer des betrachteten Unternehmens sowie insgesamt neun Dokumente analysiert.[778] Eine Einordnung der vorliegenden Fallstudie Delta in die Systematik aller im Verlauf der Untersuchung erhobenen Fallstudien wird in Abbildung 6.11 vorgenommen.

---

[771] Das Marktsegment wird zur Gewährleistung der Anonymität des untersuchten Unternehmens bewußt nicht genauer beschrieben.
[772] Vgl. IN-DELTA-1, Absätze 2 bis 4.
[773] Vgl. DB-INNO (für die vorliegende Untersuchung entwickelte Datenbank von Markteintritten im E-Business); DK-DELTA-8 (Mitteilung im Unternehmensblog eines Wettbewerbers von Unternehmenn Delta); DK-DELTA-9 (Presseberichterstattung über Wettbewerber von Unternehmen Delta).
[774] Vgl. DK-DELTA-5 (Bekanntmachung von Unternehmen Delta im Unternehmensregister des Bundesanzeiger Verlags).
[775] Vgl. IN-DELTA-1, Absatz 2.
[776] Vgl. IN-DELTA-1, Absätze 8, 16, 18, 51.
[777] Die Transkription umfasste 8267 Wörter. Der Umfang der Transkription von 27 Seiten ergab sich bei einer Formatierung in DIN A4 mit Schriftgröße 12 und doppeltem Zeilenabstand.
[778] Eine Übersicht der im Rahmen der Fallstudienuntersuchungen analysierten Dokumente findet sich in Anhang A.5 der vorliegenden Schrift.

192   Kapitel 6 Darstellung und Analyse der Einzelfallstudien

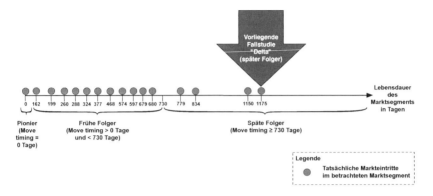

Abbildung 6.10: *Move Timing* von Unternehmen Delta und Wettbewerbern (Quelle: Eigene Darstellung)

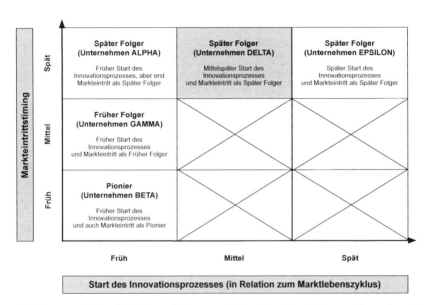

Abbildung 6.11: Fallstudie Delta in der Systematik der Fallstudienerhebungen der vorliegenden Untersuchung (Quelle: Eigene Darstellung)

6.4.1 Ausprägungen und Wirkungen der *Dynamic Capabilities*

Kompetenzen, Persönlichkeit und Motivation des Gründers als Treiber

Der **Startpunkt** des vorliegend untersuchten Innovationsprozesses wurde maßgeblich durch die Kompetenzen, Persönlichkeiten und Motivationen der Gründer beeinflusst. Durch ihre bisherigen Berufserfahrungen in der Werbebranche und der Unternehmensberatung identifizierten die beiden Gründer einen Bedarf und entwickelten aufgrund vorhandener Gründungsneigung eine erste grobe Geschäftsidee (*Sensing*).[779] Dass die beiden Gründer relativ komplementäre Kompetenzen hatten, - der eine war überaus kreativ während der andere umfangreiche betriebswirtschaftliche Kenntnisse hatte - wirkte sich grundsätzlich positiv auf die Zusammenarbeit und das Vorankommen während des Innovationsprozesses aus.[780] Dennoch verfügten die beiden Gründer über keinerlei Erfahrungen hinsichtlich der Gründung eines Unternehmens und auch das für den Aufbau einer Anwendung im E-Business notwendige Wissen war nur relativ stark begrenzt vorhanden.[781]

Mangel an Informationen und Expertenwissen bremste den Innovationsprozess

Die im Anschluss an die grobe Ideenfindung folgende **Phase der Konzeptentwicklung (*Seizing*)** zog sich sehr lange hin. Dies war einerseits darauf zurückzuführen, dass die Gründer den Anspruch hatten, ein sehr detailliertes Konzept einer Kundenlösung und eines Geschäftsmodells zu entwickeln:[782]

> „Wir haben es halt sehr (...) detailliert und sehr perfekt (...) gemacht, weil wir es beide aus unseren Jobs (...) vorher kannten (...), sprich, die ganzen Designs, die Visualisierung, alles war fertig, Namensfindung (...)[,] Business Case, Business Plan (...)."[783]

---

[779] Vgl. IN-DELTA-1, Absätze 2, 43 und 51; DK-DELTA-7 (Presseberichterstattung über Unternehmen Delta).
[780] Vgl. IN-DELTA-1, Absatz 43.
[781] Vgl. IN-DELTA-1, Absatz 58.
[782] Vgl. IN-DELTA-1, Absatz 10.
[783] IN-DELTA-1, Absatz 10.

Darüber hinaus war die langwierige Konzeptentwicklung darauf zurückzuführen, dass die Gründer **zu wenig Informationen, Expertenwissen und Feedback** (*Sensing*) von außen einholten:[784]

„(...) [Man] hätte (...) schon früher mal rausgehen (...) [und] (...) mit Leuten sprechen sollen oder (...) Marktforschung machen, Umfragen machen sollen. (...) [I]m Nachhinein war es vielleicht ein Fehler, der uns sehr lange aufgehalten hat, (...) dass wir im stillen Kämmerlein für uns (...) überlegt haben, wie es halt cool sein könnte und dadurch auch sehr viel Zeit verloren haben."[785]

Und auch die **Einbindung von potentiellen Kunden in den Innovationsprozess** (*Sensing*) zur Gewinnung von Informationen über Kundenwünsche und -bedürfnisse erfolgte erst sehr spät und auch nur in unzureichendem Umfang:[786]

„[Wir hätten] viel früher mit Leuten (...) sprechen [müssen], einfach mal eine kleine Umfrage machen (...): „Was haltet Ihr davon, was haltet Ihr davon?" [Denn] (...) man kann sich viel im stillen Kämmerlein (...) überlegen [und] (...) zwei Leute können sich halt schnell voneinander überzeugen, dass sie es cool finden, aber ob das dann 20 Leute oder 200.000 Leute gut finden, ist halt immer eine ganz andere Frage."[787]

Geringe Kompetenzen zur Akquise von komplementären Ressourcen

Der Innovationsprozess wurde zudem durch einen **Mangel an Ressourcen** weiter verzögert. So fehlten den Gründern von vornherein Programmierer und genügend finanzielles Kapital zur Umsetzung des Innovationsprojekts. Es gelang jedoch über einen Zeitraum von vier Monaten nicht, diese Lücken in der Ressourcenausstattung zu füllen:[788]

„(...) [W]as uns das Weiterkommen halt irgendwo erschwert hat, das war von Anfang klar, dass wir, weil wir keinen Programmierer im Team haben,

---

[784] Vgl. IN-DELTA-1, Absatz 10.
[785] IN-DELTA-1, Absatz 10.
[786] Vgl. IN-DELTA-1, Absatz 34.
[787] IN-DELTA-1, Absatz 34.
[788] Vgl. IN-DELTA-1, Absatz 12.

6.4 Fallstudie „Delta" (später Folger)

dass wir einen Partner brauchen, einen Finanzgeber und strategischen Investor, um mit ihm die nächsten Schritte halt zu machen. Und da haben wir dann sehr viel Zeit verloren."[789]

Die **geringen Kompetenzen zur Akquise der komplementären Ressource (*Seizing*)** des finanziellen Kapitals waren zu einem nicht unerheblichen Teil auf fehlende Erfahrungen und Kontakte hinsichtlich der Gewinnung von Investoren zurückzuführen:[790]

„(...) [M]it den Investoren, man weiß es nicht besser, man kannte die Leute vorher nicht. Jetzt kennt man sie, jetzt kann man viel schneller auf sie zugreifen, jetzt hat man Ansprechpartner, man weiß ungefähr, auf was sie achten. Das kann man bedingt halt irgendwie vielleicht in der Theorie nachlesen, aber wenn man das erste Mal bei einem VC halt irgendwo sitzt in einer Partnerrunde, wo fünf Leute vor einem sitzen und man will dem da jetzt irgendwie eine Geschichte erzählen - das muss man einfach gemacht haben. Beim nächsten Mal wird das ganz anders funktionieren."[791]

Die Versuche, professionelle Investoren für das Innovationsprojekt zu gewinnen, missglückten immer wieder und waren für die Gründer „sehr sehr zermürbend".[792] Ebenso gelang es nicht, das Gründungsteam komplementär durch einen Programmierer zu ergänzen, um die fehlende Expertise zur technischen Entwicklung der Plattform zu kompensieren.[793] Um dennoch ein frühzeitiges Scheitern des Projekts vor dem Markteintritt abzuwenden, überzeugten die Gründer ihre Familien und Freunde davon, zumindest für die anstehende Programmierung finanzielle Unterstützung zu leisten.[794] Zusätzliche finanzielle Unterstützung kam durch einen Gründungszuschuss vom Arbeitsamt.[795]

---

[789] IN-DELTA-1, Absatz 12.
[790] Vgl. IN-DELTA-1, Absätze 32 und 58.
[791] IN-DELTA-1, Absatz 58.
[792] IN-DELTA-1, Absatz 52.
[793] Vgl. IN-DELTA-1, Absatz 14.
[794] Vgl. IN-DELTA-1, Absätze 14 bis 16.
[795] Vgl. IN-DELTA-1, Absatz 56.

Die darauf folgende technische Entwicklung wurde aufgrund der fehlenden unternehmensinternen technischen Expertise an einen unternehmensexternen Programmierer ausgelagert und konnte von der sehr detaillierten Vorarbeit im Rahmen der Konzeptentwicklung profitieren.[796] Zahlreiche weitere Tätigkeiten, die nicht direkt der Wertschöpfung durch das Produkt dienten, wie z.B. das Controlling und juristische Belange, wurden ebenfalls im Rahmen der **Definition der Unternehmensgrenzen (*Seizing*)** ausgelagert.[797]

In Vorbereitung auf die Markteinführung wurde schließlich zur schnellen Gewinnung von Kooperationspartnern als komplementäre Ressource ein Affiliate-Netzwerk eingesetzt.[798] Zudem war für die Phase der Markteinführung vor allem das persönliche Kontaktnetzwerk der Gründer zu potentiellen Nutzern von hoher Relevanz:[799]

> „Davon ist alles gegangen. Also wir haben wirklich, ich glaube, 2.000 individualisierte Mails geschrieben. Also das Netzwerk ist extrem groß gewesen, (...). (...) [W]enn man so klein halt irgendwo startet, dann sind so etwas natürlich die wichtigen Hebel (...)."[800]

Insgesamt herrschte während des gesamten Innovationsprozesses eine **motivierende und innovative Unternehmenskultur (*Seizing*)** vor. Als besonders förderlich erwies sich dafür, dass zwischen den Gründern eine jahrzehntelange Freundschaft bestand und diese über ein stark ausgeprägtes Vertrauensverhältnis verfügten.[801] Die entscheidende Motivation während des Innovationsprozesses erwuchs für die Gründer aus ihrer Begeisterung für die von ihnen entwickelte Geschäftsidee.[802] Zudem hatte insbesondere in der Phase der technischen Entwicklung die Entstehung des ersten Prototyps eine stark motivierende Wirkung auf die Gründer.[803] Die zeitliche Begrenzung eines von Behörden gewährten Gründungszuschusses lieferte einen zusätzlichen Anreiz für die Gründer, das Innovationsprojekt im Rahmen ihrer Möglichkeiten möglichst schnell voranzutreiben.[804]

---

[796] Vgl. IN-DELTA-1, Absatz 14.
[797] Vgl. IN-DELTA-1, Absatz 28.
[798] Vgl. IN-DELTA-1, Absätze 24 bis 26.
[799] Vgl. IN-DELTA-1, Absatz 22.
[800] IN-DELTA-1, Absatz 22.
[801] Vgl. IN-DELTA-1, Absatz 45.
[802] Vgl. IN-DELTA-1, Absatz 43.
[803] Vgl. IN-DELTA-1, Absätze 53 und 54.
[804] Vgl. IN-DELTA-1, Absatz 56.

6.4 Fallstudie „Delta" (später Folger)

Das Unternehmen agierte überwiegend räumlich zentralisiert aus den eigenen Büroräumen in einer deutschen Großstadt.[805] Zwischen den Gründern erfolgte eine kompetenzorientierte Entscheidungsdezentralisierung und es fand eine enge Koordination untereinander statt (*Managing Threats/Transforming*).[806] Die Koordination wurde durch den Einsatz moderner Informations- und Kommunikationstechnologien unterstützt.[807]

Im Rahmen des organisationalen **Managements von Wissen** (*Managing Threats/Transforming*) wurden zudem Strukturen errichtet, um das vorhandene Wissen von Unternehmen Delta während des Innovationsprozesses zu sammeln und laufend verfügbar zu halten.[808] Darüber hinaus war der Innovationsprozess von ständigem Lernen der einzelnen Akteure geprägt, das vor allem durch die laufende Konfrontation mit zu lösenden Problemen hinsichtlich der Unternehmensgründung und Produktentwicklung angeregt wurde.[809] Die Gründer hatten während des Innovationsprozesses zudem große Sorge, dass die Geschäftsidee von anderen kopiert werden könnte. Zum Schutz vor Wissensabfluss sprachen sie nur mit wenigen Leuten über die Geschäftsidee, wodurch zwangsläufig auch das Feedback und die Informationsaufnahme über Dritte (*Sensing*) stark begrenzt wurden:[810]

„(...) [W]ir dachten, (...) bevor wir jetzt groß irgendwie an den Markt gehen, das ist so schnell kopierbar, müssen wir vorsichtig sein und waren zu verschlossen, glaube ich. Man hätte halt im Vorfeld noch mehr mit irgendwelchen Profis reden müssen (...)."[811]

6.4.2 Zusammenfassung der Erkenntnisse

Die Analyse des Innovationsprozesses von Unternehmen Delta zeigt, dass einige Komponenten der *Dynamic Capabilities* einen besonders starken Einfluss auf die Entwicklung des Innovationsprozesses hatten. So pflegten die Gründer zu Beginn des

---

[805] Vgl. IN-DELTA-1, Absätze 8 und 51.
[806] Vgl. IN-DELTA-1, Absatz 45.
[807] Vgl. IN-DELTA-1, Absätze 45 bis 47.
[808] Vgl. IN-DELTA-1, Absatz 47.
[809] Vgl. IN-DELTA-1, Absätze 32 und 58 bis 60.
[810] Vgl. IN-DELTA-1, Absatz 38.
[811] IN-DELTA-1, Absatz 38.

Innovationsprozesses **kaum Austausch** mit unternehmensexternen Experten und Ratgebern (*Sensing*). Vielmehr arbeiteten sie im „stillen Kämmerlein" vor sich hin. Fehlendes Expertenwissen, unzureichende Informationen über Kundenbedürfnisse und mangelnder Rat bei Entscheidungsfindungen bremsten den Innovationsprozess bereits zu Beginn, aber auch in seinem weiteren Verlauf aus.

Die Dauer des Innovationsprozesses zog sich zudem in die Länge, weil die Gründer über relativ **geringe Kompetenzen zur Gewinnung von komplementären Ressourcen** verfügten. So konnten sie keine professionellen Investoren für das Projekt gewinnen, was auch auf mangelnde Erfahrungen der Gründer hinsichtlich der Finanzierung eines Start-up-Unternehmens zurückzuführen war. Ebenso gelang es den Gründern nicht, das Team um einen technisch erfahrenen Gründer zu erweitern und damit eine große Ressourcenlücke zu schließen.

In Abbildung 6.12 werden die Ausprägungen und Wirkungen der drei Arten von *Dynamic Capabilities* (*Sensing, Seizing, Managing Threats/Transforming*) von Unternehmen Delta im Zeitraum von der Ideenfindung bis zum Markteintritt zusammenfassend dargestellt. In der nachfolgenden Fallstudienanalyse wird Unternehmen Epsilon untersucht, das den Innovationsprozess im Gegensatz zu den Unternehmen Alpha, Beta, Gamma und Delta erst sehr spät nach der Eröffnung des Marktsegments begann, und das als später Folger in den Markt eintrat.

6.4 Fallstudie „Delta" (später Folger)

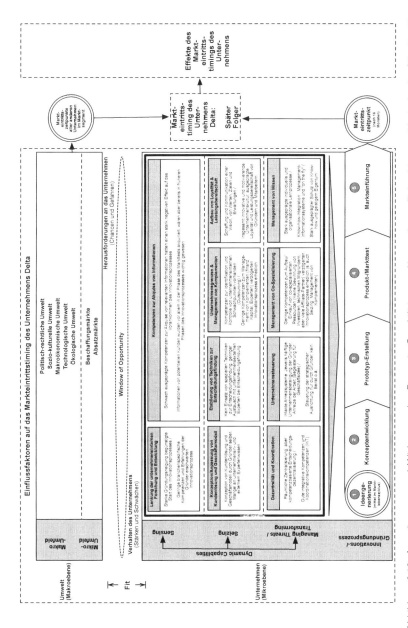

Abbildung 6.12: Ausprägungen und Wirkungen der *Dynamic Capabilities* von Unternehmen Delta bis zum Markteintritt (Quelle: Eigene Darstellung)

6.5 Fallstudie „Epsilon" (später Folger)

Die im Rahmen des vorliegend betrachteten Innovationsprojekts entwickelte Online-Plattform ist auf den Absatz einer bestimmten Kategorie von Konsumgütern an deutsche Endverbraucher fokussiert.[812] Damit adressiert sie ein **Marktsegment** des deutschen E-Commerce und ist dem Interaktionsmuster *Business-to-Consumer* zuzuordnen.[813] Die Anzahl der in dem Marktsegment agierenden Unternehmen konnte nicht genau bestimmt werden, allerdings ließ sich zweifelsfrei feststellen, dass bereits mindestens 730 Tage vor dem Markteintritt des betrachteten Leistungsangebots andere Unternehmen in dem Marktsegment tätig waren.[814] Damit ist das betrachtete Leistungsangebot gemäß der in Abschnitt 2.1.4.5 hergeleiteten Definition als **später Folger** zu klassifizieren.

Das Innovationsprojekt wurde von einem **deutschen Start-up-Unternehmen** initiiert, das im Zuge des Innovationsprozesses gegründet wurde.[815] Zunächst mit **zwei Gründern** gestartet, wurde das Gründerteam zügig um **zwei weitere Gründer** erweitert.[816] Bis zum Markteintritt verfügte das Unternehmen zusätzlich über **vier weitere Mitarbeiter**.[817] Die **Dauer des Innovationsprozesses** von der Initialzündung bis zum Markteintritt betrug insgesamt ca. neun Monate.[818]

Für die vorliegende Einzelfallbetrachtung wurden eine 51-seitige Transkription[819] eines Interviews mit einem der Gründer des betrachteten Unternehmens sowie insgesamt drei Dokumente analysiert.[820] Abbildung 6.13 zeigt eine Einordnung der vorliegenden Fallstudie Epsilon in die Systematik aller im Verlauf der Untersuchung erhobenen Fallstudien.

---

[812] Vgl. IN-EPSILON-1, Absätze 2 bis 4.
[813] Das Marktsegment wird zur Gewährleistung der Anonymität des untersuchten Unternehmens bewußt nicht genauer beschrieben.
[814] Vgl. DK-EPSILON-1 (Interview mit einem Wettbewerber von Unternehmen Epsilon); DB-INNO (für die vorliegende Untersuchung entwickelte Datenbank von Markteintritten im E-Business).
[815] Vgl. DK-EPSILON-2 (Bekanntmachung von Unternehmen Epsilon im Unternehmensregister des Bundesanzeiger Verlags).
[816] Vgl. IN-EPSILON-1, Absatz 20.
[817] Vgl. IN-EPSILON-1, Absatz 72.
[818] Vgl. IN-EPSILON-1, Absätze 2, 26 und 36.
[819] Die Transkription umfasste 16.124 Wörter. Der Umfang der Transkription von 51 Seiten ergab sich bei einer Formatierung in DIN A4 mit Schriftgröße 12 und doppeltem Zeilenabstand.
[820] Eine Übersicht der im Rahmen der Fallstudienuntersuchungen analysierten Dokumente findet sich in Anhang A.5 der vorliegenden Schrift.

6.5 Fallstudie „Epsilon" (später Folger)

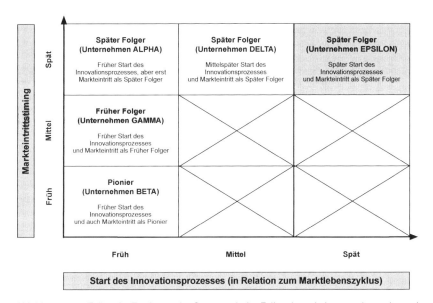

Abbildung 6.13: Fallstudie Epsilon in der Systematik der Fallstudienerhebungen der vorliegenden Untersuchung (Quelle: Eigene Darstellung)

6.5.1 Ausprägungen und Wirkungen der *Dynamic Capabilities*

Starke Kompetenzen zur Akquise komplementärer Ressourcen

Der **Startpunkt des Innovationsprozesses** wurde dadurch gesetzt, dass zwei der Gründer von Unternehmen Epsilon eine berufliche Veränderung anstrebten.[821] Da sie beide über eine **stark ausgeprägte Gründungsneigung** und über **Erfahrungen im E-Business** verfügten, bestand ihr Ziel von Anfang an darin, eine lukrative Geschäftsidee zur Gründung eines Unternehmens im E-Business zu identifizieren (*Sensing*).[822] Sowohl für die Ideenfindung als auch für den weiteren Verlauf des Innovationsprozesses war es dabei von herausragender Bedeutung, dass die Gründer von Anfang an gezielt einen im E-Business **sehr erfahrenen *Business Angel*** einbezogen (*Seizing*):[823]

---
[821] Vgl. IN-EPSILON-1, Absatz 2.
[822] Vgl. IN-EPSILON-1, Absatz 2.
[823] Vgl. IN-EPSILON-1, Absatz 8.

„(...) [V]on Anfang an wollten wir einfach dieses Know-how mit im Boot haben."[824]

Zur Findung einer lukrativen Geschäftsidee wurde gemeinsam mit dem *Business Angel* „(...) strukturiert angeschaut (...), was könnte man denn gründen."[825] So wurden „hochanalytisch"[826] verschiedene E-Commerce-Märkte auf ihre Eignung geprüft, bis schließlich ein Marktsegment mit einer großen Zahl potentieller Kunden, hohen Warenkörben und im stationären Geschäft hohen Margen identifiziert wurde (*Sensing*).[827] Eine Konkurrenzbeobachtung zeigte zudem, dass das anvisierte Online-Marktsegment in Deutschland zwar seit vielen Jahren besetzt war, aber dass es lange noch nicht so erfolgreich von Unternehmen adressiert wurde, wie auf den Auslandsmärkten in den USA und England.[828]

Durch Vermittlung des ursprünglich angesprochenen *Business Angel* beteiligte sich ein **relativ großer Kreis an weiteren *Business Angels*** an Unternehmen Epsilon, wodurch zum einen genügend Kapital zur Umsetzung der Geschäftsidee bis mindestens zum Markteintritt vorhanden war.[829] Zum anderen stand dem Unternehmen dadurch ein breites Kontaktnetzwerk zur Verfügung, durch das der Zugriff auf relevante komplementäre Ressourcen und spezifische Expertise ermöglicht wurde (*Seizing*):[830]

„(...) [W]ir [hatten] da auch einen relativ großen Kreis [an Business Angels] (...), was aber auch schön ist, weil es einfach noch mehr Kontakte (...) bringt. (...) [A]lso wir sind schon sehr sehr viele, sehr sehr gute Leute [gewesen] (...)."[831]

Die **große Bedeutung des Kontaktnetzwerks der Investoren** für den weiteren Verlauf des Innovationsprozesses zeigte sich bereits zu Beginn bei der Zusammenstellung eines Gründerteams mit komplementären Ressourcen. Da die beiden

---

[824] IN-EPSILON-1, Absatz 8.
[825] IN-EPSILON-1, Absatz 2.
[826] IN-EPSILON-1, Absatz 6.
[827] Vgl. IN-EPSILON-1, Absatz 4.
[828] Vgl. IN-EPSILON-1, Absatz 10.
[829] IN-EPSILON-1, Absatz 36.
[830] Vgl. IN-EPSILON-1, Absatz 36.
[831] IN-EPSILON-1, Absatz 36.

6.5 Fallstudie „Epsilon" (später Folger)

Gründer nicht über die notwendigen technischen Kenntnisse zur Entwicklung einer Online-Plattform verfügten, waren sie auf das Finden von Mitgründern mit komplementären technischen Ressourcen angewiesen.[832] Hinsichtlich des *Team Building* spielte der *Business Angel* eine entscheidende Rolle, da er die beiden Gründer mit zwei weiteren Personen zusammenbrachte, die über das benötigte IT-*Know-how* verfügten und die fortan als Mitgründer für die technische Umsetzung Verantwortung trugen.[833]

Um zudem für die Entwicklung der Online-Plattform wichtiges Branchen-*Know-how* über das anvisierte Marktsegment zu erhalten, war es von großer Bedeutung, dass durch das Kontaktnetzwerk der Gründer ein Branchenexperte als Angestellter gewonnen werden konnte.[834] Insgesamt war die **Komplementarität der unterschiedlichen Kontaktnetzwerke** der vier Gründer und der *Business Angels* für das Vorankommen des Innovationsprozesses sehr hilfreich, da das Unternehmen somit Zugriff auf eine Vielzahl an Kontakten mit einem breiten Wissensspektrum hatte.[835] Über dieses Kontaktnetzwerk erreichte das Unternehmen auch, dass es im Rahmen der etwa dreiwöchigen Markt- und Produkttestphase zu relativ günstigen Konditionen auf einem der damals größten deutschen Community-Portale werben konnte.[836] Die dadurch akquirierten Nutzer und ihr Nutzungsverhalten auf der Webseite brachten dem Unternehmen wertvolle Hinweise zur Verbesserung der Online-Plattform vor der offiziellen Markteinführung (*Sensing*).[837]

Entscheidungsfindungen profitierten von starkem Austausch mit Unternehmensexternen

Bei der Entscheidungsfindung (*Managing Threats/Transforming*) in einzelnen Fragen spielte insbesondere auch der **Austausch mit anderen Start-up-Unternehmen** (***Sensing***) eine sehr wichtige Rolle:[838]

---

[832] Vgl. IN-EPSILON-1, Absatz 20.
[833] Vgl. IN-EPSILON-1, Absätze 20 und 22.
[834] Vgl. IN-EPSILON-1, Absatz 90.
[835] Vgl. IN-EPSILON-1, Absatz 52.
[836] Vgl. IN-EPSILON-1, Absatz 54.
[837] Vgl. IN-EPSILON-1, Absatz 56.
[838] Vgl. IN-EPSILON-1, Absatz 46.

„[Das war ein] super enger Austausch, immer. [Das ist] (...) die größte Waffe, die Du hast. [In dieser Stadt ist] (...) mittlerweile (...) so eine Riesen-Community entstanden rund um Start-ups (...)."[839]

Der Austauch erfolgte dabei weniger regelmäßig und zu allgemeinen Themen, sondern vielmehr, wenn punktuell spezifische Expertise benötigt wurde.[840] Ermöglicht wurde dieser wichtige Austausch mit anderen Start-up-Unternehmen zumeist durch das Kontaktnetzwerk der *Business Angels*.[841] Trotz der frühen Beteiligung der *Business Angels* überliessen diese während des gesamten Innovationsprozesses die Entscheidungsmacht jedoch grundsätzlich den Gründern.[842] Das Finden von Entscheidungen wurde dabei dadurch beschleunigt, dass nur einer der vier Gründer zum Geschäftsführer bestellt war und dieser somit letztlich die alleinige Entscheidungsgewalt inne hatte.[843]

Die Gründer analysierten zudem genau, in welchen Bereichen sie Wissenslücken im Unternehmen hatten und ob zur Kompensation dieser Defizite im Rahmen der **Definition der Unternehmensgrenzen (*Seizing*)** eine Auslagerung an unternehmensexterne Partner lohnend wäre. So wurde bspw. das Online-Marketing zunächst an eine professionelle Agentur ausgelagert, da der unternehmensinterne Aufbau der benötigten Expertise das Vorankommen des Innovationsprozess zu stark beeinträchtigt hätte:[844]

„(...) [W]ir hatten am Anfang auch eine Agentur bei diesem Online Marketing mit an Board, weil wenn Du das Wissen nicht hast, brauchst Du halt wirklich extrem lange, um das wirklich selber Inhouse aufzubauen. Also da macht das auf jeden Fall Sinn, sich gleich Experten zu holen, die sich in dem Bereich auskennen."[845]

---

[839] IN-EPSILON-1, Absatz 46.
[840] Vgl. IN-EPSILON-1, Absatz 48.
[841] Vgl. IN-EPSILON-1, Absatz 48.
[842] Vgl. IN-EPSILON-1, Absatz 94.
[843] Vgl. IN-EPSILON-1, Absatz 98.
[844] Vgl. IN-EPSILON-1, Absatz 78.
[845] IN-EPSILON-1, Absatz 78.

6.5 Fallstudie „Epsilon" (später Folger)

Stark ausgeprägte Loyalität und Leistungsbereitschaft

Insgesamt herrschte während des Innovationsprozesses sowohl bei den Gründern als auch bei den Mitarbeitern eine **stark ausgeprägte Loyalität und Leistungsbereitschaft (*Seizing*)** vor. So brannten die Gründer für die von ihnen entwickelte Geschäftsidee und konnten diese Begeisterung problemlos auch auf die Mitarbeiter des Unternehmens übertragen.[846] Dies geschah aufgrund der noch relativ geringen Größe des Unternehmens, das bis zum Markteintritt aus den vier Gründern und vier weiteren Mitarbeitern bestand, nahezu von selbst:[847]

> „(...)[Z]u acht (...) ist das super einfach, da musst Du gar nichts machen, also das passiert einfach von ganz alleine. (...) [B]ewußt gemacht haben wir es nie, aber ich glaube, Du transportierst einfach super viel [im] (...) Tagesgeschäft (...), [so] dass die Leute das einfach mitkriegen. (...) [Inzwischen] bei 80 Leuten hast Du das halt gar nicht mehr, also da musst Du halt eher gucken, dass irgendwie die einzelnen Ziele, die jeder hat, auch zusammen als großes, ganzes noch Sinn machen und da ist das halt deutlich deutlich schwieriger, diesen Spirit noch [aufrecht zu erhalten]."[848]

Zusätzlich wurde die **innovative und motivierende Unternehmenskultur** dadurch gefördert, dass die Mitarbeiter frühzeitig Verantwortung übertragen bekamen sowie gemeinsam klare Ziele formuliert, flache hierarchische Strukturen gepflegt und Events zum besseren Kennenlernen des Teams untereinander veranstaltet wurden.[849] Die noch relativ geringe Größe des Unternehmens bis zum Markteintritt trug dazu bei, dass innerhalb des Teams ein sehr guter Informationsfluss und eine gute Koordination der einzelnen Aufgaben gegeben war.[850] Die **Abstimmung und Koordination (*Managing Threats/Transforming*)** wurde jedoch nicht nur zwischen den einzelnen Teammitgliedern, sondern auch mit den unternehmensexternen *Business Angels* sehr gewissenhaft betrieben. Dazu erfolgte u.a. ein monatliches

---

[846] Vgl. IN-EPSILON-1, Absätze 66 bis 68.
[847] Vgl. IN-EPSILON-1, Absätze 66 bis 68.
[848] IN-EPSILON-1, Absätze 66 bis 70.
[849] Vgl. IN-EPSILON-1, Absatz 72.
[850] Vgl. IN-EPSILON-1, Absatz 68.

Reporting, in dem die Gründer genau beschrieben, in welchen Bereichen sie gezielt Unterstützung durch Expertise bzw. Kontakte benötigen.[851]

Im Zeitraum bis zum Markteintritt arbeitete das Team **räumlich zentralisiert** von einem Standort aus,[852] wobei zwischen den Gründern eine **kompetenzbasierte Entscheidungsdezentralisierung** (*Managing Threats/Transforming*) herrschte.[853] Insgesamt verfügte das Unternehmen über ein im Rahmen der Steuerung des Unternehmens (*Managing Threats/Transforming*) aufgesetztes, **intaktes Anreizsystem**. Neben der bereits dargestellten Begeisterung für die eigens entwickelte Geschäftsidee, stellte für die Gründer ihre Beteiligung am Unternehmen bei gleichzeitig relativ geringem finanziellen Risiko (das größtenteils von den *Business Angels* getragen wurde) eine wichtige Anreizquelle dar.[854]

Das **Management des innerhalb der Organisation vorhandenen Wissens** (*Managing Threats/Transforming*) erfolgte in dem Zeitraum bis zum Markteintritt überwiegend durch direkte Kommunikation zwischen den einzelnen Akteuren des Unternehmens. Eine technische Unterstützung durch unternehmensinterne Wiki-Systeme oder Dokumentationen von Prozessen spielte in dem Zeitraum bis zum Markteintritt noch keine Rolle und war aufgrund der geringen Teamgröße noch nicht notwendig.[855] Der Schutz der Geschäftsidee war insbesondere in der frühen Phase des Innovationsprozesses relativ stark ausgeprägt, da die Gründer die Sorge umtrieb, dass (potentielle) Wettbewerber Kenntnis davon erlangen könnten.[856]

6.5.2 Zusammenfassung der Erkenntnisse

Der Startpunkt des Innovationsprozesses von Unternehmen Epsilon wurde vor allem durch die spezifischen Kompetenzen und Motivationen der beiden Gründer gesetzt. Die beiden als Initiatoren des Innovationsprozesses auftretenden Gründer verfügten

---

[851] Vgl. IN-EPSILON-1, Absatz 40.
[852] Vgl. IN-EPSILON-1, Absatz 22.
[853] Vgl. IN-EPSILON-1, Absatz 62.
[854] Vgl. IN-EPSILON-1, Absatz 8.
[855] Vgl. IN-EPSILON-1, Absatz 76.
[856] Vgl. IN-EPSILON-1, Absatz 82.

6.5 Fallstudie „Epsilon" (später Folger)

bereits über mehrjährige Erfahrungen im Management eines größeren E-Business-Unternehmens und hegten zudem seit jeher den Wunsch, ein eigenes Unternehmen zu gründen.

Nachhaltig prägend für die Entwicklung des Innovationsprozesses von Unternehmen Epsilon war dabei, dass die beiden Gründer über stark ausgeprägte Kompetenzen zur Identifikation und Akquise von komplementären Ressourcen (*Seizing*) verfügten. So betrieben sie bereits die Ideenfindung zusammen mit einem im E-Business sehr erfahrenen *Business Angel*, der durch seine Erfahrungen und sein Kontaktnetzwerk den Innovationsprozess stark beschleunigen konnte. Der *Business Angel* stellte dabei entscheidende Weichen, indem er er das ursprüngliche Gründungsteam durch zwei technisch erfahrene Mitgründer ergänzte, die Finanzierung durch weitere *Business Angels* sicherte und durch sein weit verzweigtes Netzwerk den Gründern Zugriff auf vielfältige Wissensressourcen liefern konnte. Der somit entstehende häufige Austausch von Unternehmen Epsilon mit anderen Start-up-Unternehmen im E-Business, mit Branchenexperten und sonstigen Entscheidungs- und Kompetenzträgern (*Sensing*) beschleunigte den Innovationsprozess erheblich.

In Abbildung 6.14 werden die Ausprägungen und Wirkungen der drei Arten von *Dynamic Capabilities* (*Sensing, Seizing, Managing Threats/Transforming*) von Unternehmen Epsilon im Zeitraum von der Ideenfindung bis zum Markteintritt zusammenfassend dargestellt.

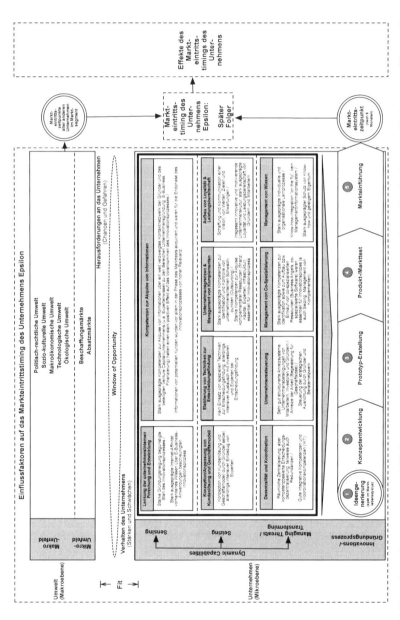

Abbildung 6.14: Ausprägungen und Wirkungen der *Dynamic Capabilities* von Unternehmen Epsilon bis zum Markteintritt (Quelle: Eigene Darstellung)

Kapitel 7

Fallübergreifende Auswertung der Ergebnisse

Im vorliegenden Kapitel wird entsprechend der in Abschnitt 5.3.3 skizzierten Vorgehensweise eine **fallübergreifende Auswertung** der aus den Einzelfallanalysen gewonnenen Erkenntnisse vorgenommen. Die Zielsetzung der fallvergleichenden Analyse besteht darin, **Unterschiede und Gemeinskamkeiten** der Charakteristika und Wirkungen der *Dynamic Capabilities* zwischen den einzelnen Fallstudien herauszuarbeiten und die dabei gewonnenen Erkenntnisse in Form von **Hypothesen** zu formulieren.

7.1 Ausprägungen und Wirkungen der *Dynamic Capabilities*

Die **fallübergreifende Analyse** gibt Aufschluss über die genaue Zusammensetzung der *Dynamic Capabilities* der untersuchten Start-up-Unternehmen im E-Business sowie deren Wirkung auf den Startpunkt und die Dauer des Innovationsprozesses und damit auf den Markteintrittszeitpunkt. Um die Wirkung einzelner Bestandteile der *Dynamic Capabilities* auf das Markteintrittstiming identifizieren zu können, sind sowohl die **Gemeinsamkeiten als auch die Unterschiede der *Dynamic Capability*-Profile** des betrachteten Pioniers, des frühen Folgers und der späten Folger von Bedeutung.

Die Fokussierung der vorliegenden Untersuchung auf Start-up-Unternehmen bringt dabei den Vorteil, dass diese hinsichtlich der *Dynamic Capabilities* eine **hohe strukturelle Ähnlichkeit** aufweisen. So beinhalten *Dynamic Capabilities* mit dem *Sensing*, *Seizing* und *Managing Threats/Transforming* drei Komponenten, die zumindest in der frühen Phase der Unternehmensgründung bis zum Markteintritt bei Start-up-Unternehmen **naturgemäß recht stark ausgeprägt** sind.[857]

---

[857] Die inhaltliche Nähe des Konzepts der *Dynamic Capabilities* zu den Aufgaben eines *Entrepreneurs* spiegelt sich in der folgenden Aussage von TEECE (2007a), S. 1346 wider: „*Entrepre-*

Dementsprechend sind die vielen Ähnlichkeiten hinsichtlich einzelner Bestandteile der *Dynamic Capabilities* über die Gruppen des *Theoretical Sampling* hinweg oftmals durch die **spezifische Charakteristik von Start-up-Unternehmen** zu erklären. Einzelne **Unterschiede** in den *Dynamic Capability*-Profilen können dadurch jedoch umso besser **Hinweise für deren Wirkung auf das Markteintrittstiming** liefern.

In den nachfolgenden **Abschnitten 7.1.1 bis 7.1.3** werden die drei Arten von *Dynamic Capabilities*, das *Sensing*, *Seizing* und *Managing Threats/Transforming*, für Start-up-Unternehmen im E-Business charakterisiert und ihre jeweilige Wirkung auf den Startpunkt und die Dauer des Innovationsprozesses angezeigt. Die dadurch erzielten Erkenntnisse über die Wirkung einzelner Komponenten der *Dynamic Capabilities* auf das Markteintrittstiming werden zudem mit bestehenden Ergebnissen von Studien zum Markteintrittstiming abgeglichen.[858]

7.1.1 Sensing

Die erste von TEECE (2007a) im Rahmen des *Sensing* genannte Komponente behandelt die **Lenkung der unternehmensinternen Forschung und Entwicklung** eines Unternehmens.[859] Bei den untersuchten Start-up-Unternehmen wurde diese vor allem durch die Persönlichkeiten der Gründer, ihre Kompetenzen und ihre Motivationen vollzogen.[860] Wie in Tabelle 7.1 dargestellt und anhand von Ankerbeispielen illustriert, verfügten alle befragten Gründer der betrachteten Fallstudienunternehmen über eine stark ausgeprägte Gründungsneigung und das Streben nach unternehmerischer Unabhängigkeit,[861] wodurch bereits eine grundsätzliche Aufmerksamkeit hinsichtlich neuer Geschäftsideen vorhanden war. Die ausgeprägte Gründungsneigung erscheint als eine wichtige Voraussetzung für den Start eines

---

neurship is about sensing and understanding opportunities, getting things started, and finding new and better ways of putting things together."

[858] Eine ausführliche Analyse der bestehenden Literatur zu den Einflussfaktoren auf das Markteintrittstiming findet sich in Abschnitt 3.2.1.4 sowie in den Anhängen A.1 und A.2 der vorliegenden Schrift.
[859] Vgl. TEECE (2007a), S. 1326 und Abschnitt 3.2.1.1 der vorliegenden Schrift.
[860] Vgl. Einzelfallanalysen von Unternehmen Alpha, Beta, Gamma, Delta und Epsilon in den Abschnitten 6.1, 6.2, 6.3, 6.4 und 6.5 der vorliegenden Schrift.
[861] Vgl. Einzelfallanalysen von Unternehmen Alpha, Beta, Gamma, Delta und Epsilon in den Abschnitten 6.1, 6.2, 6.3, 6.4 und 6.5 der vorliegenden Schrift.

7.1 Ausprägungen und Wirkungen der *Dynamic Capabilities*

Innovations- und Gründungsprojekts. Da die Gründungsneigung jedoch bei allen untersuchten, und damit sowohl bei früh als auch bei spät mit dem Innovationsprozess gestarteten Unternehmen, stark ausgeprägt war, kann diese nicht als alleinige Erklärung für einen frühen Start des Innovationsprozesses in Relation zum jeweiligen Marktlebenszyklus dienen.

Die Gründer der Unternehmen Beta und Gamma, die bereits vor Entstehung des Marktsegments mit dem Innovationsprozess gestartet waren, verfügten, wie in Tabelle 7.1 dargestellt, neben ihrer Gründungsneigung entweder selber über relativ stark ausgeprägte Kompetenzen und Erfahrungen im E-Business oder aber hatten zumindest innerhalb ihrer Organisation über einbezogene Investoren Zugriff auf diese.[862] Um bereits frühzeitig im Lebenszyklus eines Marktsegments auf eine Geschäftsidee zu stoßen, waren jedoch nicht zwingend spezifische Kompetenzen und Erfahrungen im E-Business oder der anvisierten Branche notwendig. So hatten die Gründer von Unternehmen Alpha die Idee zur Entwicklung des Geschäftsmodells noch bevor das Marktsegment durch einen Pionier eröffnet wurde, obwohl sie kaum über Kenntnisse hinsichtlich des E-Business oder der betreffenden Branche verfügten.[863] Und die Gründer von Unternehmen Epsilon, das erst sehr spät im Marktlebenszyklus mit dem Innovationsprozess begann und als später Folger eintrat, verfügten dagegen trotz des späten Beginns des Innovationsprozesses über starke Kompetenzen und mehrjährige Erfahrungen im E-Business.[864]

Auch wenn spezifische Kompetenzen und Erfahrungen im E-Business nicht zwingend für einen frühen Startpunkt des Innovationsprozesses in Relation zum Lebenszyklus des Marktsegments notwendig zu sein scheinen, wirkte sich ein Mangel an diesen bei den betrachteten Fallstudien jedoch negativ auf den Verlauf des Innovationsprozesses aus. So bereiteten fehlende Kompetenzen und Erfahrungen im E-Business-Umfeld insbesondere bei den Fallstudienunternehmen Alpha und Delta Schwierigkeiten beim Vorankommen des Innovationsprozesses.[865] Und umgekehrt beschleunigten die durch die Gründer bzw. Investoren vorhandenen branchenrelevanten Kompetenzen und Erfahrungen die Innovationsprozesse der Unternehmen

---

[862] Vgl. Einzelfallanalysen der Unternehmen Beta und Gamma in den Abschnitten 6.2 und 6.3 der vorliegenden Schrift.
[863] Vgl. Einzelfallanalyse von Unternehmen Alpha in Abschnitt 6.1 der vorliegenden Schrift.
[864] Vgl. Einzelfallanalyse von Unternehmen Epsilon in Abschnitt 6.5 der vorliegenden Schrift.
[865] Vgl. Einzelfallanalysen der Unternehmen Alpha und Delta in den Abschnitten 6.1 und 6.4 der vorliegenden Schrift.

Beta, Gamma und Epsilon.[866] Die Einzelfallanalyse von Unternehmen Epsilon zeigt dabei, dass nicht nur früh in ein Marktsegment eintretende Unternehmen (wie Unternehmen Beta und Gamma) über einen Zugang zu branchenrelevanten Kompetenzen und Erfahrungen verfügen können, sondern ebenso Unternehmen, die gezielt sehr spät in ein Marktsegment eintreten (und somit keine „verkappten Pioniere" sind).[867]

Somit ergibt sich die folgende Hypothese:

> **Hypothese 1**: Je stärker die branchenrelevanten Kompetenzen eines Start-up-Unternehmens im B2C-E-Business ausgeprägt sind, desto eher ist dieses Unternehmen in der Lage, einen frühen Markteintritt zu erzielen.

Für die Beobachtung, dass branchenrelevante Kompetenzen ein frühes Markteintrittstiming begünstigen können, findet sich in der Literatur Bestätigung. So konnte LEE (2008) nachweisen, dass Unternehmen umso schneller in ein Marktsegment eintreten, je mehr ihre Ressourcen und Kompetenzen mit denen für einen bestimmten Produktmarkt erforderlichen Ressourcen und Kompetenzen übereinstimmen.[868] Und MITCHELL (1989) zeigte, dass die Eintrittswahrscheinlichkeit von bereits etablierten Unternehmen in neu entstehende Marktsegmente innerhalb ihrer bisherigen Industrie steigt, je mehr das Unternehmen über industriespezifische Ressourcen verfügt, die für das Überleben in dem neuen Marktsegment von hoher Relevanz sind.[869]

Neben der Lenkung der Forschung und Entwicklung spielt nach TEECE (2007a) im Rahmen des *Sensing* vor allem der **Zugriff auf Informationen aus unterschiedlichen Quellen** eine bedeutende Rolle.[870] Als besonders relevante Quellen nennt er die in Abschnitt 3.2.1 diskutierten Aspekte der Erschließung von Entwicklungen in Wissenschaft und Technologie sowie der Informationen über Lieferanten,

---

[866] Vgl. Einzelfallanalysen der Unternehmen Beta, Gamma und Epsilon in den Abschnitten 6.2, 6.3 und 6.5 der vorliegenden Schrift.
[867] Vgl. Einzelfallanalyse von Unternehmen Epsilon in Abschnitt 6.5 der vorliegenden Schrift.
[868] Vgl. LEE (2008), S. 1276.
[869] Vgl. MITCHELL (1989), S. 224.
[870] Vgl. TEECE (2007a), S. 1326 und Abschnitte 3.2.1.2, 3.2.1.3 und 3.2.1.4 der vorliegenden Schrift.

7.1 Ausprägungen und Wirkungen der *Dynamic Capabilities*

komplementäre Anbieter und Kunden.[871] Bei der Analyse der betrachteten Fallstudienunternehmen zeigte sich, dass der Zugang zu einer Vielzahl an Informationen als eine zentrale Komponente des *Sensing* eine beschleunigende Wirkung auf den Verlauf des Innovationsprozesses hatte. So verfügten die Unternehmen Beta, Gamma und Epsilon, wie in Tabelle 7.1 dargestellt, von Beginn des Innovationsprozesses an über weit verzweigte Kontaktnetzwerke, durch die sie Zugriff auf Informationen hinsichtlich der Entwicklung ihres jeweiligen Leistungsangebots, dem E-Business im Allgemeinen und der Unternehmensgründung erhielten.[872] Ein Gründer des Unternehmens Beta fasste die Bedeutung von Informationen über das weit verzweigte Kontaktnetzwerk für den zügigen Verlauf des Innovationsprozesses wie folgt zusammen:[873]

„(...) [A]m wichtigsten [war] eben der Bekanntenkreis an Unternehmern, den man um Informationen und Ressourcen irgendwie angehen konnte, das war echt das Wichtigste (...)."[874]

Und ein Gründer von Unternehmen Epsilon sagt über den Informationsaustausch mit anderen Start-up-Unternehmen im E-Business zusammenfassend:

„[Das ist] (...) die größte Waffe, die Du hast."[875]

Umgekehrt zeigten sich die negativen Auswirkungen auf das Vorankommen während des Innovationsprozesses aufgrund des eingeschränkten Zugangs zu Informationen bei den Fallstudienunternehmen Alpha und Delta. So verfügten die Gründer von Unternehmen Alpha nur über ein stark begrenztes Kontaktnetzwerk zur Aufnahme von Informationen und Expertenwissen, wodurch die Entwicklung des Leistungsangebots immer wieder erschwert wurde.[876] Ebenso trug ein Mangel an Einbezug von externen Informationen bei Unternehmen Delta dazu bei, dass dessen Innovationsprozess lange Zeit nicht vorankam.[877]

---

[871] Vgl. TEECE (2007a), S. 1322ff..
[872] Vgl. Einzelfallanalysen der Unternehmen Beta, Gamma und Epsilon in den Abschnitten 6.2, 6.3 und 6.5 der vorliegenden Schrift.
[873] Vgl. IN-BETA-1, Absatz 19.
[874] IN-BETA-1, Absatz 19.
[875] IN-EPSILON-1, Absatz 46.
[876] Vgl. Einzelfallanalyse von Unternehmen Alpha in Abschnitt 6.1 der vorliegenden Schrift.
[877] Vgl. Einzelfallanalyse von Unternehmen Delta in Abschnitt 6.4 der vorliegenden Schrift.

Somit ergibt sich die folgende Hypothese:

> **Hypothese 2**: Um ein frühes Markteintrittstiming im B2C-E-Business erreichen zu können, muss ein Start-up-Unternehmen über weit verzweigte Netzwerk-Ressourcen für einen Zugriff auf vielfältige Informationen verfügen.

Für die Beobachtung, dass der Zugriff auf vielfältige Informationen über ein weit verzweigtes Netzwerk eine beschleunigende Wirkung auf das Markteintrittstiming hat, findet sich in bestehenden Studien zu den Einflussfaktoren des Markteintrittstimings Bestätigung. So konnte in der Literatur bereits für etablierte Großunternehmen nachgewiesen werden, dass diese umso schneller in ein Marktsegment eintreten, desto stärker ihre Netzwerk-Ressourcen ausgeprägt sind.[878] Dabei konnte LEE (2007) nachweisen, dass die Qualität, Menge und Vielfalt der einem Unternehmen zur Verfügung stehenden Informationen einen positiven Effekt auf das Markteintrittstiming haben.[879]

Insgesamt zeigt die fallvergleichende Analyse der einzelnen von TEECE (2007a) identifizierten Elemente des *Sensing*,[880] dass diese bei den untersuchten Start-up-Unternehmen teilweise sehr unterschiedlich charakterisiert waren. Zur Erreichung eines frühen Markteintrittstimings scheinen dabei insbesondere die während eines Innovationsprozesses zur Verfügung stehenden branchenrelevanten Erfahrungen und Kompetenzen sowie der Zugriff auf eine Vielzahl an Informationen notwendig zu sein. So beschleunigten das Vorhandensein von branchenrelevanten Kompetenzen und der Zugriff auf vielfältige Informationsquellen die Innovationsprozesse der untersuchten Unternehmen stark,[881] während geringe Ausprägungen dieser beiden Komponenten zu teilweise erheblichen Verzögerungen der Innovationsprozesse führten.[882] In Tabelle 7.1 wird zusammenfassend die fallübergreifende Auswertung des *Sensing*

---

[878] Vgl. LEE (2007), S. 29ff..
[879] Vgl. LEE (2007), S. 34.
[880] Für eine detailliert auf Start-up-Unternehmen im E-Business angepasste Konzeptualisierung der von TEECE (2007a) identifizierten Elemente des *Sensing* sei auf Abschnitt 3.2.1 der vorliegenden Schrift verwiesen.
[881] Vgl. Einzelfallanalysen der Unternehmen Beta, Gamma und Epsilon in den Abschnitten 6.2, 6.3 und 6.5 der vorliegenden Schrift.
[882] Vgl. Einzelfallanalysen der Unternehmen Alpha und Delta in den Abschnitten 6.1 und 6.4 der vorliegenden Schrift.

7.1 Ausprägungen und Wirkungen der *Dynamic Capabilities*

dargestellt, indem die in den einzelnen Fallstudien vorliegenden Ausprägungen der Komponenten des *Sensing* gegenübergestellt, an Ankerbeispielen verdeutlicht und abschließend hinsichtlich ihrer Wirkung auf das Markteintrittstiming kommentiert werden.

Tabelle 7.1: Fallübergreifende Auswertung des *Sensing* (Quelle: Eigene Darstellung)

Markteintritt / Start Innovationsprozess in Relation zum Marktlebenszyklus (Name Fallstudie)	Pionier / Früh (Beta)	Früher Folger/ Früh (Gamma)	Später Folger/ Früh (Alpha)	Später Folger/ Mittel (Delta)	Später Folger/ Spät (Epsilon)	Ankerbeispiele	Kommentar
Lenkung der unternehmensinternen Forschung und Entwicklung durch Gründungsneigung	＋	＋	＋	＋	＋	• Alpha: „[E]ine Gründungsneigung hatte ich sowieso immer und (...) diesmal dachte ich, diesmal musst du es machen (...), sonst werde ich irgendwann im Sterbebett liegen und sagen: ‚Du Hornochse, warum hast du das nicht gemacht, damals?".[883] • Beta: „(...) Gründungsneigung war stark gegeben, sowohl bei (...) [dem Mitgründer] als auch bei mir."[884] • Gamma: „Ich wusste oder dachte zu wissen, dass ich für das Unternehmertum irgendwie geschaffen bin, was an einigen persönlichen Charaktereigenschaften liegt (...)."[885] • Epsilon: „(...) Wir haben] strukturiert angeschaut (...), was könnte man denn gründen."[886]	Durch starke Gründungsneigungen bei allen Untersuchungsobjekten grundsätzliche Aufmerksamkeit hinsichtlich neuer Geschäftsideen -> Bs. Gründungsneigungen jedoch sowohl bei früh als auch bei spät mit dem Innovationsprozess gestarteten Unternehmen stark ausgeprägt waren, keine Erklärung des Markteintrittstimings
Lenkung der unternehmensinternen Forschung und Entwicklung durch branchenrelevante Kompetenzen	＋	＋	◐	◐	＋	• Gamma: „(...) [W]ir [sind] wirklich auch sehr naiv an die Sache [herangegangen], wir hatten überhaupt keine Vorkenntnisse, [bei unseren] (...) ersten Investorenpräsentationen, da haben wir mehr mit Euphorie und mit absoluter Überzeugung gepunktet, als ehrlich gesagt mit fachlichem Wissen. (...) [U]nd (...) das reduzierte Wissen, das wir hatten, war auch noch ehrlich gesagt ziemlich identisch und (...) das ist eine Sache, die man nicht machen sollte und die eigentlich auch nicht Erfolg haben kann."[887]	Unterschiedlich starke branchenspezifische Kompetenzen bei den Untersuchungsobjekten –> Starke (schwache) branchenspezifische Kompetenzen wirkten sich äußerst positiv (negativ) auf das Vorankommen des Innovationsprozesses aus und erhöhen (senken) somit die Chance, einen frühen Markteintritt erzielen zu können

Fortsetzung auf der nächsten Seite

---

[883] IN-ALPHA1, Absatz 4.
[884] IN-BETA-1, Absatz 4.
[885] IN-GAMMA-1, Absatz 18.
[886] IN-EPSILON-1, Absatz 2.
[887] IN-GAMMA-1, Absatz 22.

7.1 Ausprägungen und Wirkungen der *Dynamic Capabilities* 217

Tabelle 7.1 – Fortsetzung von der vorhergehenden Seite

Markteintritt Start Innovationsprozess in Relation zum Marktlebenszyklus (Name Fallstudie)	Pionier / Früh (Beta)	Früher Folger/ Früh (Gamma)	Später Folger/ Früh (Alpha)	Später Folger/ Mittel (Delta)	Später Folger/ Spät (Epsilon)	Ankerbeispiele	Kommentar
Kompetenzen zur Akquise von Informationen	+	+	+	⊖	⊖	• Epsilon: „(...) [S]uper wichtig [war], sich wirklich sehr sehr viel Feedback abzuholen. (...) (G)anz ehrlich, wenn irgendwie das Hauptefolgskriterium ist, dass Du in der Phase der Ideenfindung mit keinem drüber sprichst, dann bist Du selber entweder zu langsam oder hast da irgendein Problem."[888] • Beta: „(...) [A]m wichtigsten [war] eben der Bekanntenkreis an Unternehmern, den man um Informationen und Ressourcen irgendwie angeben konnte, das war echt das Wichtigste (...)."[889] • Gamma: „(...) [D]as haben wir dann weiter ausgebaut, wenn man mal Fragen zu spezifischen Bereichen hat, dass man die dann auch fragen kann. Und so haben wir uns dann wirklich aus verschiedenen Bereichen, also aus Social Networking, (...) einen TV-Menschen, (...), also ganz verschiedene Bereichen haben, wir uns halt Leute eingekauft, was heißt eingekauft, aber beteiligen lassen im Endeffekt, zu guten Konditionen, dass wir halt dann auf deren Wissen zurückgreifen können."[890] • Delta: „[Wir hätten] viel früher mit Leuten (...) sprechen [müssen], einfach mal eine kleine Umfrage machen (...): ,Was haltet Ihr davon, was haltet Ihr davon?'" [Denn] (...) man kann sich viel im stillen Kämmerlein (...) überlegen [und] (...) zwei Leute können sich halt schnell voneinander überzeugen, dass sie cool finden, aber ob das dann 20 Leute oder 200.000 Leute gut finden, ist halt immer eine ganz andere Frage."[891]	Unterschiedlich starke Kompetenzen zur Akquise von Informationen bei den Untersuchungsobjekten –> Starke (schwache) Kompetenzen zur Akquise von Informationen hatten einen positiven (negativen) Effekt auf das Vorankommen des Innovationsprozesses und erhöhen (senken) damit die Chance, einen frühen Markteintritt zu erreichen

---

[888] IN-EPSILON-1, Absatz 88.
[889] IN-BETA-1, Absatz 19.
[890] IN-GAMMA-1, Absatz 46.
[891] IN-DELTA-1, Absatz 34.

7.1.2 Seizing

Die erste von TEECE (2007a) als wichtig erachtete Komponente des *Seizing* behandelt die **Konzeption bzw. Anpassung von Kundenlösung und Geschäftsmodell** eines Unternehmens.[892] Wie in Abschnitt 3.2.2.1 erläutert, beruht ein nicht unerheblicher Teil dieser Konzeption auf taziten Komponenten in Form von Kreativität sowie dem Verständnis von Kunden, Lieferanten und Wettbewerbern. So zeigt auch die fallvergleichende Analyse, dass die Konzeption einerseits auf der Kreativität der Gründer selber beruhte. Andererseits waren, wie Tabelle 7.2 zeigt, die Unternehmen im Vorteil, die bei der Konzeption bzw. Anpassung von Kundenlösung und Geschäftsmodell zusätzlich zur Kreativität der Gründer Zugang zu branchenspezifischen Informationen, Expertisen und Erfahrungen hatten.

Besonders deutlich war dies bei Unternehmen Alpha zu beobachten, dessen Gründer über nahezu keine branchenspezifischen Erfahrungen und Kompetenzen verfügten und aufgrund ihres geringen Kontaktnetzwerks auch kaum Zugang zu Expertenwissen erlangen konnten. Dies trug dazu bei, dass noch während der Markttestphase festgestellt wurde, dass das bislang von Unternehmen Alpha angedachte Geschäftsmodell geändert werden musste. Die Änderung gestaltete sich jedoch mangels Zugriff auf Expertenwissen schwierig.[893] Der Zugriff auf zahlreiche Informationen und vielfältige Experten ermöglichte dagegen bei den Unternehmen Beta, Gamma und Epsilon eine zügige Ausgestaltung des Geschäftsmodells.[894]

Die zweite von TEECE (2007a) im Rahmen des *Seizing* genannte Komponente behandelt die **Etablierung von Techniken zur Entscheidungsfindung** eines Unternehmens.[895] Bei den untersuchten Start-up-Unternehmen war zu sehen, dass die Entscheidungsfindung wenig formalisiert und überwiegend ad hoc erfolgte. Besondere Techniken zur Entscheidungsfindung oder zur Minimierung von ungewollten Beeinflussungen der Entscheidungsfindung durch bestehende Ressourcen waren vor allem aufgrund der noch relativ geringen Ressourcenausstattungen nicht zu beobachten. Wie in Tabelle 7.2 dargestellt, zeigte sich bei den Unternehmen Beta, Gamma und Epsilon, dass die Hinzuziehung von Experten zur Entscheidungsfindung einen

---

[892] Vgl. TEECE (2007a), S. 1334 und Abschnitt 3.2.2.1 der vorliegenden Schrift.
[893] Vgl. Einzelfallanalyse von Unternehmen Alpha in Abschnitt 6.1 der vorliegenden Schrift.
[894] Vgl. Einzelfallanalysen von Unternehmen Beta, Gamma und Epsilon in den Abschnitten 6.2, 6.3 und 6.5 der vorliegenden Schrift.
[895] Vgl. TEECE (2007a), S. 1334 und Abschnitt 3.2.2.2 der vorliegenden Schrift.

7.1 Ausprägungen und Wirkungen der *Dynamic Capabilities*

positiven Einfluss auf den Innovations- und Gründungsprozess hatte.[896] Im Gegensatz dazu erfolgte bei den Unternehmen Alpha und Delta die Entscheidungsfindung überwiegend ohne Einbezug eines breiten Kontaktnetzwerks an Experten.[897] Hinsichtlich der ersten beiden Komponenten des *Seizing* zeigt sich somit, dass deren erfolgreiche Ausgestaltung stark von dem bereits im Rahmen des *Sensing* behandelten Zugang zu branchenspezifischen Informationen, Expertisen und Erfahrungen abhängig war.[898]

Als dritte Komponente des *Seizing* führt TEECE (2007a) die **Festlegung von Unternehmensgrenzen und das Management von Komplementen** auf.[899] Die im Rahmen der Festlegung der Unternehmensgrenzen vorzunehmende Identifikation und Kontrolle von unternehmensinternen Schwachpunkten und Engpässen ist gerade für Start-up-Unternehmen aufgrund ihrer zu Beginn noch relativ überschaubaren Ressourcenausstattungen bedeutend. So beschäftigten sich auch alle untersuchten Start-up-Unternehmen intensiv mit der Fragestellung, ob einzelne Komponenten des Innovations- und Gründungsprozesses an externe Dienstleister ausgelagert werden können.[900]

Wie in Tabelle 7.2 aufgeführt und anhand von Ankerbeispielen illustriert, zeigten sich bei den untersuchten Start-up-Unternehmen jedoch deutliche Unterschiede hinsichtlich der **Kompetenzen zur Akquise und zum Aufbau komplementärer Ressourcen**, die von TEECE (2007a) nicht nur als ein zentraler Bestandteil des *Seizing*, sondern auch des *Managing Threats/Transforming* genannt werden.[901] So zeigten die Fallbetrachtungen der Unternehmen Beta und Gamma, dass diese über stark ausgeprägte Kompetenzen zur Akquise und zum Aufbau komplementärer Ressourcen verfügten, welche die Innovationsprozesse dieser Unternehmen stark beschleunigten und maßgeblich zu ihren Markteintritten als Pionier bzw. früher

---

[896] Vgl. Einzelfallanalysen von Unternehmen Beta, Gamma und Epsilon in den Abschnitten 6.2, 6.3 und 6.5 der vorliegenden Schrift.
[897] Vgl. Einzelfallanalysen von Unternehmen Alpha und Delta in den Abschnitten 6.1 und 6.4 der vorliegenden Schrift.
[898] Vgl. Abschnitt 7.1.1 der vorliegenden Schrift.
[899] Vgl. TEECE (2007a), S. 1334 und Abschnitt 3.2.2.3 der vorliegenden Schrift.
[900] Vgl. Einzelfallanalysen von Unternehmen Alpha, Beta, Gamma, Delta und Epsilon in den Abschnitten 6.1, 6.2, 6.3, 6.4 und 6.5 der vorliegenden Schrift.
[901] Vgl. TEECE (2007a), S. 1326ff..

Folger beitrugen.[902] Ebenso konnte anhand der Einzelfallanalysen der Unternehmen Alpha und Delta herausgearbeitet werden, dass diese nur über relativ schwach ausgeprägte Kompetenzen zur Akquise und zum Aufbau komplementärer Ressourcen verfügten und dass diese Schwäche einen erheblichen Beitrag zu den verspäteten Markteintritten der Unternehmen leistete.[903] Allerdings wird anhand der Einzelfallanalyse von Unternehmen Epsilon deutlich, dass die Kompetenz zur Akquise und zum Aufbau komplementärer Ressourcen auch bei Unternehmen vorhanden sein kann, die gezielt sehr spät in ein Marktsegment eintreten (und somit kein „verkappter Pionier" sind).[904]
Dementsprechend wird die nachfolgende Hypothese abgeleitet:

> **Hypothese 3**: Je stärker die Kompetenzen zur Akquise und zum Aufbau komplementärer Ressourcen eines Start-up-Unternehmens im B2C-E-Business ausgeprägt sind, desto eher ist dieses in der Lage, einen frühen Markteintritt zu erzielen.

Insgesamt steht die im Rahmen der vorliegenden Untersuchung beobachtete starke Bedeutung von Kompetenzen zur Akquise und zum Aufbau komplementärer Ressourcen für die Erzielung eines frühen Markteintritts im Einklang mit den Erkenntnissen bisheriger Studien zu den Einflussfaktoren des Markteintrittstimings. So konnte eine Reihe von Studien über die Einflussfaktoren des Markteintrittstimings von etablierten Unternehmen zeigen, dass der Aufbau und Besitz von branchenrelevanten und komplementären Ressourcen eines Unternehmens einen positiven Einfluss auf deren Markteintrittstiming hat.[905] Insbesondere gelang es LEE (2008) bereits für Diversifizierungsbemühungen von etablierten Großunternehmen nachzuweisen, dass weniger die Anfangsausstattung der Ressourcen eines Unternehmens für einen schnellen Markteintritt von Relevanz ist, sondern vielmehr

---

[902] Vgl. Einzelfallanalysen von Unternehmen Beta und Gamma in den Abschnitten 6.2 und 6.3 der vorliegenden Schrift.
[903] Vgl. Einzelfallanalysen von Unternehmen Alpha und Delta in den Abschnitten 6.1 und 6.4 der vorliegenden Schrift.
[904] Vgl. Einzelfallanalyse von Unternehmen Epsilon in Abschnitt 6.5 der vorliegenden Schrift.
[905] Vgl. MITCHELL (1989), S. 224, HELFAT und LIEBERMAN (2002), S. 736ff., SINHA und NOBLE (2005), S. 193, LEE (2008), S. 1272ff., LEE (2009), S. 91f., vgl. Tabellen 2.6 und A.1 der vorliegenden Schrift.

7.1 Ausprägungen und Wirkungen der *Dynamic Capabilities*

die Kompetenz zum schnellen Aufbau einer für das betreffende Marktsegment geeigneten Ressourcenausstattung.[906] Es erscheint schlüssig, dass dies umso mehr für die im Rahmen der vorliegenden Untersuchung betrachtete Unternehmensart der Start-ups gilt, da diese aufgrund ihrer anfänglich naturgemäß vorhandenen Ressourcenknappheit besonders stark auf die Akquise von komplementären Ressourcen angewiesen sind.[907]

Ein Blick auf die Diskussion um die Effekte des Markteintrittstimings lässt zudem erkennen, dass die Kompetenzen zur Akquise und zum Aufbau von komplementären Ressourcen auch dort eine Rolle spielen. So formulierte TEECE (1987) eine *"complementary resources hypothesis"*, nach der Pioniere von Folgern überholt werden, die über komplementäre bzw. co-spezialisierte Ressourcen verfügen.[908] Allerdings konnten HIDDING, WILSON und WILLIAMS (2008) im Rahmen einer Untersuchung von IT-getriebenen Produktkategorien keine Bestätigung dafür finden, dass komplementäre Ressourcen einen bedeutenden Einfluss auf die Erzielung der Marktführerschaft haben.[909] Die Ergebnisse der vorliegenden Untersuchung zeigen dagegen, dass die Kompetenzen zur Akquise und zum Aufbau von komplementären bzw. co-spezialisierten Ressourcen zumindest für die Erzielung eines frühen Markteintrittstimings von zentraler Bedeutung sind.

Als vierte und letzte Komponente des *Seizing* nennt TEECE (2007a) den **Aufbau von Loyalität und Leistungsbereitschaft**.[910] Insgesamt waren die untersuchten Start-up-Unternehmen von einer innovativen und motivierenden Unternehmenskultur geprägt. Wie bei Start-up-Unternehmen zu erwarten, verfügten alle Gründer der betrachteten Unternehmen über eine außerordentlich starke Motivation, die sich vor allem aus der Begeisterung für die Geschäftsidee ergab. Und auch die Übertragung der Begeisterung für die Vision der Gründer auf die Mitarbeiter gestaltete sich aufgrund der bei Start-up-Unternehmen im Zeitraum bis zum Markteintrittszeitpunkt

---

[906] Vgl. LEE (2008), S. 1276.
[907] NEWBERT (2005), S. 57 betont die Bedeutung des Aufbaus von komplementären Ressourcen für Start-up-Unternehmen wie folgt: *„Unlike existing firms, few (if any) entrepreneurs initially will possess a collection of resources comprehensive enough to establish an operating business. Instead, most (if not all) entrepreneurs undoubtedly will need to acquire additional complementary assets [i. Or. kursiv] (...)"*.
[908] Vgl. HIDDING, WILSON und WILLIAMS (2008), S. 4.
[909] Vgl. HIDDING, WILSON und WILLIAMS (2008), S. 14ff..
[910] Vgl. TEECE (2007a), S. 1334 und Abschnitt 3.2.2.4 der vorliegenden Schrift.

zumeist relativ geringen Teamgröße relativ einfach. Ein Gründer von Unternehmen Beta drückt dies wie folgt aus:

„(...) [P]ersönliche Begeisterung rüberbringen, (...) dass man persönlich so dafür brennt für die Idee, dann ist es für den anderen schwierig, nicht auch dafür zu brennen (...)."[911]

Und ein Gründer von Unternehmen Epsilon sagt:

„(...)[Am Anfang] ist das super einfach, da musst Du gar nichts machen, also das passiert einfach von ganz alleine. (...) Du transportierst einfach super viel (...) [im] (...) Tagesgeschäft (...), [so] dass die Leute das einfach mitkriegen. (...) [Inzwischen] bei 80 Leuten (...) ist das halt deutlich deutlich schwieriger, diesen Spirit noch [aufrecht zu erhalten]."[912]

Da die untersuchten Start-up-Unternehmen, wie in Tabelle 7.2 aufgeführt und anhand von Ankerbeispielen veranschaulicht, hinsichtlich der Komponente des Aufbaus von Loyalität und Leistungsbereitschaft somit sehr ähnlich charakterisiert waren, liefert dieses Element der *Dynamic Capabilities* keine Begründung für die unterschiedlichen Positionen des Markteintrittstimings.

Insgesamt zeigt die fallvergleichende Analyse der einzelnen von TEECE (2007a) identifizierten Elemente des *Seizing*,[913] dass diese bei den untersuchten Start-up-Unternehmen in weiten Teilen sehr ähnlich charakterisiert waren. Erhebliche Unterschiede zeigten sich jedoch hinsichtlich der Ausprägungen der Kompetenzen zur Akquise und zum Aufbau komplementärer Ressourcen, die einen wesentlichen Beitrag zur Erreichung eines frühen Markteintrittstimings liefern können. Zusammenfassend wird in Tabelle 7.2 die fallübergreifende Auswertung des *Seizing* dargestellt, indem die in den einzelnen Fallstudien vorliegenden Ausprägungen der Komponenten des *Seizing* gegenübergestellt, an Ankerbeispielen illustriert und abschließend hinsichtlich ihrer Wirkung auf das Markteintrittstiming bewertet werden.

---

[911] IN-BETA-1, Absatz 35.
[912] IN-EPSILON-1, Absätze 66 bis 70.
[913] Für eine detailliert auf Start-up-Unternehmen im E-Business angepasste Konzeptualisierung der von TEECE (2007a) identifizierten Elemente des *Seizing* sei auf Abschnitt 3.2.2 der vorliegenden Schrift verwiesen.

7.1 Ausprägungen und Wirkungen der *Dynamic Capabilities* 223

Tabelle 7.2: Fallübergreifende Auswertung des *Seizing* (Quelle: Eigene Darstellung)

Markteintritt / Start Innovationsprozess in Relation zum Marktlebenszyklus (Name Fallstudie)	Pionier / Früh (Beta)	Früher Folger/ Früh (Gamma)	Später Folger/ Früh (Alpha)	Später Folger/ Mittel (Delta)	Später Folger/ Spät (Epsilon)	Ankerbeispiele	Kommentar
Konzeption/Anpassung von Kundenlösung und Geschäftsmodell	⊕	⊕	⊖	⊖	⊕	• Delta: „Wir haben es halt sehr (...) detailliert und sehr perfekt (...) gemacht, weil wir es beide aus unseren Jobs (...) vorher kannten (...), sprich, die ganzen Designs, die Visualisierung, alles war fertig, Namensfindung (...)[,] Business Case, Business Plan (...) (...) [Man] hätte [aber] (...) schon früher mal rausgehen (...) [und] (...) mit Leuten sprechen sollen oder (...) Marktforschung machen, Umfragen machen sollen. (...) [I]m Nachhinein war es vielleicht ein Fehler, der uns sehr lange aufgehalten hat, (...) dass wir im stillen Kämmerlein für uns (...) überlegt haben, wie es halt cool sein könnte und dadurch auch sehr viel Zeit verloren haben."[914] • Epsilon: „(...) [E]s gab von Anfang an einen sehr großen Business Case, große Excel-Datei, mit sämtlichen Eventualitäten. (...) [A]lso das war schon alles wirklich (...) sehr durchdacht und sehr geplant."[915]	Ähnlich starke Kompetenzen zur Konzeption bzw. Anpassung von Kundenlösung und Geschäftsmodell, allerdings Vorteile bei den Unternehmen mit Zugang zu vielfältigen Informationsquellen (vgl. Kompetenzen zur Akquise von Informationen (*Sensing*))
Etablierung von Techniken zur Entscheidungsfindung	⊕	⊕	⊖	⊖	⊕	• Gamma: „(...) [W]ir [haben] mit (...) [den Business Angels] ganz offen diskutiert, wir fanden die natürlich wahnsinnig spannend, weil die erfolgreiche Jungs waren, die schon einen Track Record hatten und sie fanden es halt ganz gut, weil sie in uns junge, engagierte, zukünftige Gründer gesehen haben. (...) [D]ie gemeinsame] Ideenfindung war [dann] ein sehr kurzer Prozess. (...) [Von dieser ersten Ideenfindung bis, dass wir quasi uns entschieden haben, wir machen das Ding, (...) waren zweieinhalb Wochen."[916]	Bei allen Untersuchungsobjekten kein Einsatz von speziellen Techniken zur Entscheidungsfindung, allerdings Unterschiede hinsichtlich des Einbezugs von Experten zur Entscheidungsfindung → Integration von Experten zur Entscheidungsfindung hatte positiven Einfluss auf Innovationsprozess

Fortsetzung auf der nächsten Seite

---

[914] IN-DELTA-1, Absatz 10.
[915] IN-EPSILON-1, Absatz 20.
[916] IN-GAMMA-1, Absätze 12 und 30.

224　Kapitel 7 Fallübergreifende Auswertung der Ergebnisse

Tabelle 7.2 – Fortsetzung von der vorhergehenden Seite

Markteintritt / Start Innovationsprozess in Relation zum Marktlebenszyklus (Name Fallstudie)	Pionier Früh (Beta)	Früher Folger/ Früh (Gamma)	Später Folger/ Früh (Alpha)	Später Folger/ Mittel (Delta)	Später Folger/ Spät (Epsilon)	Ankerbeispiele	Kommentar
Unternehmensgrenzen und Management von Komplementen	⊕	⊕	⊖	⊖	⊕	• Alpha: „(...) [U]nd dann bin ich auf die Suche gegangen nach den Ressourcen, die ich eben halt nicht hatte. Ich hatte eigentlich von allen zu wenig oder gar nichts. Ich hatte kein Geld, ich hatte keine Techniker, (...) keinen Datenbank-Spezialisten, ich hatte keinen Designer, ich hatte im Grunde gar nichts (...) und (...) das Allerschlimmste: Ich hatte kein Netzwerk."[917] • Gamma: „(...) [W]as für unseren Markteintritt und im Endeffekt dann auch nachhaltige Auswirkungen hatte, war halt im Endeffekt unser VC. (...) [M]an unterscheidet ja meistens zwischen Finanz- und strategischen Investoren - wir hatten einen Investor, der sowohl das eine als auch das andere abgedeckt hat. (...) [W]ir brauchten Geld, wir haben aber dazu auch noch einen (...) exklusiven Zugang zum damals erfolgreichsten Social Network bekommen (...). Das war schon ein entscheidender Faktor, der uns schon wahnsinnig nach vorne gebracht hat."[918] • Delta: „(...) [W]as uns das Weiterkommen halt irgendwo erschwert hat, das war von Anfang klar, dass wir, weil wir keinen Programmierer im Team haben, dass wir einen Partner brauchten, einen Finanzgeber und strategischen Investor, um mit ihm die nächsten Schritte halt zu machen. Und da haben wir dann sehr viel Zeit verloren."[919] • Epsilon: „(...) [W]ir hatten am Anfang auch eine Agentur bei diesem Online Marketing mit an Board, weil wenn Du das Wissen nicht hast, brauchst Du halt wirklich extrem lange, um das wirklich selber Inhouse aufzubauen. Also da macht das auf jeden Fall Sinn, sich gleich Experten zu holen, die sich in dem Bereich auskennen."[920]	Unterschiedlich starke Kompetenzen zum Management von Komplementen (finanzielles Kapital, Experten, Vertrieb, etc.) bei den Untersuchungsobjekten -> Starke Kompetenzen zum Management von Komplementen beschleunigen Innovationsprozess und erhöhen Chance für frühen Markteintritt

Fortsetzung auf der nächsten Seite

917　IN-ALPHA-1, Absatz 4.
918　IN-GAMMA-1, Absatz 76.
919　IN-DELTA-1, Absatz 12.
920　IN-EPSILON-1, Absatz 78.

7.1 Ausprägungen und Wirkungen der *Dynamic Capabilities*

Tabelle 7.2 – Fortsetzung von der vorhergehenden Seite

Markteintritt Start Innovationsprozess in Relation zum Marktlebenszyklus (Name Fallstudie)	Pionier / Früh (Beta)	Früher Folger/ Früh (Gamma)	Später Folger/ Früh (Alpha)	Später Folger/ Mittel (Delta)	Später Folger/ Spät (Epsilon)	Ankerbeispiele	Kommentar
Aufbau von Loyalität und Leistungsbereitschaft	✚	✚	✚	✚	✚	• Beta: „Also wir haben immer gesagt, wir müssen enorm schnell (...) online gehen, sonst macht es jemand anderes. Und das war unsere Motivation (...)."[921] • Gamma: „(...) [G]erade bei einem Start-up hängt es ja meistens an (...) der Motivation und der Leidenschaft der Gründer (...)[;] dass das Ding einmal aus dem Saft kommt."[922] • Gamma: „(...) [D]as hatte einen dann noch mehr gepushed. (...) zu sehen, wie aus einer Konzeption eine Realität wird. [A]ls könntest Du da wirklich Dein eigenes Baby Dir zusammenbasteln und (...) kannst sagen, welche Augenfarbe, welche Haarfarbe und so, man kann halt wahnsinnig viel selber beeinflussen, bestimmen, mehr als man das in anderen Bereichen kann (...)."[923] • Gamma: „(...) [W]ir brannten sowieso, also uns musste man nicht motivieren. Von daher war das Thema Motivation von Anfang an eigentlich kein Problem."[924]	Die Schaffung und Kommunikation einer Vision, von Werten, Zielen und Erwartungen war bei allen Untersuchungsobjekten stark ausgeprägt; ebenso verfügten alle Untersuchungsobjekte über eine innovative, motivierende Unternehmenskultur –> Somit kein Erklärungsbeitrag zu den unterschiedlichen Positionen des Markteintrittstimings

---

921 IN-BETA-1, Absatz 31.
922 IN-GAMMA1, Absatz 58.
923 IN-GAMMA1, Absatz 85.
924 IN-GAMMA1, Absatz 62.

7.1.3 Managing Threats/Transforming

Die erste der von TEECE (2007a) im Rahmen des *Managing Threats/Transforming* genannte Komponente betrifft die **Dezentralität und Koordination**.[925] Grundsätzlich herrschte bei allen betrachteten Start-up-Unternehmen eine kompetenzbasierte Entscheidungsdezentralisierung. So wurde zwischen den Gründern eine relativ klare Trennung der Verantwortlichkeiten vorgenommen. Alle untersuchten Start-up-Unternehmen arbeiteten dabei räumlich zentralisiert, was von den befragten Gründern auch als positiv für das Vorankommen während des Innovationsprozesses beurteilt wurde. Darüber hinaus herrschte eine intensive Kommunikation, die von den für Start-up-Unternehmen üblichen niedrigen Hierarchien und einem gemeinschaftlichen Management-Stil geprägt war. Die untersuchten Unternehmen verfügten zudem alle über gute Koordinationskompetenzen, die vor allem durch den Einsatz moderner Informations- und Kommunikationstechnologien (IKT) unterstützt wurden.[926] Wie in Tabelle 7.3 dargestellt, war diese erste Komponente des *Managing Threats/Transforming* bei den untersuchten Unternehmen sehr ähnlich ausgeprägt, so dass sie keine Ansatzpunkte zur Erklärung der unterschiedlichen Ausprägungen des Markteintrittstimings der betrachteten Unternehmen liefert.

Die zweite von TEECE (2007a) im Rahmen des *Managing Threats/Transforming* behandelte Komponente betrifft die **Unternehmenssteuerung**.[927] Diese war bei den untersuchten Start-up-Unternehmen von intakten Anreizsystemen geprägt. Ein wichtiger Anreiz lag dabei darin, dass die Gründer, Investoren und sonstigen Unterstützer, aber teilweise auch die Mitarbeiter der untersuchten Start-up-Unternehmen an diesen beteiligt waren. Zudem lieferte die bei Gründern, Mitarbeitern und Unterstützern gleichermaßen vorhandene Begeisterung für die Geschäftsidee stark ausgeprägte Anreize der Arbeit.[928]

Während diese Bestandteile der Unternehmenssteuerung bei den untersuchten Start-up-Unternehmen sehr ähnlich ausgeprägt waren, fanden sich jedoch Unterschiede hinsichtlich der Steuerung der strategischen Ausrichtung der Unternehmen.

---

[925] Vgl. TEECE (2007a), S. 1340 und Abschnitt 3.2.3.1 der vorliegenden Schrift.
[926] Vgl. Einzelfallanalysen von Unternehmen Alpha, Beta, Gamma, Delta und Epsilon in den Abschnitten 6.1, 6.2, 6.3, 6.4 und 6.5 der vorliegenden Schrift.
[927] Vgl. TEECE (2007a), S. 1340 und Abschnitt 3.2.3.2 der vorliegenden Schrift.
[928] Vgl. Einzelfallanalysen von Unternehmen Alpha, Beta, Gamma, Delta und Epsilon in den Abschnitten 6.1, 6.2, 6.3, 6.4 und 6.5 der vorliegenden Schrift.

7.1 Ausprägungen und Wirkungen der *Dynamic Capabilities*

So wurde die Steuerung der strategischen Ausrichtung der untersuchten Unternehmen vor allem von dem Zugriff auf Kontakte mit spezifischem Expertenwissen positiv beeinflusst. Die Unternehmen Beta, Gamma und Epsilon profitierten dabei besonders davon, dass sie über weit verzweigte Kontaktnetzwerke verfügten, die ihnen Zugang zu einer Vielzahl von Informationen und Expertisen zur strategischen Ausrichtung ermöglichten.[929] Die Unternehmen Alpha und Delta dagegen waren hinsichtlich der Steuerung der strategischen Ausrichtung der Unternehmen vornehmlich auf die begrenzten Erfahrungen und Kompetenzen der Gründer angewiesen.[930] So zeigt sich auch im Rahmen der Unternehmenssteuerung der bereits in Abschnitt 7.1.1 postulierte positive Effekt von Informationen und Expertenwissen auf den Innovationsprozess und die Erzielung eines frühen Markteintrittszeitpunktes.

Die dritte von TEECE (2007a) als wichtig erachtete Komponente des *Managing Threats/Transforming* behandelt die Kompetenzen zum **Management von Co-Spezialisierung**, die zugleich auch Bestandteil des *Seizing* sind.[931] Für eine Darstellung der erheblichen Bedeutung der Kompetenzen zum Management von komplementären bzw. co-spezialisierten Ressourcen sei deshalb auf die Ausführungen der fallübergreifenden Analyse des *Seizing* in Abschnitt 7.1.2 verwiesen.

Die vierte und letzte von TEECE (2007a) genannte Komponente des *Managing Threats/Transforming* umfasst das **Management von Wissen**.[932] Sowohl das individuelle als auch das organisationale Lernen waren bei den untersuchten Start-up Unternehmen in dem Zeitraum bis zum Markteintritt relativ stark ausgeprägt. Die Integration und Kombination des vorhandenen Wissens erfolgte dabei vereinzelt über einfach gehaltene Managementinformationssysteme auf Basis moderner Informations- und Kommunikationstechnologien (IKT), wie z.B. Wikis. Überwiegend wurde das Wissen in der frühen Phase bis zum Markteintritt jedoch „*on the fly*" zwischen den Gründern und Mitarbeitern der Unternehmen ausgetauscht.[933]

---

[929] Vgl. Einzelfallanalysen der Unternehmen Beta, Gamma und Epsilon in den Abschnitten 6.2, 6.3 und 6.5 der vorliegenden Schrift.
[930] Vgl. Einzelfallanalysen der Unternehmen Alpha und Delta in den Abschnitten 6.1 und 6.4 der vorliegenden Schrift.
[931] Vgl. TEECE (2007a), S. 1340 und Abschnitt 3.2.3.3 der vorliegenden Schrift.
[932] Vgl. TEECE (2007a), S. 1340 und Abschnitt 3.2.3.4 der vorliegenden Schrift.
[933] Vgl. Einzelfallanalysen von Unternehmen Alpha, Beta, Gamma, Delta und Epsilon in den Abschnitten 6.1, 6.2, 6.3, 6.4 und 6.5 der vorliegenden Schrift.

Ein von TEECE (2007a) ebenfalls im Rahmen des Wissensmanagements genannter und insbesondere für Start-up-Unternehmen überlebenswichtiger Aspekt betrifft den Schutz des vorhandenen Wissens.[934] Diesbezüglich zeigte die Untersuchung, dass alle als Fallstudien behandelten Start-up-Unternehmen in dem betrachteten Zeitraum bis zum Markteintritt intensiv versuchten, die Geschäftsidee zu schützen. So weihten sie grundsätzlich nur relativ wenige Vertrauenspersonen in die Innovationsprojekte ein. Dies wurde jedoch von den befragten Gründern im Nachhinein als hemmend für das Vorankommen des Innovationsprozesses angesehen, da die relativ strikte Geheimhaltung der Geschäftsidee den generell als sehr hilfreich angesehenen Austausch mit externen Ratgebern einschränkte.[935] Im Rahmen des Schutzes der Geschäftsidee wurde nur von einem der untersuchten Start-up-Unternehmen eine vorläufige Patentanmeldung vorgenommen,[936] wobei es aber keinerlei Anzeichen dafür gibt, dass diese einen Einfluss auf den Zeitraum bis zum Markteintritt hatte.[937] Da das Management von Wissen bei den untersuchten Unternehmen insgesamt sehr ähnlich ausgeprägt war, liefert diese Komponente der *Dynamic Capabilities* keine Ansatzpunkte zur Erklärung der unterschiedlichen Ausprägungen des Markteintrittstimings.

Insgesamt wird deutlich, dass die im Rahmen der Fallstudienuntersuchung analysierten Start-up-Unternehmen hinsichtlich der von TEECE (2007a) identifizierten Elemente des *Managing Threats/Transforming*[938] sehr ähnlich charakterisiert waren. Signifikante Unterschiede zeigten sich lediglich hinsichtlich der im Rahmen der Unternehmenssteuerung diskutierten Kompetenzen zur strategischen Ausrichtung der Unternehmen und in Bezug auf das bereits als Komponente des *Sensing* behandelte Management von Co-Spezialisierung. Tabelle 7.3 stellt die fallübergreifende Auswertung des *Managing Threats/Transforming* zusammenfassend dar, indem die in den einzelnen Fallstudien vorliegenden Ausprägungen der Komponenten des *Managing Threats/Transforming* gegenübergestellt, anhand von Ankerbeispielen

---

[934] Vgl. TEECE (2007a), S. 1340 und Abschnitt 3.2.3.4 der vorliegenden Schrift.
[935] Vgl. Einzelfallanalysen von Unternehmen Alpha, Beta, Gamma, Delta und Epsilon in den Abschnitten 6.1, 6.2, 6.3, 6.4 und 6.5 der vorliegenden Schrift.
[936] Vgl. DK-BETA-10 (Presseberichterstattung über Unternehmen Beta).
[937] Vgl. Einzelfallanalyse von Unternehmen Beta in Abschnitt 6.2 der vorliegenden Schrift.
[938] Für eine detailliert auf Start-up-Unternehmen im E-Business angepasste Konzeptualisierung der von TEECE (2007a) identifizierten Elemente des *Managing Threats/Transforming* sei auf Abschnitt 3.2.3 der vorliegenden Schrift verwiesen.

7.1 Ausprägungen und Wirkungen der *Dynamic Capabilities*

verdeutlicht und abschließend hinsichtlich ihrer Wirkung auf das Markteintrittstiming eingeordnet werden.

Tabelle 7.3: Fallübergreifende Auswertung des *Managing Threats/Transforming* (Quelle: Eigene Darstellung)

Markteintritt / Start Innovationsprozess in Relation zum Marktlebenszyklus (Name Fallstudie)	Pionier / Früh (Beta)	Früher Folger/ Früh (Gamma)	Später Folger/ Früh (Alpha)	Später Folger/ Mittel (Delta)	Später Folger/ Spät (Epsilon)	Ankerbeispiele	Kommentar
Dezentralität und Koordination	+	+	+	+	+	• Beta: „(...) [E]rst einmal natürlich klare Verantwortlichkeiten und Aufgaben festlegen, das ist wichtig, damit das Team weiß, an wen sie sich werden müssen. Was sehr gut war zu Beginn, dass wir beiden Geschäftsführer in einem Raum nebeneinander saßen, weil damit jeder wirklich alles mitbekommen hat, was am Telefon besprochen wird (...) oder auch quasi jede E-Mail mitbekommt. (...) [B]ei E-Mails auch, haben wir uns immer (...) bei jeder E-Mail, die geschrieben wurde, in CC oder Blind Copy genommen, dass der andere einfach nur ungefähr auf dem Laufenden ist, was passiert, weil die Entwicklung so schnell ist."[939] • Gamma: „(...) [G]erade in dem technischen Bereich (...), alles muss Inhouse passieren und die Leute müssen auch neben Dir sitzen oder Du musst neben den Programmierern sitzen, sonst wird das nichts. Also ich werde ja häufig gefragt: „(...) Du machst so wenig Urlaub, dann fahr doch einfach mal eine Woche nach [Name einer Insel] und arbeite von da. Ist doch Internet, das geht doch!' Nein, das geht nicht! Es geht nicht! Und das geht in diesem Business wahrscheinlich noch weniger, als in anderen klassischen, wo man ja eigentlich denken würde, im Internet ist ja alles so Telekommunikation und (...) da kann man ja sonstwo sein, aber das funktioniert nicht, weil das ist sonst sehr feinteilig (...)."[940]	Bei allen Untersuchungsobjekten räumliche Zentralisierung, aber kompetenzbasierte Entscheidungsdezentralisierung; ebenso lagen gute integrative Kompetenzen und Koordinationskompetenzen (IKT) vor -> Insgesamt keine Erklärung der unterschiedlichen Positionen des Markteintrittstimings

Fortsetzung auf der nächsten Seite

---

[939] IN-BETA-1, Absatz 59.
[940] IN-GAMMA-1, Absatz 58.

7.1 Ausprägungen und Wirkungen der *Dynamic Capabilities*

Tabelle 7.3 – Fortsetzung von der vorhergehenden Seite

Markteintritt Start Innovationsprozess in Relation zum Marktlebenszyklus (Name Fallstudie)	Pionier / Früh (Beta)	Früher Folger/ Früh (Gamma)	Später Folger/ Früh (Alpha)	Später Folger/ Mittel (Delta)	Später Folger/ Spät (Epsilon)	Ankerbeispiele	Kommentar
Unternehmenssteuerung	⊕	⊕	⊕	⊕		• Beta: „(...) [D]ie [Mitarbeiter] haben auch einen kleinen Unternehmensanteil bekommen, was die zu Beginn, glaube ich, sehr motiviert hat, weil die damit sehen, „Mensch, super, (...) das zeigt auch irgendwie, dass die Geschäftsführer da, die Chefs auch bereit sind, irgendwie zu teilen und so etwas" (...) [S]o etwas kannten die gar nicht, dass jemand sagt: „Hier kriegst Du sogar Unternehmensteile" (...) Aber das hat die, (...) noch einmal sehr (...) gebunden an das Unternehmen oder begeistert oder auch persönliche Neigung da gebracht."[941]	Bei allen Untersuchungsobjekten intakte Anreizsysteme –> Keine Erklärung des Markteintrittstimings/ Aber Unterschiede in der Steuerung der strategischen Ausrichtung (großes vs. kleines bzw. kein Beraternetzwerk) –> vgl. Kompetenzen zur Akquise von Informationen
Management von Co-Spezialisierung	⊕	⊕	⊕	⊕	⊕	• Beta: „Wir haben ein Softwareprojekt gefunden, das unter so einer halbwegs Open Source-Flagge damals segelte, (...) die haben Komponenten sozusagen verwendet die auch für uns relevant waren (...) - und die konnten wir nutzen, (...) das [hat] uns (...) sehr geholfen (...) diesen ersten Prototypen aufzusetzen. (...) Das ist so eine Sache, wo wir von einer fremden Ressource (...) profitieren konnten. [Und ebenso] natürlich durch den technischen Leiter, das war (...) ein Freelancer, der aus einem Projektmanagement-Büro kommt, (...) die so etwas immer machen, (...) solche Projekte neu aufzusetzen. (...) [D]er hat halt viel Know-how eingebracht (...)."[942]	Unterschiedlich stark ausgeprägte Kompetenzen zur Identifikation und zum Aufbau bzw. Einkauf von co-spezialisierbaren Ressourcen bei den Untersuchungsobjekten –> Starke Kompetenzen zum Management von Co-Spezialisierung erhöhen Chance für frühen Markteintritt (vgl. *Seizing*)

Fortsetzung auf der nächsten Seite

[941] IN-BETA-1, Absatz 39.
[942] IN-BETA-1, Absatz 51.

232 Kapitel 7 Fallübergreifende Auswertung der Ergebnisse

Tabelle 7.3 – Fortsetzung von der vorhergehenden Seite

Markteintritt / Start Innovationsprozess in Relation zum Marktlebenszyklus (Name Fallstudie)	Pionier / Früh (Beta)	Früher Folger/ Früh (Gamma)	Später Folger/ Früh (Alpha)	Später Folger/ Mittel (Delta)	Später Folger/ Spät (Epsilon)	Ankerbeispiele	Kommentar
Management von Wissen	➕	➕	➕	➕		• Beta: „(...) [A]m Tag eins hatten wir ein Wiki, in das jeder immer alles eintragen, nicht nur darf, sondern auch muss (...). Und dann natürlich alles, was bei Software-Entwicklung normal ist, so Versionierungssysteme und continuous integration tools und so (...)."[943] • Delta: „(...) [W]ir haben halt uns natürlich ein Netzwerk eingerichtet, (...) arbeiten mit externen Festplatten, mit Backup-Systemen und haben uns natürlich auch Strukturen aufgebaut, wo [wir] alles (...) speichern, damit halt das Wissen, was wir uns angeeignet haben (...) auch archiviert wird (...) [und] wir dann (...) Zugriff darauf haben und das hat eigentlich sehr sehr gut funktioniert. Man muss sich halt auch dazu zwingen irgendwo, aber das hat eigentlich ganz gut geklappt."[944] • Beta: „Irrsinn (...), man denkt halt selber, man hat (...) den Stein des Weisen gefunden und da hat man total Angst, dass der einem wieder gestohlen wird (...). (...) Man ist da überängstlich als Gründer, ist völliger Quatsch, also im Nachhinein, ist Unfug."[945] • Alpha: „Sie müssen auch vor allem immer in der Lage sein, immer zu lernen. Das ist es. (...) [S]o viel, wie ich jetzt in dieser kurzen Zeit gelernt habe, das habe ich weder in meinem Studium noch bei irgendeinem anderen Arbeitgeber gelernt. So viel. (...) [W]irklich aus allen Bereichen. Oft extrem schmerzhaft und oft eben halt auch sehr motivierend wieder. (...) [W]enn wir etwas nicht gelingt,] ziehen wir erstseinmal unsere Lehren draus und beim nächsten Mal machen wir es besser."[946]	Bei allen Untersuchungsobjekten stark ausgeprägte individuelle und organisationale Lernprozesse sowie gute Know-how-Integration („on the fly", teilweise Managementinformationssysteme). Bei allen Untersuchungsobjekten starker Schutz von Know-how und geistigem Eigentum –> Insgesamt keine Erklärung der unterschiedlichen Positionen des Markteintrittstimings

---

[943] IN-BETA-1, Absatz 53.
[944] IN-DELTA-1, Absatz 47.
[945] IN-BETA-1, Absätze 16 und 18.
[946] IN-ALPHA-1, Absatz 74.

7.2 Theoretischer Bezugsrahmen des Markteintrittstimings

Die im Rahmen der vorliegenden Untersuchung gewonnenen Erkenntnisse werden in Abbildung 7.1 in einem **theoretischen Bezugsrahmen** zu den *Dynamic Capabilities* als Einflussfaktoren des Markteintrittstimings von Start-up-Unternehmen im E-Business zusammengefasst. Dieser stellt eine **weiterentwickelte Version** des in Teil II abgeleiteten vorläufigen theoretischen Bezugsrahmens dar, der nun durch die Einblicke und Befunde der empirischen Erhebung[947] ergänzt wurde.[948] Der somit anhand von theoretischen Überlegungen und empirischen Erkenntnissen entwickelte theoretische Bezugsrahmen stellt ein in sich geschlossenes Aussagensystem zu den *Dynamic Capabilities* als Einflussfaktoren des Markteintrittstimings von Start-up-Unternehmen im E-Business dar und bildet damit eine Grundlage für mögliche weitere wissenschaftliche Untersuchungen.

Die fallübergreifende Analyse hat insgesamt gezeigt, dass einzelne Komponenten der drei Arten von *Dynamic Capabilities* (*Sensing*, *Seizing* und *Managing Threats/Transforming*) ein frühes Markteintrittstiming der untersuchten Unternehmen begünstigen konnten. Im Mittelpunkt des theoretischen Bezugsrahmens stehen dabei insbesondere **drei Komponenten von *Dynamic Capabilities***, die als besonders wichtig für ein frühes Markteintrittstiming erscheinen und die deshalb als ***Dynamic Entry Timing Capabilities*** bezeichnet werden können.[949] So hatten zum einen der Zugriff auf branchenrelevante Kompetenzen und auf eine Vielzahl an Informationen während des Innovationsprozesses eine positive Auswirkung auf das Markteintrittstiming der untersuchten Unternehmen.[950] Zum anderen war die Kompetenz zur Akquise und zum Aufbau von komplementären bzw. co-spezialisierten Ressourcen für die Erzielung eines frühen Markteintrittstimings von entscheidender Bedeutung.[951] Dies erscheint insbesondere deshalb plausibel, da Neugründungen anfänglich zumeist über eine stark ausgeprägte Ressourcenknappheit verfügen und

---

[947] Vgl. Teil III der vorliegenden Schrift.
[948] Für eine zusammenfassende Darstellung des in Teil II abgeleiteten vorläufigen theoretischen Bezugsrahmens sei auf Kapitel 4 der vorliegenden Schrift verwiesen.
[949] Mit der Bezeichnung der *Dynamic Entry Timing Capabilities* wird dem Beispiel von BRUNI und VERONA (2009) gefolgt, die eine auf das Marketing fokussierte Form von *Dynamic Capabilities* identifiziert und diese als *Dynamic Marketing Capabilities* bezeichnet haben.
[950] Vgl. Abschnitt 7.1.1 der vorliegenden Schrift.
[951] Vgl. Abschnitte 7.1.2 und 7.1.3 der vorliegenden Schrift.

die Entwicklung eines neuen Produktes bzw. Services zwangsläufig von der laufenden Integration, Veränderung und Weiterentwicklung vielfältiger Ressourcen und Kompetenzen geprägt sein muss.[952]

Wie in den vorhergehenden Abschnitten 7.1.1 bis 7.1.3 erläutert, werden die in der vorliegenden Untersuchung gewonnenen Erkenntnisse grundsätzlich durch bestehende Forschungsergebnisse zu den Einflussfaktoren des Markteintrittstimings von etablierten Großunternehmen **gestützt**.[953] Die vorliegende Untersuchung zeigt zudem, dass die *Dynamic Capabilities* und damit auch die *Dynamic Entry Timing Capabilities* von Start-up-Unternehmen insbesondere in der frühen Phase der Unternehmensentwicklung noch **relativ einfach gestrickt** sind. Diese Erkenntnis steht ebenfalls im Einklang mit der bestehenden Forschung zu den *Dynamic Capabilities*. So stellen ZAHRA, SAPIENZA und DAVIDSSON (2006) fest, dass Startups im Vergleich zu etablierten Unternehmen über wenige, dafür aber fokussierte und einfach strukturierte *Dynamic Capabilities* verfügen.[954] In der Literatur wird darüber hinaus betont, dass *Dynamic Capabilities* zur Entfaltung ihrer Wirkung nach Möglichkeit zu einem großen Teil in der Führungsebene eines Unternehmens angesiedelt sein müssen.[955] TEECE (2007a) drückt dies wie folgt aus: *„Since all three classes are unlikely to be found in individual managers, they must be somewhere represented in top management (...). Of course, if the principal executive officer has depth in all three classes of capabilities, the organization has a better chance of success."*[956] Die vorliegende Untersuchung lässt erkennen, dass dies in besonderem Maße für Start-up-Unternehmen gilt, da diese gerade in der frühen Phase der Unternehmensentwicklung bis zum Markteintritt entscheidend von wenigen Gründern bzw. Managern geprägt werden.

Dennoch lassen die Ergebnisse der vorliegenden Arbeit auch **Zweifel an bestehenden Forschungserkenntnissen zu den Einflussfaktoren des Markteintrittstimings** aufkommen. So kamen ROBINSON, FORNELL und SULLIVAN (1992)[957]

---

[952] Vgl. EISENHARDT und MARTIN (2000), S. 1108, DANNEELS (2002), S. 1115.
[953] Vgl. LEE (2007), S. 29ff., MITCHELL (1989), S. 224, HELFAT und LIEBERMAN (2002), S. 736ff., SINHA und NOBLE (2005), S. 193, LEE (2008), S. 1272ff., LEE (2009), S. 91f., vgl. Tabellen 2.6 und A.1 der vorliegenden Schrift.
[954] Vgl. ZAHRA, SAPIENZA und DAVIDSSON (2006), S. 941.
[955] Vgl. TEECE (2007a), S. 1346, NARAYANAN, COLWELL und DOUGLAS (2009), S. S38.
[956] TEECE (2007a), S. 1347.
[957] Vgl. ROBINSON, FORNELL und SULLIVAN (1992), S. 622.

7.2 Theoretischer Bezugsrahmen des Markteintrittstimings

zu dem Schluss, dass sich die Ressourcenausstattungen von Pionieren, frühen Folgern und späten Folgern zum Markteintrittszeitpunkt **systematisch unterscheiden**. Die vorliegende Untersuchung zeigt jedoch, dass es mindestens auch **innerhalb der Kategorie der späten Folger systematische Unterschiede** in den Ressourcenausstattungen gibt. So zeigt sich vor allem, dass es „**verkappte Pioniere**" gibt, die früh in einen Innovationsprozess gestartet sind, aber dennoch erst einen Markteintritt als späte Folger geschafft haben. Und ebenso gibt es späte Folger, die **absichtlich** erst zu einem späteren Zeitpunkt im Marktlebenszyklus mit dem Innovationsprozess gestartet sind. Im Rahmen der vorliegenden Untersuchung wurde deutlich, dass diese zwei verschiedenen Arten von späten Folgern auch über **systematisch unterschiedliche *Dynamic Capabilities*** verfügen. Eine entsprechend genauere Unterscheidung der unterschiedlichen Arten von späten Folgern sollte von zukünftigen Untersuchungen zum Markteintrittstiming aufgegriffen werden.

236　　Kapitel 7　Fallübergreifende Auswertung der Ergebnisse

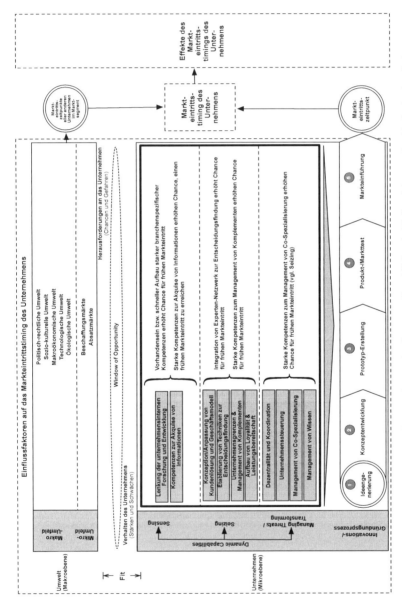

Abbildung 7.1: Endgültiger Theoretischer Bezugsrahmen der *Dynamic Capabilities* als Einflussfaktoren des Markteintrittstimings (Quelle: Eigene Darstellung)

Teil IV

Implikation

Kapitel 8

Abschließende Bewertung

Zum Abschluss der vorliegenden Untersuchung wird zunächst in **Abschnitt 8.1** eine **Zusammenfassung der Forschungserkenntnisse** vorgenommen. In **Abschnitt 8.2** erfolgt anschließend eine **kritische Würdigung** der vorliegenden Untersuchung durch eine Reflexion von Theorie und Empirie sowie eine Bewertung der Qualität der Forschungsarbeit anhand von Gütekriterien. In den darauf folgenden **Abschnitten 8.3 und 8.4** werden schließlich **Implikationen der vorliegenden Untersuchung für Wissenschaft und Praxis** dargestellt.

8.1 Zusammenfassung der Forschungserkenntnisse

Den Ausgangspunkt der vorliegenden Untersuchung bildete die sowohl in der Wirtschaftspraxis zu beobachtende als auch in der betriebswirtschaftlichen Forschung nachgewiesene **besondere Bedeutung des Markteintrittstimings** speziell für Start-up-Unternehmen. Das Ziel der vorliegenden Arbeit bestand dabei allerdings **nicht** darin, erneut die bereits vielfach untersuchten Effekte des Markteintrittstimings, d.h. die Erfolgsunterschiede von Pionieren und Folgern, zu beleuchten. Vielmehr liefert die vorliegende Untersuchung einen Beitrag zu einem **besseren Verständnis der Einflussfaktoren des Markteintrittstimings**, d.h. zu der Frage, warum ein Unternehmen überhaupt als Pionier oder Folger in einen Markt eintritt. Hierzu wurde eine Fokussierung der Untersuchung auf die *Dynamic Capabilities* **als Einflussfaktoren des Markteintrittstimings** vorgenommen, da diese als sog. Meta-Kompetenzen einen besonders großen Erklärungsbeitrag erwarten ließen.[958]

Die Untersuchung begann zunächst mit der systematischen Entwicklung eines **vorläufigen theoretischen Bezugsrahmens** zur Untersuchung der *Dynamic*

---
[958] Vgl. Abschnitt 1.1 der vorliegenden Schrift.

Capabilities als Einflussfaktoren des Markteintrittstimings.[959] Das Fundament des theoretischen Bezugsrahmens bildete eine **präzise Begriffsabstimmung von Terminologien** aus den Bereichen des *Resource-based View* und des Markteintrittstimings.[960] Als zentrales Element des theoretischen Bezugsrahmens wurde schließlich eine **Konzeptualisierung** von *Dynamic Capabilities* bei Start-up-Unternehmen im E-Business entwickelt, die auf einer von TEECE (2007a) eingebrachten Struktur zur Operationalisierung von *Dynamic Capabilities* aufbaut.[961] Im Rahmen einer umfangreichen **Analyse der Literatur** zu den Einflussfaktoren des Markteintrittstimings wurden zudem die bereits vorhandenen Erkenntnisse zu den Einflussfaktoren des Markteintrittstimings übersichtlich zusammengeführt sowie bestehende Wissensdefizite identifiziert.[962]

Das somit entwickelte, **umfangreiche theoretische Vorverständnis** der *Dynamic Capabilities* als Einflussfaktoren des Markteintrittstimings bildete die Grundlage für eine empirische Untersuchung.[963] Dabei wurden im Rahmen einer qualitativen Analyse **Fallstudien der Innovationsprozesse von Start-up-Unternehmen im E-Business** mit unterschiedlichen Ausprägungen des Markteintrittstimings (Pionier, früher Folger, später Folger) durchgeführt. Diese Vorgehensweise erlaubte im Gegensatz zu den bislang ausnahmslos quantitativen Untersuchungen der Einflussfaktoren des Markteintrittstimings anhand einer **qualitativen Inhaltsanalyse** eine detaillierte Rekonstruktion der einzelnen Innovationsprozesse der betrachteten Start-up-Unternehmen.[964] Insbesondere wurde dabei herausgearbeitet, wie einzelne Komponenten der *Dynamic Capabilities* sowohl den Zeitpunkt des Beginns der betrachteten Innovationsprozesse als auch deren Dauer positiv oder negativ beeinflusst haben.[965]

Insgesamt bringt die vorliegende Arbeit **vier neue Forschungserkenntnisse** zu Tage:

---

[959] Vgl. Teil II der vorliegenden Schrift.
[960] Vgl. Kapitel 2 der vorliegenden Schrift.
[961] Vgl. Kapitel 3 der vorliegenden Schrift.
[962] Vgl. Abschnitt 2.2 der vorliegenden Schrift.
[963] Vgl. Teil III der vorliegenden Schrift.
[964] Vgl. Kapitel 6 der vorliegenden Schrift.
[965] Vgl. Kapitel 6 der vorliegenden Schrift.

8.1 Zusammenfassung der Forschungserkenntnisse

1. Anhand einer umfassenden Literaturanalyse konnten die in der Wissenschaft über drei Jahrzehnte entwickelten **Erkenntnisse zu den Einflussfaktoren des Markteintrittstimings zusammengeführt und transparent** gemacht werden. Eine detaillierte Auflistung sämtlicher dabei identifizierten Einflussfaktoren des Markteintrittstimings findet sich in Anhang A.1 und gibt einen **umfassenden Einblick in die Widersprüche und Gemeinsamkeiten** dieses wichtigen Teilbereichs der in den Wirtschaftswissenschaften viel beachteten Markteintrittstiming-Forschung.[966]

2. Die Arbeit liefert einen **theoretischen Bezugsrahmen zur Illustration und Analyse der Meta-Kompetenzen von Unternehmen (*Dynamic Capabilities*)** als Einflussfaktoren des Markteintrittstimings. Zum einen wird damit eine wünschenswerte, **engere Verzahnung der stark beachteten Forschungsströme** des Markteintrittstimings und der *Dynamic Capabilities* erreicht. Zum anderen erfolgt im Zuge dessen auch eine detailliertere **Anpassung des Konzepts der *Dynamic Capabilities*** auf Start-up-Unternehmen im E-Business.

3. Die empirische Erhebung konnte zeigen, dass die drei von TEECE (2007a) identifizierten Arten von *Dynamic Capabilities*, das *Sensing*, *Seizing* und *Managing Threats/Transforming*, einen **starken Einfluss auf den Markteintrittszeitpunkt** von Start-up-Unternehmen im E-Business haben, indem sie vor allem die Dauer des Innovationsprozesses maßgeblich mitprägen. Die nachfolgend genannten drei Komponenten von *Dynamic Capabilities* wurden dabei als besonders wichtig für die Erreichung eines frühen Markteintrittstimings identifiziert und lassen sich somit als ***Dynamic Entry Timing Capabilities*** bezeichnen:

   a) Das Vorhandensein von bzw. der Zugang zu **branchenrelevanten Kompetenzen** während des Innovationsprozesses.[967]

---

[966] Eine Klassifizierung sowie eine detaillierte Diskussion der analysierten Literatur zu den Einflussfaktoren des Markteintrittstimings und ihrer Ergebnisse findet sich in Abschnitt 2.2 der vorliegenden Schrift. Eine chronologische Auflistung der identifizierten Studien sowie eine Beschreibung ihrer jeweiligen Vorgehensweise und Resultate wird in Anhang A.2 vorgenommen.

[967] Bestätigung für diese Erkenntnis findet sich durch bestehende Forschungsergebnisse zu den Einflussfaktoren des Markteintrittstimings von etablierten Großunternehmen (vgl. LEE (2008), S. 1276 und MITCHELL (1989), S. 224).

b) Der **Zugriff auf eine Vielzahl an Informationen und spezifisches Fachwissen** während des Innovationsprozesses.[968]

c) Die **Kompetenz zur Akquise und zum Aufbau von komplementären bzw. co-spezialisierten Ressourcen** während des Innovationsprozesses.[969]

4. **In Widerspruch** zu der in der Literatur zum Markteintrittstiming viel zitierten, von ROBINSON, FORNELL und SULLIVAN (1992)[970] aufgestellten Behauptung, dass Pioniere, frühe Folger und späte Folger zum Zeitpunkt des Markteintritts grundsätzlich über **systematisch unterschiedliche Ressourcen** verfügen, gelangt die vorliegende Untersuchung zu einem **differenzierteren Ergebnis**. So zeigten drei im Rahmen der empirischen Erhebung erhobene Fallstudien von späten Folgern, dass es mindestens auch **innerhalb der Kategorie der späten Folger systematische Unterschiede** in den Ausstattungen an Ressourcen bzw. *Dynamic Capabilities* gibt. Dabei gibt es als späte Folger einerseits Unternehmen, die einen frühen Markteintritt **angestrebt**, aber diesen aufgrund unzureichender Ressourcenausstattungen **nicht erreicht** haben („verkappte Pioniere").[971] Und andererseits gibt es Unternehmen, die **gezielt** einen späten Markteintritt gewählt haben und dabei nicht zwangsläufig über eine dürftige Ausstattung an Ressourcen bzw. *Dynamic Capabilities* verfügen müssen.[972]

---

[968] Diese Erkenntnis wird ebenfalls durch bestehende Forschungsergebnisse zu den Einflussfaktoren des Markteintrittstimings von etablierten Großunternehmen gestützt (vgl. LEE (2007), S. 29ff.).

[969] Diese Erkenntnis erscheint gerade aufgrund der anfänglich zumeist stark ausgeprägten Ressourcenknappheit von Start-up-Unternehmen plausibel. Zudem deckt sie sich grundsätzlich mit bestehenden Forschungsergebnissen zu den Einflussfaktoren des Markteintrittstimings von etablierten Großunternehmen (vgl. MITCHELL (1989), S. 224, HELFAT und LIEBERMAN (2002), S. 736ff., SINHA und NOBLE (2005), S. 193, LEE (2008), S. 1272ff., LEE (2009), S. 91f., und Tabellen 2.6 und A.1 der vorliegenden Schrift).

[970] Vgl. ROBINSON, FORNELL und SULLIVAN (1992), S. 622.

[971] Vgl. Einzelfallanalyse von Unternehmen Alpha in Abschnitt 6.1 der vorliegenden Schrift.

[972] Vgl. Einzelfallanalyse von Unternehmen Epsilon in Abschnitt 6.5 der vorliegenden Schrift.

8.2 Kritische Würdigung der Untersuchung

Nachfolgend wird eine **kritische Würdigung** der vorliegenden Untersuchung vorgenommen. Dazu wird zunächst in **Abschnitt 8.2.1** die theoretische Grundlage sowie die empirische Erhebung **kritisch reflektiert**. Anschließend wird in **Abschnitt 8.2.2** diskutiert, inwieweit die vorliegende Forschungsarbeit sechs zentralen **Gütekriterien** gerecht wird, die als wissenschaftliche Qualitätsindikatoren und damit als Voraussetzung für die Anerkennung von Forschungsergebnissen gelten.

8.2.1 Kritische Reflexion von Theorie und Empirie

Die vorliegende Untersuchung weist hinsichtlich ihrer **theoretischen Fundierung** und ihrer **empirischen Basis** einige **natürliche Grenzen** auf, die nachfolgend einer kritischen Reflexion unterzogen werden. Eine zentrale Limitierung der theoretischen Grundlage der Arbeit liegt darin, dass mit den *Dynamic Capabilities* ein Konzept im Mittelpunkt des theoretischen Bezugsrahmens steht, das selber noch in den **Kinderschuhen** steckt. Obgleich das theoretische Konzept der *Dynamic Capabilities* zunehmend an Bedeutung in der wissenschaftlichen Diskussion gewinnt, bleibt es dennoch in Teilen sowohl konzeptionell als auch begrifflich unzureichend erforscht und abgegrenzt. Das von TEECE (2007a) vorgestellte *Dynamic Capabilities*-Rahmenwerk und seine Mikrofundierungen boten jedoch erstmals eine geeignete Grundlage für die in der vorliegenden Arbeit entwickelte, detaillierte Konzeptualisierung von *Dynamic Capabilities* als Einflussfaktoren des Markteintrittstimings. Die dabei vorgenommenen Anpassungen des von TEECE (2007a) hervorgebrachten Rahmenwerks an die besonderen Gegebenheiten von Start-up-Unternehmen im E-Business, liefern einen weiteren Beitrag zur Spezifizierung des Konzepts der *Dynamic Capabilities*.

Gerade diese in der vorliegenden Arbeit vorgenommene Übertragung des Konzepts der *Dynamic Capabilities* auf die frühen Entwicklungsphasen von Start-up-Unternehmen vor dem Markteintritt bietet jedoch auch eine **potentielle Angriffsfläche**. Da es sich bei *Dynamic Capabilities* um organisationale Kompetenzen handelt, könnte argumentiert werden, dass diese dementsprechend nur in großen Unternehmen mit gewachsenen Organisationsstrukturen und weniger bei Unternehmensgründungen anzutreffen sein könnten. Gerade im dynamischen E-Business sind jedoch Grenzen von Organisationen, insbesondere auch von Unternehmensgründungen fließend und von Anfang an auf den intensiven Einbezug unternehmensexterner Ressourcen ausgelegt. Dies zeigten auch deutlich die Fallstudien der vorliegenden Untersuchung: Obwohl die betrachteten Start-up-Unternehmen gerade in der Anfangsphase häufig nur aus einem Kern von Gründern und wenigen Mitarbeitern bestanden, bildeten ihre Kontakt- und Kooperationsnetzwerke, u.a. mit Investoren, Partnerunternehmen und externen Branchenexperten organisationale Strukturen, die weit über die eigentlichen Unternehmensgrenzen i.e.S. hinaus reichten. Um dieser wirtschaftlichen Realität gerecht zu werden, erscheint eine weite Definition der Grenzen einer Organisation für Start-up-Unternehmen im E-Business angemessen und damit eine Übertragung des Konzepts der *Dynamic Capabilities* als organisationale Kompetenzen auf Gründungsunternehmen geeignet.

Diese in der vorliegenden Untersuchung eingenommene Sichtweise wird von Publikationen renommierter Wissenschaftsverlage gestützt. So belegt NEWBERT (2005) anhand einer Untersuchung von über 800 individuellen Unternehmensgründern eindrucksvoll, dass sich das Konzept der *Dynamic Capabilities* zur Erforschung der Bildung von neuen Unternehmen eignet. Dabei betont er sogar die Übertragbarkeit des Konzepts der *Dynamic Capabilities* von der organisationalen auf die individuelle Ebene: „(...) [W]hereas dynamic capabilities typically are thought of as processes executed at the firm level, the dynamic capability of new firm formation is argued here to be a process executed at the individual level."[973] Ebenso hebt TEECE (2007a) hervor, dass das Konzept der *Dynamic Capabilities* viele Komponenten aus der Entrepreneurship-Forschung enthält und einen engen Bezug zu unternehmerischen Aufgabenstellungen hat.[974] Dies erscheint plausibel, weil *Dynamic Capabilities* letztlich Kompetenzen höherer Ordnung zur schnellen Umgestaltung der Ressourcenausstattung und Anpassung an in- und externe Gegebenheiten darstellen und dementsprechend gerade beim Aufbau eines Unternehmens unverzichtbar sind. Die erfolgreiche Anwendbarkeit des Konzepts der *Dynamic Capabilities* auf den Untersuchungsgegenstand von Start-up-Unternehmen wird zudem von weiteren Forschungsarbeiten, u.a. von NEWEY und ZAHRA (2009), MCKELVIE und DA-

---

[973] NEWBERT (2005), S. 56.
[974] TEECE (2007a), S. 1319.

8.2 Kritische Würdigung der Untersuchung

VIDSSON (2009), ZAHRA, SAPIENZA und DAVIDSSON (2006) und ZAHRA und GEORGE (2002) untermauert.

Im Rahmen der kritischen Reflexion der vorliegenden Untersuchung sei schließlich auch noch auf eine wichtige Limitierung eingegangen, die sowohl dem theoretischen Fokus der Arbeit als auch der daraus resultierenden Datenerhebung geschuldet ist. So wurde durch die ressourcenbasierte Betrachtung anhand von *Dynamic Capabilities* zwangsläufig eine starke **Fokussierung auf unternehmensinterne Einflussfaktoren des Markteintrittstimings** vorgenommen. Obwohl das dem theoretischen Bezugsrahmen zugrunde liegende Konzept der *Dynamic Capabilities* neben unternehmensinternen ausdrücklich auch unternehmensexterne Komponenten einschließt, bleiben zumindest die in der globalen Unternehmensumwelt liegenden Makro-Einflussfaktoren auf das Markteintrittstiming, wie z.B. politisch-rechtliche oder konjunkturelle Bedingungen in der vorliegenden Untersuchung im Hintergrund. Dies ist vor allem darauf zurückzuführen, dass zur Gewährleistung einer Vergleichbarkeit der einzelnen Fallstudien bewusst möglichst viele Kontext- bzw. Störfaktoren ausgeschlossen werden mussten. So wurden für die Datenerhebung Unternehmen mit ähnlicher Charakteristik (Start-up, deutsches B2C-Marktsegment des E-Business) und ähnlichen Kontextbedingungen (identische politisch-rechtliche Infrastruktur, ähnlicher Zeitraum im Konjunkturzyklus) untersucht. Gerade im Hinblick auf die bessere Erforschung von unternehmensexternen Einflussfaktoren des Markteintrittstimings wäre es deshalb interessant, die Kontextfaktoren in zukünftigen Untersuchungen stärker zu variieren (z.B. durch konjunkturphasen- und länderübergreifende Vergleiche).

8.2.2 Güte der Forschungsarbeit

Eine wichtige Voraussetzung für die allgemeine Anerkennung empirischer Befunde in der Wissenschaft liegt darin, dass die zugrunde liegende Untersuchung möglichst **hohe Qualitätsstandards** aufweist.[975] Eine in der Literatur zur empirischen Sozialforschung lebhaft geführte und andauernde Diskussion über die Güte qualitativer Forschung,[976] unterstreicht dabei die besondere Bedeutung der Berücksichtigung

---

[975] Vgl. FLICK (2010), S. 506, WRONA (2005), S. 39, MAYRING (2002), S. 140.
[976] Vgl. WRONA (2005), S. 39.

von hohen Qualitätsstandards.[977] Nicht zuletzt deshalb merkt YIN (2003) an: „*Using case studies for research [i. Or. kursiv] purposes remains one of the most challenging of all social science endeavors.*"[978]

Um den Qualitätsstandard einer empirischen Erhebung bewerten zu können, werden in der Literatur unterschiedliche **Gütekriterien** diskutiert.[979] Im Rahmen der quantitativen Sozialforschung finden dabei als Gütekriterien hauptsächlich die **Reliabilität**[980] als Maß der Zuverlässigkeit der angewendeten Methoden und die **Validität**[981] als Maß der Gültigkeit der durch die Untersuchung erzielten Ergebnisse Anwendung. In der Literatur wird mehrheitlich die Sichtweise vertreten, dass diese Maßstäbe quantitativer Forschung nicht einfach unverändert auf qualitative Forschung und Daten angewendet werden können.[982] Einige Autoren nehmen deshalb eine Anpassung bzw. Erweiterung der traditionellen Gütekriterien an die qualitative Forschung vor.[983] Andere wiederum halten die aus dem quantitativen Forschungskontext stammenden Gütekriterien generell für wenig tragfähig und schlagen für die Bewertung qualitativer Forschung gänzlich neue Kriterien vor.[984] Damit hat sich für die Bewertung des Vorgehens und der Resultate qualitativer Forschung noch keine allgemeingültige Verfahrensweise herausgebildet.[985] Die Güte der vorliegenden Untersuchung wird nachfolgend anhand von sechs, von MAYRING (2002) vorgeschlagenen, **allgemeinen Gütekriterien qualitativer Forschung** diskutiert:[986]

---

[977] Die besondere Bedeutung der Beachtung von Gütekriterien im Rahmen qualitativer Forschung wird u.a. von MAYRING (2002), S. 140 betont.
[978] YIN (2003), S. 1.
[979] Vgl. LAMNEK (2005), S. 142, WRONA (2005), S. 39.
[980] Die Reliabilität drückt die Zuverlässigkeit einer Untersuchung aus, d.h. den Grad zu dem bei wiederholt vorgenommenen Messungen das gleiche Ergebnis erzielt wird und die Erhebung dementsprechend frei von Zufallsfehlern ist (vgl. u.a. HÜTTNER und SCHWARTING (2002), S. 13, MAYRING (2002), S. 141f.). Zufallsfehler können z.B. bei der Auswahl der Untersuchungsobjekte oder durch die durchführenden Forscher entstehen.
[981] Die Validität einer Untersuchung stellt die Gültigkeit dar, d.h. den Grad zu dem ein Messinstrument auch tatsächlich das misst, was im Rahmen der Untersuchung gemessen werden soll und dementsprechend frei von systematischen Fehlern ist (vgl. u.a. HÜTTNER und SCHWARTING (2002), S. 13, MAYRING (2002), S. 141).
[982] Vgl. WRONA (2005), S. 39, MAYRING (2002), S. 140.
[983] Vgl. WRONA (2005), S. 39.
[984] Vgl. MAYRING (2002), S. 141.
[985] Vgl. FLICK (2010), S. 487, SEIPEL und RIEKER (2003), S. 131.
[986] Vgl. MAYRING (2002), S. 144ff..

8.2 Kritische Würdigung der Untersuchung

Das **erste Gütekriterium** bezieht sich auf eine detaillierte **Verfahrensdokumentation**, um den Forschungsprozess für Dritte nachvollziehbar zu machen.[987] Diese ist insbesondere bei qualitativ orientierter Forschung von hoher Bedeutung, da deren Durchführung im Gegensatz zu quantitativer Forschung weniger auf dem Einsatz standardisierter Instrumente aufbaut, sondern vielmehr auf die Entwicklung und Anwendung einer für den spezifischen Untersuchungsgegenstand geeigneten Verfahrensweise angewiesen ist.[988] Im Rahmen der vorliegenden Untersuchung wurde eine ausführliche Verfahrensdokumentation vorgenommen, die sich von der Explikation des Vorverständnisses anhand eines vorläufigen theoretischen Bezugsrahmens in Teil II bis hin zu einer detaillierten Beschreibung der Durchführung und Analyse der empirischen Erhebung in Teil III erstreckt. Es sei jedoch auch darauf hingewiesen, dass die im Rahmen der einzelnen Fallstudienanalysen erhobenen Daten nur in anonymisierter Form veröffentlicht werden können, um die zugesicherte Vertraulichkeit der Informationen zu gewährleisten.

Das zweite Gütekriterium qualitativer Forschung bildet die **argumentative Interpretationsabsicherung**.[989] So müssen die im Rahmen qualitativer Forschung vielfach für die Erkenntnisgewinnung notwendigen Interpretationen durch eine in sich schlüssige Argumentation untermauert werden. Aufgrund der Tatsache, dass die Interpretationen immer durch das Vorverständnis des Forschers beeinflusst werden,[990] wurde mit dem in Teil II aus vielfältigen Erkenntnissen unterschiedlicher Forschungsperspektiven entwickelten vorläufigen theoretischen Bezugsrahmen eine fundierte und theoriegeleitete Grundlage für die argumentative Interpretationsabsicherung geschaffen.

Als drittes Gütekriterium ist die **Regelgeleitetheit** zu nennen.[991] So muss die qualitative Forschung zur Ergründung des Untersuchungsgegenstands einerseits genügend Flexibilität hinsichtlich der theoretischen Strukturierungen und auch der Methoden zulassen, um auf plötzliche Veränderungen zu reagieren. Andererseits muss der Vorgehensweise jedoch auch eine gewisse Systematik zugrunde liegen. Diesen Grundsätzen folgte die vorliegende Untersuchung und wendete dabei eine

---

[987] Vgl. MAYRING (2002), S. 144f..
[988] Vgl. MAYRING (2002), S. 149.
[989] Vgl. MAYRING (2002), S. 145.
[990] Vgl. MAYRING (2002), S. 29f..
[991] Vgl. MAYRING (2002), S. 145f..

qualitative Inhaltsanalyse an, bei der schrittweise die auszuwertenden Texte auf relevante Informationen hin durchsucht wurden.

Das vierte Gütekriterium stellt die **Nähe zum Gegenstand** dar,[992] da insbesondere bei qualitativen Forschungen die Qualität der gewonnenen Erkenntnisse davon abhängt, wie tief das Verständnis des Forschers von dem Untersuchungsgegenstand ist. So betont auch PATTON (2002) die Bedeutung des persönlichen Einsatzes und der Erfahrung des Forschers: *„The researcher has direct contact with and gets close to the people, situation, and phenomenon under study; the researcher's personal experiences and insights are an important part of the inquiry and critical to understanding the phenomenon."*[993] Die persönlichen Erfahrungen des Autors der vorliegenden Untersuchung als Gründer, Investor und Berater im E-Business-Umfeld sind diesbezüglich positiv zu bewerten. So ermöglichte die Verankerung des Autors in der Szene von (E-Business-)Gründern die Herstellung von Kontakten zu Schlüsselinformanten und den schnellen Aufbau eines Vertrauensverhältnisses zu den Befragten. Zudem fiel es dem Autor aufgrund seiner Arbeitserfahrungen im E-Business relativ leicht, sich gedanklich in das Forschungsumfeld hineinzuversetzen. Dies war insbesondere bei der Entwicklung des theoretischen Bezugsrahmens und des Interviewleitfadens, aber auch bei der Analyse der vielfältigen Daten hilfreich.

Das fünfte Gütekriterium stellt die **kommunikative Validierung** dar.[994] Demnach lässt sich die Gültigkeit der Forschungsergebnisse durch Rücksprache und abschließende Diskussion mit den Befragten zusätzlich absichern. Auch im Rahmen der vorliegenden empirischen Untersuchung wurde von einer kommunikativen Validierung Gebrauch gemacht, indem bereits zum Ende der Experteninterviews zentrale Komponenten der *Dynamic Capabilities* noch einmal durchgegangen und diskutiert wurden. Bei weiteren Unklarheiten wurde zudem während der Analyse der Daten Rücksprache mit den Befragten zu den gewonnenen Erkenntnissen gehalten.

Als sechstes Gütekriterium wird die **Triangulation** genannt, die beschreibt, inwieweit bei der Erforschung der zugrunde liegenden Fragestellung unterschiedliche Lösungswege beschritten wurden.[995] Dabei können verschiedenartige Datenquellen

---

[992] Vgl. MAYRING (2002), S. 146.
[993] PATTON (2002), S. 40.
[994] Vgl. MAYRING (2002), S. 147.
[995] Vgl. MAYRING (2002), S. 147f..

genau wie auch unterschiedliche Interpreten, Theorien und Methoden dazu beitragen, den Untersuchungsgegenstand aus mehreren Perspektiven zu erforschen und mit deren Vergleich die Qualität der gewonnenen Erkenntnisse zu steigern. So wurde auch im Rahmen der vorliegenden empirischen Erhebung mit der Durchführung von Experteninterviews sowie der Analyse von über 600 Webseiten und einer Vielzahl von sonstigen Dokumenten, wie z.B. Pressemitteilungen und -berichterstattungen, Interviews und Handelsregistereinträgen, auf unterschiedliche Datenquellen zurückgegriffen. Allerdings sei darauf hingewiesen, dass dabei keine für die Analyse von *Dynamic Capabilities* relevanten unternehmensinternen Dokumente identifiziert werden konnten. Dies ist darauf zurückzuführen, dass Gründer insbesondere in der sehr frühen Entwicklungsphase bis zum Markteintritt Aufzeichnungen über organisatorische Vorgänge zumeist eine untergeordnete Bedeutung beimessen und diese somit kaum schriftlich dokumentiert sind.

8.3 Implikationen für die Wissenschaft

Nachfolgend werden die wichtigsten **Implikationen der vorliegenden Untersuchung für die Wissenschaft** aufgezeigt.

Umfassende Literaturanalyse als Basis für zukünftige Forschung

Hinsichtlich der Erforschung der **Einflussfaktoren des Markteintrittstimings** liefert die vorliegende Arbeit eine **umfassende Literaturanalyse**[996] zu Studien über Einflussfaktoren des Markteintrittstimings. Dabei wurden das bislang vorhandene Wissen über Einflussfaktoren des Markteintrittstimings übersichtlich aggregiert sowie Übereinstimmungen und Widersprüche herausgearbeitet. Somit wurde für zukünftige Forschungen auf dem Gebiet der Einflussfaktoren des Markteintrittstimings eine solides Fundament geschaffen.

Theoretischer Bezugsrahmen als Basis für zukünftige Forschung

Einen weiteren Beitrag für die Wissenschaft liefert die vorliegende Untersuchung durch die Entwicklung eines **theoretischen Bezugsrahmens**[997] für eine engere

---
[996] Vgl. Abschnitt 2.2 der vorliegenden Schrift.
[997] Vgl. Teil II und Abschnitt 7.2 der vorliegenden Schrift.

Verzahnung des Konzepts der *Dynamic Capabilities* mit dem Forschungsgegenstand der Einflussfaktoren des Markteintrittstimings. Dieser theoretische Bezugsrahmen stellt eine zweckmäßige Grundlage für zukünftige Forschungsarbeiten zu den Einflussfaktoren des Markteintrittstimings dar. So setzt sich dieser durch einzelne aus der Theorie hergeleitete und präzise definierte Bestandteile zusammen, anhand derer sich das Markteintrittstiming von Unternehmen erklären lässt. Im Mittelpunkt der vorliegenden Untersuchung standen dabei die *Dynamic Capabilities* als Einflussfaktoren des Markteintrittstimings, wodurch die von LIEBERMAN und MONTGOMERY (1998) geforderte Verknüpfung der Forschungen zum *Resource-based View* und zum Markteintrittstiming auf eine neue Ebene gehoben wurde.[998] Zukünftige Untersuchungen könnten auf diesem theoretischen Bezugsrahmen aufbauen, sich einzelne Komponenten herausgreifen und diese weiter ausdifferenzieren. Berücksichtigung sollten dabei insbesondere auch die unternehmensexternen Einflussfaktoren des Markteintrittstimings finden, da diese bislang in der Literatur unzureichend behandelt wurden.[999]

Mit dem in der vorliegenden Arbeit entwickelten Modell der *Dynamic Capabilities* in der frühen Gründungsphase bis zum Markteintritt ist zudem eine reichhaltige Grundlage für die systematische Untersuchung der *Dynamic Capabilities* nach dem Markteintritt gelegt worden. Zukünftige Untersuchungen könnten hier anknüpfen und damit auch einen wertvollen Beitrag für das tiefere Verständnis der **Effekte des Markteintrittstimings** schaffen. So lässt sich beobachten, dass insbesondere in hochdynamischen Industrien Wettbewerbsvorteile schnell obsolet sein können.[1000] Dementsprechend wäre es interessant zu ergründen, wie die aus einer Markteintrittstiming-Positionierung als Pionier, früher Folger oder später Folger entstehenden Wettbewerbsvorteile in ihrer Nachhaltigkeit durch *Dynamic Capabilities* beeinflusst werden können.

Generierung von Hypothesen für großzahlige Untersuchungen

Anhand der empirischen Untersuchung konnten zudem erste **Hypothesen** über den Einfluss von *Dynamic Capabilities* auf das Markteintrittstiming von Start-

---
[998] Vgl. LIEBERMAN und MONTGOMERY (1998), S. 1111f..
[999] Vgl. Abschnitt 2.2.6 der vorliegenden Schrift.
[1000] Vgl. LIAO, KICKUL und MA (2009), S. 281, FINNEY, LUEG und CAMPBELL (2008), S. 927, EISENHARDT und MARTIN (2000), S. 1117, LIEBERMAN und MONTGOMERY (1988), S. 54.

8.3 Implikationen für die Wissenschaft

up-Unternehmen im E-Business gebildet werden. Damit ergänzt die vorliegende Untersuchung die bisherigen Erkenntnisse zu den Einflussfaktoren des Markteintrittstimings komplementär, da diesen bislang fast ausschließlich Untersuchungen von Diversifizierungsbemühungen etablierter Großunternehmen zugrunde liegen.[1001] Aufgrund der Tatsache, dass die in der vorliegenden explorativen Untersuchung gewonnenen Erkenntnisse einer **empirisch-qualitativen Methodik** und einer im Vergleich zu großzahligen quantitativen Untersuchungen relativ kleinen Anzahl von betrachteten Fällen entspringen, können diese nicht als verallgemeinerte Rückschlüsse dienen. Um dagegen **statistisch gesicherte Aussagen** über die Einflussfaktoren des Markteintrittstimings von Start-up-Unternehmen im E-Business treffen zu können, bedarf es Untersuchungen anhand von großzahligen Erhebungen unter der Anwendung **quantitativer Methoden**. Der in der vorliegenden Arbeit entwickelte theoretische Bezugsrahmen und die formulierten Hypothesen bilden für zukünftige quantitative Untersuchungen eine geeignete Grundlage.

Übertragbarkeit der Forschungsergebnisse

Eine weitere Implikation der vorliegenden Untersuchung für die Wissenschaft stellt die **Übertragbarkeit** der gewonnenen Erkenntnisse auf andere Forschungsbereiche und/oder geographische Regionen dar. So liegt insbesondere eine Prüfung der Übertragbarkeit der vorliegenden, anhand von B2C-Anwendungen im E-Business gewonnenen Untersuchungsergebnisse auf andere Interaktionsmuster im E-Business, wie z.B. B2B, C2B und C2C, nahe. Aufgrund der Tatsache, dass die in der vorliegenden Untersuchung durchgeführte Fallstudienanalyse ausschließlich Produkte bzw. Services beinhaltet, die auf den deutschen Markt fokussiert sind, wäre eine Prüfung der gewonnenen Erkenntnisse und der Vergleich anhand von Daten anderer geographischer Regionen, wie z.B. dem von einer hohen E-Business-Innovationsrate geprägten US-amerikanischen Markt, von besonderem Interesse.

Zudem stellt sich die Frage, inwieweit die im Rahmen der vorliegenden Untersuchung anhand der Fallstudienanalyse von Innovationsprojekten im E-Business abgeleiteten Befunde auf Branchen mit abweichender Umfelddynamik übertragbar sind und wodurch sich Unterschiede erklären ließen. Dabei bieten sich genauso von

---
[1001] Vgl. Abschnitt 2.2.4 der vorliegenden Schrift.

geringerer Umfelddynamik geprägte, traditionelle Industrien, wie auch von noch schnellerem Wandel geprägte Industrien, wie z.B. das *Mobile-Business* an.

Empirisch-qualitative Methodik zur Erforschung der Einflussfaktoren des Markteintrittstimings

Die vorliegende Arbeit beschreitet auch hinsichtlich der Forschungmethodik neue Wege, indem sie eine Untersuchung der Einflussfaktoren des Markteintrittstimings anhand einer empirisch-qualitativen Methodik in Form von Fallstudien durchführt. Es wäre wünschenswert, wenn auch zukünftige Untersuchungen der Einflussfaktoren des Markteintrittstimings nicht nur auf großzahlige quantitative Erhebungsdesigns setzen, sondern hinsichtlich der Forschungsmethoden variieren würden. Interessante methodische Ansätze zur detaillierten Ergründung der Einflussfaktoren des Markteintrittstimings könnten dabei der *Action Research* bzw. die Integration von Forschern in die zu untersuchenden Unternehmen liefern.

Beitrag zur *Dynamic Capability*-Forschung

Abschließend sei erwähnt, dass die vorliegende Untersuchung auch einen Beitrag zu einem besseren Verständnis des Konzepts der *Dynamic Capabilities* liefert. So betonen MCKELVIE und DAVIDSSON (2009): *„Thus far, the literature on dynamic capabilities and their development has primarily been focused on large and established firms (...)."*[1002] Durch die theoretisch fundierte Konzeptualisierung der *Dynamic Capabilities* von Start-up-Unternehmen im E-Business auf Grundlage des von TEECE (2007a) entwickelten Rahmenwerks stellt die vorliegende Arbeit somit auch einen weiteren Schritt für die *Dynamic-Capability*-Forschung dar.

8.4 Implikationen für die Wirtschaftspraxis

Nachfolgend werden die wichtigsten **Implikationen der vorliegenden Untersuchung für die Wirtschaftspraxis** aufgezeigt.

Die maßgebliche Bedeutung von *Dynamic Capabilities* für den Aufbau und Erhalt von Wettbewerbsvorteilen wird zunehmend im Rahmen von wirtschaftswissenschaft-

---

[1002] MCKELVIE und DAVIDSSON (2009), S. S63.

8.4 Implikationen für die Wirtschaftspraxis

lichen Studien herausgestellt.[1003] Wie LIAO, KICKUL und MA (2009) betonen, gestaltet sich jedoch der Aufbau von *Dynamic Capabilities* insbesondere für Startup-Unternehmen im E-Business schwierig: „*Given their smallness and newness, the need for dynamic capabilities and the leveraging of resources and capabilities in pursuit of new opportunities proves to be an extremely daunting task for many entrepreneurial firms. This is especially true for Internet based entrepreneurial firms, as they jockey for positions in the hypercompetitive environment (...), where Schumpeterian shocks occur rather frequently (...).*"[1004] Hier setzt die vorliegende Untersuchung an und schafft ein besseres Verständnis dafür, welche Komponenten von *Dynamic Capabilities* bei Start-up-Unternehmen im E-Business einen maßgeblichen Einfluss auf den Startpunkt und die Dauer des Innovationsprozesses und damit auch auf den Markteintrittszeitpunkt haben. Dieses Wissen ist nicht nur für Unternehmensgründer, sondern ebenso für (*Seed-*)Investoren, die neben finanziellen Ressourcen auch Management-Unterstützung beim Aufbau von Unternehmen leisten, von Relevanz.

Die vorliegende Untersuchung hat gezeigt, dass für Start-up-Unternehmen vor allem der Zugriff auf Informationen und die Akquise von komplementären bzw. cospezialisierten Ressourcen eine entscheidende Rolle für einen schnellen Markteintritt spielen. Dementsprechend könnte eine **Implikation für angehende Gründer** darin liegen, dass diese sich von vornherein mit oder ohne Geschäftsidee in die Hände von Inkubatoren begeben sollten, die auf ihren spezifischen Gründungsbereich fokussiert sind. Denn Inkubatoren können meist einen schnelleren Zugriff auf eine Vielzahl der für eine Gründung im E-Business notwendigen Informationen und komplementären Ressourcen bieten. Die Wirtschaftspraxis zeigt, dass solche Inkubatoren gerade im E-Business in den vergangenen Jahren zunehmend an Bedeutung gewonnen haben und inzwischen eine Vielzahl an erfolgreichen Neugründungen hervorbringen.

[1003] Vgl. Abschnitt 2.1.3.3 und Kapitel 3 der vorliegenden Schrift.
[1004] LIAO, KICKUL und MA (2009), S. 264.

Anhang

A.1 Erkenntnisse der Literatur zu Einflussfaktoren des Markteintrittstimings

Tabelle A.1: Analyse der Literatur zu den Einflussfaktoren auf das Markteintrittstiming (MET) (Quelle: Eigene Darstellung)

Einflußfaktoren	Unterkategorie	Unterkategorie	MET Diversifizierung	MET Start-up
Unternehmensinterne Einflussfaktoren	Managementkompetenz		(+) 1	(+) 2
	Finanzielles Kapital		(0) 3	
	Finanzkompetenz		(+) 4	
	F & E-Kompetenz		(+) 5 (0) 6	(+) 7
	Produktionskompetenz		(+) 8 (-) 9 (0) 10	(-) 11
	Unternehmensgröße		(+) 12 (0) 13	
	Diversifizierungsgrad		(+) 14 (-) 15 (0) 16	
	Visionskraft/Voraussicht		(+) 17	(+) 18
	Erwartete Rendite		(+) 19	
	Glück		(+) 20	(+) 21
	Branchenrelevante Ressourcen		(+) 22	(+) 23
	Marketingkompetenz		(+) 24 (-) 25 (0) 26	(-) 27
	Distribution		(+) 28	
	Produktqualität		(+) 29	
	Absorptionskompetenz		(+) 30	
	Netzwerk-Ressourcen		(+) 31 (-) 32	
Unternehmensexterne Einflussfaktoren	Globale Umwelt	Technologische Kräfte	(+) 33	
		Politisch-rechtliche Kräfte	(+) 34	(+) 35
		Makroökonomische Kräfte	(+) 36	(+) 37
		Sozio-kulturelle Kräfte	(+) 38	
	Wettbewerbsumwelt	Absatzmärkte	(+) 39 (-) 40 (0) 41	(+) 42
		Wettbewerbskräfte	(+) 43 (-) 44 (0) 45	(+) 46 (-) 47

1. **Humankapital**: positiver Einfluss auf Markteintrittstiming (Diversifizierung):

   Lieberman und Montgomery (1988), S. 54: „*The likelihood of being a first-mover may be enhanced, often substantially, by management's actions (...)*".

A.1 Erkenntnisse der Literatur zu Einflussfaktoren des Markteintrittstimings 257

2. **Humankapital: positiver Einfluss auf Markteintrittstiming (Start-up):**

    Lieberman und Montgomery (1988), S. 54: „*The likelihood of being a first-mover may be enhanced, often substantially, by management's actions (...)*".

3. **Finanzielles Kapital: kein Einfluss auf Markteintrittstiming (Diversifizierung):**

    Schoenecker und Cooper (1998), S. 1138: Ein Einfluss von finanziellen Ressourcen auf das Markteintrittstiming konnte nicht nachgewiesen werden (finanzielle Ressourcen wurden als relative Größe gemessen: Verhältnis von Umlaufvermögen zu kurzfristigen Verbindlichkeiten und Verhältnis zwischen Fremdkapital und Eigenkapital);

    Schoenecker und Cooper (1998), S. 1139: „*Neither (...) [net current assets and owners' equity one at a time] approached significance in either industry, indicating that the absolute level of financial resources was not systematically related to entry timing.*";

    Fuentelsaz, Gomez und Polo (2002), S. 258: Die bisherige Profitabilität hat keinen signifikanten Einfluss auf die Eintrittsgeschwindigkeit von Unternehmen in neue geographische Märkte innerhalb ihrer bisherigen Industrie.

4. **Finanzielle Kompetenzen: positiver Einfluss auf Markteintrittstiming (Diversifizierung):**

    Robinson, Fornell und Sullivan (1992), S. 621: „*Increasing finance skills increases the probability of market pioneering.*".

5. **F & E: positiver Einfluss auf Markteintrittstiming (Diversifizierung):**

    Lieberman und Montgomery (1988), S. 54: „*Firms whose new-product R & D (...) [is] excellent will tend to find first-movership attractive (...)*";

    Schoenecker und Cooper (1998), S. 1137f.: Die Eintrittsgeschwindigkeit von bestehenden Unternehmen in ein neues Marktsegment steigt mit steigenden F & E-Kompetenzen;

    Klepper und Simons (2000), S. 1007f.: Sowohl die Markteintrittswahrscheinlichkeit als auch die Markteintrittsgeschwindigkeit von Unternehmen in ein neuartiges Marktsegment (Fernsehempfänger) steigen, je größer die bereits vorhandenen Erfahrungen des Unternehmens (gemessen in Unternehmensgröße als Proxy für F & E-Kompetenz; Ähnlichkeit des bisher produzierten Produkts zu dem neuen Marktsegment; Anzahl der Jahre an Produktionserfahrung) in einer verwandten Branche (Radioempfänger) sind;

6. **F & E: kein Einfluss auf Markteintrittstiming (Diversifizierung):**

    Robinson, Fornell und Sullivan (1992), S. 621: Eine Begünstigung der Pionier-Position durch starke F & E-Kompetenzen konnte nicht nachgewiesen werden;

7. **F & E: positiver Einfluss auf Markteintrittstiming (Start-up):**

    Lieberman und Montgomery (1988), S. 54: „*Firms whose new-product R & D (...) [is] excellent will tend to find first-movership attractive (...)*";

8. **Produktionskompetenz: positiver Einfluss auf Markteintrittstiming (Diversifizierung):**

   Lambkin (1988), S. 133: Pioniere verfügen beim Markteintritt über größere Produktionskapazitäten als frühe Folger und späte Folger.

   Lambkin (1988), S. 135: Frühe Folger haben eine höhere gemeinsame Nutzung von Produktionskapazitäten mit ihrer jeweiligen Muttergesellschaft als Pioniere und späte Folger.

   (**Wichtig:** dieser Eintrag lässt sich je nach Perspektive entweder als positiver oder als negativer Einfluss auf das Markteintrittstiming interpretieren, da die Eintrittsgeschwindigkeit eines frühen Folgers im Vergleich zu einem späten Folger zwar höher, aber im Vergleich zu einem Pionier geringer ist.)

   Robinson, Fornell und Sullivan (1992), S. 621: Eine Begünstigung der frühen Folger-Position durch eine gemeinsame Nutzung von Produktionskapazitäten mit der jeweiligen Muttergesellschaft konnte tendenziell nachgewiesen werden;

   (**Wichtig:** dieser Eintrag lässt sich je nach Perspektive entweder als positiver oder als negativer Einfluss auf das Markteintrittstiming interpretieren, da die Eintrittsgeschwindigkeit eines frühen Folgers im Vergleich zu einem späten Folger zwar höher, aber im Vergleich zu einem Pionier geringer ist.)

9. **Produktionskompetenz: negativer Einfluss auf Markteintrittstiming (Diversifizierung):**

   Lieberman und Montgomery (1988), S. 54: „(...) firms having relative skill bases in manufacturing (...) may not [find first-movership attractive].";

   Lambkin (1988), S. 135: Frühe Folger haben eine höhere gemeinsame Nutzung von Produktionskapazitäten mit ihrer jeweiligen Muttergesellschaft als Pioniere und späte Folger.

   (**Wichtig:** dieser Eintrag lässt sich je nach Perspektive entweder als positiver oder als negativer Einfluss auf das Markteintrittstiming interpretieren, da die Eintrittsgeschwindigkeit eines frühen Folgers im Vergleich zu einem späten Folger zwar höher, aber im Vergleich zu einem Pionier geringer ist.)

   Lilien und Yoon (1990), S. 579: Unternehmen, die später in einen Markt eintreten, verfügen über größere Produktions-Expertise.

   Robinson, Fornell und Sullivan (1992), S. 621: Eine Begünstigung der frühen Folger-Position durch eine gemeinsame Nutzung von Produktionskapazitäten mit der jeweiligen Muttergesellschaft konnte tendenziell nachgewiesen werden;

   (**Wichtig:** dieser Eintrag lässt sich je nach Perspektive entweder als positiver oder als negativer Einfluss auf das Markteintrittstiming interpretieren, da die Eintrittsgeschwindigkeit eines frühen Folgers im Vergleich zu einem späten Folger zwar höher, aber im Vergleich zu einem Pionier geringer ist.)

   Sofka und Schmidt (2004), S. 20: Unternehmen, die eine Folgerstrategie wählen, weisen operative Exzellenz und ein hohes Maß an Effizienz auf und sind somit in der Lage über die Kosten zu konkurrieren.

10. **Produktionskompetenz: kein Einfluss auf Markteintrittstiming (Diversifizierung):**

    Robinson, Fornell und Sullivan (1992), S. 621: Eine Begünstigung der frühen Folger-Position durch starke Produktionskompetenzen konnte nicht nachgewiesen werden;

11. **Produktionskompetenz: negativer Einfluss auf Markteintrittstiming (Start-up):**

    Lieberman und Montgomery (1988), S. 54: „(...) firms having relative skill bases in manufacturing (...) may not [find first-movership attractive].";

A.1 Erkenntnisse der Literatur zu Einflussfaktoren des Markteintrittstimings

12. **Unternehmensgröße: positiver Einfluss auf Markteintrittstiming (Diversifizierung):**

    Lambkin (1988), S. 135: Späte Folger weisen die geringste Organisationsgröße im Vergleich zu Pionieren und frühen Folgern auf;

    Robinson, Fornell und Sullivan (1992), S. 621: *„Increasing parent size decreases the probability of late entry."*

    Schoenecker und Cooper (1998), S. 1137f.: Die Eintrittsgeschwindigkeit von bestehenden Unternehmen in ein neues Marktsegment steigt mit steigender Unternehmensgröße;

    Fuentelsaz, Gomez und Polo (2002), S. 258: Eintrittsgeschwindigkeit von bestehenden Unternehmen in neue geographische Märkte innerhalb ihrer bisherigen Industrie steigt, je größer die organisationale Größe des Unternehmens ist;

    Sinha und Noble (2005), S. 193: Große Unternehmen weisen eine höhere Wahrscheinlichkeit auf, früh in ein neues Marktsegment einzutreten, als kleine Unternehmen.

13. **Unternehmensgröße: kein Einfluss auf Markteintrittstiming (Diversifizierung):**

    Robinson, Fornell und Sullivan (1992), S. 621: *„Increasing parent size (...) [has n]o significant impact for market pioneers (...).";*

    Robinson, Fornell und Sullivan (1992), S. 621: *„Increasing parent size (...) [has n]o significant impact for (...) early followers."*

14. **Diversifizierungsgrad: positiver Einfluss auf Markteintrittstiming (Diversifizierung):**

    Lambkin (1988), S. 133: Frühe Folger haben stärker diversifizierte Mutterunternehmen als Pioniere und späte Folger.

    (**Wichtig:** dieser Eintrag lässt sich je nach Perspektive entweder als positiver oder als negativer Einfluss auf das Markteintrittstiming interpretieren, da die Eintrittsgeschwindigkeit eines frühen Folgers im Vergleich zu einem späten Folger zwar höher, aber im Vergleich zu einem Pionier geringer ist.)

15. **Diversifizierungsgrad: negativer Einfluss auf Markteintrittstiming (Diversifizierung):**

    Lambkin (1988), S. 133: Frühe Folger haben stärker diversifizierte Mutterunternehmen als Pioniere und späte Folger.

    (**Wichtig:** dieser Eintrag lässt sich je nach Perspektive entweder als positiver oder als negativer Einfluss auf das Markteintrittstiming interpretieren, da die Eintrittsgeschwindigkeit eines frühen Folgers im Vergleich zu einem späten Folger zwar höher, aber im Vergleich zu einem Pionier geringer ist.)

16. **Diversifizierungsgrad: kein Einfluss auf Markteintrittstiming (Diversifizierung):**

    Schoenecker und Cooper (1998), S. 1138: Ein Einfluss des Grades der Diversifizierung des Unternehmens auf das Markteintrittstiming konnte nicht nachgewiesen werden.

17. **Visionskraft: positiver Einfluss auf Markteintrittstiming (Diversifizierung):**

Lieberman und Montgomery (1988), S. 54: „*Firms whose entrepreneurial vision (...) [is] excellent will tend to find first-movership attractive (...)*";

Lieberman und Montgomery (1988), S. 54: „*In order for a firm to become a first-mover or pioneer, a feasable opportunity must present itself. The occurrence of such an opportunity depends on the firm's own foresight (...)*";

18. **Visionskraft: positiver Einfluss auf Markteintrittstiming (Start-up):**

Lieberman und Montgomery (1988), S. 54: „*Firms whose entrepreneurial vision (...) [is] excellent will tend to find first-movership attractive (...)*";

Lieberman und Montgomery (1988), S. 54: „*In order for a firm to become a first-mover or pioneer, a feasable opportunity must present itself. The occurrence of such an opportunity depends on the firm's own foresight (...)*";

19. **Erwartete Rendite: positiver Einfluss auf Markteintrittstiming (Diversifizierung):**

Geroski und Murfin (1991), S. 805: Die Eintrittswahrscheinlichkeit steigt mit steigender erwarteter Rendite.

Schoenecker und Cooper (1998), S. 1129: „*(...) the extent to which first mover advantages may be present (...) bears upon the incentives for incumbent firms to try to enter the developing industries as early as they can.*";

Sinha und Noble (2005), S. 194: Unternehmen werden schneller in ein neues Marktsegment eintreten, wenn sie davon ausgehen können, dass sie die Renditen aus der Innovation auch tatsächlich abschöpfen können (*appropriability of related rents*).

20. **Glück: positiver Einfluss auf Markteintrittstiming (Diversifizierung):**

Lieberman und Montgomery (1988), S. 41: „*[The] first-mover opportunity may occur (...) simply because of luck.*";

Robinson, Fornell und Sullivan (1992), S. 622: „*(...) the order of market entry decision is also influenced by luck (...)*";

21. **Glück: positiver Einfluss auf Markteintrittstiming (Start-up):**

Lieberman und Montgomery (1988), S. 41: „*[The] first-mover opportunity may occur (...) simply because of luck.*";

A.1 Erkenntnisse der Literatur zu Einflussfaktoren des Markteintrittstimings

22. **Branchenrelevante/komplementäre Ressourcen: positiver Einfluss auf Markteintrittstiming (Diversifizierung):**

Mitchell (1989), S. 224: Eintrittswahrscheinlichkeit von bestehenden Unternehmen in neu entstehende Marktsegmente innerhalb ihrer bisherigen Industrie steigt, je mehr das Unternehmen über industriespezifische Ressourcen verfügt, die für das Überleben in dem neuen Marktsegment von hoher Relevanz sind;

Helfat und Lieberman (2002), S. 736: „(...) *diversifying entrants tend to enter industries that have resource requirements similar to the firms' pre-entry resource and capability profiles.*"

Helfat und Lieberman (2002), S. 738: „(...) *[with regard to] geographic replication and foreign market entry (...) established firms enter markets where they have pre-entry resources and capabilities that are similar to the resource requirements of the markets of entry.*"

Helfat und Lieberman (2002), S. 739: „(...) *the similarity of core technological resources and complementary assets to those of value in the market of entry appears to be an important predictor of entry into new product niches, just as it was for more broad-based diversified product-market entry and geographic market entry*"

Sinha und Noble (2005), S. 193: Unternehmen treten umso schneller in ein neues Marktsegment ein, je mehr dieses eine inhaltliche Nähe zum derzeitigen strategischen Fokus des Unternehmens aufweist.

Lee (2008), S. 1276: Die dominierende Determinante des Markteintrittstimings ist nicht die zu Beginn der Entstehung eines Marktsegments vorhandene *initial capability relevance*, sondern die *current capability relevance* (das Maß zu dem die Ressourcen und Fähigkeiten eines Unternehmens mit denen für einen bestimmten Produktmarkt erforderlichen Ressourcen und Fähigkeiten übereinstimmen): Je höher die *current capability relevance* eines Unternehmens, desto schneller wird das Unternehmen in den Markt eintreten;

Lee (2008), S. 1272: Die *current capability relevance* eines Unternehmens ist jedoch stark durch die *initial capability relevance* bestimmt: Je größer die *initial capability relevance*, desto größer ist die *current capability relevance*;

Lee (2008), S. 1276: Selbst Unternehmen, die zum Zeitpunkt der Entstehung eines neuen Marktsegments über eine unvorteilhafte Ressourcenausstattung für einen Eintritt in das Marktsegment verfügen, können trotzdem noch einen frühen Markteintritt erzielen, sofern sie ihre Kompetenzen an die in dem Marktsegment erforderlichen anpassen (d.h. ihre *capability relevance* erhöhen);

Lee (2009), S. 91f.: Selbst Unternehmen, die zum Zeitpunkt der Entstehung eines neuen Marktsegments über eine unvorteilhafte Ressourcenausstattung (gemessen in zwei Formen von *capability relevance*: „*relevance in invention*" und „*relevance in commercialization*") für einen Eintritt in das Marktsegment verfügen, können trotzdem noch einen frühen Markteintritt erzielen, sofern sie ihre Kompetenzen an die in dem Marktsegment erforderlichen anpassen (d.h. ihre *capability relevance* erhöhen).

23. **Branchenrelevante/komplementäre Ressourcen: positiver Einfluss auf Markteintrittstiming (Start-up)**

Helfat und Lieberman (2002), S. 743f.: „*A preponderance of the evidence for all types of entrants-diversifying companies, parent-company ventures and de novo firms-suggests that the match between pre-entry resources and capabilities and the required resource profile of markets affects which markets firms choose to enter. The greater the similarity of pre-entry resources and capabilities to the resources of value in the industry of entry, the greater the likelihood of entry. This finding appears to hold not only for entry into established industries, but also for entry into emerging niches and new industries.*"

24. **Marketingkompetenz: positiver Einfluss auf Markteintrittstiming (Diversifizierung):**

   Thomas (1996), S. 126: Die höchste Wahrscheinlichkeit, als Pionier ein neuartiges Produkt in ein Marktsegment einzuführen, entfällt auf das Unternehmen mit dem größten Bestand an gut etablierten Marken (d.h. mit dem größten Markenkapital) einer Branche.

25. **Marketingkompetenz: negativer Einfluss auf Markteintrittstiming (Diversifizierung):**

   Lieberman und Montgomery (1988), S. 54: „(...) firms having relative skill bases in (...) marketing may not [find first-movership attractive]."

   Lambkin (1988), S. 133: Pioniere investieren weniger in Marketing als frühe Folger und späte Folger;

   Lambkin (1988), S. 135: Späte Folger treiben einen deutlich höheren Marketing-Aufwand, insbesondere im Vergleich zu frühen Folgern;

   Lilien und Yoon (1990), S. 579: Unternehmen, die später in einen Markt eintreten, verfügen über größere Marketing-Expertise.

   Robinson, Fornell und Sullivan (1992), S. 621: „Strong marketing skills encourage late entry.";

26. **Marketingkompetenz: kein Einfluss auf Markteintrittstiming (Diversifizierung):**

   Robinson, Fornell und Sullivan (1992), S. 621: Eine gemeinsame Nutzung von Marketingkapazitäten mit der jeweiligen Muttergesellschaft hat keinen Einfluss auf das Markteintrittstiming;

27. **Marketingkompetenz: negativer Einfluss auf Markteintrittstiming (Start-up):**

   Lieberman und Montgomery (1988), S. 54: „(...) firms having relative skill bases in (...) marketing may not [find first-movership attractive].";

28. **Distributionskompetenz: positiver Einfluss auf Markteintrittstiming**

   Lambkin (1988), S. 133: Pioniere verfügen beim Markteintritt über ein umfangreicheres Distributionsnetzwerk als frühe Folger und späte Folger.

   Robinson, Fornell und Sullivan (1992), S. 622: „(...) the order of market entry decision is also influenced by (...) available distribution channels (...)";

   Schoenecker und Cooper (1998), S. 1137f.: Die Eintrittsgeschwindigkeit eines etablierten Unternehmens in ein neues Marktsegment steigt, wenn das Unternehmen über einen eigenen Direktvertrieb verfügt;

29. **Produktqualität: positiver Einfluss auf Markteintrittstiming (Diversifizierung):**

   Lambkin (1988), S. 133: Pioniere verfügen beim Markteintritt über Qualitätsvorteile der Produkte und einen besseren Kundenservice als frühe Folger und späte Folger.

   Lambkin (1988), S. 133: Frühe Folger weisen eine ggü. den Pionieren unterlegene Produktqualität auf.

A.1 Erkenntnisse der Literatur zu Einflussfaktoren des Markteintrittstimings

30. **Absorptionskompetenz: positiver Einfluss auf Markteintrittstiming (Diversifizierung):**

Sofka und Schmidt (2004), S. 20: Unternehmen, die eine **Pionierstrategie** wählen (ohne dass eine Aussage darüber getätigt werden kann, ob sie letztlich auch als Pionier in den Markt eingetreten sind), operieren in Industrien mit intensivem Wissensaustausch und erschließen sich zusätzliche Vorteile durch exzellente Absorptionsfähigkeiten.

Sofka und Schmidt (2004), S. 20: Unternehmen, die eine **Folgerstrategie** wählen, operieren in Industrien, die von geringem Wissensaustausch geprägt sind und verfügen über unterentwickelte Absorptionsfähigkeiten.

31. **Netzwerk-Ressourcen: positiver Einfluss auf Markteintrittstiming (Diversifizierung):**

Lee (2007), S. 34: Alle drei Dimensionen von Netzwerk-Ressourcen (Qualität, Menge und Vielfalt der Informationen) haben einen signifikanten Effekt auf das Timing des Markteintritts in einen neu entstehenden Produktmarkt: Unternehmen, die Zugriff auf Informationen von hoher Qualität, in großer Menge und größerer Vielfalt erhalten, treten schneller in einen neu entstehenden Produktmarkt ein, da Informationen dazu beitragen, die Unsicherheit zu reduzieren und Innovationen zu entwickeln;

Lee (2007), S. 30: Bis zu einer bestimmten Größe hat das Netzwerk an direkten Kontakten eines Unternehmens einen positiven Einfluss auf das Markteintrittstiming von Diversifizierungen in ein neues Marktsegment, da es den Zugriff auf eine größere Menge an Informationen ermöglicht;

Lee (2007), S. 29: Die Vernetzung des Kontaktnetzwerks eines Unternehmens untereinander („*closure*") hat einen positiven Einfluss auf das Markteintrittstiming von Diversifizierungen in ein neues Marktsegment, da die Informationen der stärker untereinander vernetzten Kontakte eine höhere Qualität aufweisen;

Lee (2007), S. 30: Die Häufigkeit des Austauschs zwischen direkten Kontakten innerhalb des Kontaktnetzwerks von Unternehmen „*relational embeddedness*" hat einen positiven Einfluss auf das Markteintrittstiming von Diversifizierungen in ein neues Marktsegment, da die Informationen von häufiger miteinander interagierenden Kontakten eine höhere Qualität aufweisen;

Lee (2007), S. 30: Die Kompetenz an vielfältige Informationen von Wettbewerbern und unterschiedlichen Partnern entlang der Wertschöpfungskette zu gelangen „*compositional heterogeneity*" hat einen positiven Einfluss auf das Markteintrittstiming von Diversifizierungen in ein neues Marktsegment.

32. **Netzwerk-Ressourcen: negativer Einfluss auf Markteintrittstiming (Diversifizierung):**

Lee (2007), S. 30: Eine geringe Flexibilität zur Veränderung des Kontaktnetzwerks von Unternehmen „*configuration lock-in*" hat einen negativen Einfluss auf das Markteintrittstiming von Diversifizierungen in ein neues Marktsegment;

Lee (2007), S. 31: Sobald eine kritische Größe überschritten wurde, hat die Größe des Netzwerks eines Unternehmens einen negativen Einfluss auf das Markteintrittstiming von Diversifizierungen in ein neues Marktsegment. So weist das Markteintrittstiming mit zunehmender Größe des Kontaktnetzwerks eine umgekehrt U-förmige Beziehung auf, da sich in großen Netzwerken der Nutzen verringert, einen neuen Partner hinzuzufügen.

33. **Technologische Kräfte: positiver Einfluss auf Markteintrittstiming (Diversifizierung):**

   Lieberman und **Montgomery (1988), S. 52**: Oftmals wichtigste Faktoren, die das Markteintrittstiming beeinflussen, sind Unsicherheit über Technologien;

   Sinha und **Noble (2005), S. 187**: Veränderungen durch technologischen Wandel können die Entstehung von unternehmerischen Gelegenheiten bewirken.

34. **Politisch-rechtliche Kräfte: positiver Einfluss auf Markteintrittstiming (Diversifizierung):**

   Sinha und **Noble (2005), S. 187**: Veränderungen im regulatorischen Umfeld können die Entstehung von unternehmerischen Gelegenheiten bewirken, indem die Assets eines Unternehmens unter den neuen regulatorischen Bedingungen einen höheren Wert einnehmen können;

35. **Politisch-rechtliche Kräfte: positiver Einfluss auf Markteintrittstiming (Start-up):**

   Boersch und **Elschen (2002), S. 273**: Der Zeitpunkt des Markteintritts von Start-up-Unternehmen hängt von den Besonderheiten des Marktumfeldes und den vorherrschenden staatlichen Rahmenbedingungen ab.

36. **Makroökonomische Kräfte: positiver Einfluss auf Markteintrittstiming (Diversifizierung):**

   Thompson (1986), S. 20: Die Wahrscheinlichkeit eines Markteintritts ist positiv mit der geographischen Fläche des regionalen Absatzmarktes und dem pro Kopf-Einkommen der in einer Region lebenden Bevölkerung korreliert.

37. **Makroökonomische Kräfte: positiver Einfluss auf Markteintrittstiming (Start-up):**

   Thompson (1986), S. 20: Die Wahrscheinlichkeit eines Markteintritts ist positiv mit der geographischen Fläche des regionalen Absatzmarktes und dem pro Kopf-Einkommen der in einer Region lebenden Bevölkerung korreliert.

38. **Sozio-kulturelle Kräfte: positiver Einfluss auf Markteintrittstiming (Diversifizierung):**

   Lee und **Paruchuri (2008), S. 1183**: Etablierte Unternehmen treten schneller in einen neuen Markt ein, wenn die assoziative Medien-Rhetorik ein höheres Volumen (im Gegensatz zu einem niedrigeren), einen positiven Tenor (im Gegensatz zu einem negativen) und Unternehmen (im Gegensatz zu Journalisten/Analysten) als Informationsquellen hat und wenn die assoziative Medien-Rhetorik auf Verallgemeinerungen (im Gegensatz zu spezifischen Fällen) fußt.

39. **Charakteristik des Absatzmarkts: positiver Einfluss auf Markteintrittstiming (Diversifizierung):**

   Sinha und **Noble (2005), S. 193**: Unternehmen, die in Branchen mit einer höheren Kostenstruktur operieren, werden umso schneller in ein neues Technologie-Marktsegment eintreten, je größer die erwarteten Kosteneinsparungen durch die Erschließung der Technologie sind.

   Fuentelsaz, Gomez und **Polo (2002), S. 258**: Eintrittsgeschwindigkeit von bestehenden Unternehmen in neue geographische Märkte innerhalb ihrer bisherigen Industrie steigt, je größer die geographische Nähe des neuen Zielmarkts ist;

A.1 Erkenntnisse der Literatur zu Einflussfaktoren des Markteintrittstimings 265

40. **Charakteristik des Absatzmarkts: negativer Einfluss auf Markteintrittstiming (Diversifizierung):**

Swaminathan (1998), S. 399: Nischenbildung (z.B. aufgrund von Veränderungen der Konsumentenpräferenzen, der Technologie oder der politisch-rechtlichen Bedingungen) ist der entscheidende Treiber für den Eintritt in gesättigte Märkte;

41. **Charakteristik des Absatzmarkts: kein Einfluss auf Markteintrittstiming (Diversifizierung):**

Fuentelsaz, Gomez und Polo (2002), S. 259: Kein signifikanter Einfluss auf die Eintrittsgeschwindigkeit von bestehenden Unternehmen in neue geographische Märkte innerhalb ihrer bisherigen Industrie besteht durch Intensität der Nachfrage im neuen Zielmarkt;

Fuentelsaz, Gomez und Polo (2002), S. 259: Kein signifikanter Einfluss auf die Eintrittsgeschwindigkeit von bestehenden Unternehmen in neue geographische Märkte innerhalb ihrer bisherigen Industrie besteht durch das Marktwachstum im neuen Zielmarkt;

42. **Charakteristik des Absatzmarkts: negativer Einfluss auf Markteintrittstiming (Start-up):**

Swaminathan (1998), S. 399: Nischenbildung (z.B. aufgrund von Veränderungen der Konsumentenpräferenzen, der Technologie oder der politisch-rechtlichen Bedingungen) ist der entscheidende Treiber für den Eintritt in gesättigte Märkte;

43. **Wettbewerbskräfte (Konkurrenz): positiver Einfluss auf Markteintrittstiming (Diversifizierung):**

Lieberman und Montgomery (1988), S. 54: *„In order for a firm to become a first-mover or pioneer, a feasable opportunity must present itself. The occurrence of such an opportunity depends on the (...) foresight, skill and luck (...) of competitors."*;

Lieberman und Montgomery (1988), S. 54: Ein wichtiger Faktor, der das Markteintrittstiming von Folgern bestimmen kann, ist zudem die Trägheit führender Unternehmen, die durch Selbstzufriedenheit, Arroganz oder Unaufmerksamkeit gegenüber Kundenbedürfnissen entstehen kann, da diese Möglichkeiten für die Bedienung von Kundenbedürfnissen liefert, die von den führenden Unternehmen nicht bedient werden.;

Lieberman und Montgomery (1988), S. 54: Eine weitere Determinante für das Markteintrittstiming von Folgern liegt in der Fähigkeit des Pioniers, auch tatsächlich Pionier-Vorteile auszuschöpfen und über die Zeit auch aufrecht zu erhalten. Wenn der Pionier klein ist und über nicht ausreichend viele Ressourcen verfügt, dann kann er schnell von Unternehmen durch aggressive Attacken abgehängt werden.;

Mitchell (1989), S. 224: Eintrittswahrscheinlichkeit von bestehenden Unternehmen in neu entstehende Marktsegmente innerhalb ihrer bisherigen Industrie steigt, wenn das neue Marktsegment die bestehenden Kernprodukte des Unternehmens bedrohen könnte;

Mitchell (1989), S. 224f.: Eintrittsgeschwindigkeit von bestehenden Unternehmen in neu entstehende Marktsegmente innerhalb ihrer bisherigen Industrie steigt, wenn das neue Marktsegment die bestehenden Kernprodukte des Unternehmens bedrohen könnte;

Mitchell (1989), S. 224: Eintrittsgeschwindigkeit von bestehenden Unternehmen in neu entstehende Marktsegmente innerhalb ihrer bisherigen Industrie steigt, je mehr Wettbewerber existieren, die ebenfalls über Ressourcen verfügen, die für das Überleben in dem neuen Marktsegment von hoher Relevanz sind;

Schoenecker und Cooper (1998), S. 1132: Wahrscheinlichkeit eines frühen Markteintritts steigt, wenn das neue Marktsegment die bestehenden Kernprodukte des Unternehmens bedroht;

Fuentelsaz, Gomez und Polo (2002), S. 258: Eintrittsgeschwindigkeit von bestehenden Unternehmen in neue geographische Märkte innerhalb ihrer bisherigen Industrie steigt, je stärker der Konkurrenzkampf in dem bisher bearbeiteten Markt ist;

Sinha und Noble (2005), S. 193: Unternehmen, die in stärker konzentrierten Märkten operieren, werden schneller in ein neues Marktsegment eintreten.

44. **Wettbewerbskräfte (Konkurrenz): negativer Einfluss auf Markteintrittstiming (Diversifizierung):**

Lieberman und Montgomery (1988), S. 54: Pioniere können Markteintrittsbarrieren aufgebaut haben: z.B. Patente, das Einnehmen von wichtigen und knappen Ressourcen, Wechselkosten oder Designs, die schwer zu kopieren sind;

Mitchell (1989), S. 224: Eintrittswahrscheinlichkeit von bestehenden Unternehmen in neu entstehende Marktsegmente innerhalb ihrer bisherigen Industrie sinkt mit steigender Zahl potentieller Wettbewerber in dem neuen Marktsegment;

Geroski und Murfin (1991), S. 805: Der massive Einsatz von Werbung durch früh in einen Markt eingetretene Unternehmen kann den Markteintritt von später in den Markt eintretenden Unternehmen erschweren bzw. verhindern.

Robinson, Fornell und Sullivan (1992), S. 622: „(...) the order of market entry decision is also influenced by (...) expected competitive reactions.";

Fuentelsaz, Gomez und Polo (2002), S. 258: Eintrittsgeschwindigkeit von bestehenden Unternehmen in neue geographische Märkte innerhalb ihrer bisherigen Industrie sinkt, je stärker der potentielle Konkurrenzkampf in dem anvisierten Zielmarkt ist;

45. **Wettbewerbskräfte (Konkurrenz): kein Einfluss auf Markteintrittstiming (Diversifizierung):**

Fuentelsaz, Gomez und Polo (2002), S. 258: Kein signifikanter Einfluss auf die Eintrittsgeschwindigkeit von bestehenden Unternehmen in neue geographische Märkte innerhalb ihrer bisherigen Industrie besteht durch den tatsächlich vorhandenen Konkurrenzkampf im neuen Zielmarkt;

46. **Wettbewerbskräfte (Konkurrenz): positiver Einfluss auf Markteintrittstiming (Start-up):**

Lieberman und Montgomery (1988), S. 54: „In order for a firm to become a first-mover or pioneer, a feasable opportunity must present itself. The occurrence of such an opportunity depends on the (...) foresight, skill and luck (...) of competitors.";

47. **Wettbewerbskräfte (Konkurrenz): negativer Einfluss auf Markteintrittstiming (Start-up):**

Lieberman und Montgomery (1988), S. 54: Pioniere können Markteintrittsbarrieren aufgebaut haben: z.B. Patente, das Einnehmen von wichtigen und knappen Ressourcen, Wechselkosten oder Designs, die schwer zu kopieren sind;

A.2 Studien zu Einflussfaktoren des Markteintrittstimings

In der nachfolgenden Tabelle A.2 wird eine **chronologische Auflistung relevanter Studien zu den Einflussfaktoren des Markteintrittstimings** vorgenommen. Dabei werden zu den einzelnen Forschungsarbeiten der Untersuchungsgegenstand, die verwendete Forschungsmethodik, die Charakteristik der Datenbasis und wichtige Resultate hinsichtlich der Einflussfaktoren des Markteintrittstimings dargestellt:

- **Untersuchungsgegenstand:** Was waren die **forschungsleitenden Fragestellungen?**
- **Forschungsmethodik:** Wurde ein **quantitativer** oder ein **qualitativer** Forschungsansatz gewählt? Welche **Analyseverfahren** wurden eingesetzt?
- **Datenbasis:** Welche **Industrien** wurden betrachtet und wie sind diese charakterisiert? Aus welchen **Ländern** bzw. **geographischen Regionen** stammen die Daten? Wie waren die **Untersuchungsobjekte** genau charakterisiert? Über welchen **Zeitraum** reicht die Datenbasis?
- **Wichtige Resultate hinsichtlich der Einflussfaktoren des Markteintrittstimings:** Welche **für die vorliegende Arbeit relevanten Erkenntnisse** in Bezug auf die Einflussfaktoren des Markteintrittstimings wurden gewonnen?

Tabelle A.2: Chronologische Auflistung wichtiger Studien zu den Determinanten des Markteintrittstimings (Quelle: Eigene Darstellung)

Autor(en)/Jahr	Untersuchungsgegenstand	Methodik	Datenbasis	Wichtige Resultate hinsichtlich der Determinanten des Markteintrittstimings
THOMPSON (1986)	Ausgewählte Charakteristika von Märkten als Einflussfaktoren des Markteintritts.	• **Forschungsmethode:** Quantitativ. • **Forschungsdesign:** Querschnittsdesign. • **Analyseverfahren:** Multiple Logit-Analyse.	• **Industrie(n):** Konsumgüter; Irische Regionalzeitungen. • **Geographischer Raum:** Irland. • **Untersuchungsobjekte:** 7 von 18 Markteintritte; 7 von etablierten Unternehmen der gleichen Branche, 11 von „*independent ventures*"; nur tatsächlich in den Markt eingetretene Unternehmen, keine potentiellen Marktteilnehmer. • **Zeitraum:** 1971-1980.	• Die Wahrscheinlichkeit eines Markteintritts ist positiv mit der geographischen Fläche des regionalen Absatzmarktes und dem pro Kopf-Einkommen der in einer Region lebenden Bevölkerung korreliert.
LIEBERMAN und MONTGOMERY (1988)	Effekte und Determinanten von Pionieren.	• **Forschungsmethode:** Qualitativ-konzeptionell. • **Analyseverfahren:** Inhaltsanalyse.	• **Industrie(n):** Traditionelle Industrien, kein E-Business. • **Geographischer Raum:** Überwiegend USA. • **Untersuchungsobjekte:** Literatur. • **Zeitraum:** Literatur seit 1949.	• Chancen für die Entwicklung einer Idee, die zu einem Markteintritt als Pionier führen könnte, liegen nicht alleine in der Hand eines Unternehmens. • **Unternehmensinterne Einflussfaktoren**, die einen Eintritt als Pionier begünstigen: Ressourcen, Voraussicht, Glück, Handlungen des Managements, klare unternehmerische Vision, exzellente Forschungs- und Entwicklungsressourcen. • **Unternehmensexterne Einflussfaktoren** des Markteintrittstimings von Pionieren: Ressourcen, Voraussicht und Glück der Konkurrenzunternehmen. • **Unternehmensinterne Einflussfaktoren**, die einen Eintritt als **Folger** begünstigen: relative Stärken in der Produktion und dem Marketing, Markteintrittsbarrieren (Patente, das Einnehmen von wichtigen und knappen Ressourcen, Wechselkosten oder Designs, die schwer zu kopieren sind), Trägheit führender Unternehmen.

Fortsetzung auf der nächsten Seite

A.2 Studien zu Einflussfaktoren des Markteintrittstimings 269

Tabelle A.2 – Fortsetzung von der vorhergehenden Seite

Autor(en)/Jahr	Untersuchungs-gegenstand	Methodik	Datenbasis	Wichtige Resultate hinsichtlich der Determinanten des Markteintrittstimings
LAMBKIN (1988)	Vergleich der Charakteristik und der Leistung von Pionieren, frühen Folgern und späten Folgern.	• **Forschungsmethode:** Quantitativ; • **Forschungsdesign:** Quasi-Längsschnittdesign; • **Analyseverfahren:** Deskriptive Statistik, Populationsökonomisches Modell.	• **Industrie(n):** k.A.; • **Geographischer Raum:** USA; • **Untersuchungsobjekte:** 316 Diversifizierungs-Bemühungen etablierter Großunternehmen (überwiegend Fortune 500). Nur Unternehmen, die vier bis acht Jahre nach dem Markteintritt überlebt haben; PIMS-Datenbank (STR4, SPI4); • **Zeitraum:** k.A.;	• Aus Diversifizierungsbemühungen von Großunternehmen entstandene Pioniere, frühe Folger und späte Folger unterscheiden sich systematisch hinsichtlich ihrer Struktur und Strategie. • Die **Markteintrittsreihenfolge** ergibt sich nicht rein zufällig, sondern ist auch in der unterschiedlichen Struktur und Strategie von Pionieren, frühen Folgern und späten Folgern begründet. • **Pioniere** verfügen beim Markteintritt über eine breitere Produktpalette, ein umfangreicheres Distributionsnetzwerk, größere Produktionskapazitäten, Qualitätsvorteile der Produkte und einen besseren Kundenservice als frühe Folger und späte Folger. • **Frühe Folger** haben eine stärker diversifizierte Mutterunternehmen, investieren weniger in Marketing und haben eine höhere gemeinsame Nutzung von Produktionskapazitäten mit ihrer jeweiligen Muttergesellschaft als Pioniere und späte Folger; Frühe Folger weisen eine ggü. den Pionieren unterlegene Produktqualität auf. Frühe Folger scheinen „stuck-in-the-middle" ohne überzeugende Wettbewerbsvorteile zu sein. • **Späte Folger** weisen die geringste Organisationsgröße im Vergleich zu Pionieren und frühen Folgern auf; Späte Folger treiben einen deutlich höheren Marketing-Aufwand, insbesondere im Vergleich zu frühen Folgern.

Fortsetzung auf der nächsten Seite

Tabelle A.2 – Fortsetzung von der vorhergehenden Seite

Autor(en)/Jahr	Untersuchungs-gegenstand	Methodik	Datenbasis	Wichtige Resultate hinsichtlich der Determinanten des Markteintrittstimings
MITCHELL (1989)	Untersuchung der Eintrittswahrscheinlichkeit und -geschwindigkeit von etablierten Unternehmen in neu entstehende Marktsegmente innerhalb ihrer bisherigen Industrie.	• **Forschungsmethode:** Quantitativ. • **Forschungsdesign:** Querschnittsdesign. • **Analyseverfahren:** Hypothesentest durch zwei statistische Methoden: Logistische Regression und *accelerated event-time analysis*.	• **Industrie(n):** Fünf neu entstehende Marktsegmente der Diagnostischen Bildgebungs-Industrie. • **Geographischer Raum:** USA. • **Untersuchungsobjekte:** Nur bereits bestehende Unternehmen, die in neu entstehende Marktsegmente innerhalb ihrer bisherigen Industrie eintreten: Berücksichtigung potentieller Markteilnehmer. • **Analyseeinheit:** Produkt. Produktart: Konsumenten-Untersuchung auf Ebene der Muttergesellschaft und nicht auf Ebene der organisatorischen Untereinheit. • **Zeitraum:** 1959-1988.	• **Eintrittswahrscheinlichkeit** von bestehenden Unternehmen in neu entstehende Marktsegmente innerhalb ihrer bisherigen Industrie: → **steigt**, je mehr das Unternehmen über industriespezifische Ressourcen verfügt, die für das Überleben in dem neuen Marktsegment von hoher Relevanz sind; → **steigt**, wenn das neue Marktsegment die bestehenden Kernprodukte des Unternehmens bedrohen könnte; → **sinkt** mit steigender Zahl potentieller Wettbewerber in dem neuen Marktsegment. • **Eintrittsgeschwindigkeit** von bestehenden Unternehmen in neu entstehende Marktsegmente innerhalb ihrer bisherigen Industrie: → **steigt**, je mehr Wettbewerber existieren, die ebenfalls über Ressourcen verfügen, die für das Überleben in dem neuen Marktsegment von hoher Relevanz sind; → **steigt**, wenn das neue Marktsegment die bestehenden Kernprodukte des Unternehmens bedrohen könnte.

Fortsetzung auf der nächsten Seite

A.2 Studien zu Einflussfaktoren des Markteintrittstimings

Tabelle A.2 – Fortsetzung von der vorhergehenden Seite

Autor(en)/Jahr	Untersuchungs-gegenstand	Methodik	Datenbasis	Wichtige Resultate hinsichtlich der Determinanten des Markteintrittstimings
Lambkin und Day (1989)	Die Leistungsfähigkeit von Unternehmen und die Wettbewerbsstruktur während der Entwicklung von Märkten.	• Forschungsmethode: Qualitativ-konzeptionell. • Forschungsdesign: - • Analyseverfahren: Populationsökonomisches Modell.	• Industrie(n): - • Geographischer Raum: - • Untersuchungsobjekte: - • Zeitraum: -	• **Pioniere**: Sind meist unabhängige, neu gegründete Unternehmen, die über relativ geringe Finanzkraft verfügen; aufgrund der Schwierigkeiten, die die Entwicklung eines neuen Marktes mit sich bringt, und aufgrund der geringen Unternehmensgröße stellt zu erwarten, dass es unter Pionieren eine hohe Ausfallrate geben wird; einige wenige Pioniere könnten sich aber dennoch langfristig zu großen Unternehmen entwickeln. • **Frühe Folger**: Es steht zu erwarten, dass in schnell wachsenden Märkten die frühen Folger die größte Gruppierung darstellen. Vorherrschend werden dabei Tochterfirmen und Geschäftsbereiche von großen, integrierten Unternehmen sein, die über starke Synergien mit dem neuen Marktsegment verfügen. Es kann erwartet werden, dass diese Unternehmen im Vergleich zu den meisten Pionieren mit größerem Aufwand in Bezug auf die Produktion und die Distribution in den Markt eintreten. Sofern die frühe Folger-Strategie mit dem Einsatz umfangreicher Ressourcen einhergeht, ermöglicht sie den Aufbau einer langfristig führenden Position und das Erreichen einer starken finanziellen Performance. Frühe Folger können auch Tochterfirmen oder Geschäftsbereiche von großen, diversifizierten Unternehmen sein, die über umfangreiche Ressourcen, aber nur wenig marktspezifische Fähigkeiten verfügen. Dieser Nachteil führt dazu, dass ihr Marktanteil relativ klein bleibt und dementsprechend auch nur eine geringe finanzielle Performance erzielt wird. Die Kombination von starkem Kapital-Investment und geringem Marktanteil wird wahrscheinlich die schlechteste Performance aller Markteintrittsstrategien erzielen. • **Späte Folger**: Späte Folger in gesättigten Märkten stellen die kleinste Population dar. Sie sind normalerweise kleine, neu gegründete Unternehmen, die sich darauf fokussieren, einen Wettbewerbsvorteil in einem bestimmten Marktsegment zu erzielen (meistens bieten sie Qualitäts- oder Preisvorteile). Selbst die erfolgreichsten späten Folger können kaum einen großen Marktanteil erzielen, aber dieser Nachteil kann durch aus durch eine starke finanzielle Performance ausgeglichen werden.

Fortsetzung auf der nächsten Seite

Tabelle A.2 – Fortsetzung von der vorhergehenden Seite

Autor(en)/Jahr	Untersuchungs-gegenstand	Methodik	Datenbasis	Wichtige Resultate hinsichtlich der Determinanten des Markteintrittstimings
LILIEN und YOON (1990)	Empirische Untersuchung der Beziehung zwischen Markteintrittstiming und der langfristigen Erfolgswahrscheinlichkeit für neue Industrieprodukte.	• **Forschungsmethode**: Quantitativ. • **Forschungsdesign**: Querschnittsdesign. • **Analyseverfahren**: Deskriptiv. Hypothesentest durch Chi-Quadrat-Test.	• **Industrie(n)**: 38,4% Electronics, electrical equipment, scientific instrumentation; 15,2% Chemistry, biochemistry; 13,4% Construction, earth moving; 9,8% Transport, services; 8,9% Metal processing, metallurgy; 8,0% Food, agriculture; 6,3% Miscellaneous. • **Geographischer Raum**: Frankreich. • **Untersuchungsobjekte**: 112 neue Industrieprodukte von 52 französischen Firmen; nur tatsächlich in den Markt eingetretene Unternehmen, keine potentiellen Marktteilnehmer. • **Analyseebene**: Produkt. • **Produktart**: Industrie. • **Zeitraum**: k. A.	• Ein früherer Markteintritt sollte angestrebt werden, wenn die erwartete Rendite einer Branche hoch ist. • Ein späterer Markteintritt sollte angestrebt werden, wenn sich der Markt schnell entwickelt. Der Pionier erhält im Erfolgsfall eine höhere Rendite, hat aber eine geringere Erfolgswahrscheinlichkeit. • Unternehmen, die später in einen Markt eintreten, verfügen über größere Produktions- und Marketing-Expertise.
GEROSKI und MURFIN (1991)	Einfluss von Werbung auf den Markteintritt.	• **Forschungsmethode**: Quantitativ. • **Analyseverfahren**: Dynamisches Optimierungsmodell.	• **Industrie(n)**: Automobilindustrie. • **Geographischer Raum**: Vereinigtes Königreich. • **Untersuchungsobjekte**: Nur Großunternehmen; 17 Unternehmen in drei Marktsegmenten der Automobilindustrie. • **Zeitraum**: 1958–1983.	• Die Eintrittswahrscheinlichkeit steigt mit steigender erwarteter Rendite. • Der massive Einsatz von Werbung durch früh in einen Markt eingetretene Unternehmen kann den Markteintritt von später in den Markt eintretenden Unternehmen erschweren bzw. verhindern.

Fortsetzung auf der nächsten Seite

A.2 Studien zu Einflussfaktoren des Markteintrittstimings

Tabelle A.2 – Fortsetzung von der vorhergehenden Seite

Autor(en)/Jahr	Untersuchungs-gegenstand	Methodik	Datenbasis	Wichtige Resultate hinsichtlich der Determinanten des Markteintrittstimings
ROBINSON, FORNELL und SULLIVAN (1992)	Empirische Untersuchung von Pionieren, frühen und späten Folgern hinsichtlich der Unterschiedlichkeit ihrer Fähigkeiten und Ressourcen.	• **Forschungsmethode:** Quantitativ. • **Forschungsdesign:** Querschnittsdesign. • **Analyseverfahren:** Anhand eines *multinomial logit model* werden für eine gegebene Ausstattung an Ressourcen und Fähigkeiten die daraus resultierenden Wahrscheinlichkeiten für Positionen in der Markteintrittsreihenfolge bestimmt.	• **Industrie(n):** Fortune 1000-Unternehmen, 78% aus der Industriegüter- und 22% aus der Konsumgüterbranche. • **Geografischer Raum:** USA. • **Untersuchungsobjekte:** 171 in einen Markt eingetretene Fortune 1000-Unternehmen; PIMS-Datenbank. Nur Diversifizierungs-Bemühungen etablierter Unternehmen, keine Start-up-Unternehmen; nur tatsächlich in den Markt eingetretene Unternehmen, keine potentiellen Marktteilnehmer; Analyseebene: Produkt. • **Zeitraum:** k.A.	• Pioniere und Folger weisen starke Unterschiede in ihren Ressourcen und Kompetenzen auf, nicht aber in deren Qualität. - Pioniere sind demnach nicht grundsätzlich kompetenter als Folger. • Die Position des Pioniers wird begünstigt durch: Starke Finanzkraft. • Die Position des frühen Folgers wird begünstigt durch: Gemeinsame Produktionskapazitäten mit der eigenen Muttergesellschaft. • Die Position des späten Folgers wird begünstigt durch: Starke Marketing-Kompetenzen. • Ein **Einfluss der folgenden Ressourcen auf das Markteintrittstiming konnte nicht nachgewiesen werden:** Größere Investments in Forschung und Entwicklung, gemeinsam genutzte Marketingkapazitäten mit der eigenen Muttergesellschaft.
THOMAS (1996)	Einfluss von Markenkapital auf die Markteintrittsreihenfolge.	• **Forschungsmethode:** Quantitativ. • **Forschungsdesign:** Querschnittsdesign. • **Analyseverfahren:** Schätzmodell.	• **Industrie(n):** Konsumgüter: Elfertige Getreideprodukte. • **Geografischer Raum:** USA. • **Untersuchungsobjekte:** Nur tatsächlich in einen Markt eingetretene Produkte, keine potentiellen Marktteilnehmer; Analyseebene: Produkt. • **Zeitraum:** 1971-1990.	• Die höchste Wahrscheinlichkeit, als Pionier ein neuartiges Produkt in ein Marktsegment einzuführen, entfällt auf das Unternehmen mit dem größten Bestand an gut etablierten Marken (d.h. mit dem größten Markenkapital) einer Branche.

Fortsetzung auf der nächsten Seite

Tabelle A.2 – Fortsetzung von der vorhergehenden Seite

Autor(en)/Jahr	Untersuchungs-gegenstand	Methodik	Datenbasis	Wichtige Resultate hinsichtlich der Determinanten des Markteintrittstimings
SWAMINATHAN (1998)	Markteintrittsraten in gesättigte Märkte.	• Forschungsmethode: Quantitativ; • Forschungsdesign: *Event History*; • Analyseverfahren: Regressionsmodell.	• Industrie(n): Konsumgüter; Mikrobrauerei- und Brauhaus-Segmente der Brauindustrie; • Geographischer Raum: USA; • Untersuchungsobjekte: Nur tatsächlich in den Markt eingetretene Unternehmen, keine potentiellen Marktteilnehmer; Analyseebene: Produkt, Produktart: Konsumenten. • Zeitraum: 1939-1995.	• Nischenbildung (z. B. aufgrund von Veränderungen der Konsumentenpräferenzen, der Technologie oder der politischrechtlichen Bedingungen) ist der entscheidende Treiber für den Eintritt in gesättigte Märkte.
SCHOENECKER und COOPER (1998)	Einfluss von Unternehmensressourcen und organisationalen Eigenschaften auf das Markteintrittstiming.	• Forschungsmethode: Quantitativ; • Analyseverfahren: Hypothesentest anhand multipler Regressionsanalyse.	• Industrie(n): Computer-Industrie (Minicomputer und Personal Computer); • Geographischer Raum: USA; • Untersuchungsobjekte: 108 Marktteilnehmer (58 im Minicomputer- und 50 im PC-Marktsegment): nur bestehende Aktiengesellschaften, keine Start-ups: nur tatsächlich in den Markt eingetretene Unternehmen, keine potentiellen Marktteilnehmer; • Zeitraum: 1963-k. A.	• Die Eintrittsgeschwindigkeit von bestehenden Unternehmen in ein neues Marktsegment **steigt**: → mit steigenden **F & E-Kompetenzen**; → wenn das Unternehmen über einen eigenen **Direktvertrieb** verfügt; → wenn das neue Marktsegment die bestehenden **Kernprodukte des Unternehmens bedroht**; → mit steigender **Unternehmensgröße**. • Ein Einfluss der folgenden Ressourcen auf das Markteintrittstiming konnte nicht nachgewiesen werden: → **Finanzielle Ressourcen** gemessen als relative Größe (Verhältnis von Umlaufvermögen zu kurzfristigen Verbindlichkeiten und Verhältnis zwischen Fremdkapital und Eigenkapital); → **Grad der Diversifizierung** des Unternehmens.

Fortsetzung auf der nächsten Seite

A.2 Studien zu Einflussfaktoren des Marktteintrittstimings 275

Tabelle A.2 – Fortsetzung von der vorhergehenden Seite

Autor(en)/Jahr	Untersuchungs-gegenstand	Methodik	Datenbasis	Wichtige Resultate hinsichtlich der Determinanten des Markteintrittstimings
LIEBERMAN und MONTGOMERY (1998)	Nach LIEBERMAN und MONTGOMERY (1988) erneute Bestandsaufnahme der theoretischen und empirischen Literatur zu den Mechanismen, die Pionier-Vor- bzw. Nachteile herbeiführen.	• **Forschungsmethode:** Qualitativ-konzeptionell. • **Analyseverfahren:** Analyse bestehender theoretischer und empirischer Literatur.	• **Industrie(n):** Traditionelle Industrien, kein E-Business. • **Geographischer Raum:** Überwiegend USA. • **Untersuchungsobjekte:** Literatur. • **Zeitraum:** 1984-1998.	• Die Ressourcenbasis eines Unternehmens beeinflusst sowohl die Wahrscheinlichkeit als auch das Timing des Markteintritts auf komplexe und bislang noch nicht ausreichend verstandene Weise. • Empfehlung zur Ausschöpfung von Synergien der Forschungsströme des Markteintrittstimings und des *Resource-based View*.
KLEPPER und SIMONS (2000)	Einfluss der vor dem Markteintritt vorhandenen Fähigkeiten von Unternehmen (aus der Radioempfängerbranche) auf den Unternehmenserfolg und die Marktstruktur einer neuen Branche (Fernsehempfänger).	• **Forschungsmethode:** Quantitativ. • **Analyseverfahren:** *logit model, maximum likelihood*.	• **Industrie(n):** Konsumgüter: Fernsehempfängerbranche. • **Geographischer Raum:** USA. • **Untersuchungsobjekte:** Unternehmen, die in die Fernsehempfängerbranche eingetreten sind und zuvor bereits in der Radioempfängerbranche tätig waren. • **Zeitraum:** 1947-1989.	• Die Markteintrittswahrscheinlichkeit von Unternehmen in ein neuartiges Marktsegment (Fernsehempfänger) steigt, je größer die bereits vorhandenen Erfahrungen des Unternehmens (gemessen in Unternehmensgröße als Proxy für F & E-Kompetenz; Ähnlichkeit des bisher produzierten Produkts zu dem neuen Marktsegment; Anzahl der Jahre an Produktionserfahrung) in einer verwandten Branche (Radioempfänger) sind. • Die Markteintrittsgeschwindigkeit von Unternehmen in ein neuartiges Marktsegment (Fernsehempfänger) steigt, je größer die bereits vorhandenen Erfahrungen des Unternehmens (gemessen in Unternehmensgröße als Proxy für F & E-Kompetenz; Ähnlichkeit des bisher produzierten Produkts zu dem neuen Marktsegment; Anzahl der Jahre an Produktionserfahrung) in einer verwandten Branche (Radioempfänger) sind.

Fortsetzung auf der nächsten Seite

Tabelle A.2 – Fortsetzung von der vorhergehenden Seite

Autor(en)/Jahr	Untersuchungs-gegenstand	Methodik	Datenbasis	Wichtige Resultate hinsichtlich der Determinanten des Markteintrittstimings
FUENTELSAZ, GOMEZ und POLO (2002)	Untersuchung der Determinanten des Markteintrittstimings von Diversifizierungsbemühungen etablierter Unternehmen in neue geographische Märkte.	• **Forschungsmethode:** Quantitativ. • **Analyseverfahren:** Überlebensanalyse: Cox-Modell mit proportionalem Ausfallrisiko.	• **Industrie(n):** Banking; Geographische Expansion des Filialnetzes von Sparkassen, nachdem Regulierungen aufgehoben wurden; Längenmaß: Jährliche Informationen über die Kovariaten und die abhängige Variable. • **Geographischer Raum:** Spanien. • **Untersuchungsobjekte:** Zu Beginn des Untersuchungszeitraums 77 Sparkassen, aufgrund von Unternehmenszusammenschlüssen und -übernahmen zum Ende des Untersuchungszeitraums nur noch 50 Sparkassen; 153 Diversifizierungsbemühungen etablierter Unternehmen; keine Start-up-Unternehmen; nur Folger-Unternehmen; • **Zeitraum:** 11 Jahre: 1986-96.	• **Eintrittsgeschwindigkeit** von bestehenden Unternehmen in neue geographische Märkte innerhalb ihrer bisherigen Industrie: → **steigt**, je größer die organisationale Größe des Unternehmens ist; → **steigt**, je größer die geographische Nähe des neuen Zielmarkts ist; → **steigt** bis zu einem gewissen Grad mit der Anzahl der bearbeiteten Märkte (also mit der organisationalen Erfahrung) - allerdings wird dieser positive Effekt ab einem gewissen Diversifizierungsgrad durch einen Anstieg der Koordinations- und Kontrollkosten überkompensiert; → **steigt**, je stärker der Konkurrenzkampf in dem bisher bearbeiteten Markt ist; → **sinkt**, je stärker der potentielle Konkurrenzkampf in dem neuen Zielmarkt ist. • Kein signifikanter Einfluss auf die **Eintrittsgeschwindigkeit** von bestehenden Unternehmen in neue geographische Märkte innerhalb ihrer bisherigen Industrie besteht durch: → **bisherige Profitabilität** des Unternehmens; → **tatsächlich vorhandenen Konkurrenzkampf im neuen Zielmarkt**; → **Intensität der Nachfrage im neuen Zielmarkt**; → **Marktwachstum im neuen Zielmarkt**.

Fortsetzung auf der nächsten Seite

A.2 Studien zu Einflussfaktoren des Markteintrittstimings

Tabelle A.2 – Fortsetzung von der vorhergehenden Seite

Autor(en)/Jahr	Untersuchungsgegenstand	Methodik	Datenbasis	Wichtige Resultate hinsichtlich der Determinanten des Markteintrittstimings
HELFAT und LIEBERMAN (2002)	• Welche Typen von potentiell in einen Markt eintretenden Unternehmen gibt es? • Wie unterscheiden sich die Ressourcen und Fähigkeiten dieser Typen? • Wie beeinflussen die vor dem Markteintritt vorhandenen Ressourcen und Fähigkeiten der unterschiedlichen Typen die Wahl des Marktes, des Eintrittsmodus und das Markteintrittstiming? • Wie wird durch alle diese Faktoren der Erfolg des Markteintritts beeinflusst?	• Forschungsmethode: Qualitativ-konzeptionell; • Analyseverfahren: Analyse bestehender Literatur; Ableitung von Arbeitshypothesen.	• Industrie(n): - • Geographischer Raum: - • Untersuchungsobjekte: Diversifizierungsbemühungen von Großunternehmen; separiertes Unternehmen des Mutterkonzerns (Joint Venture, Franchise, Spin-off); unabhängige Start-up-Unternehmen; • Zeitraum: 1976-2002.	• Die vor dem Markteintritt in einem Unternehmen vorhandenen Ressourcen und Fähigkeiten beeinflussen die Wahl des Marktes, des Eintrittsmodus und das Markteintrittstiming. • Die Wahrscheinlichkeit, dass ein Unternehmen in einen bestimmten Markt eintritt, steigt, je ähnlicher sich das für diesen Markt erforderliche Ressourcenprofil und die vor dem Markteintritt in dem jeweiligen Unternehmen vorhandene Ressourcenbasis sind. • Unternehmen mit unterschiedlichen Ressourcenprofilen treten zu unterschiedlichen Zeitpunkten in einen betrachteten Markt ein.
SOFKA und SCHMIDT (2004)	Mechanismen der Wahl einer Pionier- bzw. Folgerstrategie.	• Forschungsmethode: Quantitativ; • Forschungsdesign: k.A.; • Analyseverfahren: k.A..	• Industrie(n): Fertigungsindustrie und Dienstleistungsbranche; • Geographischer Raum: Deutschland; • Untersuchungsobjekte: ca. 4.000 teilnehmende Unternehmen des Mannheim Innovation Panel (MIP) 2003; • Zeitraum: 2000-2002.	• Unternehmen, die eine Pionierstrategie wählen (ohne dass eine Aussage darüber getätigt werden kann, ob sie letztlich auch als Pionier in den Markt eingetreten sind), operieren in Industrien mit intensivem Wissensaustausch und erschließen sich zusätzliche Vorteile durch exzellente Absorptionsfähigkeiten. • Unternehmen, die eine Folgerstrategie wählen, operieren in Industrien, die von geringem Wissensaustausch geprägt sind und verfügen über unterentwickelte Absorptionsfähigkeiten. Allerdings weisen sie operative Exzellenz und ein hohes Maß an Effizienz auf und sind somit in der Lage über die Kosten zu konkurrieren.

Fortsetzung auf der nächsten Seite

Tabelle A.2 – Fortsetzung von der vorhergehenden Seite

Autor(en)/Jahr	Untersuchungs-gegenstand	Methodik	Datenbasis	Wichtige Resultate hinsichtlich der Determinanten des Markteintrittstimings
SINHA und NOBLE (2005)	• Entwicklung eines Modells zur Erklärung und Vorhersage des Markteintrittstimings in einem neu entstehenden Technologie-Marktsegment.	• **Forschungsmethode:** Quantitativ. • **Forschungsdesign:** Panel - Kombination von Längs- und Querschnittsdesign: • **Analyse-verfahren:** *Hazard modeling framework*.	• **Industrie(n):** Dienstleistungsbranche, Banking: Der neu entstehende Markt für Geldautomaten als ein Marktsegment des Bankgewerbes. • **Geographischer Raum:** USA. • **Untersuchungsobjekte:** Über 3.500 bereits bestehende Unternehmen, die entweder in ein neues Marktsegment eintreten oder nicht eintreten (*Entrants* und *Non-Entrants*): Keine Start-up-Unternehmen. • **Zeitraum:** 9 Jahre, von 1971-1979.	• Große Unternehmen weisen eine höhere Wahrscheinlichkeit auf, früh in ein neues Marktsegment einzutreten, als kleine Unternehmen. • Unternehmen treten umso schneller in ein neues Marktsegment ein, je mehr dieses eine inhaltliche Nähe zum derzeitigen strategischen Fokus des Unternehmens aufweist. • Unternehmen, die in stärker konzentrierten Märkten operieren, werden schneller in ein neues Marktsegment eintreten. • Unternehmen, die in Märkten mit starkem Wachstum operieren, und dementsprechend operativ auf Wachstum geprägt sind, werden schneller in ein neues Marktsegment eintreten. • Unternehmen, die in Märkten mit einer höheren Kostenstruktur operieren, werden umso schneller in ein neues Technologie-Marktsegment eintreten, je größer die erwarteten Kosteneinsparungen durch die Erschließung der Technologie sind. • Unternehmen werden schneller in ein neues Marktsegment eintreten, wenn sie davon ausgehen können, dass die Renditen aus der Innovation auch tatsächlich abschöpfen können (*appropriability of related rents*).

Fortsetzung auf der nächsten Seite

Tabelle A.2 – Fortsetzung von der vorhergehenden Seite

Autor(en)/Jahr	Untersuchungs-gegenstand	Methodik	Datenbasis	Wichtige Resultate hinsichtlich der Determinanten des Markteintrittstimings
LEE (2007)	• Wie beeinflussen die vor einem Markteintritt vorhandenen Netzwerk-Ressourcen eines Unternehmens das Timing des Markteintritts in einen neu entstehenden Produktmarkt? • Was sind die Vor- und Nachteile der Netzwerk-Ressourcen eines Unternehmens für das Timing des Markteintritts?	• Forschungsmethode: Quantitativ, *multi-population panel*; • Analyseverfahren: Ereignisdatenanalyse.	• Industrie(n): Aus der Konvergenz von Telefonkommunikation und Computer-Vernetzungstechnologien neu entstehender Produktmarkt der Netzwerk-Switches; • Geographischer Raum: USA; • Untersuchungsobjekte: 517 potentielle und tatsächliche Marktteilnehmer mit insgesamt 1 109 strategischen Allianzen über den Beobachtungszeitraum; • Zeitraum: 13 Jahre, Anfang 1989 bis Ende 2001.	• Einen positiven Einfluss auf das Markteintrittstiming von Diversifizierungen in ein neues Marktsegment haben: → Alle drei Dimensionen von Netzwerk-Ressourcen: Qualität, Menge und Vielfalt von Informationen; → Bis zu einer bestimmten Größe das Netzwerk an direkten Kontakten des Unternehmens, da es den Zugriff auf eine größere Menge an Informationen ermöglicht; → Die Vernetzung des Kontaktnetzwerks eines Unternehmens untereinander („*closure*"), da die Informationen der stärker untereinander vernetzten Kontakte eine höhere Qualität aufweisen; → Die Häufigkeit des Austausches zwischen direkten Kontakten innerhalb des Kontaktnetzwerks von Unternehmen („*relational embeddedness*", da die Informationen von häufiger miteinander intergierenden Kontakten eine höhere Qualität aufweisen; → Die Kompetenz an vielfältige Informationen von Wettbewerbern und unterschiedlichen Partnern entlang der Wertschöpfungskette zu gelangen „*compositional heterogenity*". • Einen negativen Einfluss auf das Markteintrittstiming von Diversifizierungen in ein neues Marktsegment haben: → Eine geringe Flexibilität zur Veränderung des Kontaktnetzwerks von Unternehmen „*configuration lock-in*"; → Die Größe des Kontaktnetzwerks, sobald eine kritische Größe überschritten wurde. Das Markteintrittstiming weist mit zunehmender Größe des Kontaktnetzwerks eine umgekehrt U-förmige Beziehung auf, da sich in großen Netzwerken der Nutzen verringert, einen neuen Partner hinzuzufügen.

Fortsetzung auf der nächsten Seite

Tabelle A.2 – Fortsetzung von der vorhergehenden Seite

Autor(en)/Jahr	Untersuchungsgegenstand	Methodik	Datenbasis	Wichtige Resultate hinsichtlich der Determinanten des Markteintrittstimings
LEE (2008)	• Inwieweit hängt das Markteintrittstiming von den Fähigkeiten eines Unternehmens zu unterschiedlichen Zeitpunkten ab? • Inwieweit ist ein Unternehmen in der Lage, seine Fähigkeiten zu verändern, um dadurch ein gewünschtes Markteintrittstiming zu erzielen?	• **Forschungsmethode:** Quantitativ. • **Forschungsdesign:** Längsschnittdesign; **Analyseverfahren:** *Hazard modeling framework*, Cox-Modell.	• **Industrie(n):** Industrie mit hoher Dynamik: Aus der Konvergenz von Telefonkommunikation und Computervernetzungstechnologien neu entstehender Produktmarkt der Netzwerk-Switches. • **Geographischer Raum:** USA. • **Untersuchungsobjekte:** 272 Potentielle und tatsächliche Marktteilnehmer; Nur bereits bestehende Unternehmen; • **Zeitraum:** 15 Jahre, Anfang 1989 bis Ende 2003.	• Entwicklung des **Konzepts der *capability relevance* zur Vorhersage des Markteintrittstimings**: Die *capability relevance* drückt aus, in welchem Maße die Ressourcen und Fähigkeiten eines Unternehmens mit denen für einen bestimmten Produktmarkt erforderlichen Ressourcen und Fähigkeiten übereinstimmen. • Die dominierende Determinante des Markteintrittstimings ist nicht die zu Beginn der Entstehung eines Marktsegments vorhandene *initial capability relevance*, sondern die ***current capability relevance***. Je höher die ***current capability relevance*** eines Unternehmens, desto **schneller** wird das Unternehmen in den Markt eintreten. • Die ***current capability relevance*** eines Unternehmens ist jedoch stark durch die ***initial capability relevance*** bestimmt: Je größer die ***initial capability relevance***, desto größer ist die ***current capability relevance***. • Selbst Unternehmen, die zum Zeitpunkt der Entstehung eines neuen Marktsegments über eine **unvorteilhafte Ressourcenausstattung** für einen frühen Eintritt in das Marktsegment verfügen, können trotzdem noch einen frühen Markteintritt erzielen, sofern sie ihre **Kompetenzen an die in dem Marktsegment erforderlichen anpassen** (d.h. ihre *capability relevance* erhöhen).
LEE und PARTCCHURI (2008)	Der Einfluss von assoziativer Medien-Rhetorik auf das Markteintrittstiming.	• **Forschungsmethode:** Quantitativ. • **Forschungsdesign:** Längsschnittdesign; **Analyseverfahren:** Cox-Modell.	• **Industrie(n):** Netzwerk-Equipment, Netzwerk-Switches. • **Geographischer Raum:** USA. • **Untersuchungsobjekte:** 459 Unternehmen; nur Diversifizierungen von etablierten Unternehmen, keine Start-up-Unternehmen. • **Zeitraum:** 1.824 Unternehmensjahre.	• Etablierte Unternehmen treten schneller in einen neuen Markt ein, → wenn die assoziative Medien-Rhetorik ein höheres Volumen (im Gegensatz zu einem niedrigeren) hat; → wenn die assoziative Medien-Rhetorik einen positiven Tenor (im Gegensatz zu einem negativen) hat; → wenn die assoziative Medien-Rhetorik Unternehmen (im Gegensatz zu Journalisten/Analysten) als Informationsquellen hat; → wenn die assoziative Medien-Rhetorik auf Verallgemeinerungen (im Gegensatz zu spezifischen Fällen) fußt.

Fortsetzung auf der nächsten Seite

A.2 Studien zu Einflussfaktoren des Markteintrittstimings

Tabelle A.2 – Fortsetzung von der vorhergehenden Seite

Autor(en)/Jahr	Untersuchungsgegenstand	Methodik	Datenbasis	Wichtige Resultate hinsichtlich der Determinanten des Markteintrittstimings
LEE (2009)	Einflussfaktoren auf das Markteintrittstiming von „Fast-Second"-Unternehmen.	• **Forschungsmethode**: Quantitativ. • **Forschungsdesign**: Längsschnittdesign. • **Analyseverfahren**: *Hazard modeling framework*, Cox-Modell.	• **Industrie(n)**: Industrie mit hoher Dynamik; Netzwerk-Equipment; Aus der Konvergenz von Telefonkommunikation und Computer-Vernetzungstechnologien neu entstehender Produktmarkt der Netzwerk-Switches. • **Geographischer Raum**: USA. • **Untersuchungsobjekte**: 224 potentiell in einen Markt eintretende Unternehmen; nur Diversifizierungen von etablierten Unternehmen, keine Start-up-Unternehmen. • **Zeitraum**: 15 Jahre, Anfang 1989 bis Ende 2003.	• Selbst Unternehmen, die zum Zeitpunkt der Entstehung eines neuen Marktsegments über eine unvorteilhafte Ressourcenausstattung (gemessen in zwei Formen von *capability relevance*: *relevance in invention* und *relevance in commercialization*) für einen Eintritt in das Marktsegment verfügen, können trotzdem noch einen frühen Markteintritt erzielen, sofern sie ihre Kompetenzen an die in dem Marktsegment erforderlichen anpassen (d.h. ihre *capability relevance* erhöhen).

A.3 Interviewplan der empirischen Erhebung

In dem in Tabelle A.3 dargestellten **Interviewplan** wird eine Übersicht über die Charakteristik der geführten Interviews gegeben. Die Namen der Unternehmen werden dabei anonymisiert und von den befragten Personen werden nicht die Namen, sondern nur ihre Position im Unternehmen angegeben. Die Interviews fanden im Zeitraum von Juli 2010 bis November 2010 statt.

Tabelle A.3: Interviewplan der empirischen Erhebung (Quelle: Eigene Darstellung)

Fall	Unternehmen	Position Interviewpartner	Datum	Länge
1	Alpha	Gründer und Geschäftsführer	15. Juli 2010	2 Stunden 13 Minuten
		Gründer und Geschäftsführer sowie Gründer und Technischer Direktor	14. November 2010	7 Minuten
2	Beta	Gründer und Geschäftsführer	16. Juli 2010	48 Minuten
3	Gamma	Gründer und Geschäftsführer	20. Juli 2010	53 Minuten
4	Delta	Gründer und Geschäftsführer	21. Juli 2010	45 Minuten
5	Epsilon	Gründer	9. August 2010	1 Stunde 28 Minuten

A.4 Interviewleitfaden der empirischen Erhebung

A. Einleitung

- Vorstellung des **Interviewers**
- Vorstellung des **Forschungsprojekts** (Ziele, Trägerorganisationen)
- Verweis auf die strikte **Vertraulichkeit der erhobenen Daten**
- Kurze Einführung zum **Ablauf des Interviews** (Erläuterung Modell, nur Zeitraum vor Markteintritt relevant, Zeit)
- Ersuchen zur Verwendung eines **Sprachaufzeichnungsgeräts** während der Befragung

B. Eröffnungsfrage

Bitte geben Sie eine kurze **Beschreibung** des betrachteten Produktes bzw. Services (Name, www-Adresse, Geschäftsmodell, Interaktionsmuster)?

C. Hauptfragen zum Innovationsprozess

- **Zeitpunkt des Beginns des Innovationsprozesses**
  - Bitte versetzen Sie sich gedanklich in die **Situation vor der Entstehung der Idee**: Bitte benennen Sie kritische Ereignisse, die
    * einen **besonders postiven Einfluss** (grüne Pfeile)
    * oder einen **besonders negativen Einfluss** (rote Pfeile)
    auf den Zeitpunkt des Beginns des Innovationsprojekts hatten?
  - Bitte geben Sie eine **detaillierte Beschreibung dieser Ereignisse**!
  - Bitte beschreiben Sie genau, wie der besonders positive oder negative Effekt auf den Zeitpunkt des Beginns des Innovationsprojekts genau charakterisiert war!
- **Dauer des Innovationsprozesses** (vom ersten Impuls bis zum Markteintrittsdatum)
  - Bitte versetzen Sie sich gedanklich in die **einzelnen Phasen des Innovations- und Gründungsprozesses**: Bitte benennen Sie kritische Ereignisse, die
    * einen **besonders postiven Einfluss** (grüne Pfeile)

∗ oder einen **besonders negativen Einfluss** (rote Pfeile) auf die Dauer der jeweiligen Phase des Innovationsprozesses hatten?
– Bitte geben Sie eine **detaillierte Beschreibung dieser Ereignisse**!
– Bitte beschreiben Sie genau, wie der besonders positive oder negative Effekt auf die Dauer der jeweiligen Phase des Innovationsprozesses genau charakterisiert war!

D. Potentielle Detaillierungsfragen

Welche Rolle nahmen bei den genannten Ereignissen das *Sensing*, *Seizing* und *Managing Threats/Transforming* mit seinen Unterkategorien ein (d.h. wie haben sie zum Gelingen oder zur Lösung dieser Ereignisse beigetragen?)?

Dynamic Capability	Zu erforschende Fragestellungen
Sensing	Lenkung der unternehmensinternen Forschung und Entwicklung: • **Kompetenzen der Gründer** (u.a. Ausbildungsgrad, Branchenerfahrung, Fach- und Spezialwissen) • **Persönlichkeit der Gründer** (u.a. Unabhängigkeitsstreben, Risikoneigung) • **Motivation der Gründer** (*Push*- und *Pull*-Faktoren) • Andere?
	Erschließung von Entwicklungen in Wissenschaft und Technologie: • Informationen über unternehmensexterne Berater, Experten, Investoren • Informationen über Institutionen der Wissenschaft • Informationen über andere (Start-up-)Unternehmen im E-Business • Andere?
	Informationen über Lieferanten/komplementäre Anbieter: • Informationen über Zusammenarbeit mit Lieferanten • Informationen über komplementäre Anbieter • Informationen über potentielle Lieferanten • Andere?
	Informationen über Kunden: • Integration potentieller Kunden in den Innovationsprozess (Einsatz von Testplattformen für potentielle Kunden) • Sonstige Informationsgewinnung über Kundenbedürfnisse und -innovationen (z.B. Interviews, Online-Umfragen) • Andere?
Seizing	Konzeption und Anpassung von Kundenlösung und Geschäftsmodell: • **Kompetenzen zur Konzeption bzw. Anpassung einer Kundenlösung** (Spezifikation von elektronischem Wertschöpfungsprozess, elektronischem Mehrwert, elektronischem Kundennutzen, Alleinstellungsmerkmal) • **Kompetenzen zur Konzeption bzw. Anpassung des Geschäftsmodells** (Spezifikation von Geschäftsbereich, Markt- und Zielkundensegmenten und elektronischem Geschäftskonzept) • Andere?

Fortsetzung auf der nächsten Seite

A.4 Interviewleitfaden der empirischen Erhebung

Tabelle A.4 – Fortsetzung von der vorhergehenden Seite

Dynamic Capability	Zu erforschende Fragestellungen
	Etablierung von Techniken zur Entscheidungsfindung: • Kompetenzen zur Minimierung von ungewollten Beeinflussungen der Entscheidungsfindung durch bestehende Ressourcen (Identifikation und Entfernung von wertlosen Ressourcen und Routinen) • Sonstige Kompetenzen zur Minimierung von Fehlentscheidungen und ungewollten Beeinflussungen der Entscheidungsfindung (z.B. Inzentivierungen der Entscheidungsträger, die Ausgestaltung der Organisationsstruktur, die Schaffung einer offenen Diskussionsatmosphäre, Förderung von kreativem Denken, Schaffung positiver Emotionen hinsichtlich zu ergreifender Chancen) • Andere?
	Festlegung der Unternehmensgrenzen und Management von Komplementen: • Beurteilung des Appropriierungsregimes (Appropriierungsregime: Art der zugrunde liegenden Technologie, rechtliche Schutzmöglichkeiten) • Identifikation und Kontrolle von unternehmensinternen Schwachpunkten und Engpässen in der Wertschöpfungskette von der Erfindung bis zur Markteinführung • Identifikation, Management und Ausnutzung von Co-Spezialisierung • Andere?
	Kompetenzen zum Aufbau von Loyalität und Leistungsbereitschaft: • Schaffung und Kommunikation einer Vision • Kommunikation von Werten, Zielen und Erwartungen • Sonstige Faktoren zur Schaffung einer innovativen und motivierenden Unternehmenskultur • Andere?
Managing Threats/Transforming	**Dezentralität und Koordination:** • Entscheidungsdezentralisierung (Flexibilität, Entscheidungsbefugnisse einzelner Organisationseinheiten, räumliche Dezentralisierung) • Integrative Kompetenzen zur Unterstützung von Open Innovation (gemeinschaftlicher Management-Stil, geringe Anzahl von Hierarchieebenen, Versammlungen, Gruppenkommunikation, Integrationsforen) • Koordinationskompetenzen (kurze Abstimmungswege, Informations- und Kommunikationstechnologien (IKT), Intranet, Training von Multitasking, Teamwork, Projektgruppen) • Andere?
	Unternehmenssteuerung: • Schaffung und Anpassung eines Anreizsystems (Anreize der Arbeit, soziale Anreize, finanzielle Anreize und Anreize des organisatorischen Umfeldes) • Steuerung der strategischen Ausrichtung (Aufsichts- oder Beirat, Wagniskapitalgeber, Markt) • Andere?
	Management von Co-Spezialisierung: • Kompetenzen zur Identifikation von co-spezialisierbaren Ressourcen • Kompetenzen zum Aufbau bzw. Einkauf von co-spezialisierten Ressourcen • Andere?
	Management von Wissen: • Individuelle und organisationale Lernprozesse • *Know-how*-Integration: Informations- und Kommunikationstechnologien (IKT), z.B. in Form von Managementinformationssystemen (Wikis) oder internen Diskussionsplattformen • Schutz von *Know-how* und geistigem Eigentum: Schutzrechte, Schutzstrukturen. • Andere?

E. Allgemeine Fragen

- **Datum des Beginns** des Innovationsprozesses?

- **Dauer der einzelnen Phasen** des Innovationsprozesses?
- **Datum der Gründung** des Unternehmens?
- **Datum der Markteinführung** des Leistungsangebots?
- Wurde hinsichtlich des Markteintrittstimings geplant, eine Position als Pionier, früher Folger oder später Folger einzunehmen? Stimmen das tatsächliche Timing des Markteintritts und das geplante überein? Wenn nicht, warum nicht? Wurde der Markteintritt aus strategischen Gründen absichtlich verzögert?
- **Namen** der Gründer?

F. Abschluß

- Offene Punkte für tieferes Verständnis des Innovationsprozesses?
- Verfügbarkeit für Nachfragen?
- Zusage Zusendung der Forschungsergebnisse

A.5 Dokumentenverzeichnis der empirischen Erhebung

In der nachfolgenden Tabelle A.5 wird eine Übersicht über die im Rahmen der empirischen Erhebung **ausgewerteten Dokumente** gegeben. Dabei wird jedem verwendeten Dokument ein Dokumentenkürzel zugewiesen, eine Inhaltsbeschreibung vorgenommen sowie der Dokumententyp und das Erstellungsdatum spezifiziert.

Tabelle A.5: Dokumentenverzeichnis der empirischen Erhebung (Quelle: Eigene Darstellung)

Kürzel	Inhaltsbeschreibung	Typ	Datum
DB-INNO	Für die vorliegende Untersuchung entwickelte Datenbank von Markteintritten im E-Business (vgl. Abschnitt 5.2.1 der vorliegenden Schrift für eine detaillierte Beschreibung der Entwicklung der Datenbank)	Microsoft Excel	2006 - 2010
IN-ALPHA-1	Transkription eines Interviews mit Gründer und Geschäftsführer von Unternehmen Alpha	Microsoft Word	15.07.2010
IN-ALPHA-2	Transkription eines Interviews mit Gründer und Geschäftsführer sowie Gründer und Technischem Direktor von Unternehmen Alpha	Microsoft Word	14.11.2010
DK-ALPHA-1	Bekanntmachung von Unternehmen Alpha im Unternehmensregister des Bundesanzeiger Verlags	PDF	November 2007
DK-ALPHA-2	Jahresabschluss von Unternehmen Alpha im Unternehmensregister des Bundesanzeiger Verlags	PDF	Juni 2008
DK-ALPHA-3	Bericht in einem Blog über Unternehmen Alpha	Webseite	September 2007
	Fortsetzung auf der nächsten Seite		

Tabelle A.5 – Fortsetzung von der vorhergehenden Seite

Kürzel	Inhaltsbeschreibung	Typ	Datum
DK-ALPHA-4	Bericht der Handelskammer über Unternehmen Alpha	PDF	März 2009
DK-ALPHA-5	Facebook-Fanseite von Unternehmen Alpha	Webseite	23.08.2010
DK-ALPHA-6	Archivierte Version der Webseite des Pioniers im Marktsegment von Unternehmen Alpha (Auszug aus dem Webseiten-Archiv www.archive.org)	Webseite	April 2006
DK-ALPHA-7	Archivierte Version der Webseite des Pioniers im Marktsegment von Unternehmen Alpha (Auszug aus dem Webseiten-Archiv www.archive.org)	Webseite	April 2006
IN-BETA-1	Transkription eines Interviews mit Gründer und Geschäftsführer von Unternehmen Beta	Microsoft Word	16.07.2010
DK-BETA-1	Presseberichterstattung über Unternehmen Beta	Webseite	Januar 2008
DK-BETA-2	Presseberichterstattung über Unternehmen Beta	Webseite	Januar 2008
DK-BETA-3	Pressemitteilung von Unternehmen Beta	Webseite	Januar 2008
DK-BETA-4	Pressemitteilung eines Wettbewerbers von Unternehmen Beta	Webseite	Juni 2008
DK-BETA-5	Presseberichterstattung über Unternehmen Beta	Webseite	Oktober 2008
DK-BETA-6	Presseberichterstattung über Unternehmen Beta	Webseite	Januar 2009
	Fortsetzung auf der nächsten Seite		

Tabelle A.5 – Fortsetzung von der vorhergehenden Seite

Kürzel	Inhaltsbeschreibung	Typ	Datum
DK-BETA-7	Presseberichterstattung über Unternehmen Beta	Webseite	Dezember 2008
DK-BETA-8	Presseberichterstattung über Unternehmen Beta	Webseite	Dezember 2008
DK-BETA-9	Presseberichterstattung über Unternehmen Beta	Webseite	März 2009
DK-BETA-10	Presseberichterstattung über Unternehmen Beta	Webseite	März 2009
DK-BETA-11	Presseberichterstattung über Unternehmen Beta	Webseite	März 2009
DK-BETA-12	Presseberichterstattung über Unternehmen Beta	Webseite	März 2009
DK-BETA-13	Presseberichterstattung über Unternehmen Beta	Webseite	März 2009
DK-BETA-14	Presseberichterstattung über Unternehmen Beta	Webseite	Juni 2009
DK-BETA-15	Presseberichterstattung über Unternehmen Beta	Webseite	Juni 2009
DK-BETA-16	Presseberichterstattung über Unternehmen Beta	Webseite	Juni 2009
DK-BETA-17	Presseberichterstattung über Unternehmen Beta	Webseite	September 2009
DK-BETA-18	Presseberichterstattung über Unternehmen Beta	Webseite	Dezember 2009
DK-BETA-19	Presseberichterstattung über Wettbewerber von Unternehmen Beta	Webseite	Mai 2009
DK-BETA-20	Beschreibung der Historie von Unternehmen Beta auf der Webseite zu einem Kongress	Webseite	Mai 2008

Fortsetzung auf der nächsten Seite

Tabelle A.5 – Fortsetzung von der vorhergehenden Seite

Kürzel	Inhaltsbeschreibung	Typ	Datum
DK-BETA-21	Presse-Interview mit einem Gründer von Unternehmen Beta	Webseite	Oktober 2009
DK-BETA-22	Interview mit den Gründern von Unternehmen Beta im Rahmen einer Messe- und Kongressveranstaltung	Webseite	2009
DK-BETA-23	Presseberichterstattung über Unternehmen Beta	Webseite	November 2009
DK-BETA-24	Interview mit den Gründern von Unternehmen Beta in einem Blog	Webseite	Mai 2009
DK-BETA-25	Bekanntmachung von Unternehmen Beta im Unternehmensregister des Bundesanzeiger Verlags	PDF	Oktober 2007
IN-GAMMA-1	Transkription eines Interviews mit Gründer und Geschäftsführer von Unternehmen Gamma	Microsoft Word	20.07.2010
DK-GAMMA-1	Pressemitteilung eines Wettbewerbers von Unternehmen Gamma	Webseite	Dezember 2007
DK-GAMMA-2	Presseberichterstattung über Wettbewerber von Unternehmen Gamma	Webseite	April 2009
DK-GAMMA-3	Pressemitteilung eines Wettbewerbers von Unternehmen Gamma	Webseite	April 2009
DK-GAMMA-4	Mitteilung im Unternehmensblog eines Wettbewerbers von Unternehmen Gamma	Webseite	April 2008
DK-GAMMA-5	Mitteilung im Unternehmensblog von Unternehmen Gamma	Webseite	Februar 2008
	Fortsetzung auf der nächsten Seite		

A.5 Dokumentenverzeichnis der empirischen Erhebung

Tabelle A.5 – Fortsetzung von der vorhergehenden Seite

Kürzel	Inhaltsbeschreibung	Typ	Datum
DK-GAMMA-6	Presseberichterstattung über Unternehmen Gamma	Webseite	Februar 2008
DK-GAMMA-7	Presseberichterstattung über Unternehmen Gamma	Webseite	Januar 2008
DK-GAMMA-8	Presseberichterstattung über Wettbewerber von Unternehmen Gamma	Webseite	Mai 2008
DK-GAMMA-9	Portfolio-Beschreibung des in Unternehmen Gamma investierten Venture-Capital-Unternehmens	Webseite	10.09.2010
DK-GAMMA-10	Bekanntmachung von Unternehmen Gamma im Unternehmensregister des Bundesanzeiger Verlags	PDF	Januar 2008
IN-DELTA-1	Transkription eines Interviews mit Gründer und Geschäftsführer von Unternehmen Delta	Microsoft Word	21.07.2010
DK-Delta-1	Webseite eines Wettbewerbers von Unternehmen Delta	Webseite	26.08.2010
DK-Delta-2	Webseite eines Wettbewerbers von Unternehmen Delta	Webseite	26.08.2010
DK-Delta-3	Presseberichterstattung über Unternehmen Delta	Webseite	Dezember 2009
DK-Delta-4	Bericht in einem Blog über Unternehmen Delta	Webseite	Februar 2010
DK-Delta-5	Bekanntmachung von Unternehmen Delta im Unternehmensregister des Bundesanzeiger Verlags	PDF	Juli 2009
DK-Delta-6	Presseberichterstattung über Wettbewerber von Unternehmen Delta	Webseite	August 2010

Fortsetzung auf der nächsten Seite

Tabelle A.5 – Fortsetzung von der vorhergehenden Seite

Kürzel	Inhaltsbeschreibung	Typ	Datum
DK-Delta-7	Presseberichterstattung über Unternehmen Delta	Webseite	Januar 2010
DK-Delta-8	Mitteilung im Unternehmensblog eines Wettbewerbers von Unternehmenn Delta	Webseite	April 2008
DK-Delta-9	Presseberichterstattung über Wettbewerber von Unternehmen Delta	Webseite	August 2006
IN-EPSILON-1	Transkription eines Interviews mit Gründer und Geschäftsführer von Unternehmen Epsilon	Microsoft Word	09.08.2010
DK-EPSILON-1	Interview mit einem Wettbewerber von Unternehmen Epsilon	Webseite	April 2009
DK-EPSILON-2	Bekanntmachung von Unternehmen Epsilon im Unternehmensregister des Bundesanzeiger Verlags	PDF	Januar 2008
DK-EPSILON-3	Pressemitteilung eines Wettbewerbers von Unternehmen Epsilon	Webseite	April 2008

Literaturverzeichnis

AMBROSINI, V. UND BOWMAN, C.: What Are Dynamic Capabilities and Are They a Useful Construct in Strategic Management? *International Journal of Management Reviews*, März 2009, Bd. 11, Nr. 1, S. 29–49.

AMIT, R. UND ZOTT, C.: Value Creation in E-Business. *Strategic Management Journal*, Juni/Juli 2001, Bd. 22, Nr. 6/7, S. 493–520.

AMIT, R. UND SCHOEMAKER, P. J.: Strategic Assets and Organizational Rent. *Strategic Management Journal*, Januar 1993, Bd. 14, Nr. 1, S. 33–46.

ANDERSÉN, J.: How and What to Imitate? A Sequential Model for the Imitation of Competitive Advantages. *Strategic Change*, Oktober 2007, Bd. 16, Nr. 6, S. 271–279.

ANKNEY, K. R. UND HIDDING, G. J.: Fast-Follower Advantages and Network Externalities in I.T.-Driven Markets. *Journal of Information Science and Technology (JIST)*, 2005, Bd. 2, Nr. 2, S. 5–24.

AUGIER, M. UND TEECE, D. J.: Strategy as Evolution with Design: The Foundations of Dynamic Capabilities and the Role of Managers in the Economic System. *Organization Studies (01708406)*, 2008, Bd. 29, Nr. 8 & 9, S. 1187–1208.

BAIN, J. S.: Barriers to New Competition. 1. Auflage. Cambridge, MA 1956.

BARNEY, J. B.: Strategic Factor Markets: Expectations, Luck, and Business Strategy. *Management Science*, Oktober 1986, Bd. 32, Nr. 10, S. 1231–1241.

BARNEY, J. B.: Firm Resources and Sustained Competitive Advantage. *Journal of Management*, März 1991, Bd. 17, Nr. 1, S. 99–120.

BARNEY, J. B. UND ARIKAN, A. M.: The Resource-Based View: Origins and Implications. In: *The Blackwell Handbook of Strategic Management*. Hrsg. M. HITT, R. FREEMAN UND J. HARRISON. Oxford 2001, S. 124–188.

BARNEY, J. B., WRIGHT, M. UND KETCHEN, JR., D. J.: The Resource-Based View of the Firm: Ten Years after 1991. *Journal of Management*, 2001, Bd. 27, Nr. 6, S. 625–641.

BASSEN, A.: Ausgestaltung der Corporate Governance bei Start-up Unternehmen. In: *Wertorientiertes Start-Up-Management.* Hrsg. U. HOMMEL UND T. C. KNECHT. 1. Auflage. München 2002, S. 150–162.

BAU, F.: Anreizgestaltung und Mitarbeitermotivation in der Net Economy. In: *E-Venture-Management – Neue Perspektiven der Unternehmensgründung in der Net Economy.* Hrsg. T. KOLLMANN. 1. Auflage. Wiesbaden Januar 2003, S. 597–609.

BERGER, P.: Auswirkungen der Markteintrittsreihenfolge auf den Unternehmenserfolg – Eine ökonomische Analyse von Markteintrittsstrategien. 1. Auflage. Wiesbaden 2005.

BLACK, J. A. UND BOAL, K. B.: Strategic Resources: Traits, Configurations and Paths to Sustainable Competitive Advantage. *Strategic Management Journal*, 1994, Bd. 15, Nr. S2, S. 131–148.

BOERSCH, C. UND ELSCHEN, R.: Erster Eintritt in den Markt. In: *Wertorientiertes Start-Up-Management.* Hrsg. U. HOMMEL UND T. C. KNECHT. 1. Auflage. München 2002, S. 272–291.

BOLTON, L. E.: Believing in First Mover Advantage. Wharton School, University of Pennsylvania 2006 – Working Paper.

BORCHARDT, A. UND GÖTHLICH, S. E.: Erkenntnisgewinnung durch Fallstudien. In: *Methodik der empirischen Forschung.* Hrsg. S. ALBERS ET AL. 3. Auflage. Wiesbaden 2009, S. 33–48.

BORTZ, J. UND DÖRING, N.: Forschungsmethoden und Evaluation für Human- und Sozialwissenschaftler. 4. Auflage. Wiesbaden 2006.

BOULDING, W. UND CHRISTEN, M.: Sustainable Pioneering Advantage? Profit Implications of Market Entry Order. *Marketing Science*, 2003, Bd. 22, Nr. 3, S. 371–392.

BOUNCKEN, R. B.: Dem Kern des Erfolges auf der Spur? State of the Art zur Identifikation von Kernkompetenzen. *ZfB Zeitschrift für Betriebswirtschaft*, 2000, Bd. 70, Nr. 7/8, S. 865–885.

BRESNAHAN, T. F. UND GREENSTEIN, S.: Technological Competition and the Structure of the Computer Industry. *Journal of Industrial Economics*, März 1999, Bd. 47, Nr. 1, S. 1–40.

BROWN, C. L. UND LATTIN, J. M.: Investigating the Relationship between Time in Market and Pioneering Advantage. *Management Science*, Oktober 1994, Bd. 40, Nr. 10, S. 1361–1369.

BRUNI, D. S. UND VERONA, G.: Dynamic Marketing Capabilities in Science-Based Firms: An Exploratory Investigation of the Pharmaceutical Industry. *British Journal of Management*, März 2009, Bd. 20, Nr. s1, S. S101–S117.

BUCHHOLZ, W. UND OLEMOTZ, T.: Markt- vs. Ressourcenbasierter Ansatz – Konkurrierende oder komplementäre Konzepte im Strategischen Management? Justus-Liebig-Universität Gießen, Professur für Betriebswirtschaftslehre II, Gießen 1995 – Arbeitspapier Nr. 1/1995.

BUCHHOLZ, W.: Time-to-Market-Management: Zeitorientierte Gestaltung von Produktinnovationsprozessen. 1. Auflage. Stuttgart, Berlin, Köln 1996.

BURR, W.: Zur Anwendung des Resource-Based View of the Firm auf Dienstleistungsunternehmen – Versuch einer Präzisierung des Resource-Based View. In: *Strategisches Kompetenz-Management in der Betriebswirtschaftslehre – Eine Standortbestimmung*. Hrsg. A. EISENKOPF, C. OPITZ UND H. PROFF. 1. Auflage. Wiesbaden 2008, S. 183–194.

BUSCH, S.: Pionier-Vorteile am Beispiel der Internet-Ökonomie – Eine empirische Untersuchung von Mechanismen des frühen Markteintrittszeitpunkts. 1. Auflage. Köln 2005.

BUSENITZ, L. W. UND BARNEY, J. B.: Biases and Heuristics in Strategic Decision Making: Differences between Entrepreneurs and Managers in Large Organizations. *Academy of Management Best Papers Proceedings*, 1994, S. 85–89.

BUZZELL, R. D. UND GALE, B. T.: The PIMS Principles: Linking Strategy to Performance. 1. Auflage. New York 1987.

CASSIMAN, B. UND SIEBER, S.: The Impact of Internet on Market Structure. In: *Handbook of Information Technology in Organizations and Electronic Markets*. Hrsg. A. J. SALAZAR UND S. SAWYER. 1. Auflage. 2007, S. 299–322.

CASTELLS, M.: Die Internet-Galaxie: Internet, Wirtschaft und Gesellschaft. 1. Auflage. Wiesbaden 2005.

CAVES, R. E.: Industrial Organization, Corporate Strategy and Structure. *Journal of Economic Literature*, März 1980, Bd. 18, Nr. 1, S. 64–92.

CHANDLER, A. D.: The Enduring Logic of Industrial Success. *Harvard Business Review*, März/April 1990, Bd. 68, Nr. 2, S. 130–140.

CHO, D.-S., KIM, D.-J. UND RHEE, D. K.: Latecomer Strategies: Evidence from the Semiconductor Industry in Japan and Korea. *Organization Science*, Juli/August 1998, Bd. 9, Nr. 4, S. 489–505.

COLLIS, D. J.: Research Note: How Valuable Are Organizational Capabilities. *Strategic Management Journal*, 1994, Bd. 15, Nr. Winter Special Issue, S. 143–152.

COMBS, J. G. UND KETCHEN, JR., D. J.: Explaining Interfirm Cooperation and Performance: Toward a Reconciliation of Predictions. *Strategic Management Journal*, September 1999, Bd. 20, Nr. 9, S. 867–888.

COOPER, R. G. UND KLEINSCHMIDT, E. J.: An Investigation into the New Product Process: Steps, Deficiencies, and Impact. *Journal of Product Innovation Management*, 1986, Bd. 3, Nr. 2, S. 71–85.

CRAWFORD, C. M.: Marketing Research and the New Product Failure Rate. *Journal of Marketing*, April 1977, Bd. 41, Nr. 2, S. 51–61.

DANNEELS, E.: The Dynamics of Product Innovation and Firm Competences. *Strategic Management Journal*, Dezember 2002, Bd. 23, Nr. 12, S. 1095–1121.

DEWETT, T. UND WILLIAMS, S. D.: Innovators and Imitators in Novelty-Intensive Markets: A Research Agenda. *Creativity & Innovation Management*, März 2007, Bd. 16, Nr. 1, S. 80–92.

DIERICKX, I. UND COOL, K.: Asset Stock Accumulation and Sustainability of Competitive Advantage. *Management Science*, Dezember 1989, Bd. 35, Nr. 12, S. 1504–1511.

DOTTORE, A. G.: Business Model Adaptation as a Dynamic Capability: A Theoretical Lens for Observing Practitioner Behaviour. In: *Proceedings of the 22nd Bled eConference*. Bled, Slovenia Juni 2009, S. 484–505.

DUSCHEK, S.: Innovation in Netzwerken: Renten – Relationen – Regeln. 1. Auflage. Wiesbaden 2002.

EASTERBY-SMITH, M., LYLES, M. A. UND PETERAF, M. A.: Dynamic Capabilities: Current Debates and Future Directions. *British Journal of Management*, März 2009, Bd. 20, Nr. S1, S. S1–S8.

EISENHARDT, K. M.: Building Theories from Case Study Research. *Academy of Management Review (AMR)*, 1989, Bd. 14, Nr. 4, S. 532–550.

EISENHARDT, K. M. UND MARTIN, J. A.: Dynamic Capabilities: What Are They? *Strategic Management Journal*, Oktober/November 2000, Bd. 21, Nr. 10/11, S. 1105–1121.

EISENMANN, T. R.: Internet Companies' Growth Strategies: Determinants of Investment Intensity and Long-Term Performance. *Strategic Management Journal*, 2006, Bd. 27, Nr. 12, S. 1183–1204.

ELLERMANN, L.: Organisation von diskontinuierlicher Innovation – Ein ressourcenbasierter Ansatz. 1. Auflage. Wiesbaden 2010 (= Markt- und Unternehmensentwicklung).

ELLONEN, H.-K., WIKSTRÖM, P. UND JANTUNEN, A.: Linking Dynamic-Capability Portfolios and Innovation Outcomes. *Technovation*, November 2009, Bd. 29, Nr. 11, S. 753–762.

ETHIRAJ, S. K. UND ZHU, D. H.: Performance Effects of Imitative Entry. *Strategic Management Journal*, August 2008, Bd. 29, Nr. 8, S. 797–817.

FAHY, J. UND HOOLEY, G.: Sustainable Competitive Advantage in Electronic Business: Towards a Contingency Perspective on the Resource-Based View. *Journal of Strategic Marketing*, Dezember 2002, Bd. 10, Nr. 4, S. 241–253.

FALLGATTER, M. J.: Theorie des Entrepreneurship – Perspektiven zur Erforschung der Entstehung und Entwicklung junger Unternehmungen. 1. Auflage. Wiesbaden Oktober 2002 (= Neue betriebswirtschaftliche Forschung, Bd. 299).

FINNEY, R. Z., LUEG, J. E. UND CAMPBELL, N. D.: Market Pioneers, Late Movers, and the Resource-Based View (RBV): A Conceptual Model. *Journal of Business Research*, 2008, Bd. 61, Nr. 9, S. 925–932.

FISCHER, M., HIMME, A. UND ALBERS, S.: Pionier, Früher Folger oder Später Folger: Welche Strategie verspricht den größten Erfolg? *ZfB Zeitschrift für Betriebswirtschaft*, 2007, Bd. 77, Nr. 5, S. 539–573.

FLANAGAN, J.: The Critical Incident Technique. *Psychological Bulletin*, 1954, Bd. 51, Nr. 4, S. 327–358.

FLICK, U.: Qualitative Sozialforschung – Eine Einführung. Hrsg. B. KÖNIG. 3. Auflage. Reinbek 2010.

FREILING, J., GERSCH, M. UND GOEKE, C.: Notwendige Basisentscheidungen auf dem Weg zu einer Competence-based Theory of the Firm. In: *Neue Perspektiven des Strategischen Kompetenz-Managements*. Hrsg. C. BURMANN, J. FREILING UND M. HÜLSMANN. 1. Auflage. Wiesbaden 2006.

FREILING, J.: Terminologische Grundlagen des Resource-based View. In: *Aktionsfelder des Kompetenz-Managements*. Hrsg. K. BELLMANN ET AL. 1. Auflage. Wiesbaden 2002, S. 3–28.

FREILING, J.: Resource-based View und ökonomische Theorie – Grundlagen und Positionierung des Ressourcenansatzes. 2. Auflage. Wiesbaden 2009.

FREILING, J. UND KOLLMANN, T.: Entrepreneurial Marketing: Besonderheiten und Ausgestaltungsmöglichkeiten. In: *Entrepreneurial Marketing – Besonderheiten, Aufgaben und Lösungsansätze für Gründungsunternehmen*. Hrsg. J. FREILING UND T. KOLLMANN. 1. Auflage. Wiesbaden 2008, S. 3–22.

FRITZ, W. UND OELSNITZ, D. VON DER: Markteintrittstrategien. In: *Handbuch Produktmanagement – Strategieentwicklung, Produktplanung, Organisation, Kontrolle*. Hrsg. S. ALBERS UND A. HERRMANN. 3. Auflage. Wiesbaden 2007, S. 71–95.

FUEGLISTALLER, U., MÜLLER, C. UND VOLERY, T.: Entrepreneurship – Modelle – Umsetzung – Perspektiven – Mit Fallbeispielen aus Deutschland, Österreich und der Schweiz. 1. Auflage. Wiesbaden 2004.

FUENTELSAZ, L., GOMEZ, J. UND POLO, Y.: Followers' Entry Timing: Evidence from the Spanish Banking Sector after Deregulation. *Strategic Management Journal*, März 2002, Bd. 23, Nr. 3, S. 245–264.

GALAIS, N.: Motive und Beweggründe für die Selbständigkeit und ihre Bedeutung für den Erfolg. In: *Erfolgreiche Unternehmensgründer*. Hrsg. M. FRESE. Göttingen 1998, S. 83–98.

GEROSKI, P. UND MURFIN, A.: Entry and Industry Evolution: The UK Car Industry, 1958–83. *Applied Economics*, April 1991, Bd. 23, Nr. 4B, S. 799–809.

GLÄSER, J. UND LAUDEL, G.: Experteninterviews und qualitative Inhaltsanalyse als Instrumente rekonstruierender Untersuchungen. 3. Auflage. Wiesbaden 2009.

GOLDER, P. N. UND TELLIS, G. J.: Pioneer Advantage: Marketing Logic or Marketing Legend? *Journal of Marketing Research*, Mai 1993, Bd. 30, Nr. 2, S. 158–170.

GOMEZ, P. UND ZIMMERMANN, T.: Unternehmensorganisation – Profile, Dynamik, Methodik. 2. Auflage. Frankfurt am Main und New York 1993.

GRANT, R. M.: The Resource-Based Theory of Competitive Advantage: Implications for Strategy Formulation. *California Management Review*, 1991, Bd. 33, Nr. 3, S. 114–135.

GRANT, R. M.: Prospering in Dynamically-Competitive Environments: Organizational Capability as Knowledge Integration. *Organization Science*, Juli/August 1996a, Bd. 7, Nr. 4, S. 375–387.

GRANT, R. M.: Toward a Knowledge-Based Theory of the Firm. *Strategic Management Journal*, 1996b, Bd. 17, S. 109–122, Winter Special Issue.

GRANT, R. M.: The Knowledge-Based View of the Firm: Implications for Management Practice. *Long Range Planning*, Juni 1997, Bd. 30, Nr. 3, S. 450–454.

GRUBER, M. UND HARHOFF, D.: Generierung und nachhaltige Sicherung komparativer Wettbewerbsvorteile. *Working Paper* 2001.

GUMMESSON, E.: Qualitative Methods in Management Research. 2. Auflage. Thousand Oaks, CA 2000.

GUPTE, M. A.: Success of University Spin-Offs – Network Activities and Moderating Effects of Internal Communication and Adhocracy. Hrsg. S. ALBERS ET AL. 1. Auflage. Wiesbaden 2007 (= Betriebswirtschaftliche Aspekte lose gekoppelter Systeme und Electronic Business).

HAMEL, G. UND PRAHALAD, C.: Strategy as Stretch and Leverage. *Harvard Business Review*, März/April 1993, Bd. 71, Nr. 2, S. 75–84.

HAMEL, G. UND PRAHALAD, C.: Wettlauf um die Zukunft – Wie Sie mit bahnbrechenden Strategien die Kontrolle über Ihre Branche gewinnen und die Märkte von morgen schaffen. 1. Auflage. Wien 1995.

HAUSCHILDT, J.: Innovationsmanagement. 2. Auflage. München 1997.

HELFAT, C. E. ET AL.: Dynamic Capabilities: Understanding Strategic Change in Organizations. Band 1, Oxford 2007.

HELFAT, C. E. UND LIEBERMAN, M. B.: The Birth of Capabilities: Market Entry and the Importance of Pre-History. *Industrial and Corporate Change*, August 2002, Bd. 11, Nr. 4, S. 725–760.

HELFAT, C. E. UND PETERAF, M. A.: The Dynamic Resource-Based View: Capability Lifecycles. *Strategic Management Journal*, Oktober 2003, Bd. 24, Nr. 10, S. 997–1010.

HELMING, A. UND BUCHHOLZ, W.: Identifikation von Kernkompetenzen in der Produktentwicklung. *Zeitschrift Führung und Organisation*, September /Oktober 2008, Bd. 77, Nr. 5, S. 301–309.

HERSTATT, C.: Theorie und Praxis der frühen Phasen des Innovationsprozesses: Aufgaben, Gestaltungsansätze und praktische Bestandsaufnahmen. *io Management*, 1999, Bd. 68, Nr. 10, S. 72–81.

HERSTATT, C. UND VERWORN, B.: Bedeutung und Charakteristika der frühen Phasen des Innovationsprozesses. In: *Management der frühen Innovationsphasen: Grundlagen – Methoden – Neue Ansätze*. Hrsg. C. HERSTATT UND B. VERWORN. 2. Auflage. Wiesbaden 2007, S. 3–22.

HIDDING, G. J. UND WILLIAMS, J. R.: Are there First-Mover Advantages in B2B ecommerce Technologies? In: *Proceedings of the 36th Hawaii International Conference on System Sciences (HICSS'03)*. Hrsg. R. SPRAGUE UND J. F. NUNAMAKER, JR.. Waikaloa Village, Hawaii Januar 2003, S. 179–188.

HIDDING, G. J., WILSON, T. UND WILLIAMS, J. R.: Complementary Resources' Role in First Movers and Followers in I.T. Industries. *Journal of Information Science & Technology*, 2008, Bd. 5, Nr. 3, S. 3–23.

HIMME, A.: Empirische Verallgemeinerung des Pioniervorteils? – Eine kritische Analyse existierender Arbeiten und Leitlinien für die weitere Forschung auf diesem Gebiet. *Marketing, Zeitschrift für Forschung und Praxis*, 2006, Bd. 28, Nr. 3, S. 169–182.

HINZE, J. P.: Analyse der Pionierstrategie bei Produktinnovationen auf der Basis unscharfer situativer Einflussgrößen. 1. Auflage. Hamburg 2005 (= Innovative Betriebswirtschaftliche Forschung und Praxis, Bd. 169).

HODGKINSON, G. P. UND HEALEY, M. P.: Psychological Foundations of Dynamic Capabilities: Reflexion and Reflection in Strategic Management. In:

Literaturverzeichnis

Proceedings of the 68th Annual Meeting of the Academy of Management. Hrsg. G. T. SOLOMON. Chicago, IL August 2009, S. 1–6.

HOFFMAN, D. L. UND NOVAK, T. P.: A Conceptual Framework for Considering Web-Based Business Models and Potential Revenue Streams. *International Journal of Marketing Education*, 2004, Bd. 1, Nr. 1, S. 7–34.

HOHLSTEIN, M. ET AL.: Lexikon der Volkswirtschaft. 2. Auflage. München 2003.

HOMMEL, U. UND KNECHT, T. C.: Marktwertorientierte Entwicklung von Start-up-Unternehmen. In: *Wertorientiertes Start-Up-Management.* Hrsg. U. HOMMEL UND T. C. KNECHT. 1. Auflage. München 2002, S. 1–20.

HONG, J., KIANTO, A. UND KYLÄHEIKO, K.: Moving Cultures and the Creation of New Knowledge and Dynamic Capabilities in Emerging Markets. *Knowledge & Process Management*, Juli/September 2008, Bd. 15, Nr. 3, S. 196–202.

HUMMEL, J.: Online-Gemeinschaften als Geschäftsmodell – Eine Analyse aus sozio-ökonomischer Perspektive. 1. Auflage. Wiesbaden August 2005 (= Neue betriebswirtschaftliche Forschung, Bd. 340).

HÜTTNER, M. UND SCHWARTING, U.: Grundzüge der Marktforschung. 7. Auflage. München und Wien 2002.

KABUTH, O.: Pioneering versus Following in Emerging Markets – The Case of the Automotive Industry in China and Brazil. Dissertation, Universität St. Gallen Hochschule für Wirtschafts-, Rechts- und Sozialwissenschaften (HSG) 2003.

KERIN, R. A., VARADARAJAN, P. R. UND PETERSON, R. A.: First-Mover Advantage: A Synthesis, Conceptual Framework, and Research Propositions. *Journal of Marketing*, Oktober 1992, Bd. 56, Nr. 4, S. 33–52.

KETCHEN, JR., D. J., SNOW, C. C. UND HOOVER, V. L.: Research On Competitive Dynamics: Recent Accomplishments And Future Challenges. *Journal of Management*, 2004, Bd. 30, Nr. 6, S. 779–804.

KIM, S. M. UND MAHONEY, J. T.: Resource Co-Specialization, Firm Growth, and Organizational Performance: An Empirical Analysis of Organizational Restructuring and IT Implementations. University of Illinois at Urbana-Champaign, College of Business 2008 – Working Paper Nr. 08-0107.

KIM, Y. J., SONG, J. UND KOO, C.: Exploring the Effect of Strategic Positioning on Firm Performance in the E-Business Context. *International Journal of Information Management*, Juni 2008, Bd. 28, Nr. 3, S. 203–214.

KLEPPER, S. UND SIMONS, K. L.: Dominance by Birthright: Entry of Prior Radio Producers and Competitive Ramifications in the U.S. Television Receiver Industry. *Strategic Management Journal*, Oktober /November 2000, Bd. 21, Nr. 10/11, S. 997–1016.

KNACK, R.: Wettbewerb und Kooperation – Wettbewerberorientierung in Projekten radikaler Innovation. Hrsg. S. ALBERS ET AL. 1. Auflage. Wiesbaden 2006 (= Betriebswirtschaftslehre für Technologie und Innovation, Bd. 56).

KOCH, H.: Developing Dynamic Capabilities in Electronic Marketplaces: A Cross-Case Study. *The Journal of Strategic Information Systems*, März 2010, Bd. 19, Nr. 1, S. 28–38.

KOCH, J. H.: Unterstützung der Formierung und Analyse von virtuellen Communities. Frankfurt am Main 2003 (= Europäische Hochschulschriften, Reihe XLI: Informatik, Bd. 39).

KOLLMANN, T.: E-Venture-Management: Unternehmensgründung und -entwicklung in der Net Economy. In: *E-Venture-Management – Neue Perspektiven der Unternehmensgründung in der Net Economy*. Hrsg. T. KOLLMANN. 1. Auflage. Wiesbaden 2003, S. 3–20.

KOLLMANN, T.: E-Business – Grundlagen elektronischer Geschäftsprozesse in der Net Economy. 3. Auflage. Wiesbaden 2009a.

KOLLMANN, T.: E-Entrepreneurship – Grundlagen der Unternehmensgründung in der Net Economy. 3. Auflage. Wiesbaden 2009b.

KOR, Y. Y. UND MAHONEY, J. T.: Edith Penrose's (1959) Contributions to the Resource-Based View of Strategic Management. *Journal of Management Studies*, Januar 2004, Bd. 41, Nr. 1, S. 183–191.

KRENN, S.: Imitation von Auslandsmarkteintritten – Eine empirische Analyse anhand der Markteintritte deutscher Unternehmen in Mittel- und Osteuropa. 1. Auflage. Wiesbaden 2006.

KUBICEK, H.: Heuristische Bezugsrahmen und heuristisch angelegte Forschungsdesigns als Elemente einer Konstruktionsstrategie empirischer Forschung. In: *Empirische und handlungstheoretische Forschungskonzeptionen in der Betriebswirtschaftslehre*. Hrsg. R. KÖHLER. Stuttgart 1977, S. 3–36.

KUCKARTZ, U.: Einführung in die computergestützte Analyse qualitativer Daten. 3. Auflage. Wiesbaden 2010.

KUTSCHKER, M. UND SCHMID, S.: Internationales Management. 6. Auflage. München 2008.

LAMBERT, S.: Do We Need a „Real" Taxonomy of E-Business Models? *School of Commerce Flinders University Research Paper Series*, 2006, Bd. 06-6, ISSN: 1441-3906, S. 1–11.

LAMBKIN, M.: Order of Entry and Performance in New Markets. *Strategic Management Journal*, 1988, Bd. 9, Nr. S1, S. 127–140.

LAMBKIN, M. UND DAY, G. S.: Evolutionary Processes in Competitive Markets: Beyond the Product Life Cycle. *Journal of Marketing*, Juli 1989, Bd. 53, Nr. 3, S. 4–20.

LAMNEK, S.: Qualitative Sozialforschung. 4. Auflage. Weinheim und Basel 2005.

LEE, G. K.: The Significance of Network Resources in the Race to Enter Emerging Product Markets: The Convergence of Telephony Communications and Computer Networking, 1989–2001. *Strategic Management Journal*, Januar 2007, Bd. 28, Nr. 1, S. 17–37.

LEE, G. K.: Relevance of Organizational Capabilities and its Dynamics: What to Learn from Entrants' Product Portfolios about the Determinants of Entry Timing. *Strategic Management Journal*, 2008, Bd. 29, Nr. 12, S. 1257–1280.

LEE, G. K.: Understanding the Timing of „Fast-Second" Entry and the Relevance of Capabilities in Invention vs. Commercialization. *Research Policy*, Februar 2009, Bd. 38, Nr. 1, S. 86–95.

LEE, G. K. UND PARUCHURI, S.: Entry into Emergent and Uncertain Product-Markets: The Role of Associative Rhetoric. *Academy of Management Journal*, Dezember 2008, Bd. 51, Nr. 6, S. 1171–1188.

LEE, H. ET AL.: Timing, Order and Durability of New Product Advantages with Imitation. *Strategic Management Journal*, Januar 2000, Bd. 21, Nr. 1, S. 23–30.

LEONARD-BARTON, D.: Core Capabilities and Core Rigidities: A Paradox in Managing new Product Development. *Strategic Management Journal*, 1992, Bd. 13, S. 111–125.

LIAO, J. J., KICKUL, J. R. UND MA, H.: Organizational Dynamic Capability and Innovation: An Empirical Examination of Internet Firms. *Journal of Small Business Management*, 2009, Bd. 47, Nr. 3, S. 263–286.

LICHTENAU, T.: E-Business und Geschäftsbeziehungen – Auswirkungen im Business-to-Business-Bereich. Hrsg. M. KRAFFT. 1. Auflage. Wiesbaden Juli 2005 (= Kundenmanagement & Electronic Commerce).

LIEBERMAN, M. B.: Did First-Mover Advantage Survive the Dot-Com Crash? Anderson Graduate School of Management, UCLA, Los Angeles 2007 – Working Paper.

LIEBERMAN, M. B. UND ASABA, S.: Why Do Firms Imitate Each Other? *Academy of Management Review*, April 2006, Bd. 31, Nr. 2, S. 366–385.

LIEBERMAN, M. B. UND MONTGOMERY, D. B.: First-Mover Advantages. *Strategic Management Journal*, 1988, Bd. 9, S. 41–58, Summer Special Issue: Strategy Content Research.

LIEBERMAN, M. B. UND MONTGOMERY, D. B.: First-Mover (Dis)Advantages: Retrospective and Link with the Resource-Based View. *Strategic Management Journal*, Dezember 1998, Bd. 19, Nr. 12, S. 1111–1125.

LILIEN, G. L. UND YOON, E.: The Timing of Competitive Market Entry: An Exploratory Study of New Industrial Products. *Management Science*, Mai 1990, Bd. 36, Nr. 5, S. 568–585.

LIPPMAN, S. A. UND RUMELT, R. P.: A Bargaining Perspective on Resource Advantage. *Strategic Management Journal*, 2003, Bd. 24, Nr. 11, S. 1069–1086.

LOCKET, A. UND THOMPSON, S.: Edith Penrose's Contributions to the Resource-Based View: An Alternative Perspective. *Journal of Management Studies*, Januar 2004, Bd. 41, Nr. 1, S. 193–203.

LOWE, J. UND ATKINS, M.: Small Firms and the Strategy of the First Mover. *International Journal of the Economics of Business*, November 1994, Bd. 1, Nr. 3, S. 405–422.

MAASS, C.: E-Business Management – Gestaltung von Geschäftsmodellen in der vernetzten Wirtschaft. 1. Auflage. Stuttgart 2008.

MAKADOK, R.: Toward a Synthesis of the Resource-Based and Dynamic-Capability Views of Rent Creation. *Strategic Management Journal*, Mai 2001, Bd. 22, Nr. 5, S. 387–401.

MASON, E. S.: Price and Production Policies of Large-Scale Enterprise. *American Economic Review*, März 1939, Bd. 29, Nr. 1, S. 61–74.

MAYER, H. O.: Interview und schriftliche Befragung – Entwicklung, Durchführung und Auswertung. 5. Auflage. München 2009.

MAYRING, P.: Einführung in die Qualitative Sozialforschung – Eine Anleitung zu qualitativem Denken. 5. Auflage. Weinheim und Basel 2002.

MCKELVIE, A. UND DAVIDSSON, P.: From Resource Base to Dynamic Capabilities: An Investigation of New Firms. *British Journal of Management*, März 2009, Bd. 20, Nr. S1, S. S63–S80.

MEFFERT, H.: Marketing – Grundlagen marktorientierter Unternehmensführung – Konzepte – Instrumente – Praxisbeispiele. 9. Auflage. Wiesbaden 2000.

MEFFERT, H. UND REMMERBACH, K.-U.: Marketingstrategien in jungen Märkten. In: *Marktorientierte Unternehmensführung im Wandel*. Hrsg. H. MEFFERT. 1. Auflage. Wiesbaden 1999, S. 175–202.

MELLAHI, K. UND JOHNSON, M.: Does it Pay to Be a First Mover in E-Commerce? The Case of Amazon.com. *Management Decision*, 2000, Bd. 38, Nr. 7, S. 445–452.

MENON, A. G. UND MOHANTY, B.: Towards a Theory of „Dynamic Capability" for Firms. In: *Proceedings of the 6th AIMS International Conference on Management (AIMS6)*. Greater Noida, India Dezember 2008, S. 1–10.

METZGER, G., NIEFERT, M. UND LICHT, G.: High-Tech-Gründungen in Deutschland – Trends, Strukturen, Potenziale. *Zentrum für Europäische Wirtschaftsforschung (ZEW)* Mai 2008.

MIKUS, B.: Strategisches Logistikmanagement – Ein markt-, prozess- und ressourcenorientiertes Konzept. 1. Auflage. Wiesbaden 2003 (= Neue betriebswirtschaftliche Forschung, Bd. 316).

MILES, M. B.: Qualitative Data as an Attractive Nuisance: The Problem of Analysis. *Administrative Science Quarterly*, Dezember 1979, Bd. 24, Nr. 4, S. 590–601.

MITCHELL, W.: Whether and When? Probability and Timing of Incumbents' Entry into Emerging Industrial Subfields. *Administrative Science Quarterly*, Juni 1989, Bd. 34, Nr. 2, S. 208–230.

MONTGOMERY, C.: Of Diamonds and Rust: A New Look at Resources. In: *Resource-Based and Evolutionary Theories of the Firm: Towards a Synthesis*. Hrsg. C. MONTGOMERY. Norwell, Mass 1995, S. 251–268.

MOOG, T.: Strategisches Ressourcen- und Kompetenzmanagement industrieller Dienstleistungsunternehmen – Ein theoretischer und praktischer Erklärungsansatz. 1. Auflage. Wiesbaden 2009.

MURTHI, B. P., SRINIVASAN, K. UND KALYANARAM, G.: Controlling for Observed and Unobserved Managerial Skills in Determining First-Mover Market Share Advantages. *Journal of Marketing Research*, 1996, Bd. 33, Nr. 3, S. 329–336.

NARAYANAN, V. K., COLWELL, K. UND DOUGLAS, F. L.: Building Organizational and Scientific Platforms in the Pharmaceutical Industry: A Process Perspective on the Development of Dynamic Capabilities. *British Journal of Management*, März 2009, Bd. 20, Nr. S1, S. S25–S40.

NEWBERT, S. L.: New Firm Formation: A Dynamic Capability Perspective. *Journal of Small Business Management*, Januar 2005, Bd. 43, Nr. 1, S. 55–77.

NEWBERT, S. L.: Empirical Research on the Resource-Based View of the Firm: An Assessment and Suggestions for Future Research. *Strategic Management Journal*, Februar 2007, Bd. 28, Nr. 2, S. 121–146.

NEWEY, L. R. UND ZAHRA, S. A.: The Evolving Firm: How Dynamic and Operating Capabilities Interact to Enable Entrepreneurship. *British Journal of Management*, März 2009, Bd. 20, Nr. s1, S. S81–S100.

NOTHNAGEL, K.: Empirical Research within Resource-Based Theory – A Meta-Analysis of the Central Propositions. Band 1, Edition Wissenschaft Auflage. Wiesbaden 2008.

OELSNITZ, D. VON DER: Eintrittstiming und Eintrittserfolg: Eine kritische Analyse der empirischen Methodik. *Die Unternehmung*, 2000, Bd. 54, Nr. 3, S. 199–213.

PATTON, M. Q.: Qualitative Research and Evaluation Methods. 3. Auflage. Thousand Oaks, CA 2002.

PENROSE, E. T.: The Theory of the Growth of the Firm. 2. Auflage. New York 1995.

PETERAF, M. A.: The Cornerstones of Competitive Advantage: A Resource-Based View. *Strategic Management Journal*, 1993, Bd. 14, Nr. 3, S. 179–191.

PICOT, A. UND NEUBURGER, R.: Strategische Partner in virtuellen Netzwerken. In: *Wertorientiertes Start-Up-Management*. Hrsg. U. HOMMEL UND T. C. KNECHT. 1. Auflage. München 2002, S. 212–224.

PORTER, M. E.: Strategy and the Internet. *Harvard Business Review*, März 2001, Bd. 79, Nr. 2, S. 63–78.

PORTER, M. E.: Competitive Advantage: Creating and Sustaining Superior Performance. 1. Auflage. New York 1985.

PORTER, M. E.: Towards a Dynamic Theory of Strategy. *Strategic Management Journal*, 1991, Bd. 12, Nr. S2 Winter Special Issue, S. 95–117.

PORTER, M. E.: Wettbewerbsstrategie - Methoden zur Analyse von Branchen und Konkurrenten. 11. Auflage. 2008.

PRAHALAD, C. UND HAMEL, G.: The Core Competence of the Corporation. *Harvard Business Review*, 1990, Bd. 68, Nr. 3, S. 79–91.

PRATT, M. G.: For the Lack of a Boilerplate: Tips on Writing up (and Reviewing) Qualitative Research. *Academy of Management Journal*, Oktober 2009, Bd. 52, Nr. 5, S. 856–862.

PRIEM, R. L. UND BUTLER, J. E.: Is the Resource-Based „View" a Useful Perspective for Strategic Management Research? *Academy of Management Review*, Januar 2001, Bd. 26, Nr. 1, S. 22–40.

PRZYBORSKI, A. UND WOHLRAB-SAHR, M.: Qualitative Sozialforschung – Ein Arbeitsbuch. 1. Auflage. München 2008.

RAAB, G., UNGER, A. UND UNGER, F.: Methoden der Marketing-Forschung – Grundlagen und Praxisbeispiele. 1. Auflage. Wiesbaden 2004.

RAITHEL, J.: Quantitative Forschung: Ein Praxiskurs. 2. Auflage. Wiesbaden 2008.

REICHWALD, R. UND PILLER, F.: Interaktive Wertschöpfung – Open Innovation, Individualisierung und neue Formen der Arbeitsteilung. 2. Auflage. Wiesbaden 2009.

REMMERBACH, K.-U.: Markteintrittsentscheidungen: eine Untersuchung im Rahmen der strategischen Marketingplanung unter besonderer Berücksichtigung des Zeitaspektes. Hrsg. H. MEFFERT, H. STEFFENHAGEN UND H. FRETER. Wiesbaden 1988 (= Schriftenreihe Unternehmensführung und Marketing, Bd. 21).

RICARDO, D.: Principles of Political Economy and Taxation. 1. Auflage. London 1817.

ROBINSON, W. T. UND CHIANG, J.: Product Development Strategies for Established Market Pioneers, Early Followers, and Late Entrants. *Strategic Management Journal*, September 2002, Bd. 23, Nr. 9, S. 855–866.

ROBINSON, W. T., FORNELL, C. UND SULLIVAN, M.: Are Market Pioneers Intrinsically Stronger than Later Entrants? *Strategic Management Journal*, November 1992, Bd. 13, Nr. 8, S. 609–624.

ROBINSON, W. T., KALYANARAM, G. UND URBAN, G. L.: First-Mover Advantages from Pioneering New Markets: A Survey of Empirical Evidence. *Review of Industrial Organization*, Februar 1994, Bd. 9, Nr. 1, S. 1–23.

ROSENSTIEL, L. VON: Die motivationalen Grundlagen des Verhaltens in Organisationen: Leistung und Zufriedenheit. Hrsg. A. MAYER UND H. BRANDSTÄTTER. Berlin 1975 (= Wirtschaftspsychologische Schriften der Universitäten München und Augsburg, Bd. 2).

RUGMAN, A. M. UND VERBEKE, A.: Edith Penrose's Contribution to the Resource-Based View of Strategic Management. *Strategic Management Journal*, August 2002, Bd. 23, Nr. 8, S. 769–780.

RUGMAN, A. M. UND VERBEKE, A.: A Final Word on Edith Penrose. *Journal of Management Studies*, Januar 2004, Bd. 41, Nr. 1, S. 205–217.

RUMELT, R.: Towards a Strategic Theory of the Firm. In: *Competitive Strategic Management*. Hrsg. R. LAMB. Englewood Cliffs, NJ 1984, S. 556–570.

SANCHEZ, R., HEENE, A. UND THOMAS, H.: Introduction: Towards the Theory and Practice of Competence-Based Competition. In: *Dynamics of Competence-Based Competition*. Hrsg. R. SANCHEZ, A. HEENE UND H. THOMAS. 1. Auflage. Oxford 1996, S. 1–35.

SAREN, M.: A Classification and Review of Models of the Intra-Firm Innovation Process. *R&D Management*, 1984, Bd. 14, Nr. 1, S. 11–24.

SCHEFCZYK, M. UND PANKOTSCH, F.: Theoretische und empirische Implikationen wachstumsstarker Start-ups – Stand der Forschung. In: *Wertorientiertes Start-Up-Management*. Hrsg. U. HOMMEL UND T. C. KNECHT. 1. Auflage. München 2002, S. 21–38.

SCHEWE, G.: Imitation as a Strategic Option for External Acquisition of Technology. *Journal of Engineering and Technology Management*, März 1996, Bd. 13, Nr. 1, S. 55–82.

SCHEWE, G.: Imitation als Innovationsstrategie. In: *Handbuch Technologie- und Innovationsmanagement: Strategie, Umsetzung, Controlling*. Hrsg. S. ALBERS UND O. GASSMANN. 1. Auflage. Gabler 2005, S. 193–206.

SCHEWE, G. UND ZANGER, C.: Imitation, Ausweg aus der technologischen Krise? In: *Innovationsmanagement und Wettbewerbsfähigkeit: Erfahrungen aus den alten und neuen Bundesländern*. Hrsg. H. G. G. UND F. PLESCHAK. 1. Auflage. Wiesbaden 1992, S. 93–111.

SCHMALENSEE, R.: Product Differentiation Advantages of Pioneering Brands. *American Economic Review*, Juni 1982, Bd. 72, Nr. 3, S. 349–365.

SCHNAARS, S. P.: Managing Imitation Strategies: How Later Entrants Seize Markets from Pioneers. New York 1981.

SCHNELL, R., HILL, P. B. UND ESSER, E.: Methoden der empirischen Sozialforschung. 8. Auflage. München 2008.

SCHOENECKER, T. S. UND COOPER, A. C.: The Role of Firm Resources and Organizational Attributes in Determining Entry Timing: A Cross-Industry Study. *Strategic Management Journal*, Dezember 1998, Bd. 19, Nr. 12, S. 1127–1143.

SCHUMPETER, J.: The Theory of Economic Development. 1. Auflage. Cambridge, MA 1934.

SCHUMPETER, J. A.: Capitalism, Socialism and Democracy. London 1942.

SEIPEL, C. UND RIEKER, P.: Integrative Sozialforschung – Konzepte und Methoden der qualitativen und quantitativen empirischen Forschung. Weinheim und München 2003.

SEISREINER, A.: Management unternehmerischer Handlungspotentiale. 1. Auflage. Wiesbaden 1999.

SELZNICK, P.: Leadership in Administration: A Sociological Interpretation. 1. Auflage. Evanston, IL 1957.

SHAMSIE, J., PHELPS, C. UND KUPERMAN, J.: Better Late than Never: A Study of Late Entrants in Household Electrical Equipment. *Strategic Management Journal*, Januar 2004, Bd. 25, Nr. 1, S. 69–84.

SHANKAR, V., CARPENTER, G. S. UND KRISHNAMURTHI, L.: Late Mover Advantage: How Innovative Late Entrants Outsell Pioneers. *Journal of Marketing Research*, Februar 1998, Bd. 35, Nr. 1, S. 54–70.

SINHA, R. K. UND NOBLE, C. H.: A Model of Market Entry in an Emerging Technology Market. *IEEE Transactions on Engineering Management*, Mai 2005, Bd. 52, Nr. 2, S. 186–198.

SOFKA, W. UND SCHMIDT, T.: I Like the Way You Move – An Empirical Investigation into the Mechanisms behind First Mover and Follower Strategies. *Zentrum für Europäische Wirtschaftsforschung (ZEW) Discussion Paper* 2004, Bd. 4, Nr. 87.

SPECHT, G. UND PERILLIEUX, R.: Erfolgsfaktoren technischer Führer- und Folgerpositionen auf Investitionsgütermärkten. *Schmalenbachs Zeitschrift für betriebswirtschaftliche Forschung*, 1988, Bd. 40, Nr. 3, S. 204–226.

SPENDER, J.-C.: Making Knowledge the Basis of a Dynamic Theory of the Firm. *Strategic Management Journal*, 1996, Bd. 17, Nr. Winter Special Issue, S. 45–62.

STAKE, R. E.: The Art of Case Study Research. 1. Auflage. Thousand Oaks, CA 1995.

STEINLE, C., BRUCH, H. UND NASNER, N.: Kernkompetenzen – Konzepte, Ermittlung und Einsatz zur Strategieevaluation. *Zeitschrift für Planung*, 1997, Bd. 8, Nr. 1, S. 1–23.

STEINMANN, H. UND SCHREYÖGG, G.: Management: Grundlagen der Unternehmensführung: Konzepte – Funktionen – Fallstudien. 6. Auflage. Wiesbaden 2005.

STUBNER, S.: Bedeutung und Erfolgsrelevanz der Managementunterstützung deutscher Venture Capital Gesellschaften. Hrsg. D. HAHN UND H. HUNGENBERG. 1. Auflage. Norderstedt 2004 (= Schriftenreihe des Instituts für Unternehmungsplanung, Bd. 38).

SUAREZ, F. F. UND LANZOLLA, G.: The Half-Truth of First-Mover Advantage. *Harvard Business Review*, April 2005, Bd. 83, Nr. 4, S. 121–127.

SUAREZ, F. F. UND LANZOLLA, G.: The Role of Environmental Dynamics in Building a First Mover Advantage Theory. *Academy of Management Review*, April 2007, Bd. 32, Nr. 2, S. 377–392.

SUAREZ, F. F. UND LANZOLLA, G.: Dialogue: Considerations for a Stronger First Mover Advantage Theory. *Academy of Management Review*, 2008, Bd. 33, Nr. 1, S. 269–270.

SWAMINATHAN, A.: Entry into New Market Segments in Mature Industries: Endogenous and Exogenous Segmentation in the U.S. Brewing Industry. *Strategic Management Journal*, April 1998, Bd. 19, Nr. 4, S. 389–404.

SZYMANSKI, D. M., TROY, L. C. UND BHARADWAJ, S. G.: Order of Entry and Business Performance: An Empirical Synthesis and Reexamination. *Journal of Marketing*, 1995, Bd. 59, Nr. 4, S. 17–33.

SZYPERSKI, N. UND NATHUSIUS, K.: Probleme der Unternehmensgründung: Eine betriebswirtschaftliche Analyse unternehmerischer Startbedingungen. 2. Auflage. Lohmar und Köln 1999.

TEECE, D. J.: Profiting from Technological Innovation: Implications for Integration, Collaboration, Licensing and Public Policy. *Research Policy*, Dezember 1986, Bd. 15, Nr. 6, S. 285–305.

TEECE, D. J.: Profiting from Technological Innovation: Implications for Integration, Collaboration, Licensing and Public Policy. In: *The Competitive Challenge: Strategies for Industrial Innovation and Renewal.* Hrsg. D. J. TEECE. New York 1987 (= 1st).

TEECE, D. J.: Explicating Dynamic Capabilities: The Nature and Microfoundations of (Sustainable) Enterprise Performance. *Strategic Management Journal*, Dezember 2007a, Bd. 28, Nr. 13, S. 1319–1350.

TEECE, D. J.: Managers, Markets, and Dynamic Capabilities. In: *Understanding Strategic Change in Organizations.* Hrsg. C. E. HELFAT ET AL. Band 1. Oxford 2007b. – Kapitel 2, S. 19–29.

TEECE, D. J.: Dynamic Capabilities and Strategic Management: Organizing for Innovation and Growth. 1. Auflage. New York 2009.

TEECE, D. J., PISANO, G. UND SHUEN, A.: Enterprise Capabilities, Resources and the Concept of Strategy. *Consortium on Competitiveness and Cooperation Working paper CCC 90-8, Institute of Management, Innovation and Organization, University of California, Berkeley, CA* 1990a.

TEECE, D. J., PISANO, G. UND SHUEN, A.: Firm Capabilities, Resources and the Concept of Strategy. *Economic Analysis and Policy Working Paper EAP-38, Institute of Management, Innovation and Organization, University of California, Berkeley, CA* 1990b.

TEECE, D. J. UND PISANO, G.: The Dynamic Capabilities of Firms: An Introduction. *Industrial & Corporate Change*, 1994, Bd. 3, Nr. 3, S. 537–556.

TEECE, D. J., PISANO, G. UND SHUEN, A.: Dynamic Capabilities and Strategic Management. *Strategic Management Journal*, August 1997, Bd. 18, Nr. 7, S. 509–533.

THOM, N.: Innovationsmanagement. 1. Auflage. Bern 1992 (= Die Orientierung, Bd. 100).

THOMAS, L. A.: Brand Capital and Entry Order. *Journal of Economics & Management Strategy*, 1996, Bd. 5, Nr. 1, S. 107–129.

THOMMEN, J.-P. UND STRUSS, N.: Gestaltung und Entwicklung organisatorischer Infrastruktur. In: *Wertorientiertes Start-Up-Management*. Hrsg. U. HOMMEL UND T. C. KNECHT. 1. Auflage. München 2002, S. 187–211.

THOMPSON, R.: Entry and Market Characteristics: A Logit Study of Newspaper Launching in the Republic of Ireland. *Journal of Economic Studies*, 1986, Bd. 13, Nr. 2, S. 14–22.

THOMPSON, S. UND WRIGHT, M.: Edith Penrose's Contribution to Economics and Strategy: An Overview. *Managerial & Decision Economics*, März 2005, Bd. 26, Nr. 2, S. 57–66.

URBAN, G. L. ET AL.: Market Share Rewards to Pioneering Brands: An Empirical Analysis and Strategic Implications. *Management Science*, Juni 1986, Bd. 32, Nr. 6, S. 645–659.

VANDERWERF, P. A. UND MAHON, J. F.: Meta-Analysis of the Impact of Research Methods on Findings of First-Mover Advantage. *Management Science*, November 1997, Bd. 43, Nr. 11, S. 1510–1519.

VARADARAJAN, R., YADAV, M. S. UND SHANKAR, V.: First-Mover Advantage in an Internet-Enabled Market Environment: Conceptual Framework and Propositions. *Journal of the Academy of Marketing Science* 2007.

VERWORN, B. UND HERSTATT, C.: Modelle des Innovationsprozesses. *Arbeitspapier Nr. 6, Technische Universität Hamburg-Harburg* September 2000.

WALGENBACH, G.: Die Vorteilssituation von Innovatoren auf elektronischen Märkten – Strategische Relevanz des frühen Markteintritts am Beispiel des Online-Buchhandels. 1. Auflage. Wiesbaden December 2007.

WANG, C. L. UND AHMED, P. K.: Dynamic Capabilities: A Review and Research Agenda. *International Journal of Management Reviews*, März 2007, Bd. 9, Nr. 1, S. 31–51.

WEBERING, J. UND HUSMANN, E.: Organisation von Geschäftsprozessen in der Net Economy. In: *E-Venture-Management – Neue Perspektiven der Unternehmensgründung in der Net Economy*. Hrsg. T. KOLLMANN. 1. Auflage. Wiesbaden Januar 2003, S. 621–634.

WERNERFELT, B.: A Resource-Based View of the Firm. *Strategic Management Journal*, 1984, Bd. 5, S. 171–180.

WERNERFELT, B.: The Resource-Based View of the Firm: Ten Years After. *Strategic Management Journal*, März 1995, Bd. 16, Nr. 3, S. 171–174.

WINTER, S. G.: Understanding Dynamic Capabilities. *Strategic Management Journal*, Oktober 2003, Bd. 24, Nr. 10, S. 991–995.

WIRTZ, B. W.: Electronic Business. 2. Auflage. Wiesbaden 2001.

WIRTZ, B. W.: Geschäftsmodelle in der Net Economy. In: *E-Venture-Management – Neue Perspektiven der Unternehmensgründung in der Net Economy*. Hrsg. T. KOLLMANN. 1. Auflage. Wiesbaden 2003, S. 102–130.

WITT, H.: Dynamic Capabilities im Strategischen Electronic Business-Management – Bestimmungsgrößen, Ausprägungen und Erfolgsfaktoren. 1. Auflage. Wiesbaden 2008.

WOLFSTEINER, W.: Das Management der Kernfähigkeiten: Ein ressourcenorientierter Strategie- und Strukturansatz. Dissertation, Universität St. Gallen, Hallstadt 1995.

WRONA, T.: Die Fallstudienanalyse als wissenschaftliche Forschungsmethode. *ESCP-EAP Working Paper* März 2005, Nr. 10.

WU, J.-H. UND HISA, T.-L.: Developing E-Business Dynamic Capabilities: An Analysis of E-Commerce Innovation from I-, M-, to U-Commerce. *Journal of Organizational Computing & Electronic Commerce*, April/Juni 2008, Bd. 18, Nr. 2, S. 95–111.

WU, L.-Y.: Applicability of the Resource-Based and Dynamic-Capability Views under Environmental Volatility. *Journal of Business Research*, Januar 2010, Bd. 63, Nr. 1, S. 27–31.

XU, J. UND QUADDUS, M.: E-Business in the 21st Century: Realities, Challenges and Outlook. Band 2, Intelligent Information Systems. 1. Auflage. Singapore 2009.

YIN, R. K.: Case Study Research: Design and Methods. Band 5, Applied Social Research Methods Series. 3. Auflage. Thousand Oaks, CA 2003.

ZAHN, E.: Kompetenzbasierte Strategien. In: *Handbuch Unternehmensführung. Konzepte, Instrumente, Schnittstellen.* Hrsg. H. CORSTEN UND M. REISS. Wiesbaden 1995, S. 355–369.

ZAHRA, S. A. UND GEORGE, G.: The Net-Enabled Business Innovation Cycle and the Evolution of Dynamic Capabilities. *Information Systems Research*, Juni 2002, Bd. 13, Nr. 2, S. 147–150.

ZAHRA, S. A., SAPIENZA, H. J. UND DAVIDSSON, P.: Entrepreneurship and Dynamic Capabilities: A Review, Model and Research Agenda. *Journal of Management Studies*, Juni 2006, Bd. 43, Nr. 4, S. 917–955.

ZERDICK, A. ET AL.: Die Internet-Ökonomie: Strategien für die digitale Wirtschaft. Hrsg. E. C. COUNCIL. 3. Auflage. Berlin, Heidelberg und New York 2001 (= European Communication Council Report).

ZOBOLSKI, A.: Kooperationskompetenz im dynamischen Wettbewerb – Eine Analyse im Kontext der Automobilindustrie. Hrsg. G. REGER UND D. WAGNER. 1. Auflage. Wiesbaden 2008 (= Innovation und Technologie im modernen Management).

ZOLLO, M. UND WINTER, S. G.: Deliberate Learning and the Evolution of Dynamic Capabilities. *Organization Science*, Mai /Juni 2002, Bd. 13, Nr. 3, S. 339–351.

Printed by Publishers' Graphics LLC